战争事典

WAR STORY/ 053
指文烽火工作室 著

秦国将相铁三角

台海出版社

图书在版编目（CIP）数据

战争事典 . 053, 秦国将相铁三角 / 指文烽火工作室
著 . -- 北京：台海出版社，2019.6
ISBN 978-7-5168-2387-3

Ⅰ . ①战… Ⅱ . ①指… Ⅲ . ①战争史 - 史料 - 世界
Ⅳ . ① E19

中国版本图书馆 CIP 数据核字 (2019) 第 133555 号

战争事典 . 053，秦国将相铁三角

著　　者：指文烽火工作室

责任编辑：俞滟荣　　　　　　　策划制作：指文文化
视觉设计：王　星　　　　　　　责任印制：蔡　旭

出版发行：台海出版社
地　　址：北京市东城区景山东街 20 号　　邮政编码：100009
电　　话：010 - 64041652（发行，邮购）
传　　真：010 - 84045799（总编室）
网　　址：www.taimeng.org.cn/thcbs/default.htm
E - mail：thcbs@126.com

经　　销：全国各地新华书店
印　　刷：重庆共创印务有限公司
本书如有破损、缺页、装订错误，请与本社联系调换

开　　本：787mm×1092mm　　　　1/16
字　　数：316 千　　　　　　　　印　　张：20
版　　次：2019 年 7 月第 1 版　　印　　次：2019 年 7 月第 1 次印刷
书　　号：ISBN 978-7-5168-2387-3

定　　价：99.80 元

目录
C O N T E N T S

秦

秦國將相鐵三角

壹

秦昭王麾下的一相二将

魏冉、白起、司马错

作者／始安公士或

公元前 306 年，年仅 19 岁的公子稷在秦都咸阳登基，史称秦昭襄王（简称秦昭王）。他在母亲宣太后与舅舅魏冉的支持下，平定了季君之乱。又借助三朝元老司马错将军镇压了反叛的蜀侯。魏冉后来成为相邦，司马错做了国尉，两人与未来的秦国战神白起是秦昭王最倚重的一相二将。他们亲手缔造了秦昭王的巅峰时代。

秦昭王在位长达 56 年，大致可以分为 3 个阶段。昭王元年至十一年（公元前 306—公元前 296 年）是摸索阶段，有胜有败，大起大落，一度被诸侯打得割地求和。昭王十二年至四十七年（公元前 295—公元前 260 年）是战略进攻阶段，堪称秦国有史以来扩张最迅猛、战争最频繁的时期。昭王四十八年至五十六年（公元前 259—公元前 251 年）是衰弱阶段，经历了邯郸之战等惨败，秦国击退诸侯之后元气大伤，只能休战养息。

在战略进攻阶段中，昭王十二年至三十年，岁岁征伐，罕有败绩，几乎每战必得，打残了绝大多数劲敌。在这战绩辉煌的 19 年，主持军国大计正是一相二将铁三角组合。而随着铁三角中最后一人武安君白起去世，秦昭王时代也彻底进入了衰弱阶段。他们三人合力终结了战国列强均势的局面，奠定了秦国独霸的历史进程。齐、楚、赵等军事强国都是被铁三角成员剥夺了争天下的资格。如果没有这个将相铁三角组合，战国七雄可能还要多打几十年仗才能分出胜负。

穰侯魏冉：名列秦国头号外戚功臣的楚人

他在《战国策》里出场不少，跟苏秦、张仪一样在《史记》中被单独列传。张仪是他在秦国的前辈，苏秦跟他有交手有合作。但后人对他的印象，大多停留在他被秦昭王罢免相位赶出咸阳时带走财宝千余车。他就是穰侯魏冉，秦国将相铁三角中权力最大的相邦，也是形象最复杂的人。

魏冉又作魏厓，是秦宣太后的同母异父弟、秦昭王的亲舅舅。他的祖先是楚人，所以秦人将其视为楚人。自商鞅变法以来，秦国只有昭襄王时期出现过外戚主政现象，而穰侯魏冉是秦国外戚中最杰出的大功臣。司马迁在《史记·穰侯列传》里称赞道："秦所以东益地，弱诸侯，尝称帝于天下，天下皆西乡稽首者，穰侯之功也。"这句评语不算太夸张，只不过魏冉的大部分功绩是跟司马错、白起等人共同完成的。

魏冉在秦惠文王时就已任职用事。当时司马错已因灭蜀而成为当世名将，魏冉还没有闻达于诸侯。直到秦武王骤逝时，他才脱颖而出。

当时秦国形成了以秦惠文后、秦武王后为首的魏外戚和以芈八子（宣太后）为首的楚外戚两个政治集团。宗室、大臣和外邦诸侯也纷纷站队。秦武王临终前传位于在燕国做人质的异母弟公子稷，楚外戚集团因此得势。

虽然公子稷在赵武灵王和燕昭王的支持下平安回国即位，但在国内的根基不够深厚。秦昭王二年，争夺王位失利的季君庶长壮发动了叛乱，史称季君之乱。得到魏外戚集团支持的他与大臣、诸侯、公子为逆，企图以兵变夺取王位。从这个叛乱阵容可知，季君之乱的牵涉面很广。秦国稍有不慎就会走向分裂，失去与群雄争天下的资格。时任将军的魏冉临危不惧，率兵守卫咸阳，击败了叛军。魏冉和宣太后趁机对魏外戚进行了无情的"清洗"。他诛杀季君，把秦武王后赶回魏国，消灭了参与谋反的宗室子弟，威震秦国。毫不夸张地说，秦昭王能坐稳王位，离不开舅舅的鼎力支持。假如没有魏冉，庶长壮很可能夺位成功，铁三角组合就不会出现了。

当时秦昭王年少，由宣太后摄政，王舅魏冉从此成为秦国庙堂的轴心人物。魏冉不仅有杀伐果断的铁腕，还具备灵活的政治手腕。他让宣太后的另一个弟弟芈戎和族人向寿身居要职，确保楚外戚集团在京师和边郡都有足够的控制力。这对巩固宣太后母子的统治根基发挥了关键的作用。此外，魏冉没有急于争夺相位，反而让王族元老严君樗里疾继续做相邦直到去世。他还通过秦昭王的同母弟公子芾（泾阳君）和公子悝（高陵君）的关系，重新把秦宗室和楚外戚拧成一股绳。

就这样，秦惠文王晚年以来庙堂里尖锐的派系矛盾基本上被魏冉处理完毕。秦国朝野凝聚力空前增强，为大举东出打下了良好的政治基础。

在樗里疾去世后，实际掌权的魏冉出于邦交考虑，先后把相邦之位让给赵人楼缓和齐人孟尝君，以求跟赵国和齐国皆为盟友。不想秦国在此期间出现了一连串外交失误，招致齐韩魏三国联军猛攻函谷关。秦国在三年恶战中输给了孟尝君指挥的齐韩魏联军，被迫割地求和，又因扣留楚怀王一事被诸侯憎恶，陷入外交孤立。直到次年（秦昭王十二年），魏冉才正式成为一人之下万人之上的秦相邦。他通过一系列措施改善了秦国的内政和外交形势，并利用诸侯生乱的机会再次派兵东征，拉开了战略进攻阶段的序幕。

本次战略反攻是为了报去年战败割地之仇，但秦国还没有从三年战争大败的伤痛中完全恢复，可以说是一场高风险高回报的赌博。幸运的是，相邦魏冉用对了两个人。

他委托老国尉司马错指挥反攻的第一战，果然取得了襄城之战的胜利。魏冉还举荐当时名不见经传的新人白起为将，让他接替伐韩告捷的向寿。白起不负众望，首战攻克韩国重镇新城，再战以少胜多大破魏韩联军，打赢了中国古代军事史上著名的歼灭战——伊阙之战。

这些举措表明魏冉这时能以公心谋国，并未一味照顾楚外戚集团的小团体利益。司马错自灭蜀之后几次平定蜀乱，没有太多立功机会，是魏冉把他调到了中原战场，使其迎来第二个事业高峰期。后来被誉为战国首席名将的武安君白起，也是在魏冉力排众议后被破格提拔的。这一老一新两位军方大佬投桃报李，与相邦魏冉相善，铁三角组合由此成形。魏冉也借助二将之手强化了对军队的掌控，堪称权倾朝野。接下来，司马错和白起两位名将在他的支持下痛击韩魏两国，夺取了相当于几个郡的地盘。魏冉也因此被秦昭王封为诸侯，因其最初的封邑在穰地而号称穰侯。

秦国在商鞅变法前就缺乏分封制传统，只是在灭蜀后封宗室子弟为蜀侯。身为外戚的魏冉和王弟泾阳君、高陵君被封为诸侯是一个空前的待遇。此举有利于秦国控制远离咸阳的关东新地盘，也让楚外戚集团成员得到了更多特权特利，可谓一举两得。除了穰地之外，魏冉还从宋国得到了陶邑做封地，给自己后半生的变化埋下了伏笔。

在《战国策》里，穰侯往往是被策士说服的对象，显得缺乏智慧。跟前辈张仪相比，穰侯没有三寸不烂之舌，表面上屡屡被各国策士挫败外交图谋。比如，他促成秦齐两国并称"东帝""西帝"，联手瓜分赵国，不料苏秦不仅说服齐湣王主动放弃"东帝"称呼，还联合赵国组织合纵攻秦。仿佛魏冉偷鸡不成蚀把米。可当你结合《史记》中的各国交战记录来看就会发现，穰侯魏冉的战略头脑其实不亚于苏秦、张仪。论知名度和口才，他不及苏、张的一半。若以王霸之业做绩效考核，他实际上超过了战国其他纵横家。

要知道，魏冉主政之初，齐国跟秦国旗鼓相当，还借助合纵之力击败过秦国；赵国并未因沙丘宫变而衰弱，幸运地迎来了中兴；一度四分五裂的楚国趁着秦国与北方诸侯混战时重新完成整合；燕国也通过改革发展成一个不容忽略的新兴强国。面对错综复杂的局面，穰侯没有拘泥于一时得失，而是不断调整外交策略，为秦国争取战略上的主动权。

被苏秦挫败图谋后，穰侯不计前嫌地转变立场，暗中支持苏秦为燕破齐的大计。他甚至为了向燕昭王君臣表示参与伐齐的决心，任命齐人蒙骜为将带头攻齐。后又派尉斯离参与了燕上将军乐毅组织的五国联军，借助诸侯之力摧垮了最强劲的宿敌。

他做了很多外交工作，组织过连横也参与过合纵，有成功也有失败，但最终结果大多是对秦国有利的。反倒是秦国的对手们，在合纵连横中经常不小心站错队，痛失好局。

在破齐之后，秦国初露一家独大之相。但魏冉还没尝够不可一世的滋味，就很快在攻打魏国首都大梁时被燕赵联军逼退，因此被免去相位。魏冉几次免相又没多久即恢复相位，位高权重可见一斑。也正是在这个时期，魏冉的公心渐渐衰退，私欲越发膨胀。

如果说魏冉在破齐之前的战略方针是摧毁所有的劲敌，则此后一连串攻打魏国和齐国的动作都是为了扩大自己的封地——陶邑。由于陶邑跟秦国不接壤，西连魏，东连齐，魏冉一直想打通大梁，让陶邑跟秦国本土连成一体。他在发动此类战争时用的不是老搭档白起、司马错，而是自己的心腹客卿灶、客卿胡阳，甚至多次亲自上阵。除了乐毅、田单、赵奢、廉颇等一流名将外，魏冉可以击败同时期的其他六国将领。

期间楚国图谋合纵抗秦，魏冉临时决定转变主攻方向，再次与白起、司马错联手伐楚。这次长达五年的秦楚大决战，是铁三角最后一次合作。司马错和白起各显神通，最终楚国丢失了半壁江山，仓皇迁都淮北。司马错在战争期间去世，铁三角变成了将相双璧。白起因战功卓著被秦昭王封为武安君，跟穰侯平起平坐，但两人的关系渐渐疏远。

除了在华阳之战救急外，魏冉再也没让白起出战。他派客卿灶攻齐，与同样争夺齐地的赵国发生冲突。魏冉怒而兴师伐赵，却做了一生中最错误的用人决定——派胡阳攻打阏与。结果赵将赵奢在阏与之战大破秦军，赵国成了比齐国更难对付的强敌。当初败给赵国，魏冉的第一反应是让白起伐赵。可这一回，他不愿让白起再立军功，极力跟赵国讲和（《战国策·秦策三·谓魏冉曰和不成》）。

阏与之战让穰侯在国内的威望一落千丈，只是楚外戚集团树大根深，他才能继续占着相邦之位。此时，秦昭王早已从青葱少年变成中年大叔，宣太后也垂垂老矣。魏冉担心姐姐去世后会大权旁落，千方百计地巩固楚外戚小圈子，还一改秦国向天下求贤的国策，排斥外邦宾客。此举又进一步激化了秦昭王、宗室、大臣、宾客和楚外戚之间的矛盾。

一个叫范雎的魏国布衣士子被秦昭王的特使王稽悄悄带回秦国。两人的马车恰好遇到了东行县邑的穰侯队伍。厌恶外邦宾客的穰侯与范雎擦肩而过。穰侯万万没想到，秦昭王会雪藏此人几年，并最终听从他的建议，"清洗"扶持自己上台的楚外戚集团。

秦昭王四十二年（公元前265年），宣太后薨，同年秋九月，秦昭王免去穰侯的相位，勒令他和泾阳君、高陵君离开关中，回自家的封地养老。魏冉带着千余车财物黯然离去，来到了依然跟秦国本土不接壤的陶邑……

魏冉是铁三角组合中最复杂的一个人。他的前半生和后半生看似判若两人：前期忠心谋国，举贤不局限于楚外戚，扶持了一批平民出身的军功勋臣；后期私欲膨胀，放纵楚外戚专权，排斥外来人才，跟老战友白起貌合神离。晚年的穰侯再也不是那个让诸侯畏惧的战略家，沦为一个眼里只剩下一己私利的短视之人。他在智商和见识上的倒退简直惨不忍睹。

可若是考察他那特殊的身份，也许一切都在情理之中。

穰侯最本质的身份是宣太后为首的楚外戚集团的顶梁柱，然后才是秦国的相邦。他从一开始就没有忘记过小团体利益，只是尽可能地将秦国战车跟楚外戚集团捆绑在一起。当两者利益一致时，他就是志在为国建功的良相。当两者利益冲突时，他就是以小团体私利为先的权相。

司马错与白起虽然在军中有着无与伦比的威望，老部下遍布秦军各级指挥系统，但两人都没有朋党观念，无意在朝中培植党羽。换言之，两人一旦被解除军职和爵位，就立即变回了无权无势的士伍（秦汉时没有爵位的平民成年男子在法律上的身份是士伍）。铁三角在对外军事战略上长期共进退，但始终没有变成一个利益集团，就是因为魏冉和其他两人的为臣之道泾渭分明。

自从司马错离世后，魏冉与白起的关系从相善逐渐转为疏离，魏冉还有意识地限制武安君白起增加军功。即使在对赵战争中失利，他也只是同意秦昭王任命白起为处于秦赵对抗第一线的上郡郡守（司马错恰好也做过这个职位），而没有做出任何有利于击败赵国的战略部署。

如果是从前的他，一定会把摧毁赵国当成战略重心，跟白起等人共谋大计，物色其他良将组成新的铁三角组合。可惜时过境迁，物是人非。魏冉心心念念的还是自己的私欲，想着如何通过攻打远方的齐国，争取把自己的封地变成一个更大的诸侯国。秦昭王君臣后来采纳的"远交近攻"方针，就是对穰侯晚年错误战略的彻底纠正。

魏、白两人的分道扬镳，实质上反映了当权的楚外戚集团和军功—文法吏阶层之间的矛盾。白起和司马错作为秦军的灵魂人物，从来没成为魏冉的私党。他们的战功越高，秦国基层吏民中获得军功爵的人也越多，对朝局的影响力也越大，跟楚外戚集团在各个军政司法要职上的竞争也越激烈。作为两个不同势力的代表，魏冉和白起的隔阂也会不可避免地加深。

当楚外戚集团膨胀到威胁王权的时候，秦昭王再也无法容忍。当这个小圈子背离了秦孝公求贤令和商君之法的时候，渴望以功劳获取官爵的广大军民也不再把穰侯视为功臣。秦国需要更多的胜利来摆脱低迷的士气。"清洗"以穰侯为首的楚外戚集团注定成为推动秦国继续前进的必经之路。

跟诛灭季君党羽时的狠辣相比，秦昭王对楚外戚集团的"清洗"虽无情，却还是给了一个比较体面的退场方式。穰侯被外放到封地陶邑做他的小诸侯，最终卒于此地。他下葬后，秦国收回陶邑并设了郡，再也没封给别人。随着魏冉等人退出历史舞台，秦国结束了外戚专权的时期，庙堂开始呈现出布衣将相气象。

纵观穰侯的一生，大功多于大过。是他亲手组建了将相铁三角组合，让司马错和白起尽情施展军事才能，也是他让铁三角走向分裂。不管怎么说，秦国在魏冉专权期间四面扩张，变成地方五千里的大国。即使后期有过，他也完全对得起秦国了。

武安君白起：虎狼之师的形象代言人

在铁三角组合中，名气最高、争议最大的人是武安君白起。

梁朝史学家周兴嗣在《千字文》里写道："起翦颇牧，用军最精。"这句话说的是战国四大名将白起、王翦、廉颇、李牧擅长用兵。白起被他排在第一位。唐高祖李渊称赞大唐军神李靖："古之名将韩（信）、白（起）、卫（青）、霍（去病），岂能及也！"白起和另外三位顶尖军事家被李渊视为"古之名将"的标杆。而在唐朝设立的武成王庙中，秦武安君白起不仅跻身"武庙十哲"，还位列武圣人姜太公、副祀张良之后。他的坐像排在姜太公的左列第一。

这是谈论中国古代军事时无法绕开的狠角色。铁血强秦代出良将，但唯有白起才称得上是秦军"胜利的象征"。秦军的歼敌成果，他占了一半。秦军的经典战例，他指挥的最多。秦军的典型战法，他的贡献最大。被他消灭的韩、魏、楚、赵等国军队累计达到100万。如果再算上击伤和俘虏，三晋和楚国大约因白起损失了数百万人口。秦军给山东六国造成的伤亡，一半是由他完成的。于是后世喜欢用"人屠""杀神"来给他贴标签。

尽管白起没有攻灭过任何一国，但不少人认为，是他的辉煌战绩让秦统一天下的大势变得不可逆转。以至于《史记·白起王翦列传》的另一个主角王翦，容易被低估为"摘取胜利果实的人"。

白起是秦国内史郿县（治所在今陕西省眉县东渭河北）人，《战国策》里提到他的另一个称呼是公孙起。于是有专家推测白起祖上是秦公族，但《史记》没这么写。即使这个说法是真的，白起这一代也已变为没有什么背景的平民。

他的早期经历不明，第一次出现在史书记载中是秦昭王十三年（公元前294年），魏冉举荐他代替老将向寿攻打韩国重镇新城。这是他第一次独立统兵出征。

新城不是一个小目标，但被他一举攻克。不料，一贯反包的韩魏两国集结了

24万联军，企图以两倍以上的兵力优势消灭白起部秦军。如果换作其他秦军将领，可能会采取避其锋芒的策略，等待关中援兵到来后，再跟敌军交战。谁知白起毫不示弱，反而主动跟人多势众的敌军在伊阙要塞对峙。他利用魏韩两军之间的矛盾，以半击倍，居然成功全歼敌军，俘虏敌帅，还拔了5座城池。

伊阙之战是战国时期的一个重要转折点。白起的横空出世打破了列强之间的平衡，他与恩公魏冉、军中前辈司马错共同掀起了秦国新一轮的军事扩张狂潮。韩国的河外、上党之地，魏国的河东、河内之地，楚国的南阳之地、巫黔之地、鄢郢之地，不是白起、司马错打下的，就是白起的部将打下来的。秦昭王初年的秦国只有内史、陇西、上郡、巴、蜀，后期增加为内史和十二郡，都是铁三角的功劳。

攻必克、战必取的白起，军功还超过了司马错。早期秦军功爵只有18级，大良造是顶级。商鞅是史书记载的秦国第一个获得封君称号的非宗室大臣，而白起是秦人中第一个由大良造获得封君称号的非宗室武将。

白起在37年为将生涯中，摧垮了韩、魏、楚、赵四雄。一连串败仗让这四国将领达成了一个共识——绝对不要跟白起正面交锋。

白起是中国古代最著名的歼灭战大师之一。在他之前的军事家虽然打出过歼灭战，但采用的是伏击的方式，最高纪录是破敌十万。直到白起为将之时，歼灭战才真正在中国发展成一个成熟的战术体系。

跟大家的刻板印象不同，白起并不是每战都以大量消灭敌军为目标。根据《史记》和《战国策》的记载，从秦昭王十三年至五十年，白起亲自领兵出征共计16次。其中真正有明确斩首记录的战役只有5次：

时间	战役	对手	战果
秦昭王十四年	伊阙之战	韩魏联军	斩首24万
秦昭王二十七年	光狼城之战	赵军	斩首3万
秦昭王三十四年	华阳之战	魏赵联军	斩首15万
秦昭王四十三年	陉城之战	韩军	斩首5万
秦昭王四十七年	长平之战	赵军	斩首虏45万

假如算上秦昭王二十八年的鄢郢之战水淹几十万楚国军民，白起也只打出了6次真正意义上的歼灭战。其中，杀敌数高于5万的大规模歼灭战只有4次，杀敌数小于等于5万的小规模歼灭战2次。另外10次出征几乎都是杀伤较少的攻城略地战。也就是说，在他指挥的所有战役中，歼灭战只占了37.5%的比重。次数不多，效果却惊人。

白起的歼灭战包含了长途奔袭、快速穿插、迂回包抄、分割包围、连续追击等元素。他料敌合变，出奇无穷，组织的六场歼灭战各有特点。从有效的史料中，我们可以总结出白起式歼灭战法的5个特点：

其一，重视侦察，务求知己知彼。

他在开战之前必定会多方侦察敌情，以求准确了解全局形势。比如，他敢于在伊阙之战中以寡击众，就是因为探明了魏韩联军将帅不和的情况。近乎单向透明的情报，让他总能准确抓住敌军的破绽，掌握战争的主动权。

其二，示形误敌，以大范围机动创造战机。

白起在伊阙之战使用疑兵，然后让主力部队长途奔袭，迂回到魏军背后。他在长平之战诈败而退，把固垒而守的数十万赵军引出阵地，为两路奇兵穿插敌后拉开了空当。

其三，选择有利地形做决战的战场。

在长平之战中，秦赵兵力旗鼓相当。敌将赵括满以为秦军无法包围赵军，谁知白起借助丹河河谷的群山把敌军分割成两段，把赵军变成了瓮中之鳖。为了强化包围效果，他还令士兵构筑了坚实的壁垒。

其四，选择最有利的时机果断猛攻。

他察觉楚国上下离心离德、城池不修、守备松懈，而且楚将庄蹻远征西南夷，带走了不少精兵良将，于是亲自率领数万精兵轻装深入楚国腹地，打了楚军一个措手不及，楚顷襄王君臣仓皇迁都。

其五，破军虏将后穷追猛打。

白起在伊阙之战和华阳之战等经典战例中都俘虏了敌军主将，并打破了商鞅提倡的兵法教条——"大战胜，逐北无过十里。小战胜，逐北无过五里"。他总是对溃敌展开连续追击，使敌军疲于奔命，无法重新收拢结阵作战，最终全军覆没。

尽管白起升级了秦军的技战术体系，训练出无数后备将才，但他之后的秦将很少能打出干净利落的歼灭战。随着战国形势和作战需要的变化，歼灭战法渐渐被秦军束之高阁。后来的秦统一战争不再追求大量杀灭敌军有生力量。这使得白起的歼敌记录在整个战国时期空前绝后，代表了战国战争的最高水平。

有些人认为白起的战绩都是靠欺负二流将领获得的，因为其他战国一流名将没跟他交过手。殊不知，当白起伐赵三年连拔五城时，大将军廉颇和赵奢都束手无策，只好通过攻打齐国来弥补损失。与白起同为"武庙十哲"的乐毅，一生没有参与对秦战事。后来赵奢打赢了阏与之战，廉颇也击败过秦将，但战胜的是别人。以合纵胜秦闻名于世的魏公子信陵君，在少年时代被伐魏的白起留下心理阴影。待到他扬眉吐气之时，白起早已是被秦昭王解除了兵权的老卒。

站在战争史的角度来看，白起是历代秦将军事思想的集大成者，对战国晚期的军事家有很大影响。

军事家常以敌为师，名将之间往往是相互学习的。白起席卷魏国61座大小城邑时，未尝没有借鉴乐毅破齐时的作战经验。而李牧大破匈奴之战，说明赵军后来已经掌握了白起式歼灭战法，两次大破秦师算是以其人之道还治其人之身。秦军在灭六国时已不再执着于追求斩首数，但王翦、王贲、蒙恬等名将的用兵韬略，继承发扬了武安君"计利形势，不拘一格"的作战精髓。

不同于复杂的魏冉，白起是一名纯粹而专注的职业军人。他研究战争，谋划战争，指挥战争，赢得战争，脑子里装的不是战斗经验就是战争法则。这种品格既令他成为出类拔萃的军事家，也让他成为中国历史上著名的战争罪犯。

长平之战是他指挥艺术的巅峰之作，但他在战后下令杀死了数十万赵军降卒，只放了240名少年兵。这个暴行令他沦为千古罪人、战国最著名的屠夫。以至于普通人提到"白起"二字时，第一反应就是长平杀降。

无论出于现代人道主义思想，还是古代"杀降不祥"观念，白起此举都注定要被批判。尽管人类战争史上从来不缺少类似甚至更糟糕的暴行，但长平杀降无案可翻。因为，在战场上消灭再多的敌人，都没有超出战争的底线。杀降这件事跌破了底线。这可是连白起自己都承认的事。

在此之前，山东六国从来没有真正产生共同阵营的意识，而是把彼此视为跟秦国一样的竞争对手。秦赵在长平恶斗之时，其他五国还分属双方阵营。但白起杀降改变了这一切。诸侯同情赵国，害怕秦国，六国百姓越发"不乐为秦民"。

白起杀降后率兵包围赵都邯郸，欲乘胜灭赵。他派使者回国请求秦昭王调拨更多军粮，好让饥饿疲惫的士兵们有力气发起最后的总攻。可惜丞相范雎听从说客建议，极力反对灭赵。秦昭王也觉得国虚民饥，不如等明年准备充分再攻邯郸，于是下令收兵。

这是武安君最后一次出征。当秦昭王再次发兵攻打邯郸时，双方的立场发生了180度转变。朝野上下都赞同灭赵，武安君却出人意料地成为最坚定的反对者。长期以来，世人只把白起当成一个战场指挥家，大大低估了他的战略思考能力。白起是发动战争最多的战国名将之一，但他并不迷信武力，对战与不战有着清醒的思考。无奈秦昭王执意灭赵，先后派出王陵、王龁等将领围攻邯郸。结果秦军连连失利，反而被赵、魏、楚联军合力击退。昭王强令重病的白起挂帅，白起却陈述了最终谏言：

> 臣知行虽无功，得免于罪；虽不行无罪，不免于诛。然惟愿大王览臣愚计，释赵养民，以诸侯之变，抚其恐惧，伐其骄慢，诛灭无道，以令诸侯，天下可定，何必以赵为先乎？此所谓为一臣屈而胜天下也。大王若不察臣愚计，必欲快心于赵，以致臣罪，此亦所谓胜一臣而为天下屈者也。夫胜一臣之鬐焉，孰若胜天下之威大耶？臣闻明主爱其国，忠臣爱其名。破国不可复完，死卒不可复生。臣宁伏受重诛而死，不忍为辱军之将。愿大王察之。（《战国策·中山·昭王既息民缮兵》）

令人感叹的是，第一个反思杀降的居然是下令杀降的人。那位杀死赵人最多的刽子手，居然不惜以死劝谏秦昭王接受"释赵养民"的新思路。历史学家朱绍侯先生指出："白起是秦兼并战争中杀人最多的将领，但他终于看到了大屠杀给秦带来的危害，因此想要改弦更张，而秦昭襄王则不肯吸取教训，故招致邯郸之战的惨败。"

何止是秦昭王！秦国上下当时都因武安君取得的空前胜利而变得极度狂热。他们认为以强秦灭残赵是轻而易举的，昔日取胜如神的武安君已经老糊涂了，变成了畏战的胆小鬼，不要听他的，不要被他的丧气活动摇作战决心。

秦昭王因为白起反对攻赵而将其免为士伍，并流放到北地郡的阴密县。白起从爵位最高的武安君变成了没有爵位的平民。由于病重，他没有立即启程。在接下来3个月中，诸侯攻秦急，秦军连连退却。但秦昭王失去了理智，不但没有采纳白起的最终谏言，反而勒令白起立即滚出咸阳。在白起抱病出发后，秦昭王还不解气，和范雎等人商议后，派使者赐白起自裁。

在自裁前，白起忏悔了长平杀降一事。"我固当死。长平之战，赵卒降者数十万人，我诈而尽阬之，是足以死。"白起因杀降招致骂名滚滚来，后世志怪小说中不乏以他为反面典型的因果报应故事。长平古战场遗址所在地区流传着"白起豆腐"这道菜，表达着祖祖辈辈对杀降者的诅咒。他忏悔了，但没人原谅。

秦昭王五十年的寒冬腊月，一代名将武安君在杜邮自杀。秦国官史中只留下淡淡的一句——"武安君白起有罪，死。"与他一同赴死的还有他的部将，司马错的孙子司马靳。秦人怜惜白起，在关中各乡邑纷纷祭祀，以表达《诗经·秦风·黄鸟》般的悲愤之情。

邯郸之战的惨败让秦国从巅峰坠入低谷。即使秦军众将努力击退诸侯，秦国也无力东出。像白起这样能事先意识到时势巨变的人，恐怕在秦国朝野中寥寥无几。大多数人只有在血的教训后才能学会认清现实。

好战之君秦昭王悔不当初地说："今内无良将而外多敌国，吾是以忧。"他终于停止了穷兵黩武的脚步，采纳武安君的最终谏言"释赵养民"。而秦孝文王、秦庄襄王两代君臣，踏踏实实地按照"以诸侯之变，抚其恐惧，伐其骄慢，诛灭无道，以令诸侯"的军事战略重新把秦国带出低谷，为秦始皇的统一战争布好了大局。

耐人寻味的是，白起跟谁合作都能取得出色的战果。反观魏冉和范雎，他们虽是出色的战略家，但都只有与白起合作的时候才真正取得辉煌。魏冉跟白起分道扬镳后乏善可陈。而睚眦必报的范雎进谗言促使秦昭王下决心杀白起后，居然拿不出像样的对策来破解反秦联盟。

白起是铁三角组合中最后去世的人。他在铁三角中扮演着大杀器的角色。正是他出神入化的歼灭战法摧垮了敌国的武装力量，为司马错和其他秦将攻城略地创造了有利条件。从推出大规模歼灭战打法到第一个反思屠杀的恶果，白起的军事头脑一直走在时代的前沿。他公忠报国，爱兵如子，敢说真话，朋而不党，最终在朝中变得孤立。有人祭祀，有人陪他一起死，却没有重臣能拼命救他，没有士兵为他愤而哗变。所有人都知道他善于谋国却不懂得全身，而能保护他的穰侯魏冉和司马错，早就不在了。

贤将司马错：太史公司马迁的传奇祖先

铁三角组合在《史记》中的待遇截然不同：魏冉单独立传，白起与其军中后辈王翦合为一传，司马错出现在很多记录中却没有立传。假如不是司马迁在《史记·太史公自序》中诉说家史，我们根本不知道司马错居然是他的祖先。

司马错是秦国内史夏阳人。夏阳原名叫少梁，在春秋时曾经是梁国首都圈，后为秦穆公所灭。后来晋国以及由晋国分化出的魏国，跟秦国在少梁这块土地上打了百余年仗。秦孝公八年（公元前 354 年），秦军拔了少梁城。魏国一度夺回此地，但最终被秦惠文王拿下。少梁作为秦魏拉锯之地，民众归属多次变化。司马错家族没有为躲避战祸迁徙到魏国内地，而是融入了秦国。

说来有趣，铁三角中的魏冉是楚人，白起祖祖辈辈都是秦人，秦人司马错则差点就成了魏人。幸好他的父辈选择做秦民，否则秦国将失去一位绝世良将，而魏国要多一个怀才不遇只能出走他国的兵痴。

他是铁三角组合中最先出场的人，形象也最为正面，基本上没有什么负面记录。只可惜他的后人没给他单独立传，我们往往只能从其他秦国将相的事迹中看到他的身影。司马错在史书中首次亮相是在秦惠文王更元九年（公元前 316 年）。他一登场就做了件很猛的事——怼张仪。那个一怒而天下惧的大纵横家张仪。

当时巴蜀两国相互攻击，双双请求秦国出兵帮自己。秦与蜀从春秋时就多次交战，汉中郡治所南郑曾经是两国反复争夺的拉锯之地。秦惠文王的第一反应是可以趁机伐蜀，第二反应却觉得蜀道险狭难行，远征胜算不大。而且韩国为了报复战败之仇，又准备兴兵侵秦。如果先攻韩再攻蜀，恐怕会错失良机。可如果先伐蜀的话，韩国很可能会趁机找麻烦。秦惠文王犹豫未能决，与群臣集议。司马错提议先伐蜀，但相邦张仪认为不如先伐韩。

张仪的计划是亲魏善楚，联合两国之力伐韩攻周，挟周天子以令天下，成就王业。他认为蜀国是僻远的戎狄之国，即使攻下来也不得名不得利，不值得秦敝兵劳众。他力主以控制韩、周为战略重心，主要是因为纵横策士们主要的资源和人脉都在中原地区。如果脱离这个棋盘的话，他很难发挥自己的才智。虽然张仪有率军伐取陕城的经历，但统兵制胜并非他的强项，对伐蜀能否成功抱有很大的疑问。

若是换作一般人，很难在辩论中跟张仪抗衡。司马错的战略头脑不输给张仪，论急智应变自是不如，论深谋远虑则有过之而无不及。

司马错指出秦国当前的问题是地小民贫，不具备成就王业的实力（彼时秦国只有内史、上郡、陇西等地盘）。当务之急是扩张领土、夺取财富。应该从容易取胜的地方着手。问题是，张仪觉得伐韩劫天子容易，伐蜀困难重重且利益不大。而司马错的看法恰恰相反，伐蜀不仅风险小，而且更容易产生效果。

在他看来，眼下是蜀国主动请求秦国救援，秦军可以名正言顺地进入蜀地，不会在途中遭遇阻击。只要能顺利进入成都平原，蜀军不足为惧，风险比群臣想象的要小得多。灭蜀能广国富民，这对秦国加速发展非常有利。

显然，张仪等智士只熟悉中原而对巴蜀了解不够深，不像司马错深入研究过西南区情。《史记·货殖列传》："巴蜀亦沃野，地饶卮、姜、丹沙、石、铜、铁、竹、木之器。南御滇僰，僰僮。西近邛笮，笮马、旄牛。"蜀地农工商百业兴旺，物产丰富，还能掌握西南商道（即西南丝绸之路的前身），为秦国带来一个远离山东六国威胁的大后方基地。

光是论述伐蜀之利就算了，司马错还直接否定了张仪挟周天子以令天下的王业理论。他认为韩周两国必定会并力合谋抗秦，韩割地给魏，周献象征天子的九鼎宝器给楚，魏楚就不会跟秦国合作，而齐赵两国也会帮助韩周。这样就会让秦国再度陷入外交孤立的局面。

最终，司马错说服了众人，秦国决定先伐蜀再回头对付韩国。这是秦国发展史上一次重大历史转折。在此之后，秦国把发展重心转向了大西南地区，致力于争夺巴蜀汉中之地。就连张仪都放弃了原先亲魏善楚的计谋，转而尽心尽力拆散楚国与诸侯的联盟，配合秦军众将夺取了六百里汉中地。此乃后话。

为了更好地调动全国资源，秦惠文王派相邦张仪和将军司马错共同伐蜀。当然，职位更高的张仪只是挂名统帅，负责协调战后治理工作，成都城据说就是他主持修建的。实际统筹战事的司马错大破蜀师，攻灭蜀国。他还协助张仪顺势兼并巴国，取得了比原计划更大的成果。

灭蜀一事表明，司马错不仅具有长远的战略眼光，还善于与他人合作建功。智商和情商都超乎众人。张仪排挤过很多人，但跟司马错反而没有出现纠纷。

《汉书·司马迁传》载："在秦者错，与张仪争论。于是惠王使错将兵伐蜀，遂拔，因而守之。"司马错灭蜀后长期坐镇西南。秦国最初在蜀地采取封国制，把蜀王贬为蜀侯，派陈庄为蜀相，并以张若为蜀国守。司马错攻取的巴地不搞分封，直接设为巴郡。此后，司马错的主要活动与巴蜀军区密切相关。每次蜀地生乱，司马错都会被派去平叛。秦惠文王更元十四年（公元前311年），蜀相陈庄杀蜀侯。据《史记·秦本纪》，秦武王元年（公元前310年），丞相甘茂奉命诛杀蜀相陈庄，司马错协助平乱。《水经注·江水注》称："秦惠王二十七年，遣张仪与司马错等灭蜀。遂置蜀郡焉。"秦惠文王恰好在位27年，司马错与张仪"灭蜀"设郡，其实就是秦武王元年平定蜀相陈庄后的行动。①

秦昭王六年，司马错再次率军定蜀，杀死了叛变的蜀侯煇。他此后沉寂整整6年，直到昭王十二年攻魏襄城时，才重新在《史记·六国年表》中露面。他自灭蜀之后，二十多年没有打过外战，以至于山东列国都忽视了他的存在。魏冉在蜀地安定后将其调到中原战场，让这位智勇双全的老将打魏国一个措手不及。

昭王十五年，客卿司马错与大良造白起联手攻打魏国的垣城，拔之。秦国出于外交考虑，很快把垣还给了魏。白起在同年南下攻楚之宛城，然后暂时淡出一线，司马错则走到了最前线。这位劳模接下来又先后三次统兵出征。

昭王十六年，左更司马错攻取魏国的轵与邓两座重镇，把河内与河东两个区域的联系基本切断了。秦国封公子芾于宛，封公子悝于邓，封魏冉于穰并复益封陶。

昭王十八年，魏冉、白起、司马错兵分三路，合力进攻魏国河东、河内，共

---

① 《华阳国志·卷三》："周赧王元年，秦惠王封子通国为蜀侯，以陈壮为相。置巴郡。以张若为蜀国守。戎伯尚强，乃移秦民万家实之。三年，分巴、蜀置汉中郡。六年，陈壮反，杀蜀侯通国。秦遣庶长甘茂、张仪、司马错复伐蜀，诛陈壮。七年，封子煇为蜀侯。司马错率巴、蜀众十万，大舫船万艘，米六百万斛，浮江伐楚，取商於之地为黔中郡。"司马错在秦武王三年（周赧王七年）攻楚黔中一事，应该是秦昭王二十七年事误记。另，商於之地在汉江以北，黔中地在长江以南。司马错不可能从长江攻打到商於。

同打下大小城池六十余座。指挥中路军的司马错再度占领魏国的垣，切断了两地魏军联系，为进攻河东的白起西路军和进攻河内的魏冉东路军制造了有利战机。他还审时度势，攻占河雍，决桥取之，让黄河南岸的魏国援军望河兴叹，确保这场大规模攻城围邑战的胜利。

昭王二十一年，司马错率兵复攻魏河内，迫使魏国投降。《史记·秦本纪》称："魏献安邑，秦出其人，募徙河东赐爵，赦罪人迁之。泾阳君封宛。"秦国的河东郡大致在这个时期设立，而河内地区也有一部分被秦占领。

司马错的三次出征将韩魏彻底打入万劫不复的境地。这是他灭蜀之后的第二个事业高峰期。至此，铁三角针对韩魏河东、河内地区的组合拳暂时告一段落。秦国下一阶段的首要打击目标是齐国。魏冉派蒙骜、斯离等秦将出战，让司马错和白起养精蓄锐，准备破齐之后的战争。

在白起横空出世之前，王族智将严君樗里疾的斩首纪录最高，司马错攻占地盘最大。他提议并亲自带兵灭了一个古老的诸侯国，为秦国开辟了大西南根据地。如果把时间轴拉长，我们就会发现，司马错是秦始皇灭六国之前攻城略地最多的将领。除了巴蜀之外，他跟白起联手夺取了魏韩的河东、河内大片土地，迫使楚国割让了上庸及汉北地（相当于半个秦汉中郡和南阳郡），并亲手拔楚黔中郡。白起歼敌虽多，但在开疆辟土方面不如司马错。

巧的是，秦国每次发生战略方向大转折的时候，指挥第一战的往往是司马错。

秦惠文王时代把扩张重心从中原转为西南，始于司马错的伐蜀之计和灭蜀之战。魏冉在秦昭王十二年组织的大反击，也是以国尉司马错为开路先锋。而秦昭王二十七年开始的秦楚五年大决战，司马错指挥了第一战和第二战，皆大获全胜。

将相铁三角组合之所以高效，与司马错这个最佳第三人是分不开的。曾经提出灭蜀方略的他，可以与魏白二人共同制订军事战略。三颗秦国最聪明的头脑碰在一起，即使外交上一时受挫，在战场上也能赢回更多。他跟白起一样对战争有深刻的见解，能以更小的代价换取更大的战果。司马错与白起经常交替换位，轮流出击，列国防不胜防。

秦昭王时代的秦国在各方面都突飞猛进，特别是军事领域。秦军在昭王前期还跟齐军互有胜负，后来发展成中国古代战争史上著名的虎狼之师，司马错和白起两人功不可没。

由于灭蜀之战的组织难度极高，对秦军的技战术与后勤保障体系提出了更高的要求。司马错成功地升级了秦军的长途奔袭能力与山地战能力，让部队对复杂战场环境的适应力大大增强。更重要的是，这是商鞅变法以来秦军积累的第一个灭大国经验，对后辈秦将的成长有着无可估量的意义。

白起擅长斩首这点跟司马错的老战友樗里疾更像，但他出奇无穷的作战思路显然受司马错的影响更多。白起和司马错分别发展了秦军的歼灭战能力和攻城略地能力，让秦军具备了打出更多复杂战略战术配合的资本。这是秦昭王时代的军事扩张成果异常突出的根本原因。

司马错在中原大战中屡屡告捷，但他没有忘记最初的宏大构想。灭蜀只是他战略构想的第一步，下一步是因蜀伐楚，从长江上游开辟第二战场。他最后一次带兵出征，就是率领 10 万巴蜀舟师战黔中。从灭蜀至黔中之战，司马错谋划了整 36 年，终于如愿以偿。

由于个人传记的存在，魏冉和白起的悲剧结局是清晰的。没有立传的司马错却在黔中之战大捷后突然销声匿迹。次年楚将庄蹻挥师收复黔中，他的成果毁于一旦。这一路秦军直到白起打赢鄢郢之战后才重新有动作。最终再次平定黔中的是司马错的老战友蜀郡守张若和白起。

有人猜测司马错因战败被秦昭王抛弃了，但楚国方面没有关于击败秦将司马错的说法。况且专权的魏冉不会因此放弃一名功勋赫赫的老搭档。如果这位能专注数十年谋划战事的智将还活着，必定会再战复仇。黔中之战的 23 年后，他的孙子司马靳已经成为武安君白起的忠勇部将。由此倒推，司马错最后一次是高龄出征，在胜利后不久就去世了。

当后人谈起司马错的历史贡献时，印象最深的是灭蜀之计。王子今先生在《秦人的蜀道经营》中指出："秦惠文王时期，秦完成了对蜀地的占有。秦人兼并蜀地，是秦首次实现面积达数十万平方公里的大规模的领土扩张，为后来统一事业的成功奠定了最初的基础。"如果没有司马错灭蜀，就不会有多年后蜀郡守李冰修都江堰，秦国就会少一个不输给关中的天府之国。故而《史记·张仪列传》称："蜀既属秦，秦以益强，富厚，轻诸侯。"

以灭蜀为始起点，以拔黔中为终点，司马错在西南战略上看得其实比我们想象的更远。他在铁三角时代的出色表现往往被低估。更令人感慨的是，他的战绩是靠与白起等将不同的另一种兵学思想来实现的。

司马错打下的地盘比白起都多，却偏偏是秦军顶尖名将中罕见的缺少"斩首"记录的将军。这不代表他不擅长歼灭敌军，因为秦军奖励升迁是有歼敌（斩首）指标的。他不可能不杀伤敌人，但不像其他秦将那样刻意追求斩首战果。他的兵学主张是"不伤众而彼已服焉"和"我一举而名实附也，而又有禁暴止乱之名"。由此可知，司马错不以大量消灭敌军有生力量为本，更接近兵圣孙武"全国为上，破国次之；全军为上，破军次之"的军事思想。假如他能活到长平之战，也许会带头反对杀降。即使反对不成功，也能在邯郸之战时替开始反思屠杀恶果的白起说公道话。只可惜，司马错跟白起实际上是两辈人，并没有姜太公那样长寿。好在他坚持的兵学道路给王翦、蒙恬等后辈留下了不追求杀伤也能打赢兼并战争的打法。

毫不夸张地说，如果没有司马错的战略智慧与用兵才能，秦国铁三角模式就无从真正运作起来。而当他去世后，魏冉和白起失去了一个令人尊敬的功勋长辈，也少了一个调和矛盾的缓冲器。秦国从此再无铁三角式的将相组合。

将相铁三角组合的历史战绩

在铁三角主政时代，秦国的军国大计是由这一相二将三颗秦国最聪明的头脑和秦昭王共同谋划的。定好战略方针后，相邦魏冉抓好内政外交，全方位支持白起、司马错两位将军讨伐诸侯。简约的团队构造、快捷的决策机制、合理的分工方式，让秦国释放出空前的威力。

第一个被秦国铁三角拿来祭旗的，就是跟着齐国攻秦三年的韩魏两国。

秦昭王十二年，国尉司马错攻取魏国襄城，初步扭转秦国的被动局面。

秦昭王十三年，上郡守向寿和初左庶长白起先后占领韩国的武始和新城。

秦昭王十四年，白起在伊阙打破魏韩联军，斩首24万，拔5城，创下了空前的歼灭战纪录。他随后又北渡黄河，夺取了安邑以东、乾河以西的韩国土地。

伊阙之战斩首 24 万，一下子拉大了秦与韩魏之间的实力差距。韩魏元气大伤，在相当长的时间里无力守住河东、河内。秦军不再需要逐地逐城地蚕食，可以放手采取鲸吞策略。

以魏冉、白起、司马错为轴心的秦国高层，很快琢磨出了一个全新的军事扩张套路：拿下若干重要的进攻跳板（布势）—歼灭大股有生力量（大破军）—趁着敌国重伤不治进行连续打击（抢地盘）……于是该国从此被打残。外交分化与间谍活动始终贯穿全程，并围绕不同阶段的需要进行调整。

新军事战略让秦国的第二轮扩张开始提速。列强均势的格局从此被秦国铁三角组合的新扩张套路彻底打破。韩魏不幸成为第一波牺牲品。

秦昭王十五年，白起与司马错攻魏垣城，复归还之。同年，白起开始伐楚，可能先攻克了叶县。从这一年开始，铁三角经常会同时攻打两个不同的方向。

秦昭王十六年，司马错取魏国的轵及邓，白起拔楚之宛城，又顺势占领宛城以北的韩国领土（故韩国称"秦拔我宛"）。两人分别在黄河以北与黄河以南作战。

秦昭王十七年，按《秦本纪》与《六国年表》的记录，司马错和白起双双待机。城阳君和东周君来朝秦，秦用垣换取魏国的蒲阪、皮氏（一说是秦出兵攻这两城）。按《编年纪》的说法，秦军又攻打了垣，领兵者不详。同年，魏冉以外交施压迫使魏献河东四百里，韩献武遂二百里，共计得地六百里，几乎抵得大半个汉中郡。这一年创下了秦国接纳诸侯割地的最高纪录。

秦昭王十八年，司马错攻垣、河雍，与白起、魏冉共同攻取魏国大小城 61 座。这可能是铁三角唯一一次在战场上同台演出。

秦昭王十九年，秦拔赵梗阳①，统兵大将身份不详，也有可能是白起、司马错以外的秦将。

秦昭王二十年，秦拔魏新垣、曲阳。睡虎地秦简《编年纪》称秦在此年还攻过安邑。这个方向一直是司马错负责打，但没有直接证据证明是他领兵。白起继续待机。

---

① 今山西省清徐县，是赵国重镇晋阳（今山西省太原市）的南边门户。《史记·六国年表》记作"秦拔我桂阳"。

秦昭王二十一年，司马错攻魏河内，魏纳安邑及河西。同年，秦军还在夏山败韩军，统兵大将没说是白起，具体身份不详。

至此，铁三角组合基本完成了夺取河东地的战略目标。接下来，白起和司马错都被雪藏了几年，相邦魏冉单独运筹破纵弱齐的宏伟计划，另派其他将领代替白起和司马错出任务。

整整8年的连续进攻，打了9场战役，6场集中在韩魏的河东、河内地区。也就是，伊阙之战、拔宛叶之战与拔赵梗阳之战不在那个方向。但伊阙之战与拔宛之战涉及韩魏楚，只有攻赵梗阳一战毫不相关。再加上秦昭王十二年攻魏襄城，十三年攻韩武始、新城，秦在10年内集中攻打了韩魏10次。这个组合拳换哪个国家都是受不了的，也难怪韩魏被打得没脾气。

秦昭王二十二年至二十三年，秦国在诸侯伐齐行动中获利甚多。魏冉也趁诸侯瓜分齐国的机会，于秦昭王二十四年发动第一次围攻大梁之战，但时任魏国丞相孟尝君从燕国和赵国搬来救兵，逼退了秦师。

燕国不与秦接壤，又风头正劲，于是铁三角组合把赵国作为报复对象。白起率兵攻赵三年，夺取5座城邑，赵惠文王君臣只能吞下败果。最终秦赵两国在渑池会盟，签订了停战协议。

在秦国攻打赵国和魏国首都大梁期间，楚顷襄王君臣企图重启合纵，以报当年秦昭王害得楚怀王客死异乡之仇。结果引发了秦楚五年战争。

秦楚五年战争是铁三角组合最后一次合作。魏冉几次赦免国内的罪人，组织移民实边，为赢得战争提供重要保障。司马错在秦楚五年战争中两次大败楚国，迫使楚国割让上庸及汉北地，又夺取楚国黔中地。他在黔中战役胜利后不久就退出了历史舞台。白起发动的鄢郢之战迫使楚国迁都，令楚国从此失去了争天下的资格。秦国疆域从此横跨黄河中上游和长江中上游大部分地区。

司马错去世后，铁三角组合仅剩魏冉和白起，秦国进入后铁三角时期。魏冉又多次进攻魏都大梁，屡次获胜。两人最后一次合作是华阳之战，15万魏赵联军围攻韩国重镇华阳，白起和魏冉、客卿胡阳联手全歼敌军。

此后魏冉和白起关系逐渐疏远。武安君白起蛰伏9年，直到穰侯魏冉被秦昭王免职后才复出。他与取代魏冉的新丞相范雎合作，在长平之战中消灭45万赵军，奠定了秦国最终一统天下的局面。这也是白起指挥的最后一场战争。

秦昭王在位 56 年，期间只有三年、五年、四十年、五十四年至五十六年这短短 6 年没用兵记录，最长的持续和平时间也就最后 3 年，大约 89.29% 的时间都在打仗，其中大部分战争都是由魏冉、白起、司马错主持的。秦昭王十二年至四十七年，秦国的军事扩张达到了巅峰。随着铁三角组合最后一人离世，秦昭王时代也由盛转衰，秦国直到吕不韦主政时期才重新大举东出。

在上述战争中，最能体现铁三角军事战略特色的是伊阙之战和秦楚五年战争。伊阙之战是白起的成名作，但如果没有魏冉举荐，没有司马错的襄城战役做铺垫，他没有机会创造军事奇迹。从某种意义上说，这算是三人的最初合作。而秦楚五年战争是铁三角组合最完美的一次合作，也是三人最后一次联袂演出。

兵神初现诸侯惊

打破战国列强均势的伊阙之战

作者\始安公士或

洛阳有八大景，排在首位的是"龙门山色"。龙门山色主要指位于今河南省洛阳市洛龙区龙门镇的龙门石窟景区。此地从北魏孝文帝时开始凿佛像，如今洋溢着祥和的佛气。但在两千多年前的战国时期，这里的一草一木都裹着浓浓的血腥味。一切都要从龙门的别名"伊阙"说起。

《水经注·伊河》曰："两山相对，望之若阙，伊水历其间北流，故谓之伊阙矣。"两山分别是伊河西岸的龙门山和东岸的香山，伊河从中流过，地形酷似门阙，故名伊阙。战国人也因此将两山合称为"伊阙山"。伊阙山是洛阳的南面门户，先秦时就设有关塞，东汉的洛阳八关中的伊阙关即上承战国秦代的伊阙要塞。由伊阙塞往南四五十里是今河南省伊川县。此地在公元前294年（秦昭王十三年）时名曰"新城"。新城本为韩国大县，但在这一年被秦师攻占。带队的是一位初出茅庐的青年武将。白起，这个时人感到陌生的名字，即将在新一轮的战争中传遍天下。

那场发生在伊阙山的旷古血战，史称伊阙之战。它的导火线是秦军攻打韩新城，但新城之战只是秦、韩、魏三国长期厮杀的一段插曲。而伊阙之战本身也只是这连年兵戈的延续。

秦将白起拔新城，魏韩二王怒而兴师

秦昭王十三年，秦国为了加大对韩国的打击力度，派左庶长[1]白起带兵赶赴河外，增援讨伐韩国的上郡守向寿。白起此时还不知道，自己将成为左右整个战局的核心人物。

这年春天，魏国想夺回去年被秦将司马错占领的襄城，但作战失利。[2]与此同时，向寿挥师进攻韩国的武始[3]。魏军担心再跟司马错打下去的话，向寿部秦军可

---

[1] 《史记·白起王翦列传》称白起攻新城时是左庶长，战后才升为左更。左庶长是秦二十级军功爵的第十级爵位，左更是第十二级。据王学理先生考证，左庶长相当于左裨将或卿的级别，左更相当于将军或卿的级别。

[2] 《史记·魏世家》："（魏）昭王元年，秦拔我襄城。二年，与秦战，我不利。"《史记·六国年表》："（魏昭王）二年与秦战，解，我不利。"

[3] 武始的具体位置不明。过去有学者认为武始大概在今河北省邯郸市市西南50里的位置，离赵国首都邯郸要多近有多近。但这样一来，向寿攻武始需要穿过周、卫、魏等国的地盘，行军距离远超千里，可行性很差。《史记集解》称"地理志魏郡有武始县"。《史记正义》引《括地志》云："武始故城在洛州武始县西南十里。"洛州即洛阳。可见这个武始应该在洛阳附近。

能转头过来帮忙，只得与司马错谈判和解。

向寿曾经镇守函谷关外的重镇宜阳，是韩人畏惧的悍将。韩国一直关注秦魏在襄城的战况，没料到秦兵会突袭，被打了个措手不及。还没等韩国缓过劲儿，秦昭王君臣又盯上了宜阳附近的新城。

早在秦惠文王时，张仪就提出了系统的对韩战略。他在与司马错争论先伐蜀还是先伐韩时建言："亲魏善楚，下兵三川，塞什谷之口，当屯留之道，魏绝南阳，楚临南郑，秦攻新城、宜阳，以临二周之郊，诛周王之罪，侵楚、魏之地。周自知不能救，九鼎宝器必出。据九鼎，案图籍，挟天子以令于天下，天下莫敢不听，此王业也。"

张仪的计谋中包含了三个要点：

1. 与魏楚联合，从 3 个方向夹击韩国；

2. 秦主攻宜阳与新城方向，顺势威慑周王室；

3. 挟周天子以令诸侯，再进一步侵入楚魏的地盘。

这条计谋正是针对韩国特殊的地理形势制订的。由于种种原因，张仪至死都没完成这个宏伟计划。但他主张以攻打宜阳、新城来控制韩国的思路，已经被秦国高层采纳。

其实，秦国早在秦昭王七年（公元前 300 年）就曾经攻打过新城。当时新城被楚国占领，秦庶长奂伐楚，斩首二万，杀楚将景缺，占领新城。云梦秦简《编年纪》则称："（秦昭王）六年，攻新城；七年，新城陷；八年，新城归。"也就是说，秦国拔楚新城后第二年又将其归还韩国。

秦国君臣不是吃饱了没事干，而是想以恩威并施的办法让韩国俯首称臣。这种手法早在秦惠文王时代就被相邦张仪用得炉火纯青。可是，就在秦国归还新城第二年，韩国就倒向了齐国，加入孟尝君发起的合纵。韩国借机拿回了被攻占的武遂地区，但未能夺回一度做过首都的宜阳。

新城韩军与宜阳秦军互为眼中钉已经很久了。从韩都新郑发兵进攻函谷关，有两条大道可走，最终都要经过新城和宜阳。秦国若能重新攻占新城，不仅打掉韩国攻秦的跳板，还能与宜阳、武始构成一条更为严密的防线。于是在向寿拿下武始后，秦国又在同年秋冬发动了第二次新城之战。

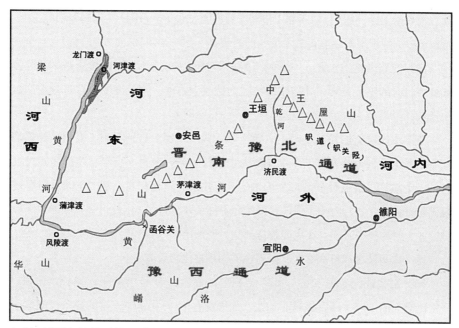

▲ 黄河中游两大交通线示意图（草色风烟绘）

按理说，直接让前线的向寿继续打新城是最省事的做法。他是秦宣太后外族，与秦昭王是发小，属于楚外戚集团的重要成员，政治上绝对忠诚。他从秦武王时就身居要位，多有军功，能力没问题。况且向寿此时在前线，出任务最方便。然而，楚外戚集团的核心成员魏冉却把上郡守向寿召回，举荐新锐将领白起代替向寿攻新城[①]。

从史书记载来看，攻打新城应该是白起第一次独立统兵出征。需要指出的是，首次独立统兵出征不等于他从现在才开始做将军。当时秦军功爵与职位还没有完全分离，左庶长属于卿级爵位，地位相当于秩级千石的官员。白起此前虽未做过

————————

① 《史记·秦本纪》称白起拔新城是在秦昭王十三年，《史记·穰侯列传》称魏冉举荐白起代替向寿为将是在秦昭王十四年，但这应该是秦国史官喜欢把大事件记载在完结那一年的习惯所致（例如历时三年的长平之战，秦国官史只将此事记载最后一年）。魏冉举荐白起代替向寿为将应该是在向寿拔武始之后，伊阙之战前。

独立统兵的主将，但应该以裨将（副将）身份屡立战功。否则，在崇尚军功的秦国，行伍出身的他根本不可能得到左庶长的爵位。

白起能获得这次机遇，与秦昭王的舅舅穰侯魏冉分不开。魏冉应是见识过白起做裨将时的出色表现，才破格提拔他为统兵大将的。事后证明，这是一次绝妙的换人。

秦国上次攻新城是从秦昭王六年（公元前301年）打到秦昭王七年。如果是从冬十月出兵到来年春季结束，实际上也就打了三五个月。当年甘茂拔宜阳之战打了5个多月，就被秦军诸将公认为是没有效率。无独有偶，楚国包围韩国重镇雍氏时是计划3个月内解决战斗，但实际上打了5个月[1]。由此可知，战国军队攻城以3个月为预期时间，实战能否做到则另当别论。

第一次新城之战打那么久，跟这座城的规格比较大有关。

据《秦代政区地理》称，秦新城东西1680米，南北1250米，周长5935米。规格比今天的山西平遥古城略小一些。如果没有10万大军与充足的战备，很难拿下这个军事重镇。更重要的是，楚国早已把新城升格为郡级单位[2]。庶长奂攻打的实为楚新城郡，故而直到斩首2万并杀楚军主将后才拿下此城。

韩国拿回新城后，势必会在原楚国新城郡的基础上加固城防。然而，初任主将的白起小试牛刀，不到3个月就攻克了新城，没让敌军顽抗到次年。史书没记载他采用了什么样的战术，甚至连斩首记录也没有。唯一可以肯定的是，他的表现让秦国朝野喜出望外。

从这两年的战事可以看出，秦昭王君臣是把韩魏列为共同打击对象。司马错拔襄城，向寿拔武始，白起拔新城，三位将军掠夺了不少土地、民户、财富。假如没有这几个重要据点，秦国将相很难赢得未来数十年的一系列战争，尤其是马上就要开始的伊阙之战。

---

　　[1]《史记·周本纪》："楚围雍氏，期三月也，今五月不能拔，是楚病也。"
　　[2]《战国策·楚策一·城浑出周》："城浑出周，三人偶行，南游于楚，至于新城。城浑说其令曰：'郑、魏者，楚之兑国，而秦，楚之强敌也。郑、魏之弱，而楚以上梁应之；宜阳之大也，楚以弱新城围之也。蒲反、平阳相去百里，秦人一夜而袭之，安邑不知；新城、上梁相去五百里，秦人一夜而袭之，上梁亦不知也。今边邑之所恃者，非江南泗上也。故楚王何不以新城为主郡也，边邑甚利之。'新城公大说，乃为具驷马乘车五百金之楚。城浑得之，遂南交于楚，楚王果以新城为主郡。"

河外形势的剧变让韩魏两国深感不安，尤其是韩国，如鲠在喉。

在过去，魏国西河郡拥有函谷关到关中东部的通道，而韩国领土最西边到达了卢氏，几乎控制了整个商洛道。商鞅变法后，秦国不断东征，韩国先后丢失了卢氏、宜阳等西部重镇，新城成为韩国在伊洛地带为数不多的据点，是抵御秦军东进的主要屏障。

此外，新城还是韩国维持对洛阳以西领土的统治的交通枢纽。渑池与新安两城是崤函道东段的要点，也是黄河的重要渡口所在地，黄河北岸的武遂也有赖于此地保持联络。而这两座城是通过宜阳、新城来与韩国腹地取得联系的。宜阳沦陷后，就只剩下新城这个中转站。当秦将白起拔新城后，渑池与新安等城邑也岌岌可危。

其实早在白起开始围攻新城时，韩国使团就急匆匆前往魏都大梁了，魏国使团也慌慌张张光临韩都新郑。3 年前，不可一世的秦昭王割地求和，魏哀王与韩襄王别提多高兴了。可惜两位老王恶气还没出多久，就双双去世。他们未能活到秦人的复仇战，硬是把抗秦的重担直接丢给了下一代。

虽说韩魏还处于外交蜜月期，但韩釐王和魏昭王还缺乏斗争经验，决策一塌糊涂。

秦将司马错攻魏襄城时，魏昭王未必没有求救于韩，但与他同年即位的韩釐王没有主动援魏。第二年，轮到韩国的边城被秦兵围攻。魏国也没主动联韩抗秦，反而先与秦人和解，导致秦国能腾出手来全力击韩。秦国先攻魏而后攻韩，显然是为了各个击破。可惜魏韩在两年三战中各打各的，直到新城被围得水泄不通时才痛下决心联兵抗秦。可见，两国的盟友关系不如先王在世时那么牢固。

当然，把黑锅全扣到魏昭王与韩釐王头上是不妥的。魏韩庙堂一直是抗秦派与亲秦派并存的，给齐国做小弟时是抗秦派得势。两位新君做太子的时候都曾经入朝咸阳，亲眼见过秦锐士的勇武与秦王、秦相的威严，对秦国不免有几分敬畏，自然少不了要权衡一下各派系的意见。魏昭王与韩釐王很纠结：到底是通过俯首称臣来换取和平，还是跟虎狼秦国血拼到底？在各自犹豫的阶段，双方不可能像有多年合作经验的魏哀王和韩襄王那么默契。两国的决策过程可能一波三折，只是史书记载不详。

就事论事，魏国只丢了一座边城，未伤筋动骨。但韩国的新城是一座郡级大县。秦军若是以新城为跳板突破嵩山防线，韩都新郑离投降也不远了。秦国得势不饶人，退无可退，何如一战？

尽管双双失败，但韩魏高层依然没有丧失抗秦的信心。在他们看来，秦国割地求和仿佛还是昨天的事，元气尚未恢复，经不起长久大战。魏昭王与韩釐王新君上任火气大，觉得应该趁着秦国还没完全恢复，勇敢地反击。于是两国都怒而兴师，决定组建联军与秦虎狼一决高下。

《史记·韩世家》称韩釐王"使公孙喜率周、魏攻秦"，《魏世家》只说"佐韩攻秦"。可见本次联合行动的主谋是韩国。但韩国被秦国打了两次，损失更多，力量更弱。为了让魏国多出兵，韩釐王反而任命魏将公孙喜为联军主帅。韩将的名字史无明载，应该也是一员宿将。两人说不定曾在齐韩魏联合攻楚的垂沙之战中合作过，彼此不算陌生，有一定的默契。

韩魏二王本想让大军跟新城守军里应外合，打白起个腹背受敌。谁知还没等联军全部集结完毕，秦军的战旗已经插满新城的墙头。救援已经晚了，但韩釐王和魏昭王咽不下这口气。于是两国索性投入更多兵马，趁着白起部秦军还在新城休整时就抢先一步进驻兵家必争之地——伊阙塞。

伊阙塞与新城相距四五十里，扼守着北上洛阳的水陆交通要道，历来是保卫周王室安全的咽喉之地。自从周平王东迁以来，诸侯纷纷崛起。进入战国后，周朝越来越名存实亡。这次韩魏在伊阙驻扎大军，简直把周王室的要塞当成了自家的庭院。没办法，小国就是没法掌握自己的命运，特别是处于天下交通枢纽的小国，往往成为列强混战的战场。

秦军若是无法通过伊阙，就无从进攻魏都大梁，也不能把韩国首都圈与上党郡的联系彻底切断。秦军无论北上伊阙还是东进纶氏，都必须以新城为中转站。特别是秦国得新城后，进出伊阙如同问候对门的邻居，为假周道伐韩魏的行动提供了极大的便利。

对韩、魏而言，不保黄河南岸的交通干道则首都圈不安全，不重兵镇守伊阙则无以阻止秦军借周道东征，不夺回新城则没法扩大伊阙防线的战略纵深。

这是一场谁也输不起的战争，双方能接受的最糟糕结果就是平手。问题是，韩魏联军显然不愿意以平手结束冲突。按照两国的战争潜力，集结 24 万兵马堪称下血本。

张仪曾经说，魏国总兵力不超过 30 万，其中有 10 万兵马分别镇守四方要塞亭鄣[1]；韩国包括勤杂人员在内的总兵力不超过 30 万，除去要塞亭鄣的守军，只有不到 20 万人可以调动[2]。

注意：上述魏国军力规模是秦惠文王更元八年（公元前 318 年）的数据，上述韩国军力规模是秦惠文王更元十三年（公元前 313 年）的数据。

两国后来多次与诸侯交战，有胜有负，有得有失。楚国宛、叶以北的地盘，秦国占领的部分河东与河外地盘，都纳入了魏韩的整体国力。两国可以各自增加十余万可征之兵。扣除 10 万左右的边城亭障守军后，两国各有 30 万左右的兵力可以动员。但其中的河外各县守军大多被三位秦将击溃或俘虏了，差不多又回到了原先的兵力水平。

也就是说，组建 24 万联军意味着韩魏各自投入了差不多一半主力野战军。参战部队中也许有若干魏韩京师禁卫军作为大将卫队，但主体实为两国离洛阳最近的边郡军。

无论韩国还是魏国，在京师禁卫军之外都有规模可观的边郡军。毕竟，两国源出春秋时的晋国，晋国又是最早设置边郡的诸侯国之一。而且韩魏的地理情况特殊：韩魏的疆域都地跨现在的河南省与山西省，且均被滔滔黄河一分为二；魏国的版图像马鞍一样跨在韩国新郑首都圈的头上，而韩上党郡又把魏国东部与西部的领土隔开了；此外，两国在河东、河内的城邑又是插花分布。也就是说，韩魏被天然分割成几个相对独立的地理单元，首都圈难以及时驰援其他边郡，故而不能不保持强大的边郡军。两国首都圈跟赵、齐、楚接壤处大多是广阔平原，京师军不得不保留下重兵坐镇。

魏国的河东、河内兵，韩国的南阳兵、三川郡兵余部以及成皋、荥阳驻军，

---

① 《史记·张仪列传》："魏地方不至千里，卒不过三十万。……梁南与楚境，西与韩境，北与赵境，东与齐境，卒戍四方，守亭鄣者不下十万。"

② 《史记·张仪列传》："料大王之卒，悉之不过三十万，而厮徒负养在其中矣。除守徼亭鄣塞，见卒不过二十万而已矣。"

就分布在洛阳盆地周边。这些边郡之师不带辎重，以最快的速度奔赴前线。粮草辎重由做东的两周供应，用不着他们操太多心。故而魏韩能在较短时间内一下子拉出那么庞大的军队，在伊阙战场形成绝对兵力优势。

秦国动员机制比六国完善，但在函谷关外的据点太少，大军集中在关中首都圈。即使征发所有的宜阳甲士，把投降的新城韩卒编入秦军序列，依然凑不出 20 万兵马。而关中离新城太远，沿途道路不乏韩国城邑阻挠。综合考虑季节、地形、交通条件和军队的组织运筹等各种因素，10 万规模的关中援兵起码要一两个月后才能全部顺利到达伊阙前线。

显然，韩魏联军打算以稳守伊阙为基础，寻机进攻白起占领的新城。不仅是为了保护好周韩魏的生命线，也是想打破秦国在函谷关外的军事布局，恢复秦宜阳城的相对孤立状态。

这场战争的胜负，关系到秦国的关外战略布局是否能顺利完成。假如秦国战败，不仅新占的三城会丢失，连宜阳也可能被韩魏联军包围，秦武王以来在关外积累的成果都不复存在。若秦国无法以缴获的战利品补充连年战争的损失，再加上新败，必定会雪上加霜。国内到时候会引发什么不良的连锁反应，就难以预料了。

秦昭王和相邦魏冉的命令还没传到，白起深知自己的每一个决定关系到万千军民的生死。敌众我寡，敌强我弱，敌已先占地利之便……这一仗该怎么打呢？

固守待援？不，年轻的将军偏要主动出击

我们无从知道白起当时的年龄。秦军功爵的晋升难度是越往上越高，以他的军事才能和秦昭王前期的战争密度，他应该是在 30 岁以前获得左庶长爵的。无论怎样，这是一名战场指挥官精力和胆气最充沛的年纪。其他秦将遇到敌众我寡的情形时，十有八九会选择防守反击，他却选择冒险主动出击。

白起在新城幕府传令各军马上补充武器装备、粮草、衣物、药品，并派前行部队先出发，为大军扫清沿途障碍，到伊阙塞以南的周国城邑高都附近埋伏待命。很多士兵只知道要跟韩魏打仗，还不知道敌军两倍于己方还有余。只有白起和带回情报的斥兵、间谍们对此心知肚明。

天下诸侯都关注着伊阙动向。无论立场如何，各国君臣都认为当前形势对秦军极为不利。韩魏人多势众，又胁迫两周为后援；而新城秦军目前处于相对孤立状态。

36年后，秦相范雎对白起说："韩、魏相率，兴兵甚众，君所将之不能半之，而与战之于伊阙……"[1]彼时韩魏兴兵24万，白起手头的兵力不足联军的一半，那么上限是12万，下限是10万[2]。白起代向寿为将，用的自然是向寿攻武始的兵马。向寿部秦军大多数是以宜阳材士为主的河外兵，可能包含了司马错拔襄城后留下的一部分关中卒。秦军在武始、新城战役中必有伤亡，白起不得不从河外诸城征兵补充减员。

秦国在河外实际控制的地盘大致相当于秦朝三川郡的一半。以当前的土地和人口，凑齐十余万兵马已属不易。白起把周边城邑的动员潜力用掉大半，附近的友军数量不多，除非咸阳再派十几万援兵，否则兵力劣势无解。然而，十几二十万大军不可能在一天完成集结，必须要花一段时日征发士兵、调运粮草、运输装备。伊阙和新城离魏韩太近，离关中太远。这个时间差足以对战况产生致命影响。假如韩魏联军能以优势兵力击溃十余万白起部秦军，就算不是全部斩首，只是打坏建制，也足以让秦国在10年内走不出函谷关。

《孙子兵法·形篇》曰："不可胜者，守也；可胜者，攻也。守则不足，攻则有余。"一般的将领可能会选择固守救援，尽可能地保存实力。智囊樗里疾大破五国联军，采用的正是稳守函谷关再伺机反击的策略。《战国策·东周·秦攻宜阳》称："宜阳城方八里，材士十万，粟支数年。"当初韩国发10万材士守宜阳，竟然能顶住秦军猛攻长达5个多月，最后才因孤立无援而被斩首6万。尽管白起部秦军不足敌军的半数，但用来守城绰绰有余：只要粮草物资充足，支撑几个月并非不可能；只要坚守不出拼死抵抗，新城很难被迅速啃下来。

如此一来，决定胜负的就是城池攻防战打多久，韩魏联军能否赶在秦军增援部队到来前破城。

---

① 出自《战国策·中山·昭王既息民缮兵》。丞相应侯范雎代表秦昭王质问白起为何不肯带兵攻打邯郸时说的。

②《尉缭子·守权篇》有"十万之军顿于城下"的说法。新城是一座郡级大城。秦军先拔武始再取新城，没有10万大军恐怕难以做到。

考虑到新城刚刚被秦军攻克，生产力不可能马上恢复，粮草物资储备要往低了算。新城秦军恐怕很难像当年的宜阳韩军那样死撑 5 个多月，这是守城待援战法的决定性变数。而且，联军如果能包围新城的话，也有充分的兵力来阻击秦国援兵，让战局变得更复杂。

这点，联军主将公孙喜和秦军主将白起应该都算到了。而远在咸阳的秦昭王与相邦魏冉等人也会想到这点。估计他们此时也是心急如焚，正绞尽脑汁加快援军的集结速度。

可是，秦国此时的兵力紧张得很。跟齐韩魏联军恶斗 3 年的战争创伤还没复原，秦昭王就勉力展开河外大反攻，已经把大量新得人口卷入伊阙前线。扣除这些因素，全国动员能力恐怕顶多 20 万。再派 10 万援兵，也是孤注一掷。要知道，东南的楚人还恨着秦昭王，东北的赵国由联齐抗秦派主政，而秦国北面的臣邦义渠国有趁纵横大战时背后插刀的前科。万一这三国突然同时发难，剩下的 10 万秦兵必定左支右绌。

魏韩从叛逃的秦五大夫吕礼那里得知了秦国国力衰弱的内情，所以才敢下大手笔放马一搏。就事论事，这个时机确实很好，让秦昭王君臣感到压力很大。但白起看问题的角度不一样，没把账面数字太当回事，而是深入分析了双方军队的构成、战力和状态。

论数量，魏韩联军无疑有绝对优势。论质量，白起部秦军拥有相对优势。

这支秦军原由上郡守向寿指挥，他在攻打武始时必然带了相当数量的上郡兵。上郡原属魏，后成为秦国第一个边郡，上郡兵也是秦国第一支边郡军。从出土文物来看，上郡有秦国地方郡县中最发达的兵器制造业。我们在出土的众多上郡守监造的秦兵器上能看到不少熟

▲ 白起像（明人绘）

悉的名字——樗里疾、向寿、司马错、李冰，以及咱们的主角白起①。秦上郡兵自诞生以来就威震三晋，为历代秦王所倚重。秦灭六国时，灭赵统帅王翦的直属部队正是上郡兵，蒙恬北驱匈奴时所率30万大军也是以上郡兵为骨干组建的。上郡畜牧发达，民风尚武，直到汉朝仍是优良骑兵和战车兵的兵源地。由于上郡与魏、赵、义渠、诸胡接壤，边防任务很重，因此白起麾下的上郡兵应该不会超过两万。虽然骑士和轻车士不如步兵多，却是上郡兵最重要的战力。向寿为将时应是以上郡兵为中军主力，白起接任后应该也是如此。

关中秦兵雄于诸侯，不可能没参与三将拔三城的战斗。白起麾下的关中卒最可能来自秦国中尉军。因为，中尉军负责防卫咸阳王城之外的整个京师，并有对外征伐的任务，数量至少有3万②。中尉之下设有中司马、中轻车、中骑司马、中发弩、中司空、中候等武官，军事组织高度完善。可见中尉军是车骑步弩等多兵种混编而成的禁卫军，具有很强的独立作战能力，说是秦国头号王牌军也不为过。

中尉军和守卫秦王宫的卫尉军一样，由从全国各地筛选的卫卒构成。这些卫卒往往是各郡县中身高力大、武艺高强之人。故而以禁卫军为原型的秦兵马俑的平均身高大大高于秦汉人的常见身高。③其他边郡军的轻车士和骑士同样只要大个子，跟卫卒身高相仿。但普通戍卒步兵恐怕普遍比卫卒矮差不多一个头，力量也不在一个重量级上。

由于中尉军要警卫京师，不可能全数出动。与秦中尉军职能相似的两汉北军同样执行征伐任务，出征部队以"北军五校士"为骨干。由此推断，白起部秦军中的中尉军可能只有1万人，按照秦军编制，刚好是五校人马④，包括轻车、骑士、

---

① 专家根据出土的"秦昭王四十年上郡守起戈"推断，白起最晚从秦昭王四十年开始做上郡守，当时他已得到武安君封号。

② 《中国军事通史》04卷《秦代军事史》认为中尉军的兵力和守卫宫门的卫尉军一样都在3万左右，关中另有大约5万的屯驻咸阳附近各要地的战略机动部队。

③ 《秦汉人身高考察》认为，秦汉时期黄河流域和以北地区成年男性的中等身高为166—168厘米，成年女性的中等身高为150—152厘米；长江流域和以南地区成年男性的中等身高大约为161厘米，成年女性的中等身高大约为150厘米。秦汉人的身高可能因经济状况和社会地位的不同而有差异。扣除底座高度后，秦兵马俑的身高均超过了170厘米，180厘米以上者也不少见，身高优势很明显。

④ 秦军采取部曲制，5人为伍，10人为什，50人为屯，100人为卒，二卒为曲，二曲为部，五部为校，每校2000人。邯郸之战中，秦五大夫王陵攻打邯郸失利，阵亡了五校人马。可见秦国征伐军是由若干"校"组成的。

步卒、弩兵和辎重等部队。结合兵马俑一号坑的步兵军阵来看，中尉军步兵可能包含了长铍兵。中尉军应该归大将白起直接指挥。

上述两类部队是白起手中的直属精锐，攻击力极强，但最多只占全军的三分之一。大多数士兵是原主将向寿从陕、焦、宜阳、卢氏等河外城邑调集过来的，包括现役守军与材官骑士。河外兵在白起部秦军中的数量推测有五六万，由几位副将指挥。

陕、焦原属魏国，是秦魏交战的第一线，在秦惠文王时成为秦县。这两城是函谷关的最后一道屏障，驻军多次经历诸侯混战，非常善于防守。即使齐韩魏联军攻破函谷关，打得秦昭王割地求和，也没能顺势拔掉陕、焦二城。

宜阳秦军的前身是宜阳之战的功勋部队。这是一支能打恶仗的部队。由于丞相甘茂指挥不当，该军苦战 5 个多月，伤亡极大，但最终还是破敌拔城。秦国没在河外设郡，而是将部分兵马就地转化为边防军，镇守整个河外战区，比陕、焦守军更加靠前。除了在三年战争中丢失部分地盘外，宜阳兵从未让秦国蒙羞。自从三位将军反攻以来，该军更是铆足了劲儿要一雪前耻。越战越勇，军心可用。

战国秦实行材官骑士制度，入伍士兵的壮勇者会被选为材官骑士。材官是步兵，主要包括趹张、引强等持弩步兵。骑士即骑兵，通常选募家境较为富裕、养得起马的士兵。这两种军人服完两年常规兵役后转为预备役，但依然保留材官骑士的身份。他们平时散在家里，以经营农工商为生，每年必须进行春射和秋射共计 1 个月的训练，考核达标者能抵扣每年的月更徭役。预备役材官骑士不是缺乏训练的新兵蛋子，而是具有较强的战斗力。西汉开国功臣中不少人有故秦材官骑士的背景，比如平定诸吕之乱的太尉周勃就是材官引强。因此，朝廷每次兴兵都会优先征发各地的材官骑士。陕、焦、宜阳、卢氏入秦多年，四县的材官骑士都闻战则喜，渴望用军功换爵禄田宅。四县兵马以现役甲士为骨干，按出兵比例来征发材官骑士扩充军队。宜阳县的规模最大，是攻韩的主要后援基地，所以宜阳兵（含材官骑士）在白起部秦军中占的比例最高。

上述几支部队在攻打武始、新城时均有一定伤亡。陕、焦、卢氏距离前线较远，宜阳的征兵潜力已经用到极限，必须留下足够的守军防止敌联军突然分兵偷袭。于是白起就地取材，选了一批武始、新城的韩军俘虏和材士来补充兵员。这批特殊的兵员主要承担厮徒杂役等后勤部队的工作。

春秋军队每个卒百人队（正好是战车编制一"乘"）里有 75 名战斗兵，25 名厮徒杂役，后勤人员占比 25%。而战国时的魏军战斗部队与厮徒部队的比例大概是 6 比 1，厮徒杂役占全军大约 14.3%[①]。若是参考中尉军五校中有一校专门负责辎重，则后勤占比为 20%。白起部秦军跟魏军同时代，后勤部队比例应该相差不太远。若以 10 万大军计算，这批兵的人数至少有 1.4 万，最多也不超过 2.5 万人，以 2 万可能性最大。

新城材士中有韩人，也有楚国统治时期留下的楚移民。韩国外交风格一贯朝秦暮楚，位居诸侯争霸第一线的新城人也习惯了变换阵营。说来也巧，秦韩在宜阳血拼时，楚怀王派兵北上袭击新城，并设置了新城郡。秦军曾经帮韩人从楚人手中夺回新城，如今又把这座城夺走。世事真是白云苍狗，谁也不知道明年会如何。新城跟宜阳相邻，风习相近，秦军中的宜阳兵对新城一点儿也不陌生。在白起看来，宜阳人能融入秦国，新城人也可以，只要新城材士跟着自己打完这一仗，得到了韩国不会给他们的军功爵和田宅，他们就不会再留恋治国无方的韩王君臣了。

总体而言，白起部秦军数量少于敌军，但融合了秦国禁卫军和边郡军中的精锐。士卒们以军中为家、勇于攻战，能够坚决执行将帅的作战意图。这点在后来的决战中起到了至关重要的作用。

刚打完胜仗的秦军吏兵有些疲劳，但士气无比高涨。白起派兵在新城方圆百里戒严，没让敌军间谍渗透进来，也没让士兵们知道自己对面有多少敌人，以免他们斗志动摇。这一点将成为以少胜多的关键。因为白起从斥兵那里获悉，魏韩联军兵多将广，但士气不怎么高。

也难怪，常败之师哪敢言勇？

魏国河东郡兵多次跟秦军争夺边城与渡口，几乎没有赢过。他们最怕的正是黄河对岸的上郡兵和咸阳来的关中卒。魏河内兵跟秦兵交战少，但举国上下皆恐秦，他们也不得不恐。韩国三川郡兵精锐在武始、新城战役中被击溃，是联军中

---

① 魏军号称有武士 20 万，苍头 20 万，奋击 20 万，厮徒 10 万，厮徒在全军中占了七分之一。

▲ 河外主要城邑位置示意图（草色风烟绘）

最怕虎狼之师的部队。南阳兵和成皋、荥阳驻军对秦军不熟悉，而且也被传染了恐惧情绪。好不容易赢了一场三年战争，没想到紧接着就吃了个三连败，魏韩两军仅剩的一点儿冲动和骄狂都被打没了。

《孙子兵法·谋攻》曰："十则围之，五则攻之，倍则分之，敌则能战之，少则能逃之，不若则能避之。"但是，斗志高昂的军队能以一当十，士气低落的军队则十不当一。况且，秦军车骑步兵的战斗力均比魏韩军队强一大截。战斗力与士气的优势叠加起来，可以抵消魏韩联军一部分数量优势。

白起认真权衡的结果是应该主动出击，打敌军个措手不及。他要反过来借助伊阙的地形进一步削弱敌军战力。

伊阙山谷通道狭长，战场回旋余地很小。假如韩魏联军从伊阙顺利南下，就能在较为平坦宽敞的地形上发挥人数优势，把新城团团包围。若是在伊阙山地交手的话，重兵无法完全展开，魏韩联军的兵力越多越容易互相掣肘。

经过数日的简单休整，白起只留下部分秦军老兵坐镇新城，自己率领大军迅速开进，跟事先埋伏在高都邑附近的前行部队会合。

高都邑大约在伊阙山以南 10 里①，即伊阙要塞与新城之间。此城原为韩邑，后来在策士苏代的游说下，韩相国将其作为外交筹码送给周君。伊阙塞与高都形成了掎角之势。秦军若是直接进攻伊阙塞，高都会成为其身后的不安定因素，周军可以在秦军强攻受挫时突然抄白起的后路。假如秦军先攻打高都，周人拼死抵抗

---

① 《史记正义》引《括地志》云："高都故城一名郜都城，在洛州伊阙县北三十五里。"《元和郡县图志》记载："伊阙县，畿。……伊阙山，在县北四十五里……伊阙故关，在县北四十五里。"可见高都在伊阙以南 10 里左右。

拖住围城的秦军，魏韩联军可以伺机出塞从背后偷袭。

尽管史书没有记载细节，交战双方必然会围绕高都城做文章，以争取对自己有利的态势。

白起的判断很冷静，周、魏、韩三军斗志不坚，不会有太默契的配合，只要击退援兵，周军就会丧失战心。他派出数万精兵突然快速包围高都，派出一部车骑远屯警卫[1]，中尉军护卫大将并充当总预备队的角色，其他各军埋伏在途中等待魏韩出塞救援。

公孙喜闻讯赶紧派兵救援高都，增援部队的前锋很快与秦上郡车骑遭遇。伊阙塞与高都之间是一片较为开阔的河谷平原，正是车骑能充分发挥威力的地形。秦军左依山右傍水，趁着联军援兵尚未布好行阵率先抢攻。前行开道的魏韩骑兵急忙展开队形接战，但未能顶住秦骑兵的攻势，溃不成军。秦军车骑转而冲击联军左右翼，魏军士兵还没结好阵就被冲散，军心动摇。韩军士兵也被慌乱情绪传染，开始后撤。[2] 为了避免损失扩大，公孙喜急忙鸣金收兵。白起也下令停止追击，继续围攻高都。

这是一场带有试探性质的交锋，魏韩联军失利但没多少损失。秦军则顺利占据高都，攻打伊阙再无后顾之忧。

后来秦国国史只说攻魏韩于伊阙，只字不提周人参战的事，应该与周人在战斗中出工不出力有关。由此推断，高都周军可能是主动开城投降。白起要设法削弱敌联军，懂得怎样利用小国的软弱和恐惧，自然不会把周人当成必杀的死敌。

白起把幕府移入高都，征用了城中的武器、衣物、粟米和刍稿（喂马的干草）。这个据点及其仓库中的物资让他的胜算又增加了一分。秦军以高都邑为核心，在城外修建了大量营垒，封锁了伊阙山南面两岸的所有通道，连山林小径也没漏掉。

眼下双方都把对方堵在伊阙，秦兵过不去，魏韩也不敢出来。战场随即转入僵持状态。

---

① 《六韬·绝地》："凡攻城围邑，车骑必远，屯卫警戒，阻其外内。中人绝粮，外不得输，城人恐怖，其将必降。"战国军队攻城围邑时，会把车骑部署在远端阻援。

② 《六韬·战骑》："敌人始至，行陈未定，前后不属，陷其前骑，击其左右，敌人必走。"这段战情模拟参考了这条战国骑兵的基本战法。

时间大致到了寒冬腊月，伊河的水面结了薄冰，但不能走车马。秦军的辎重车队越走越慢，崤函道的交通不如春夏秋时方便，关中援兵无法疾驰。魏韩士兵在天寒地冻中忍受艰苦的生活，秦兵也差不多。只有那坐在后方吃着美味佳肴、穿着裘皮、烤着暖火的韩魏君王和贵胄，才希望前线的将士们马上跟以耐苦战著称的虎狼之师杀个你死我活。

公孙喜没把握，只能等。白起没战机，而且将士们正需要时间来养精蓄锐，也得等。于是前线30多万官兵在各自的营垒里窝冬。只要再对峙两三个月，白起就能等到大批关中援兵，届时敌军可能不战而退。眼下这么拖着可以保证白起部不被消灭，但光靠拖字诀无法取得圆满的胜利。况且，按照战国的战斗经验，超过3个月的战事必然会招致诸侯干涉，徒增变数。韩魏联军毕竟靠近自己的主场，又有两周提供的物资支撑。秦军兵少，高都城内的粮草补给远不如洛阳雄厚。故，最好是能想办法速战速决。

白起不知道的是，自己在冥思苦想下一步怎么打时，魏韩联军主将公孙喜也正犯愁。他的烦心事可比白起多了不止一件。

两国兵马貌合神离，联军主将公孙喜头痛不已

伊河流经新城，一路向北穿过伊阙山谷，最终汇入滔滔洛河。秦军位于上游，韩魏联军位于下游。腊月已临近尾声，伊阙重兵云集，却无战事。

联军主将公孙喜站在高处向南眺望，数里外的秦军营垒连绵不绝，在寒风中隐约有种不动如山的气势。高都邑的周军未曾起到半点儿牵制作用。没办法，两周的邦交比韩人还反复无常，总是向对自己性命威胁最紧迫的一方认肫。天下人对此习以为常。

魏军斥候白天数旗帜，晚上数火光，报上来的数目一天比一天多。派出去搞潜伏的间谍又常常有去无回，没法搞到秦军内部的具体情况。据戒备宜阳方向的周军回报，西面的宜阳一直静默如常，也没有关中秦兵突然开出函谷的消息。各方面暂无异样，只有眼前的敌军令人捉摸不透，这让公孙喜深感不安。

公孙喜在魏国也算用兵老手。他参与过垂沙之战和三国攻秦之役，两次都是

齐韩魏的联合行动，结果都是得胜而归。不同的是，前一次联军跟秦人是共同讨伐楚人的盟友，后一次则是不共戴天的死敌。他跟秦将有过合作，也交过手，对虎狼之师不乏了解，但对白起几乎一无所知。在他知道的秦将中，樗里疾狡猾剽悍，司马错神出鬼没，向寿横冲直撞，都是人见人怕的狠角色。如今秦国竟让一个名不见经传的后辈代替悍将向寿，真是咄咄怪事。

魏王和韩王当初都大笑，嘲讽穰侯魏冉肯定是收了那个什么白起的好处，秦王也跟着发昏，这仗赢定了。但公孙喜凭着多年征战的直觉判断，事情没那么简单。魏冉在诸侯中虽有贪财的名声，却是天下罕见的治国整军之才，怎么可能随随便便让无名小卒取代同为秦国楚外戚集团核心成员之一的向寿？更值得警惕的是，秦王从少时就与向寿相善，却同样采纳了穰侯的建议。只怕这白起根本不是善茬。

果不其然，原以为能抵抗小半年的新城竟然很快沦陷，秦军并未如想象中那样伤筋动骨，里应外合之计彻底破产。韩魏二王吃了一惊，但不甘心就此罢休，仍命令公孙喜务必破军房将。因为叛逃的秦五大夫吕礼声称：秦国连续打了五年仗，仓储不太充足，兵力也严重削弱，经不起一败。若是错过了这次，韩魏两国怕是再无胜秦的机会。两位新君挑战强国的雄心被激活了，可不想再去咸阳亲自向秦王叩头谢罪。

面对一个底细不明的新狠角色，公孙喜毫无两位君主赌徒般的求胜欲。他心里实在没底，现在非常怀疑吕礼泄露的情报是否属实，只能再派更多人去打探消息。毕竟，吕礼只是拿魏国当驿站，目的地是齐国，未必真会替魏国着想，甚至连此人是否真的叛秦也不好说。万一他说的是假话，魏国岂不是落入了一个凶险的陷阱？

"要是孟尝君在就好了。"公孙喜心烦意乱地念叨着。

孟尝君以豪侠好士闻名于诸侯，魏韩众将无人不服他的号召力。他那三千门客各有绝活，不像自己手下这些平庸的斥候间谍，定能搞清楚秦人在耍什么阴谋。天地之间，也唯有他率领的齐师能跟秦国虎狼正面硬碰硬。三年战争要不是齐国五都之兵带头跟秦锐士死磕，魏韩之师可能早就半途而废作鸟兽散了。

一想到魏军现在的战斗力，公孙喜不禁唉声叹气。兵家亚圣吴起创立的魏武卒传到今天，一代不如一代了。

魏武卒的标准装备有十二石弩、50支箭、长剑、短戈、三属之甲等。当年吴起定下的选拔标准是，全副武装并携带三日之粮急行军，在"日中"之时（11点至13点，即十二时辰中的午时）跑完百里（折合今83里）。十二石劲弩是腰张弩，只有力量超群的士兵才能拉开。而《六韬·均兵》里提到的武车士选拔标准也只是"力能彀八石弩"。可见魏武卒个个都是力量大、体能好、腿脚快且精通射术和白刃格斗的超级战士。凭借严酷训练的魏武卒，时任西河守的吴起硬是把秦兵逐步驱逐出了河西地。魏国在战国七雄中最先称霸，与魏武卒的骁勇善战是分不开的。不过，这已经是过去式了。

孙膑离魏入齐，训练出齐技击；卫鞅离魏入秦，训练出秦锐士。两人屡次击破魏师，粉碎了魏国的霸业。世人常说：齐技击不可当魏武卒，魏武卒不可当秦锐士。[1] 可如今，齐技击和秦锐士都是魏武卒不敢对抗的天下精兵。先王和新君都抱怨过魏国居然没一个将军能恢复魏武卒的荣光。可他们压根儿就不知道，或者假装不知道武卒战斗力下降的根本原因。

魏军的结构在战国七雄中比较特别，包括武士、苍头、奋击和厮徒四种部队。根据《史记集解》与《史记索隐》注释，"武士"即赫赫有名的魏武卒，"苍头"即以青巾裹头为标记的士兵，"奋击"（又称奋戟）是持长戟冲锋陷阵的勇士，"厮徒"（由奴隶贱民组成）则是负责养马做饭等杂役的后勤兵。苏秦声称魏国有武士20万、苍头20万、奋击20万，其实是指现役军人和预备役材士的总和，也就是全国极限动员能力。

多年来，魏军一直延续着吴起的遗教。吴起喜欢选拔"练锐"单独组成一"卒"（百人队）。由此推断，魏国把武士、苍头、奋击三类兵员设为不同的户籍，征兵时按照"卒"来独立编组，然后根据需要把数量不等的武士卒、苍头卒、奋击卒组合成千人队或万人军。

在魏军中，武士的战斗力最强、装备最好，家产也最多。因为入选武卒者可以免除全家赋税徭役，并受奖上等田宅。更重要的是，朝廷不会在武卒衰老后收

---

[1]《荀子·议兵》："齐之技击，不可以遇魏氏之武卒；魏氏之武卒，不可以遇秦之锐士。"

回这些特权。因此，武卒的财富积累能力与普遍士兵自然不可同日而语，后来逐渐成为大地主。吴起改革的初衷是，让英雄不问出身的武卒全面取代原先公族宗室子弟，成为魏师的顶梁柱。但是自从吴起离开魏国后，武卒制度逐渐扭曲变形。久而久之，武卒户籍下的田产越来越多，魏国的财政负担日益加重。重臣贵戚动辄占有数以万计的田产，国家的土地又不断被秦齐赵楚列强攻占。朝廷很难像吴起时代那样拿出大量钱财和田产来奖励军功。反观那虎狼秦国，一直能用田宅去激励军民浴血奋战。

秦国军功爵制的根基是普遍授田制，每户无爵平民都有百亩授田和九亩之宅，军功益田也是在此基础上逐级增加田宅。注意：秦国的亩是 240 步的大亩，而不是六国通用的 100 步的小亩。秦民的实际基础授田面积和宅基地都比六国大得多，他们怎能不乐于杀敌报国？

反观魏国，大贵族的私地动不得，武卒的田宅也动不得，唯一能牺牲的只有庶民的田产。早在魏惠王被齐秦赵围攻时，孟夫子就建言"民有恒产则有恒心"。所谓"恒产"不过是百亩授田和五亩之宅而已。可惜魏国早就做不到这点了。民无恒产也无恒心，打了胜仗也得不到厚赏，又怎能恢复昔日的战心？

由于没有足够的激励手段，魏军很难严格按照旧制从全国选募新的武卒，考核只能放水。随着武卒阶层固化为大地主，奋击、苍头未必能保证家家都有百亩之田和五亩之宅。武士部队补充兵员的方式恐怕早就不再是选募良才了，而是重新滑向类似春秋齐国士农乡的旧体制，即武卒家族世代出人到武士部队服役。尽管富裕的武卒家族理论上有更多资源去培养一名超级战士，但魏国上下早就失去了奋勇立功的精神，难以跟每战必尽全力争取军功爵的秦人相抗衡。

公孙喜并非不知魏国弊政，但朝野早已无人敢于再次变法。即使李悝、吴起两大改革家复生，恐怕照样在朝中寸步难行。公孙喜自己也是占有无数良田的大贵族，舍不得放弃巨万家财。没人想真正改变现状，只是借助合纵连横斡旋，捞一点儿是一点儿，不再考虑如何与群雄争霸天下。

眼前的这批武卒中，能拉得动十二石弩的人，能在半天内全副武装奔袭百里的人，真的超过了半数吗？公孙喜满腹狐疑。不过，比起武卒的实际训练水平问题，联军的车骑战力不足更让他头痛。

表：汉初《二年律令》继承的秦军功授田标准

爵位、身份			田	宅	爵位或身份的继承		
					后子	它子	
						二人	其余
有爵者	侯	彻侯		105	彻侯		
		关内侯	95	95	关内侯	不更	簪袅
	卿	大庶长	90	90	公乘	不更	上造
		驷车庶长	88	88			
		大上造	86	86			
		少上造	84	84			
		右更	82	82			
		中更	80	80			
		左更	78	78			
		右庶长	76	76			
		左庶长	74	74			
	大夫	五大夫	25	25	公大夫	簪袅	上造
		公乘	20	20	官大夫	上造	公士
		公大夫	9	9	大夫		
		官大夫	7	7	不更	公士	
		大夫	5	5	簪袅		
	士	不更	4	4	上造	公卒	
		簪袅	3	3	公士		
		上造	2	2	公卒		
		公士	1.5	1.5			
无爵	公卒、士伍、庶人		1	1	士伍		
	司寇、隐官		0.5	0.5			

联军兵力是秦军的两倍有余，但车骑数量不多，还被打得没脾气。自从丢失了上郡与河西地，魏军车骑部队的规模严重缩水，也不再有上郡骑士那样的优质兵源。魏国的武士、苍头、奋击、厮徒，现役的加预备役的号称有 70 万，战车却

只有 600 乘，骑兵仅仅 5000。

秦国马政冠绝诸侯，秦马之良非六国能敌，秦师的千乘万骑直教列国胆寒。唯有赵武灵王在世时训练的胡服骑兵堪与之一战。魏韩之师以重装步兵为特色，车骑一向较弱，在对秦战事中屡屡吃亏。《六韬·均兵》曰："夫车骑者，军之武兵也。十乘败千人，百乘败万人；十骑败百人，百骑走千人，此其大数也。"白起部秦军的车骑数量虽不到千乘万骑，但也足以影响战局。

车骑利平原，步兵利险阻。联军若是开出伊阙塞，24 万大军倒是可以充分展开。但宽阔的河谷平原更利于秦军车骑前驱旁驰，魏韩车骑和步兵都难以抗衡。高都的陷落已经证明了这点。

这正是公孙喜与众将都不愿走出伊阙塞的一个主要原因。即使总兵力有二打一的优势，他也不想在开阔地形上正面对抗秦军车骑。三年战争中，联军取胜最终是靠消耗战硬生生拖垮了秦国高层的意志。况且就算有齐军在，也要打整整 3 年才赢。此回没有齐技击做主心骨，魏韩之师跟秦军交手，结果难料。

不利因素已明，兵力优势很明朗，剩下的问题还是想对策。窝冬期总会过去，春天一到就是两军决胜负之时。

公孙喜寻思着，战事总不能无限僵持下去。天知道秦相魏冉会施展什么外交手段，让魏韩陷入再次孤立局势。届时秦国大兵杀来，或者联合其他诸侯出兵，24 万联军就不得不两线作战了。战败的风险一下子翻了好几倍。必须在开春之后、秦国援兵到来之前击败白起。

这仗该怎么打呢？公孙喜召集众将议事，还是讨论不出满意的结果。

来自韩三川郡的军吏们畏敌如虎，老是长秦人志气，灭自家威风。其他韩军将尉也主张继续凭借伊阙险阻对峙，耗到诸侯生变、秦人退兵。韩国习惯了依附强国，促成大国混战，以便自己从中抽身，甚至险中求利。

公孙喜有些恼火。要不是为了帮韩人夺回新城，魏国何苦派那么多甲士出来搅这趟浑水呢？韩人此次促成合纵，却不肯做联军主将，看来又是想让魏人多流血，自己回头见势不妙就再次向秦人屈膝。

韩人靠不住，魏军众将呢？也指望不上。他们和公孙喜一样看穿了韩人的小心思，心中也打着各自的算盘。

魏国迁都大梁前的首都是河东的安邑，河东郡兵有魏国资历最老的武卒部队，但河东魏将不想用掉宝贵的武士，因为秦人一贯把河东当成重点进攻目标，不能不保留一支精锐。河内兵与韩赵多次交手，防守还不错，但没有战绩表明他们的攻击力够强。河内远离秦地，源自这里的魏将对韩人更加警惕，也不想当先锋。魏军众将总体上的态度也是消极避战，除非……由韩军作为先锋。

用兵之道，以正合，以奇胜。正兵先与敌军正面交战，吸引敌军主力的注意力，奇兵看准机会突袭敌军的薄弱环节。由韩军担任正兵，魏军来担任奇兵，也是一种协同方法。

公孙喜确实有这个打算。别看韩国老是被秦楚等强国打得俯首称臣，人家还是有优点的。

韩国盛产强弓劲弩，剑戟锋利，铠甲精良，一度被时人称为"劲韩"。苏秦称："以韩卒之勇，被坚甲，蹠劲弩，带利剑，一人当百，不足言也。"[1] 他说的韩卒指的是韩军中的重装步兵甲士，跟魏武卒的技战术特点相近，怎么看都适合代替素质下降的魏武卒做先锋。难怪白起事后指出："魏恃韩之锐，欲推以为锋。"

但是在场的韩将纷纷反对这个意见。因为按照战国军队的打法，先锋部队干的是啃硬骨头的活儿，伤亡比较大。韩兵本来就比魏兵少，死不起，伤不起。

既然谁也不肯先出击，还有一个办法是分兵。韩军继续跟白起在伊阙周旋，魏军仗着人多势众去攻打宜阳。假如白起来救援宜阳，就必须先率部撤回新城，再走官道大路去宜阳。如此一来，韩军可趁势出塞尾随追击，而魏军可选择新城至宜阳的山地设伏。假如白起不救宜阳，那么魏军就全力攻克宜阳，切断白起回关中的退路。

应该说，这种情况对白起是最不利的，但众将依然认为不妥。韩将们害怕落单，担心在魏军攻克宜阳之前韩军就被白起消灭。魏将们则担心分兵后韩人会为

---

① 《史记·苏秦列传》曰："韩北有巩、成皋之固，西有宜阳、商阪之塞，东有宛、穰、洧水，南有陉山，地方九百余里，带甲数十万，天下之强弓劲弩皆从韩出。谿子、少府时力、距来者，皆射六百步之外。韩卒超足而射，百发不暇止，远者括蔽洞胸，近者镝弇心。韩卒之剑戟皆出于冥山、棠谿、墨阳、合膊、邓师、宛冯、龙渊、太阿，皆陆断牛马，水截鹄雁，当敌则斩坚甲铁幕，革抉跋芮，无不毕具。以韩卒之勇，被坚甲，蹠劲弩，带利剑，一人当百，不足言也。"这是苏秦对韩宣王说的话。

自保而撤出阵地（确有先例），导致魏军后路被抄。而且情报表明，宜阳秦兵严阵以待，联军未必啃得动。两军对彼此的战斗力和战术纪律都缺乏信心，于是分兵方案不了了之。

战况顺利时争先恐后，形势难料时同床异梦，一直是多国联合作战的痼疾。魏国兵法家尉缭子批评道：国家遇到边患时，用贵重的宝物做礼品，送爱子去他国做人质，以割让土地为条件，向诸侯借兵，各国名义上出兵十万，实际上只有几万人，而且列国君主都会告诫其将帅，不要先于盟国战斗……毫无疑问，这样的友军根本靠不住。[1] 直到与白起同为武庙十哲之一的乐毅出场，才出色地解决了这个兵家难题。至于此前孟尝君发动的三年战争之所以能赢，靠的是超级大国的强大话语权，弱国不敢有情绪。韩魏两国联盟的情况不同，难兄难弟，实力旗鼓相当，自然谁也不服谁。

联合作战本来就是为了追求 1+1 > 2 的效能。韩魏两军相互推诿，反而变成了 1+1 < 1。公孙喜对此感到很为难，但也没有太好的办法。于是联军迟迟没有制订出可行的方案，只是继续以拖待变。

魏韩众将还不知道，就在大家多次议而不决的时候，混入军营的秦国间谍已经把情报送到了白起的手上。

伊阙地利藏隐患，秦军获得了出乎意料的良机

魏韩联军对秦军底细了解不透，秦军却早早掌握了敌军动态。随着时间的推移，白起获得的情报越来越完整，对敌军高层将帅不和的情况了若指掌，战场几乎对秦军单向透明。他决心打一场歼灭战，尽可能地消灭魏韩锐师，终结这场长达 5 年的纵横大战。

在过去的秦军战史中，伊阙之战这种在客场以寡击众的情形并不多。击退敌军已经不易，组织歼灭战更是难上加难。组织歼灭战有 5 大难点：

---

[1] 《尉缭子·制谈》："今国被患者，以重币出聘，以爱子出质，以地界出割，得天下助，卒名为十万，其实不过数万尔。其兵来者，无不谓其将曰：'无为人下，先战。'其实不可得而战也。"

第一，选择合适的决战地点；

第二，选择最佳的进攻时机；

第三，选择合适的首战打击目标；

第四，完成对敌军的分割包围；

第五，快速吃掉被围的敌军。

洛水北岸的河南（周赧王的西周王城）与洛阳、巩（东周君所在地）等大都城都是魏韩联军的后援基地。联军还在伊阙山地布下重兵。伊阙两侧是山脉与丘陵，以当时的森林覆盖率，很多今天的道路还没打通，几乎只能走伊阙山谷的官道。战况迫在眉睫，白起没有选择交战时间的自由。找不到意外的时间和意外的地点，想要出奇制胜，唯有以意外的方式进攻了。韩魏联军人多势众，秦军必须设法使其分散，才能创造战机吃掉其一部。白起脑中飞快地闪过一个又一个方案。

恰在此时，间谍传来情报说，魏韩两军高层正在为谁打头阵争执不下。白起决定在韩魏将帅失和时率先发动攻击。但选择哪里做决战地点，先打魏军还是先打韩军，这些问题还需审慎思量。

他的目光顺着伊河流向移到了伊阙山和洛阳之间的空地。战国地图的画工很粗糙，不像现代军事地图那样清楚地标注了各种地形和障碍物。但白起知道，那里是伊河、洛河和伊阙山夹出来的大平原，分布着十几万魏军的营垒……

一转眼，秦昭王十四年的立春就到了。如果不打仗，白起可能要跟着秦王和其他大臣一同去咸阳东郊进行迎春典礼，没被征发的材士则会在本县田官的监督下整理农田的封疆。

春风渐渐吹融了两岸的冰雪，伊河开始解冻，鱼上冰，獭祭鱼，候雁北飞。在这乍暖还寒的日子里，万物复苏，流露出勃勃生机。两军营垒的气氛却越发令人窒息。

魏军驻扎时分为中军、左军、右军、前军、后军，五军各有划定的营垒。营垒四周设有行垣（围墙），万人之将、千人之将、伯长（百夫长）的营区均以沟洫为分界。各部兵马都不得越过自己营区进入其他营区。每个百人队的营地只允许本部士兵进出，如有其他百人队的士兵闯入，伯长有权处罚，不处罚则伯长会被问罪。营内的道路纵横交错，每隔120步就立一个"府柱"（做路标的旗杆）。斥兵间谍可以通过府柱的数量来算出营垒的距离和营内可容纳的人数。假如没有将吏颁发的符节，士兵不得通行。那些砍柴割草喂马的厮徒杂役，也必须排成行伍，否则不能通行。如果发现军吏无符节，以及士兵不属于某个伍，就会被守卫营门的士兵处罚。[1] 这些都是魏国军事家从血的教训中总结出来的反间谍措施。

联军主帅公孙喜先后巡视了五军营垒的防务，不敢有半点儿马虎，唯恐给秦兵留下可乘之机。

魏前军的营垒挨着韩军阵地，共同把守着伊阙山谷北出口（今洛阳龙门村一带）。交通要道和谷口都用战车拦住，高高地竖起旗帜。魏左军控制着伊河沿岸，右军靠着伊阙山，分兵把守敌人可能攀登之处和路口。后军保护整个联军的后路，辎重车队往返于洛阳。中军居中策应各军，大将的幕府就设在中军营。

按照魏军传统，各军会在大军之外广设候望侦察用的亭障，各亭障相去三五里。五军营保持着一定的距离，从洛阳到伊阙之间的方圆七十余里都在魏军的控制之下。

一切看起来井然有序，但公孙喜再次远望秦军营垒时，不禁皱起了眉头。他不仅熟悉魏军的安营之法，对秦人的营军之术也有所关注。

岳麓书院秦简《数》中有道算术题名叫"营军之术"，讲的是秦军安营扎寨时计算营垒战阵广袤面积的方法。秦代算术题往往具备场景化、实用化的特点，以便基层文法吏能熟练掌握政务技能。营军之术应该是秦国军吏的必考题。

战国秦军的军营通常分为左、右垒，二垒各设营门，守卫营门的值班战斗部队分别叫"左和""右和"。左、右和的士兵，甲胄全身、弓弩持满。营内的士兵除了日常操练和准备出战之外，一般处于解甲弛弩状态。当敌军突然杀入营内时，各军根本来不及武装结阵。所以，左和与右和的士兵必须死守营门，为全军转入战斗状态争取时间。

根据许道胜、李薇、孙思旺等秦史专家整理的信息，1万秦军扎营，左垒和右垒通常是各驻5000兵马，左、右和各设1200人，二垒内部各留3800人。这3800

<hr>

[1] 《尉缭子·分塞令》："中军、左、右、前、后军，皆有分地，方之以行垣，而无通其交往。将有分地，帅有分地，伯有分地，皆营其沟域，而明其塞令，使非百人无通。非其百人而入者伯诛之，伯不诛与之同罪。军中纵横之道，百有二十步而立一府柱。量人与地，柱道相望，禁行清道，非将吏之符节，不得通行。采薪刍牧者皆成伍，不成伍者不得通行。吏属无节，士无伍者，横门诛之。踰分干地者，诛之。"

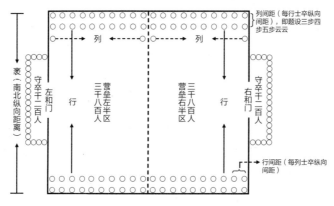

列间距（每行士卒纵向
间距），即题设三步四
步五步云云

列 ← → 列

衺（南北纵向距离）

守卒千二百人

左和门

营垒左半区
三千八百人

三千八百人
营垒右半区

守卒千二百人

右和门

行

行

行间距（每列士卒纵向
间距）

▲ 岳麓秦简"营军之术"算法释义图

人会分为 10 个等份，然后按照三步、四步、五步置一戟（代指士兵）的规格来乘以 380 人，就可得出营垒南北长度（衺）有多少。战国是三百步一里，按照三步置一戟的规格，则万人的军营"衺"长三里又二百四十步。[1]

假如白起是按照万人一军、三步置一戟的标准来扎营，那么十余万秦军的营垒至少会绵延三四十里，相当于从高都邑一直延伸到新城城郊。考虑到秦军以高都城做基地，又分兵若干驻扎伊河东岸，城外的军营会少设一些，实际覆盖面积可能在方圆二十里左右。但不管怎样，伊阙塞以南到新城都被秦军牢牢掌握。

公孙喜很清楚，秦军无论是万人一营还是数万人一营，营门规格就那么大，左、右和都可能只设 1200 名守军（恰好是秦部曲制的 3 个"部"），无法确切了解营内的真实兵力。再加上秦人喜欢把营垒修成坚壁，对道路关卡的盘查极严，联军斥候就更加难以打探内中虚实了。

在双方对峙时，秦军的战备始终没有松懈。近来士兵操练次数有所增加，喊

---

① 详见许道胜、李薇两位先生合著的《岳麓书院秦简＜数＞"营军之述（衍）"算题解》与孙思旺先生的《岳麓书院藏秦简"营军之术"史证图解》。

杀声响彻河谷，轻车锐骑也时不时出营来回驰骋、耀武扬威。离敌营最近的韩军一直高度紧张，生怕秦军是以假演练掩饰真突袭。

魏军和秦军中间隔着韩军，魏军士兵们自以为高枕无忧，纪律就比韩卒松散得多。但身为主帅的公孙喜不敢放松警惕，还是让斥候密切注意秦营的旗帜、灯火、鼓声有何变化，以及是否有鸟群盘旋于营垒之上，借此判断秦军主力是否仍在此处。他相信坚持这样做，联军即使打不赢，至少也立于不败之地。殊不知，敌将白起对战场形势的解读能力出类拔萃，看到了他意想不到的隐患。

首先，伊阙的地理形势并不利于韩魏二军协同作战。

伊阙山谷仅长数里，被滔滔伊河从中劈成东西两岸。东岸山谷北出口在今部庄村一带，往北是开阔的平原，距此最近的韩国缑氏县在七八十里外；东岸山谷南出口在今草店乾元寺一带，通道不在伊河边上，而是夹于山间。西岸山谷虽然不如东岸宽阔，却是通往洛阳的主要通道，山谷南出口挨着今魏湾村，北出口连着今龙门村。除了这条主干道外，伊阙山往东或往西数里都是连绵不绝的山脉与丘陵。以当时的交通条件，很多今天的公路还不存在。

战国时的伊阙山谷通道，可能比后来经过历朝整修的官道更窄。联军无法在山谷中屯太多兵。根据洛阳市旅游发展委员会在 2015 年 4 月 9 日发布的公告，位于伊阙山地的龙门石窟景区日最大承载量为 7.9 万人次，景区在整个 2015 年"十一"黄金周共接待了 28.27 万人次游客。景区单日最大承载量可以作为当地人口容纳能力的参考值。但军队扎营不同于游客往返，需要留出相当大的活动空间。比照秦国营军之术，伊阙山谷两岸大约只能容纳两个万人军营，远远装不下 24 万韩魏联军。

魏之河东、河内兵与韩之南阳兵南渡黄河后下洛阳，最佳集结地点在洛河以南、伊河西岸。韩三川郡兵是从南边退至伊阙，位置处于联军最南面。韩之成皋、荥阳驻军从东边进入洛阳盆地，再渡过伊河与其他兵马会师。由于魏军主要从北来，韩军大多从东来（一部从南来），自然地形成了"魏军在后，韩军在前"的格局。

前面提到伊阙山谷内大约只有不超过 3 万韩军分别镇守两岸。为了缩短后勤补给线，大部分韩军和魏军都会选择以西岸的龙门镇为中心设置营垒，以便更快捷地获取周援。

假如秦军进攻伊阙塞，无论打西岸还是东岸，首当其冲的都是韩军的一部分。魏军并不与秦军直接对峙。可惜伊阙山谷狭长，24万联军只能轮流上阵，无法充分展开优势兵力。魏韩联军无法两路同时出击，剩下的选择唯有让一军先出击，另一军随后扩大战果。更不利的是，山谷内只容得下数万兵马展开。就连韩军也只能依次投入部队参战，无法全力出击。魏军想要插手的话，还得让韩军先闪出一条路来。这便是山谷战的麻烦之处。

如果作为守方，韩军可以从容应战，以少抗多，慢慢跟秦人耗。然而，这次韩魏联军原本是人多势众的攻方，由于无法找到能发挥数量优势的进攻路线，反而变得被动。想当初，联军若能早早分兵控制住高都邑，就能与伊阙塞形成掎角之势，两军也有更开阔的活动空间来打配合，让秦军顾此失彼。可惜被白起抢了先手，失去先机。而且，正因为伊阙地形不利于多线攻击，魏韩两军的矛盾才很快激化。

其次，联军兵多却处于战场内线，秦军兵少却掌握了战场外线。

在战场之上，处于内线的军队没有太多腾挪的余地，容易被包围；处于外线的军队有更大的回旋余地，能选择更多的进攻路线。通常而言，进攻方多在外线，而防守方多在内线。单看伊阙战场，秦军算是处于内线的防守方，联军是处于外线的进攻方。可是，当我们结合三将拔三城后形成的战略布局来看，就会发现秦国势力在整个河外战场上反而处于外线。

由于疆土相邻，魏韩联军控制了洛阳盆地的北、东两个方向的通道。秦国则控制了西、南两个方向的通道。西之宜阳与南之新城恰好对伊阙塞形成了一个半包围架势。这意味着秦军实际上，可以从两个方向进攻联军，可以通过大范围转移来变换进攻方向。

白起若是率军秘密离开伊阙，先转移到宜阳东郊，再顺着洛河迂回到联军身后，行军全程都在秦国境内——主场作战，畅通无阻，利于隐蔽。反观魏韩联军，虽然人多势众，却是被夹在内线的客军，无法通过转移来迂回到秦军的侧后。

理论上，韩军要是能再派数万兵马出嵩山攻打新城的东郊，秦军就首尾难顾了。或者，韩军留下数万人马坚守伊阙塞牵制秦军，大部队和魏军一起秘密向轩辕关转移，进入嵩山后西行至新城，抄了白起的后路。这种以迂为直的奇袭，倒是跟白起的作战思路如出一辙。

但韩王君臣没胆子也没能力实现这两个构想。因为韩国处在四战之地，对各个方向的诸侯都要保持足够的戒备。韩国原本就已经兵力紧张，再加上襄城秦军一直威胁着韩南边境，让韩军不敢不重兵戒备，根本抽不出多余的人手。至于借道给魏军，更是不能考虑的选项。

魏军比韩军人多，若是借道进入嵩山地区的话，后勤补给就得从韩国出。多一笔钱粮开支事小，关键是魏军进嵩山后，万一突然单独跟秦军媾和，转而进攻韩国腹地，那韩王君臣可就吃不了兜着走了。韩国抗秦归抗秦，对魏国也抱有一丝戒心。毕竟，两国长期以来在结盟、交锋、争相事秦之间反复调整，只是最近处于外交蜜月期，明年是敌是友还不敢断言。

韩人这种心态恰恰让魏人缺乏安全感。两军互相掣肘，既不敢以正兵合战，又提防着对方像当年修鱼之战时那样临阵逃脱。于是整个联军都动弹不得。所以，白起实际上只用专心对付伊阙山谷方向的敌军。而公孙喜既戒备秦军，又猜忌韩军，还得盯着宜阳方向的动静。这一出一入，双方的胜算此消彼长。

最后，白起发现伊阙山谷到洛阳之间的大平原隐藏着一个理想的战场。

伊阙地形限制了魏韩联军的进攻手段，秦国在河外的战略布局让秦军具备了迂回敌后的交通条件，但光是这些有利条件还不足以让白起完成打歼灭战的构想。因为兵力上的差距依然客观存在。以少胜多的击溃战不乏其例，但以寡破众的歼灭战还找不到几个先例。

若是换成其他将帅，可能会先设法分散敌军的兵力，再逐个吃掉。公孙喜应该也想到了这点，故而没在魏韩失和时贸然分兵。他以为白起不敢强攻，即使强攻也只是变成秦韩拼恶仗、魏军坐收渔利的局面。完全没想过自己在白起眼中已经形同瓮中之鳖。

出了伊阙山谷，山势突然折向西北，伊河则开始往东北折，山水之间夹出了一个倒三角形平原。这个大平原从伊河西岸的龙门山一直向西北延伸到今洛阳龙门站附近，属于今洛阳市龙门镇地区，龙门镇面积为41.3平方公里，是个能容纳20多万大军厮杀的战场。魏军主力就在这片土地上，保护着联军的后勤补给线。

这片左依山右傍水的倒三角形平原，从南往北打是易守难攻，从北往南打则是易攻难守。若是能从北面广阔的平原发动宽正面的多点攻击，秦军就可能最大限度地发挥轻车锐骑的冲击力，切断24万联军的后勤补给线，将其逼向伊阙山谷。魏军处于倒三角形的中部，若是被北面来敌压迫到倒三角的顶角（即龙门村一带），十几万大军的回旋余地会越来越小。南边的伊阙山谷已经被韩军填满，即使人挤人也塞不了七八万，秦兵又封死了山谷南出口。西边的山地丘陵没多少让大兵团突围的出口，东边的伊河成为天然屏障，浮桥和船只很难在短时间内把十几万兵马全部运到对岸。

也就是说，秦军并不需要十倍于敌的兵力来构建包围圈。只要锁死伊阙山谷两岸的南出口，控制住倒三角形平原的底部（今洛阳市的南刘村、杜村、槐树湾村、八里堂村一带），并分兵从北面攻占伊河以东的今部庄村一带，截断东岸敌军的逃亡路线，就能把魏韩联军团团围住。

决战的地点选好了，首要打击目标也随之确定。

从秦军的视角来看，韩军拦在眼前，魏军躲在后面，秦军要打魏军的话，必须先跨过韩军的阵营。魏军上下也是这样想的，尤其是主帅公孙喜。他没能说服韩将先出击，却认定就算韩军不愿当先锋，也不得不先挨秦军的拳头。公孙喜相信魏军是安全的，让韩人跟秦人死磕吧，重复当年齐国在马陵之战中趁韩魏两败俱伤再插刀的套路。

十几万魏军抱着等胜利的心态来看待秦韩交锋，警惕性不足，自然会露出不少破绽。比起猛攻紧张兮兮的韩军，袭击麻痹大意的魏军显然胜算更大。只要魏军败了，韩军就会丧失斗志。[1]

当然，这并非白起先打魏军的唯一原因。奇袭也要遵守战争基本法，时机、地形、兵力、战术缺一环都不行。白起权衡利弊后，依然认为先打魏军是取胜的关键。现在问题来了，秦军主力怎样才能避开韩魏联军的耳目，神不知鬼不觉地迂回穿插到魏军的后方？如果做不到，秦军将满盘皆输。

---

[1] 白起事后总结道："二军争便之力不同，是以臣得设疑兵，以待韩阵，专军并锐，触魏之不意。魏军既败，韩军自溃，乘胜逐北，以是之故能立功。"出自《战国策·中山·昭王既息民缮兵》。

兵行诡道故布疑阵，战场重心悄然转移

伊阙之战的详细经过已经失载。我们只好通过先秦时代的各种相关军事、政治、文化、地理知识来尝试还原战争的过程。虽然不可能百分之百精确，但有助于诸君更好地了解战国军事的时代风貌。以下是具体的战情推演。

枯燥乏味的相持状态终于在这一天被打破。秦兵大举涌出高都城和各个壁垒，铁蹄铮铮，战鼓雷鸣，旌旗翻飞，迅速而整齐地排成一个个大小方阵。各部整队完毕，鼓声停息。这数以万计的大军不喧不噪，军纪严如铁，竟让春风也透着肃杀之气。

秦军以"强弩在前，铦戈在后"为特色（《战国策·燕策二·秦召燕王》），每个大方阵由若干百人队小方阵组成，方阵的最前排是只穿战袍而不披甲的弩兵，后面黑压压一片主要是手持长兵器的甲士。其他诸侯军队的作战习惯多为"长兵在前，强弩在后"。尽管秦军这套战法胜率极高，但不知为何饱尝败绩的六国军队还是坚持自己的传统。

公孙喜接到韩将的报告后下令准备迎敌，亲临一线督战。在对面远处，秦军搭起了一座高高的木台，木台上有几个人。公孙喜知道其中一位就是白起，白起旁边的人应该是秦王派的监军御史和国正监。

就在秦军布阵的同时，韩军也全面进入临战状态。勇力出众的士卒负责用长兵器刺杀敌人，善射的蹶张士负责射箭，其他士兵辅佐战斗。[1] 韩国有天下最有名的强弓劲弩，谿子、少府、时力、距来等兵器作坊制造的强弩号称能射到 600 步之外。这些弩显然不是单兵弩，数据有夸张的成分，但射程肯定远超过百步。

韩军蹶张士的战术是"超足而射，百发不暇止，远者括蔽洞胸，近者镝弇心"，利用连续的强弩齐射来杀伤敌军。这种打法非常消耗箭矢，且秦弩的性能不输给韩弩。韩军每次在对射时能对抗一阵儿，但一到近战就不是秦军的对手了。

不过，眼下的情况对韩卒有利。《墨子·守城门》篇认为，如果进攻宽度不足150 步（折合 207.9 米），对防守方有利，对进攻方不利。伊阙山谷本身不宽，秦

---

① 《墨子·备城门》："楼若令耳，皆令有力者主敌，善射者主发，佐皆厉矢。"这一篇被专家考证为秦墨守城术，是研究先秦城池攻防战的重要文献之一，代表了战国军队守城时的基本战术。

军虽然能在山谷外的平原上列出延绵数里的大阵，但攻打要塞时真正能利用的进攻宽度不足 150 步。由于战场宽度限制，秦军只能以一"校"（2000 人）兵马依次投入战斗，人多了展不开。每校实际接战的只是一"部"（400 人）官兵，而且是每个百人队轮流出击。秦军每次进攻能投入的兵力不多，韩之弩阵可以利用山谷地形做密集射击。

秦军数次挑战，韩军却玩老虎不出洞。既然野战打不了，只能强攻要塞。

只见秦军战阵的后方烟尘大起，传令的兵车和骑兵往返于各个方阵。凭公孙喜对秦人的了解，这是他们即将发起进攻的预兆。处于防守第一线的韩卒不禁握紧手中的戟弩，极力平息狂跳的心。

战鼓再次擂响，秦军进至一箭之地，轻装弩兵迅速列成三排横队的弩阵。韩将急忙下令全军把大楯排在一起，士兵们刚把身子藏进大楯后，第一波箭雨已落地。有些腿没收好的士兵不慎中箭，鲜血直流，疼得哇哇大叫，周围的韩卒听得心烦意乱。

韩将本想趁着秦兵装箭的间隙组织一次齐射还击，但秦弩兵配有持箙（装箭矢的弓箭袋）士兵辅助，三排横队更发更止，射得韩军蹶张士抬不起头。韩将找不到机会，只好先按捺住挥舞令旗的冲动。

在强弩的掩护下，秦军攻城部队顺利地填平壕沟，扫清蒺藜，靠近关城下，搭起云梯。此时秦军弩阵停止齐射以免误伤，士兵们开始呐喊着爬梯攻城。冲在最前面的甲士戴着头盔，左手持盾，右手持 1.4 米的短戈或 1 米左右的长剑，随后的甲士持 2.88 米的长戟或 3 米多的长矛，云梯之下还有弓弩手做精准的掩护射击。

韩军将士的抵抗异常激烈。参加过三年函谷之役的老兵经验丰富，他们在刺击爬云梯冲锋的秦甲士时很注意躲避秦弩兵的流矢，持弩还击时也是快射快躲，无论是否命中都绝不恋战。新兵的表现就糟糕得多了，他们不是害怕得拿不起武器，就是只顾杀敌而不顾自我保护。一名年轻的蹶张士想狙杀城下的一个秦军伍长，但在探出身子瞄准时太过专注，停留时间稍多片刻，就被秦人的三棱箭头贯穿了喉咙……

就在西岸主战场激战正酣时，秦军又分兵袭击东岸的韩军壁垒。两军在数里长的山谷中杀得天昏地暗。这一仗打下来，韩卒伤亡不少，不过也击退了秦兵对西东两岸的首波进攻。

韩将抓紧时间换下伤兵，抽调锐卒加强防御。公孙喜派人送来各种物资，但丝毫没有派魏军接防的意思。在战斗间隙，秦兵埋锅造饭，升起无数炊烟。城头上的韩卒每人平时定额携带二斗干饭，还有专门的士兵负责给他们送热饭。饱餐之后，负责攻关的秦军校尉又换了一"部"人马进攻。双方战至暮色降临，秦军毫无进展，只得收兵回营。

韩军采取3000人为一屯的策略，把数万人分为几十个屯。各屯轮番出战，已经战斗过的屯回到营地休整补充，直到打败敌军为止。韩军每屯据险而守，对抗秦军以校为单位的进攻，只要尚存斗志就能靠消耗战死死守住伊阙塞。

接下来数日，秦军又发动了几次进攻，未能突破韩军防线。秦军数次挑战，韩军闭门不出。双方各有伤亡，战况再度陷入僵局。

联军斥候悄悄溜出要塞侦察，打听到的消息是白起对众将下了死命令，不攻破伊阙死不旋踵。从白天的炊烟和夜晚的火堆来判断，秦兵的数量确实有增无减。尽管秦人只能以校为单位轮流进攻，但关城下聚集的旌旗越来越多，一望无际的战阵后方总是烟尘滚滚，不知来了几多人。左右是摆出一副要重兵死磕的样子。

这段时间的战斗让两军逐渐熟悉了对方的套路。魏韩众将在紧张中又有一丝窃喜。他们心想，白起到底是年轻气盛，只是打了几场胜仗就狂得没边，妄想强行打通伊阙塞。这种一杀红眼就蛮干的猛将不足为惧，只要耐心周旋继续消耗对手的实力和士气，联军迟早能抓住秦军师老兵疲的机会打反击。

无论是韩军众将还是联军主帅公孙喜，都相信战场的力量重心在这里。可惜他们不知道，此时对面木台上的秦将并非白起。真正的秦军主力早已暗中转移，正在朝宜阳方向急行军。

兵圣孙武的"诡道十二法"中有一条叫作"远而示之近"，意思是想要从远处进攻却装作要从近处进攻。这正是白起采用的计谋。

白起选择的战场是伊阙山以北的倒三角形大平原。直接突破伊阙塞北上是走直线，但经过试探性进攻后，他确信伊阙塞无法靠强攻拿下。周边是连绵山丘，那时候还没有龙门山以西的S243省道、穿越龙门山森林内部的S238省道和香山以东的 G55 二广高速。这三条交通干道在当时最多只是崎岖的山林小径，无法保障数万大军迅速且毫发无损地通过。如果想把大军投送到预定战场，唯一可选的路线是先南下至新城，再往西北走到宜阳东郊，然后从三川道东行至洛阳。

想当初，秦武王派丞相甘茂强攻宜阳 5 个多月，直接目标就是打通前往周天子王畿洛阳的通道。这条官道沿着洛河顺流而下，地势比伊阙道更加平坦宽阔，非常利于大兵团野战。白起心里明白，公孙喜作为沙场老将肯定也能想到这点。

公孙喜刚开始确实紧盯着宜阳的动向，生怕这里突然杀出一支秦军，威胁联军的粮道。魏韩联军需要戒备两个方向，白起只要集中对付一个方向。这点对同床异梦的联军不利。

即使拥有再多的兵力，也不能在各个方向平均分布兵力，否则很容易被敌军集中兵力各个击破。想要打胜仗，就必须判断出战场的重心在哪里。所谓战场重心就是双方军队主力所在位置，可分为防御重心和进攻重心两大类。只要牢牢守住防御重心就能稳住整条防线，只要在进攻重心上取得突破就能赢得整个战局。假如弄不清敌军主力在哪儿，从什么方向来攻，就不得不分散兵力防守更多方向。将帅万一错判形势，被敌军以优势兵力打开突破口，离全线崩溃就不远了。

按照原定部署，韩军扼守伊阙山谷，魏军坐镇伊洛平原。魏军的主要警戒方向是西面三川道，但公孙喜在观察秦军最近的行动后，对敌情有了新的判断。他终于开始相信秦国叛臣吕礼的情报属实。

从咸阳到宜阳的距离大约折合战国 873 里，宜阳到新城的距离折合战国 76 里多，再加上新城到伊阙的路程，关中秦兵驰援伊阙要走差不多千里之遥。在古代，千里运粮本身会造成沉重的后勤压力。关中援兵迟迟不露面，看来秦国真的力空气虚了，凑不齐足以把 10 万大军投送到前线的粮食。

关中秦卒不出函谷，宜阳秦兵只守不攻，伊阙方向的秦兵却"日益增加"。显然，白起为了强行攻克伊阙塞，已经把秦国在河外地区的绝大部分兵马集中于此。换言之，秦国根本无力从三川道发动进攻，只能据宜阳守住白起的退路。公孙喜判断，防御重心只能是韩军把守的南线，联军主力应该集中部署在此。

伊阙山谷地势险要，又有韩军做屏障，只要韩人不倒戈就难以被正面突破。韩军做了肉盾跟"秦军主力"拼消耗，而宜阳秦兵不敢贸然出击。无论从哪个角度看，魏军主力是基本安全的。公孙喜万万没想到，自己的想法完全在白起的意料之中。

白起派兵佯攻伊阙塞，故意在后阵制造烟雾，增加造饭时的炊烟和夜晚的篝火，目的只有一个——让敌军误以为这里是秦军主攻方向，并且误以为他是个年轻气盛、骄傲轻敌的莽夫。

他故布疑阵，留下2万左右兵马继续佯攻，自己率领8万余① 主力军长途奔袭。他借鉴城濮之战中晋国下军将栾枝以战车拖着干柴制造烟雾的办法，让敌将无法看清秦军的虚实，借此暗中逐批转移兵力。在烟雾和夜色的交替掩护下，秦军主力成功地金蝉脱壳。

在战国时期，步兵上升为军队的主力兵种，战术也变得更加机动灵活、丰富多样。白起对古代中国军事做出的最大贡献就是，让歼灭战真正成为一个成熟的战术体系。他这次采用的是正面牵制和迂回包抄相结合的歼灭战法。如果套用后世军事家的理论，就是卷击式合围。

兵家早有"以正合，以奇胜"的格言，以及"正面牵制＋迂回包抄"的战例。不同的是，大多数名将的"奇兵"数量远少于"正兵"，白起却是以绝大部分兵力为"奇兵"，只以少量军队利用疑阵充做"正兵"。这个战术革新超出了当时各国名将（包括秦国其他将军）的认知范围，让所有对手都猝不及防。

越是出奇制胜的战术设想，越是具有高风险。秦军实现作战意图的关键有两点：

第一，疑兵必须逼真，否则无法成功骗过韩将魏帅。公孙喜一旦识破诡计，把重兵部署在三川道上，白起的奇袭就会变成缺乏胜算的强攻，正面交战还是处于数量劣势。韩军也会杀出要塞以优势兵力包围数万疑兵，进而直逼新城。到那时，秦军就进退维谷了。

第二，秦军主力的大范围转移必须同时做到隐秘和快速。做到隐秘不难，这

---

① 白起自称专军并锐，集中了绝大部分兵力。比照战国其他战例，八万之师较为常见，故取此数。

段路已经被秦军全线戒严，但急行军存在风险。因为部队连续急行军后会很疲劳，无法在到达战场后马上进行高度依赖体力的古典式战斗。

《孙子兵法·军争》曰："是故卷甲而趋，日夜不处，倍道兼行，百里而争利，则擒三将军，劲者先，疲者后，其法十一而至；五十里而争利，则蹶上将军，其法半至；卅里而争利，则三分之二至。"

春秋军队的行军常速是每天30里，走完这个路程就扎营休息，故而又把30里折算为"舍"。晋文公在城濮之战中"退避三舍"，就是后撤了90里。这个速度跟车战时代的军队机动性较差有关。行军速度超过每天30里的话，就会打乱军队的正常节奏。

不过，战国军队的行军能力大大增加。《尉缭子·攻权》曰："故凡集兵千里者旬日，百里者一日，必集敌境。"战国的1里大约415米①，日行百里约折合今83里。国内各地兵马在敌国边境集结，千里路程限期10天赶到，百里路程限期1天赶到。由此可见，日行百里已经成为战国兵法的通例。但这只是单纯的集结速度要求，不考虑沿途交战对行军造成的迟滞。

白起选择的行军路线，相当于是多绕了一百余里的大圈。按照《尉缭子》的要求，走一天多就够了。按照魏武卒的体能考核标准，一昼就能跑到。考虑到白起要组织一场歼灭战，光是轻锐奇袭还不足以完成任务。尽管行军肯定是分批次先后出发，但他肯定要等全军到达指定位置后再行动。秦军主力从金蝉脱壳到急行军到魏军以西数十里外，不会只用一天，但应该是在数日内完成转移。因为时间拖得越久，公孙喜越有可能识破秦军疑兵的伪装，让整个作战计划落空。

秦军主力秘密进行大范围转移是整个伊阙之战中最危险的阶段。任何一个环节的疏忽都会让白起前功尽弃。幸运的是，秦军各部完美地执行了他的指令，所有的奇袭部队都按时在指定地点完成集结。秦军的进攻重心恰好是魏军的防御薄弱环节。

如血残阳像往常一样落下，壮丽的龙门山色让人不禁想忘却天下纷争。操练

---

① 秦尺长23.1厘米。古制：六尺为一步，三百步为一里。

完毕的魏军士兵在暮色中回营，脸上写满了疲惫。今夜注定不得平静，无数人的命运将被彻底改写……

秦锐士夜袭敌军连营，公孙喜竭力收拢败兵

前行的秦斥兵清除了三川道沿途的小股魏军斥候，审讯出不少军情，再加上混入敌营的间谍传来的消息，白起对魏军的情况有了大致的了解。

魏军五大营分布在伊阙山与洛河之间方圆七十余里的范围内，有足够的缝隙供秦军打穿插。秦军主力的数量不足10万，跟分散驻扎的魏军相比，有以集击散的相对优势。但想要一口气吃掉十几万魏军，依然是不可能的。唯有精心挑选首攻对象，集中兵力先围歼其中一部，再逐个歼灭其他敌军，积小胜为大胜，才能实现圆满的歼灭战。

白起的作战计划是通过夜袭切断联军的粮道，以多打少迅速消灭魏后军，并分兵袭击魏右军、左军、中军三营，使其无法相互支援。他要在方圆三四十里的地域上同时发动多点攻击，让敌军因不明虚实而恐慌，无法有效组织反击。

组织夜袭并不容易。夜晚能见度低，军吏和士兵们不像白天那样可以清楚地看到旗帜信号，在行军途中可能不小心走错路，在交战时可能不小心自己人打自己人。必须事前约定明确的信号，在约定的时间和地点依次发动攻击，否则容易产生混乱。

在约定好信号、时间和进攻线路后，白起给全军各部分派任务。以轻车骁骑为主的穿插部队，先行穿插到魏军各营的结合部，切断各部敌军的联系。攻打各魏军营的主攻部队悄悄靠近敌营，一看到信号就动手。

各部秦军人衔枚，马裹蹄，偃旗息鼓，借着夜色的掩护，秘密向各个指定地点开进。几部秦军绕过伊阙山北麓后，迅速向东疾行，穿插至今洛阳市龙门镇和关林镇之间，然后又分头悄悄南下在魏右军营、左军营和中军营附近潜伏下来。白起亲自指挥进攻敌中军营的精锐部队，另派副将率领兵力最多的主力兵团沿着洛河向东北数十里外开进。那里有离西周王城河南最近的魏军后营，囤积了大量明天要运往魏韩各军营的粮草辎重。虽然公孙喜派兵加强了防御，但联军的后勤

补给线拉得比较长，还是有不少空当。只要拔掉魏后军营，24万联军的粮道就断了，秦军可以获得数量惊人的给养和装备。再把联军封死在伊河与伊阙山之间，就形成了瓮中捉鳖的有利态势。如果奇袭魏中军营的部队能幸运地斩杀或俘虏联军主将公孙喜，魏军将直接全盘崩溃。

当然，一切的一切以本次夜袭能成功为前提。对于这点，白起信心十足。因为"魏氏之武卒，不可以遇秦之锐士"。

由于缺乏详细的史料记载，我们无从得知秦锐士的选拔方式和作战方式。出土秦简的律令文书更多在讲基层政务，涉及的军制知识很零散。既然秦军以魏军为主要对手及学习对象，主持变法的商鞅又来自魏国，秦锐士的选拔考核方式很可能跟魏武卒类似，都是从全军严格选募。不过，从秦魏两国一边倒的交战记录来看，秦锐士的训练水平远高于魏武卒。

荀子认为秦锐士的战斗力源于"功赏相长，五甲首而隶五家"的激励制度，即斩首5级就能役使5家民户。该细节透露了秦锐士的实际身份——有爵军吏。

据《商君书·境内篇》载，"能得爵首一者，赏爵一级，益田一顷，益宅九亩，一除庶子一人，乃得入兵官之吏"。秦国的有爵人可以申请让无爵人做"庶子"（隶仆），一级爵位一名"庶子"。朝廷不起军役时，"庶子"每月为其大夫服役6天；若有军役，则"随而养之军"。而大夫恰恰是秦军功爵的第5级爵位，能拥有5个"庶子"，正好对应了"五甲首而隶五家"。

按照商鞅制定的军法，二级上造爵到四级不更爵都是"卒"。步兵未必个个有爵，但轻车和骑兵部队的士兵都是低爵起步。而军中伍长的秩级相当于郡县官府的斗食小吏。由此推断，爵至大夫的秦锐士并非普通的自耕农士卒，而是拥有5顷田、45亩宅基地以及5名隶仆的小土豪。无论在军中还是乡里，他们都不跟无爵或低爵士兵编进同一伍。

《吴子兵法·料敌》曰："然则一军之中，必有虎贲之士，力轻扛鼎，足轻戎马，搴旗斩将，必有能者。若此之等，选而别之，爱而贵之，是谓军命。其有工用五兵、材力健疾、志在吞敌者，必加其爵列，可以决胜。厚其父母妻子，劝赏畏罚，此坚陈之士，可与持久，能审料此，可以击倍。"

吴起认为军中必有能克敌制胜的虎贲之士和充当战阵骨干的坚阵之士，应该重用和优待这些出类拔萃的军人。无独有偶，战国兵法《六韬》也主张从军中选练冒刃、陷阵、勇锐、勇力、寇兵、死斗、敢死、励钝、必死、幸用、待命之士，把每种类型的战士聚为一"卒"。①

秦锐士应该和魏武卒一样，被集中编成一"卒"（百人队），作为三军的选锋练锐集中使用。锐士卒的卒长秩级也许跟普通部队的卒长相同，但爵位应该高出不少。毕竟，锐士卒的士兵没有爵位低于不更爵的。

为了增强各军突击能力，白起打算由精选的轻车骁骑和步战锐士充当先锋，其他人马在先锋部队突入敌营后紧密跟进，迅速扩大战果。

战国兵法有丰富的车骑步协同战术，但车骑部队的编制较小。据《六韬·均兵》记载，轻车兵主要采用"五车一长，十车一吏，五十车一率，百车一将"的编制，骑兵则采用"五骑一长，十骑一吏，百骑一率，二百骑一将"。《六韬》体现的主要是齐军的战术体系，但战国军队在车骑使用方面有极大的共性。秦末汉初的郎中骑兵屡屡斩虏齐军和项羽军的"骑将"，其实大多就是这种200骑的指挥官。秦军的骑千人与齐军骑将名称不同，但所部也是200骑。秦轻车兵的编制应该也与《六韬》中的军制大同小异。

别看战车是100车一将，骑兵是200骑一将，战国兵法倡导的车骑兵力配比却是"千乘万骑"，也就是一车十骑的组合方式。比如，赵国军事家李牧大破匈奴之战，投入了1300乘战车和1.3万名骑兵，比例还是1比10。对照车骑的基本编制，战国兵家应是把五个"骑将"与一个"车将"混编在一起。《六韬》中经常提到要把车骑部署为"鸟云之阵"。所谓鸟云之阵取鸟散云集之意，既可以"鸟散"为若干个车骑混编小兵群，又可以"云集"为千乘万骑的大兵团。

无论车骑数量的规模是大是小，都按照一车十骑的比例来混编。这是车骑并

---

① 《六韬·练士》记载："军中有大勇敢死乐伤者，聚为一卒，名曰冒刃之士；有锐气壮勇强暴者，聚为一卒，名曰陷陈之士；有奇表长剑、接武齐列者，聚为一卒，名曰勇锐之士；有拔距伸钩、强梁多力、溃破金鼓、绝灭旌旗者，聚为一卒，名曰勇力之士；有逾高绝远、轻足善走者，聚为一卒，名曰寇兵之士；有王臣失势望复见功者，聚为一卒，名曰死斗之士；有死将之人，子弟欲与其将报仇者，聚为一卒，名曰敢死之士；有赘婿人虏，欲掩迹扬名者，聚为一卒，名曰励钝之士；有贫穷愤怒，欲快其心者，聚为一卒，名曰必死之士；有胥靡免罪之人，欲逃其耻者，聚为一卒，名曰幸用之士；有材技兼人，能负重致远者，聚为一卒，名曰待命之士。此军之服习，不可不察也。"

用时代的战法，在秦统一战争和楚汉相争时发展到巅峰，直到汉武帝时的军事家卫青彻底改革骑兵战术后才正式退出战场舞台。

由于史书失载，我们无从知晓秦军在伊阙之战中投入了多少战车和骑兵。当年吴起在河西大破秦师时动用了 5 万步兵、500 乘战车和 3000 名骑兵，后来白起在长平之战中动用了至少 5000 名骑兵。伊阙之战的秦军骑兵数量应该在这个范围内，笔者个人倾向认为白起手中大约有 3000 骑和 300 乘战车。

秦军步兵采用部曲制，每个万人军团都是由五校人马组成的。白起的部署应该是让每个万人军团以一校为先锋，这一校 2000 名步兵与 20 乘战车、200 骑协同作战。这个组合既符合一车十骑的比例，也对应了每乘战车配备 100 人的战国前期作战传统。20 乘战车按"十车一吏"分为两个战车队，200 骑也可以分为两个百骑队，保护步兵校的左右两翼。步兵校可以分解为 20 个卒百人队，其中包含若干个战斗力极强的锐士卒。

《六韬·均兵》曰："夫车骑者，军之武兵也。十乘败千人，百乘败万人；十骑败百人，百骑走千人，此其大数也。"按照这个战斗力换算公式，20 乘战车和 200 骑总共可以击败 4 个敌军千人队，包含若干锐士百人队的 2000 名步兵至少能以半击倍。再加上出其不意的优势，一个车骑步混编的加强先锋校大致可以击败一个毫无防备的魏军万人兵团。而在加强先锋校后面，还跟着由若干个校组成的大部队……

魏军各大营和秦军营垒同样分为左右二垒，各设一个营门，营门外也设左和与右和。秦军以魏之后军营、右军营、中军营和左军营为夜袭目标，要进攻 8 个营门。也就是说，白起至少要编组 8 个加强先锋校。

魏后军营和中军营是主攻目标，前者得到了数万秦军悄悄包围的待遇，后者将要面对由白起亲自指挥的 1 万中尉军外加几校人马。秦军对魏右军营和左军营主要是牵制性攻击，实际上可能只投入 1 万兵力。因为组织夜袭的难度很高，少而精的兵马不容易走位混乱，更利于发挥战力。

各部秦军已经部署完毕，都在紧张地等待总攻的到来……

夜色正浓，值班守夜的魏军士兵披甲持戟，背着弩箙，排成行伍沿着营中纵横之道巡逻。每个百人队营区都静悄悄的，只有风吹旗帜的响声和火堆的噼啪声。

大部分魏军官兵已经酣然入睡，卸下的甲胄放在一边，剑戟入鞘，弩弦也松弛下来，以免因使用过度而失去弹性。

他们从未想过白起会从一百多里外跑来打自己。他们刚才也许做了美梦，也许是噩梦。无论怎样，再睁眼，就是后人说的修罗地狱。

山河间猛然响起战鼓的回音，马蹄和车轮轰鸣如雷，喊杀声震耳欲聋。箭雨划破了漆黑的夜空，地上躺着一片被扎成刺猬的东倒西歪的尸体。圆睁的眼死不瞑目，惊讶的表情诉说着生命的脆弱。阵亡者的时间停止了，但战斗者的时间才刚开始。

"有秦兵！有秦兵……"一名魏军哨兵刚放出警报，背上就插满了箭羽。

秦锐士勇猛无匹，在轻车骁骑的支援下迅速击溃了魏军左和与右和，突破左垒和右垒的营门。进攻左垒的锐士卒前行开道，为全军打开突破口。200骑化整为零，以十骑为一队，沿着敌营的纵横之道散开，四处点火。加强先锋校的步兵冲进敌营后，以部（400人）为单位分头攻击敌营各方向。进攻右垒的加强先锋校不甘落后，人人奋勇突击，力争先打到敌将的帐幕。

各营区的魏兵慌慌张张地披甲执戟，稀稀拉拉地冲出去迎战。但不少人刚出自己的营门就被来去如风的秦骑兵射杀。魏军骑兵和战车兵来不及上马乘车就遭到了攻击。有的人还在手忙脚乱地上弩弦，就被冲进营帐的秦兵割去了首级。

靠近军门的营区很快全盘崩溃，败兵四处逃散，把恐惧情绪传染给了后面的营区。不少魏兵狼狈逃窜，连武器都丢掉了。靠后的营区有不少魏军伯长集合好自己的部队，怒冲冲地救援前面的营区。但剽悍的秦锐士横冲直撞，魏武卒和奋击来不及列成百人战阵就被冲散。

秦军攻势虽猛，但魏军营垒规模大，就算被斩杀数千人也还有数万人马未服。魏军诸将逐渐从最初的混乱中冷静下来，组织兵马拼命从两个营门突围。冲出营门的魏军还没高兴太久，就遭遇了镇守外围的秦军各校，又是一番殊死厮杀。

就在两军打得你死我活时，白起接到了副将从数十里外派轻骑传来的阴符。是一尺之符，意为大胜克敌，魏后军营已插上了秦军的战旗。他派轻骑传令，让副将留下一部兵马看守缴获物资，同时分兵渡河向上游进军，击破东岸的韩军，其他人全部火速南下与自己会师。

由于魏军四大营是同时遭遇袭击，无法相互支援。魏后军的主体是厮徒，武士、苍头、奋击等战斗兵的比例不如其他四军高，战斗力最弱，在数万秦军的优势兵力围攻下很快被攻破。魏右军和左军遇袭后损失不小，但秦军投入兵力较少，且作战目标主要是牵制，还是有大量溃兵逃出。魏中军的战斗力最强，公孙喜身边有多个武士卒护卫，死战不退。两军激战良久，几十里外的魏前军赶来增援，掩护公孙喜逃离战场。白起重创敌中军，但未能俘获敌方大将。他没有冒险孤军深入追击，而是派兵增援攻打魏左军营和右军营的部队，尽可能多杀伤敌兵。围歼魏后军的大部队也不顾疲劳赶来支援，截住无数丢盔弃甲的残兵败将，缴获不少魏军旗鼓。

天亮了，秦军各部重新合兵一处，彻底封死了魏军北撤的退路。魏军丢四营，丧后军，其他各军受创不轻，只有前军的建制较为完整，损失大量后勤物资。伊阙山谷东岸的韩军被秦军从背后打了个措手不及，只有少数溃兵通过浮桥逃到了西岸韩军主力的营垒。

听完众将上报的军情后，公孙喜猛然意识到了联军的危险处境，不禁对白起的意图倒吸一口冷气。不过，他花了几天收拢完散兵后发现，魏军残部数量依然庞大，还能与秦军一战。只是众人遭此一劫，士气十分低落，无法马上组织兵力复仇。韩军不仅被南线的秦兵牵制，而且韩将听到魏军大败的消息后也心慌意乱，不堪大用。公孙喜只好下令各军先修筑坚壁，休养整顿几日再与秦军决一死战。

谁知白起根本不给他休整的机会，派出轻兵攻击正在进行土木作业的魏军士兵。

令魏武卒和韩劲卒难以招架的秦军轻兵战法

多年以后，在长平被分割包围的赵军锐师被秦军的轻兵战法打得只能坚壁而守，最终因粮草和救援彻底断绝而全军覆没。魏韩联军此时的处境大同小异，只是他们面对的秦兵要少得多。

年轻的秦将白起用不足对方一半的兵力，把剩下的将近20万联军彻底困住。伊阙山与伊河成了他的得力帮手，联军插翅难飞，只能血战突围。可是魏军还没从被敌军夜袭的阴影中恢复士气，就遭遇了新的打击。

秦军以轻兵战术轮番攻击被困的魏军。由几个"十车＋百骑"组成的小兵群在敌阵外侧来回活动，伺机猎杀队形不整或冒进出击的敌军千人队。步兵则以卒百人队为单位，不断对魏阵发动试探性进攻，试图找出敌军的薄弱环节。

虽然每次秦军歼敌不多，但联军的兵力和意志正被不断削弱。魏韩两军组织精锐反击神出鬼没的秦军轻兵，却屡屡铩羽而归。公孙喜不得不哀叹，论小部队散兵战斗，六国之兵真不是秦人的对手。

早在商鞅变法之前，秦军就有深厚的散兵战术传统。吴起点评七国军阵的特点时指出"秦阵散而自斗"，即秦兵战斗队形松散且喜欢各自为战。

秦人的崛起之路异常艰苦，光是在诸戎的围攻下站稳脚跟就用了几百年。春秋诸戎不同于战国秦汉的诸胡，并非纯游牧民族，其经济形态是牧主农副的复合型，有着不输给中原诸夏的青铜器冶炼技术。这就是秦人最初的主要交战对象。

诸戎之师也使用战车，但多以"徒兵"（步兵）见长。春秋中后期的西戎可能已经有了骑兵，北方和中原的诸戎则以步兵为重。诸夏在平原上可以用车战对抗诸戎步兵，但在其他复杂地形上落于下风。为了对抗灵活机动的诸戎步兵，郑国组建了独立的徒兵部队，晋国在三军之外又特设被称为"三行"的步兵军团。秦国何时组建独立的步兵就不得而知了。但可以肯定的是，秦军早期的步兵战术是在驱戎战争中发展起来的，必然要适应诸戎步兵的打法。戎师的战术纪律逊于诸夏之兵，战斗队形不严整但是散兵格斗颇有一套。秦与诸戎的交战环境多为险要山谷，更需要灵活性较强的步兵和骑兵。久而久之，秦步兵养成了"散而自斗"的作战传统。

早期秦军步兵最长脸的战例是秦晋韩原之战，三百步兵推锋争死，虏得敌国君主凯旋。

韩原之战充满了戏剧性。晋惠公贪利冒进，战车陷在烂泥中出不来。秦穆公见状与麾下果断出击，想俘虏晋惠公，不料反被增援的晋兵击伤包围。就在紧急关头，曾经受过秦穆公恩惠的 300 名岐下野人驰冒晋军。他们迅猛地从外面突破了晋军的包围圈，不仅救出秦穆公，还把晋惠公俘虏了。

这些野人是在战前临时请求随军出征的。春秋时的秦国常备军是由国人组成的"师"，打的是车战战术。国都外的"野人"只能以附属步兵的身份参与战斗，不被视为"师"的一部分，作战方式自然更偏向散兵步战。岐下三百野人不过是3个纯步兵的卒百人队，仅仅相当于晋军4乘（战车部队每乘也是100人，但战斗兵只有75人）。但他们以散兵突然袭击的战法让晋师很不适应。要知道，此时距离晋国军事家魏舒开发出第一个中原步兵战阵还有104年。

不过，晋文公称霸以后，晋军的技战术水平不断发展，成为天下首屈一指的强军。后来晋将魏舒"毁车为行"，改车阵为步兵战阵。魏舒方阵的出现标志着中原步兵战术发展到了一个新的高度。诸戎步兵即使在最熟悉的山地战环境也遭到晋兵碾压。反观秦军，自从征服西戎十二国后，没有升级自己的步兵战术，打车战的能力又弱于晋师，故而长期被晋国压制。

在春秋晚期，东南的吴越先后称霸。两国最初不懂车战，而是根据本国地理环境特点大力发展步兵。晋楚为了对付彼此，分别派军事顾问教会吴越军队怎么打车战，但两国最令诸侯畏惧的依然是步兵。吴越铸剑技术是列国之冠，剑盾步兵横行江淮，连同时期的晋师都不敢直撄其锋（此时晋兵已有魏舒战阵）[1]。

吴越步兵战术在春秋晚期最为先进，这又刺激中原诸侯加强发展步兵。此时恰逢春秋战国社会经济大转型，战车地位下降，步兵开始上升为军队主力。列强相互取长补短，吴越的剑盾步兵和晋国魏舒步兵方阵两大战术体系趋于融合，从而发展出新的战国步兵战术。

最先完成步兵战术革新的，不是别人，恰恰是吴起时代的魏军。吴起做魏国西河守时能长期压制秦国，在很大程度上靠的就是更先进的战术体系。秦阵散而自斗，魏军则有严整而精密的方阵配合，秦兵自然难以抗衡。

不过，这都是以前的事情。自从吴起去世后，长期客居魏国的秦献公及其子秦孝公努力富国强兵，逐渐扭转了战局。从秦献公东征到秦惠文王夺取上郡之地这几十年间，秦军的主要作战对象是魏国西河郡军。而韩国在秦魏河西争夺战中基本上站在魏国一方。秦献公、秦孝公、秦惠文王都先后与韩魏联军激战数次。

---

[1]《吴越春秋·夫差内传》："吴师皆文犀长盾，扁诸之剑，方阵而行。"

总体来看，在秦惠文王后期与楚国大战前，秦军绝大多数战斗都是跟韩魏打的。毫不夸张地说，秦军的基本作战风格形成于与韩魏重甲步兵的长期战争。

当年名将吴起训练的魏武卒长期以来是秦国的噩梦。魏武卒是魏军精华，训练和装备成本很高。他们以三属之甲保护上身、髀部、胫部，远战以十二石弩制敌，近战以长矛短剑搏命，攻击力与防护力俱佳。韩国建军思路受魏国邻居影响很大，而且境内多有铁矿，冶铁业发达，故而韩卒也把坚甲、强弩、利剑作为精锐部队的标准配置。两国之间也时有摩擦，重甲步兵之间的较量又强化了这种追求重装备的作战风格。

对付重甲步卒的思路无外乎两条：一是组建同样风格的重甲步卒；二是大力发展攻击性武器。但前一条路明显不适合秦国。

秦魏恶斗在商鞅变法前就已经白热化。当时秦国比较穷，不像魏韩可以烧钱组建重装精兵。就算是商鞅变法后，富强的秦国在很长时间内还存在铁矿产地较少的先天不足，难以学韩国量产优质铁兵器。司马错灭巴蜀让秦国的铁矿储备大大增加，后来秦昭王派众将大举东征，夺取了韩楚的许多铁矿及兵工基地，才逐渐改变了这个不利因素。但那时秦军早已取得对韩魏的压倒性胜利，作战风格也自成一体，没有学习魏韩搞重甲步卒的必要。

事实上，秦国就是通过走第二条道路来克制魏韩重装甲士的。

秦国在兵器制造方面有自己的优势。先秦手工业名著《考工记》称"秦无庐"，又解释说"秦之无庐也，非无庐也，夫人而能为庐也"。"庐"指的是矛戟等长兵器的柄。"秦无庐"指的是秦人家家户户都会做长兵器柄，而不仅仅是极少数工匠掌握此项技能。这意味着秦国长兵器的整体质量超出对手。

以长兵器铍为例，秦铍的铍头长 32.2—35.55 厘米，韩铍头仅有 31.8 厘米，魏铍头形制与赵铍头类似，长度在 33 厘米以上。在已出土的战国铍中，秦铍的铍头最长，再加上长柄工艺的加持，秦军长铍兵对列国有较为明显的装备优势。

战国散兵格斗以兼有戈矛功能的长戟为主。魏步兵长戟的形制是一丈二尺，战国中后期秦与三晋等北方诸侯的度量衡趋于统一，魏尺和秦尺一样也是 23.1 厘米（秦始皇统一度量衡的社会基础），整个戟通长约 2.77 米。秦戟出土实物测量出来的通长大约是 2.88 米，这个数值相当于一丈二尺五寸去掉工艺误差和岁月的侵蚀。也就是说，秦戟普遍比魏戟长五寸。如果双方同归于尽，也是魏奋击被秦戟兵先刺穿。

此外，屈原悼念楚军阵亡将士的不朽诗篇《国殇》中有"带长剑兮挟秦弓"的说法，可见秦国制弓技术在战国也位居前列。弩生于弓，制弓技术是制弩技术的基础。从秦兵马俑坑出土的实物来看，秦弩的性能比战国弩更进一步，秦箭种类齐全，可满足车、步、骑各兵种远战及近战的要求。当然，兵马俑坑的兵器是战国晚期至秦朝的作品，在白起所处的时代可能还没发展到那么完善的程度。但秦国远射兵器并不逊于传说中名闻天下的韩弩。

除了弓弩本身的性能外，箭支配备数量也对战斗力有影响。据秦兵马俑考古资料显示："（秦军）每箙中盛箭支数不定，据一号坑所见有114支、100支、72支等几种，但以100支为最多。"（王学理《解读秦俑：考古亲历者的视角》，第224页）相比之下，魏武卒"负服矢五十个"，每箙才50支箭，在持续对射中占不到便宜。

总之，在远射能力方面，秦军至少与韩军持平，两国应该都强于魏军。秦军长兵器优于韩魏。韩国铁剑虽利，但出土秦剑的性能表明秦国造剑技术并不是弱项。况且，西汉大臣晁错在《言兵事疏》中指出："两阵相近，平地浅草，可前可后，此长戟之地也，剑盾三不当一。"可见步兵在平原地形上打白刃战时，戟矛铍等长兵器才是格斗主力。

秦军有只穿战袍的轻装步兵（主要是弩兵），也有重装甲士（使用长短兵器和弩的都有）。从兵马俑的统计资料来看，"（秦军）矩阵中的建制步兵俑，重装者占72.7%"（王学理：《解读秦俑：考古亲历者的视角》，第93页），重装甲士占了大多数。但秦军重装甲士装备的是短襟甲衣，铠甲只到腹部，下半身装备与轻装步兵区别不大，基本没有保护大腿的髀裈和保护小腿的胫缴。这与从头到脚都被坚甲包裹的韩魏重装步兵存在鲜明差异。由此可知，秦军更重视发展攻击力与机动力，其重装甲士的灵活性大大优于敌军。这对强调灵活多变的散兵战斗非常有利。

单从兵器的角度说，双方的远战能力持平，在近战中秦军的长兵器足以克制韩魏的坚甲利兵。正因为如此，秦军才把强弩与长兵器组合作为自己的战术核心，用强大的远近攻击力来击破魏韩的防御。从岳麓秦简中的资料来看，秦军的卒百人队通常是按"戟十弩五箙三"来配备武器的①，持弩者大约有28人（含军吏），持箙者约17人。这意味着秦军的远程火力不只有独立的弩兵队，就连每个步兵"卒"都兼具远战和近战能力，足以独立执行各种散兵作战任务。

自秦孝公求贤变法以来，秦军多次痛击魏军与韩军，在很大程度上就是因为选择了符合自身国情的作战方式。所以到了战国中后期，"强弩在前，铦戈在后"是诸侯公认的秦军战法特征。

考古学家王学理先生指出："开间的轻装战袍武士俑和第一、第十一两边洞的武士俑，计有362尊，占东五方俑总数的33.3%，而持的弓弩镞矢数竟高达91.8%！其所用的长短兵器还只是同类兵器的19.16%！虽然一号坑后部未经发掘，但从探测和试掘知，西端廊间仍旧部署着执弓弩的横队战士。可见一号坑的前锋、后卫和左右翼的兵器是以弓弩为主的部署，表现了用远射程兵器装备的战斗队形具有攻、守兼备的战术性能。对于秦军说来，攻是第一位的。"（《解读秦俑：考古亲历者的视角》，第227页）

兵马俑一号坑出土实物表明，秦军这种作战风格一直延续到了秦始皇灭六国时。

除了武器装备因素外，分合多变的战术编制也是秦军发展轻兵战术的必要条件。秦国变法吸收了很多魏国的制度成果，但改革主持者商鞅并未直接照搬魏军编制，而是改良了秦军原有的编制。

魏军编制：5人为伍，设一名伍长；10人为什，设一名什长；25人为一卒，设一名卒长；4卒为一伯（百人队），设一名伯长；10个百人队组成千人队，设一名兵尉；10个千人队组成万人军团，设一名万人将。在万人将之上设左、右将军，各指挥若干个万人军团。征伐军中最高级别的战场指挥官是大将军。②

① 岳麓秦简里有道算术题："卒百人，戟十，弩五，负（箙）三，问得个几可（何）？得曰：戟（五十）五人十八分人十，弩廿二七人十八分人十四，箙十六人十八分人十二。"由此可知，秦军百人队中大约有55%的士兵持戟，28%的士兵持弩，剩下的17%的士兵持箙（弓箭袋）。

② 《尉缭子·兵教上》曰："伍长教成，合之什长。什长教成，合之卒长。卒长教成，合之伯长。伯长教成，合之兵尉。兵尉教成，合之裨将。裨将教成，合之大将。"《尉缭子·束伍令》曰："战诛之法曰：什长得诛十人，伯长得诛什长，千人之将得诛百人之长，万人之将得诛千人之将，左右将军得诛万人之将，大将军无不得诛。"《尉缭子》是魏国军事家写的兵法，应是以魏军制为蓝本。

这个编制部分保留了周军制的特点。《逸周书·武顺解》曰："五五二十五，曰元卒。一卒居前曰开，一卒居后曰敦，左右一卒曰间，四卒成卫曰伯。"西周军队以25人为一个"元卒"，4个卒为一个"伯"。不过，魏军在元卒之下和列国军队一样设有什伍，往上采用的是十进制编制。

秦军部曲制：5人为伍，设一名伍长；10人为什，设一名什长；50人为屯，设一名敦长；100人为卒，设一名卒长；2卒为一曲，设一名军候；2曲为一部，设一名部司马；5部为校，设一名校尉。校尉之上设有裨将军、左将军、右将军、上将军等指挥官。征伐军的规模大小取决于总共集结了多少个校、部、曲，或者由五校组成的万人军团。

两相对比，秦魏两军编制的共同点有3个：均以什伍为最基本的单位；都有百人队的编制（尽管名称不同）；数万乃至数十万大军实际上都由万人军团聚合而成。除此之外，两国军制差异很大。

韩军编制不详，但韩魏源出三晋，战术体系也最为接近，应该与魏制大致相同。

如果是万人至数十万人级别的战斗，秦魏韩军队没什么本质区别。但魏韩的万人军团是由千人队组成的，秦军的万人军团是由五校兵马组成的。指挥5个校尉自然要比指挥10个兵尉要简便得多。换言之，在万人以下级别的战斗中，秦军部曲制更占优势。

◀秦步兵甲士俑

假设双方各出2000人交锋，秦军只用出一校，而魏/韩军要出两个千人队。两个千人队的配合默契程度自然不能跟浑然一体的一校相比。况且，秦军"校"下辖五部，每部400人，可以用三部1200人攻打其中一个敌军千人队，用两部800人阻击另一个千人队。魏韩在千人队与万人军之间缺乏统筹数千人的指挥层级，无法像同等兵力的秦军那样打出复杂多变的战术。

假设双方各出1000人交手，魏/韩军只需出一个千人队，秦军则要合并两部加一曲或者一部加三曲或者五个曲的部队。但是，魏韩的千人队往下是10个互不统属的百人队。秦军的组合型千人队则可以采用田忌赛马式的战术，以一部或一曲围攻敌军百人队，形成四打一或二打一的数量优势，确保迅速将其歼灭，然后再分割包围下一个敌军百人队，其他部曲则持续牵制阻击敌军剩下8个百人队……几个回合下来，双方的力量对比就一边倒了。

总之，秦军轻兵虽以卒百人队为单位进攻，但实际上是由各个曲军候、部司马指挥的小兵群，形散而神不散，战术分合多变。

魏韩联军以百人队应战自是不敌，若以千人队贸然出击，又可能遭到多个秦军部曲乃至轻车锐骑的夹击。如果出动几个千人队驱逐，将遭遇秦军发动的"校"级攻击。魏军出动小股车骑倒是可以驱逐秦步兵，但虎视眈眈的秦军车骑小兵群正愁没有立功机会呢。

在轻兵战法的打击下，魏阵外层的不少千人队丧失了战斗力，而接替防守的千人队也找不到破敌之策，依然被动挨打。秦军完全掌握了战场的主动权，决战的时机越来越成熟。白起下令各部停止轻兵扰袭，全军修整甲兵，准备迎接最后的硬仗。

白起竟敢围师不留阙！魏军发起了最后的困兽斗

战事进展对秦军有利，白起却没觉得轻松。他最不希望看到的是韩军在秦魏两军厮杀时突然出来搅局。

按照原计划，伊阙山那一边故布疑阵的秦军要在约定日期发动真正的猛攻，想尽一切办法牵制住韩军。他自从率领主力转移后每天都跟指挥南路秦军的裨将通信，以求准确掌握最近战况。按照秦国的行书律规定，邮人的标准速度是一日一夜行200里[①]。从伊阙到白起的大将幕府有一百多里，若是快马加鞭，传信往来倒也还算及时。

在读完最新的军报后，白起才松了一口气。自从联军被围并丢失了伊河东岸的营垒，韩军一度想突围出塞，但被南路秦军狠狠地打了回去。秦裨将对韩营发动轮番攻击，东岸秦军也不时扰袭守浮桥和船只的韩军，搅得众韩将不得安宁。韩军自顾不暇，救不了魏。

当前天下形势的变化也让白起能专注于歼灭魏韩之师。

秦与魏韩战事急，其他四雄却转入休整期。齐湣王在燕臣苏秦的游说下发动第一次伐宋之战，此时正忙着消化战果。燕国派出的佐齐攻宋部队已经回师，燕昭王君臣继续埋头努力，秘密组织反齐统一战线。赵国在整饬中山之地，还要修复沙丘宫变造成的内部裂痕。楚国缓慢地恢复元气，恨秦入骨，却又厌战。白起反包围联军一事让天下震惊。诸侯密切注意伊阙动向，盼着秦魏韩能打得两败俱伤。

白起心知若是不能大量歼灭敌军，后患无穷。为确保全歼，他以统兵大将之权再次就近征发新老秦民。他手中有此前缴获的大量敌军物资，不费关中一钱一粟。河外各县只需按役册调派士卒，不必为组织转输而头痛，一切从简从急。新城的留守部队全部出发，与伊阙塞南的疑兵会合，彻底截断敌军南逃之路。宜阳的留守部队也火速东行，补充这段时间的减员。伤病的士兵则分批送到附近的城邑休养。由于人力紧张，河外各县官府甚至把许多刚傅籍的少年也投送到前线。当然，这些缺乏战斗经验的新兵蛋子主要负责照看辎重、保护粮道。他们不占用白起的后勤物资，魏韩联军留下的武器装备都用不完。难怪孙武说："故智将务食于敌。"关中援兵的先头部队也赶到了，人数不多，但皆是车骑步弩精锐。

经过休整补充，白起部秦军的实力更强了。尽管总兵力依然少于魏韩联军，但包围圈越发牢固，基本没给对手留活路。

---

① 西汉初年的《二年律令·行书律》规定："邮人行书，一日一夜行二百里。不中程半日，笞五十；过半日至盈一日，笞百；过一日，罚金二两。"专家认定这条律令继承了秦律。

魏韩两国借不到诸侯之兵，又不敢削弱首都圈的守备（魏齐因争夺宋地而矛盾激化，不敢不重兵备齐），只能将希望赌在公孙喜自己突围上。

尽管魏军数量依然占优，但秦军处于外线且控制了大部分有利地形，魏军被围困在内线，腾挪空间小，兵力展不开，形势非常严峻。公孙喜努力让自己冷静下来，仔细观察战场形势后，不禁倒吸一口冷气——白起这竖子居然不在包围圈上留缺口！

按照春秋以来的兵法惯例，"围师遗阙"（兵圣孙武语）才是内行的打法，团团围死更像是外行人头脑发热的行为。

通常而言，敌军被包围后的反应无非两种：一是恐惧；二是玩命。恐惧是因为活路断绝，玩命是为了死战求生。假如能充分利用敌军的恐惧心理，就能瓦解他们的斗志，使其抵抗能力如同自由落体般下降。但恐惧到极点又会唤醒敌兵的求生欲望，让他们把死亡忘到脑后，不顾一切地做困兽斗，爆发出远超平时的战斗力。倘若故意在包围圈留个缺口，敌军就会拼命向缺口逃跑，丢盔弃甲，只恨腿短。我军顺势掩杀毫无斗志的敌兵，事少功多，风险更小。

这个战术原则在很大程度上源于春秋及战国初期以车战为主的战争背景。到了战国中后期，军队战术更加灵活多变，战争也更加旷日持久。围必有阙的打法虽不乏指导意义，却导致七雄迟迟无法打破列强均势的僵局。说到底，"围必有阙"虽然能削弱敌军的顽抗心理，降低歼敌风险，但难以保证全歼敌军。想要把敌人消灭干净，包围圈必须足够严密，哪怕是假装留一个缺口，也必定会在缺口之外再设埋伏。

但是，任何军事思想的革新都有一个过程。成功的传统经验并不会自动消失，唯有被新战法打得落花流水时，各国军队才会纷纷变革。公孙喜也称得上魏国宿将，可惜他碰上了志在开创新战法的白起。白起决心全歼魏军，不再虚留"生路"。

公孙喜发现联军东渡伊河是没指望了。秦军根本不会给魏军主力从容渡河的时间。秦军会采用"半渡而击"的战术，故意等魏军半数下河、半数在岸时再猛攻。西面是伊阙山北段延绵十余里的高地，秦军目前已经控制了多个制高点，让魏军左翼压力倍增。魏军不得不分兵警戒西面秦军的扰袭。南面是韩军把守的伊阙山谷，倒三角平原的顶角。往这个方向撤退，只会跟韩军挤成一团，兵力根本展不开。

万人军首尾不能相顾，千人队没有改变队形的回旋余地，百人队缺少足够的队间间隔，打起仗来束手束脚的。

除了向北突围，别无他选。但公孙喜并未失去信心。他认为白起违反围师遗阙的兵家古训，是一个不智的行为。魏韩士兵被迫做"穷寇"，不再互相扯皮，更能发挥正常的战斗力。他更害怕的是白起故意留一个缺口，让联军无法置之死地而后生。

白起对战局的理解恰恰相反。他相信饥饿、疲惫、恐惧已经让魏韩之师经不起几次失败。只要击溃了魏军最后的精锐，俘虏公孙喜，剩下再多的兵力也无济于事。

应该说，双方的想法各有道理，但白起的判断更符合战场实情。由于粮草辎重被夺且生路全断，人数众多的魏韩二军很快就陷入吃饭危机，在粮草分配问题上产生矛盾。士兵们的体力和意志支撑不了太久，魏韩两国就算能说服齐赵楚合纵击秦，等援兵赶到时，只怕秦军已经打扫完战场了。

时间拖不起，公孙喜决心杀出血路突围。联军虽还有兵力优势，但受困于地形制约，无法将大军全部展开。他只能选出部分魏军精兵跟秦军正面交锋，把大部分联军留作预备队，以免因投入兵力过多而压缩己方活动空间。

这天，公孙喜下令集中剩下的粮食，全军将士饱餐一顿后通通出营。轻车与骑兵先出其侧，步兵按照行次排成一列列横队。一时间，联军阵地烟尘大起，从伊阙山到河畔都被笼罩其中……

春秋中后期的各国军队在行军时多采用中左右前后五军阵，打仗则转为左中右三军阵。在通常情况下，交战双方使用三军阵时会先出一军对战，然后再根据情况投入另一军。中军作为各军的大脑，一般不先出击，往往只在最紧要的关头发出决胜一击。这已经成为各国将帅的共识，也是公孙喜始终恪守的常理。

于是公孙喜把原先的中、左、右、前等军残部重新整编为三军。魏左将军指挥左军，右将军指挥右军，他本人亲率中军。按照三晋的作战传统，中军的兵力最多且装备最精良，战斗力为三军之首；右军其次，左军最弱。魏之左中右三军分别有数万兵马，左军和右军位置稍微靠前，中军略靠后。

白起站在木台上俯瞰敌阵，只见公孙喜摆出了一个箕形阵。魏军想利用战场越往北越宽的特点逐次展开兵力，最终凭借比秦军更宽大的左右翼将其包围。[1]

魏左军用苍旗，士兵戴苍羽；右军用白旗，士兵戴白羽；中军用黄旗，士兵戴黄羽。三军的第一行士兵佩戴苍章，第二行佩戴赤章，第三行佩戴黄章，第四行佩戴白章，第五行佩戴黑章。这是第一个五行，是由一个个纵列的伍组成的，无论什么颜色的徽章，都佩戴在头上。第二、三、四、五个五行的徽章颜色顺序相同，但佩戴的位置分别是颈部、胸前、腹部、腰部。（《尉缭子·经卒令》）只需查看士兵的徽章颜色和佩戴位置，你就能马上弄清他应该站在军阵中的哪个行次。

魏军依照5个五行把每个战阵排成25行横队。每个百人队以一个伍为纵列，两个什为一行横队。25行横队恰好是5个百人队构成的纵深。每个千人队站成25行横队，每行40人正好是4个什小队。百人队之间和千人队之间都留出一定的空地，以便转换队形。千人队组成的万人军团，万人军团组成的三军一部，都遵循着佩章制度的要求。

不过，魏军的战阵不是呆板的25条横线或者简单的方块，而是由多个功能不同的部分组成。战国军事家孙膑精通战阵之术，还总结出"斗一，守二"的兵力分配原则。《孙膑兵法·八阵》曰："用阵三分，诲阵有锋，诲锋有后，皆侍令而动。斗一，守二。以一侵敌，以二收。"无论是三军阵还是五军阵，每阵都要分为前锋、本阵和后卫三个部分。交战时主要是由各阵的"锋"来侵敌，本阵和后卫作为预备队伺机参战，本阵的兵力最多，后卫还有防备敌军迂回攻击本阵后方的职责。

魏军有武卒、奋击、苍头三类步兵，作战特点各异，需要合理配置在军阵的各个位置。为了提高攻击力，公孙喜把所有的魏武卒都集中在三军的锋部，希望这些重甲武士能打穿敌阵。其后是手持长戟的魏奋击，当武卒在敌阵上打开突破口时，奋击是冲垮敌阵的主要力量，非冒刃敢死之士不能胜任。苍头兵不戴头盔，自以青巾裹头，应是机动性较强的轻装步兵。他们更多负责军阵的后卫，在必要时奉命迂回到敌后断其后路，或者配合武卒、奋击追杀溃兵。

白起以料敌合变著称于中国古代战争史。他对敌情我情的把握十分精准，每

---

[1] 此处化用了《孙膑兵法·十问》中的几个战术模板。

次制订的战术务求以己之长攻敌之短。

秦军处于倒三角平原北部，有广阔天地让车骑部队进行机动作战。但反过来说，魏军也有更多迂回到秦军背后的空间。魏军虽然无法一次展开全部兵力，但秦军车骑锐士的回旋余地越往南越小，如果像往常一样从侧翼迂回到敌军后阵，就处于魏军后卫与伊阙山谷韩军的夹击之中。公孙喜只要变前队为后队，调头围攻秦军迂回部队，白起就不得不强攻魏军组成的密集厚阵，陷入对人少一方最不利的消耗战。

魏军车骑损失大半，只能在最关键的时刻动用。公孙喜也只能把幸存的魏武卒作为首要突击力量了。魏军看似人多，但只是凭借求生本能硬撑，体力不如吃饱穿暖的秦军。只要这口气泄光了，再无重整旗鼓的可能。

公孙喜采取攻势，白起则选择守势。他的作战计划是左军和右军先顶住敌军的困兽斗，消耗敌军最后的体力和士气，再寻机发动雷霆般的反攻。

秦军同样设有左、右将军[1]，通常也是右军强于左军。不过这次情况不同。最骁勇善战的锐士卒平时集中在中军，此回大多被白起派去左右二军。他吩咐左将和右将延长各自战阵的宽度，左军紧靠伊河布阵，右军挨着高地布阵，减少对方从两翼迂回的空间。中军厚集其阵，通过增加防线纵深来确保不被敌军击败。

各军战阵以成排强弩为锋，后卫与两翼也以弩为表层。不是穿战袍的趫张之卒，就是披铠甲的引强之士。就连轻车骁骑也配属步兵弩队严密护卫。无论敌军从哪个方向来，都将遭到箭雨阻击。

秦军车骑部队也被分为三部分，一部在左军阵，一部在右军阵，一部居于全军之后[2]，作为机动力量保护着整个步兵大兵团。其中两翼的车骑只以少数列阵，大部分雪藏在步兵阵后，不让魏军探明虚实。给全军殿后的车骑部队作为"游阙"，在战场上灵活巡游，随时支援各军。

此刻的伊阙，群鸟惊飞，虎狼遁走，对这片山清水秀的战场唯恐避之不及。

---

① 据《战国策·秦策二·甘茂攻宜阳》记载，当年秦相甘茂攻打宜阳时，秦右将军麾下的一个尉进谏道："公不论兵，必大困。"秦国既然设有右将军，必定有左将军。
② 《孙膑兵法·八阵》："车骑与战者，分以为三，一于于右，一于于左，一于于后。"

两军都摆开了堂堂之阵，战马扬蹄奋鬃，吏卒怒目鼓勇，血脉偾张，准备争一旦之命。

　　秦军以坐阵待敌，持长短兵器者跪坐，前排弩兵则单膝跪地。坐阵的优点是稳定性强，利于保持防守阵形和安定军心。每当士兵恐慌欲散或者阵形行次混乱时，将帅命令全军坐下，就可以迅速稳住局面。但坐阵的缺点是机动性差，士兵行动不如站立时便捷，不利于进攻。秦军摆坐阵，意味着把主动出击的权利让给了敌人。

　　但公孙喜不敢轻敌，先派一名出身不高的勇将率部分轻锐之师去试探性进攻。只见魏军先锋勇猛地冲向敌阵，很快被秦军前行的轻装弩兵击退，逃跑时还丢下不少事先准备好的战利品。

　　这是当年吴起告诉魏武侯的计谋。通过诈败来试探敌将的才智和敌军的战术纪律。假如秦兵起身猛追并哄抢战利品，旗帜和行次就会出现混乱。这说明敌将是愚昧贪婪之辈，魏武卒可以马上攻击。

　　谁知秦军的轻装弩兵在击退敌军后就停止射击，假装没看见满地的战利品，来了个不动如山。公孙喜不禁冒冷汗，因为吴起告诉魏武侯，这样的敌将是智将，不要与他交战。原来秦将白起根本不是莽夫，反而狡诈异常，所有人都轻敌了。可事到如今，魏军已经别无选择。公孙喜只能把心一横，让左军和右军双拳齐出，争取突破秦军两翼，合围白起所在的中军。

　　白起远远地看见魏中军的蠢旗（三军统帅的象征）动了。魏左军阵和右军阵的"锋"开始向前推进，每个伍纵列都按照"长以卫短，短以救长"①的原则来搭配使用兵器。最前排是持盾执短戈的重甲武卒，后面的武卒或持矛戟或操弓弩，人人都腰挎长剑②。

　　魏军战鼓的节奏最初是一步一鼓（步鼓），士兵们走了百步后转为十步一鼓（趋

———————

　　① 《司马法·定爵》："右兵弓矢御，殳矛守，戈戟助。凡五兵五当，长以卫短，短以救长，迭战则久，皆战则强。"

　　② 河南汲县出土的战国水陆攻战纹铜鉴上有简洁生动的军队战斗场景。交战双方主要以伍为单位，使用戈盾戟矛弓等兵器组合，即使弓弩手也配有长剑。汲县在战国时是魏地，所以水陆攻战纹反映的应当是魏军的作战特点。

鼓），脚步也明显加快了。在进入彼此强弩的射程范围后，双方有序地放箭和用盾牌挡箭。只有少数防御动作没做好的士兵中箭，双方的阵形依然保持得很好。就在两路魏军先锋快步走至距离秦左右二军大约百步之时，鼓声突然变得连续不断。这通战鼓叫作骛鼓，是战国军队发起冲锋的信号[①]。白起立即下令让左右二军改坐阵为立阵，准备白刃接敌。

秦弩兵改抛射为直射，杀敌于百步之外。最前排有不少魏兵倒下，但箭矢的密度还不足以抵消密集冲锋的威力。当魏军冲至 50 步时，秦军前锋的弩队快速有序地退入后阵，身披重甲的长铍兵齐步前出，转眼间列成几排密集的横队迎战，中间还夹杂着若干持弩带剑的军吏。在其身后是由矛、戟、弩、剑盾兵组合而成的近战部队。他们分则为什伍，合则为卒屯，寓散兵小队于大阵之中。

恶斗一触即发。身高力大的魏武卒以盾牌猛撞敌阵，试图凭助跑形成的冲击力撞乱秦军长铍阵。宛若滚滚山洪涌向茂密森林。但不巧的是，他们眼前的这支长铍兵是白起从中尉军中抽调来加强两翼的精锐，同样身强力壮且悍不畏死。

大多秦兵扎稳马步，顶住了对方最凶狠的第一击。少数力量较弱的士兵则被魏武卒撞了个趔趄甚至倒地，旁边魏兵赶紧涌向这些缺口。就在电光石火之间，后队的秦兵条件反射般地上前补位，一排长铍同时刺出，再度把敌人逼出阵外。

少数魏武卒机警地躲开，靠着贴身近战连杀数人。他们只要有个动作稍微迟缓，秦长铍兵身后的长矛兵就会突然助刺。由于视线被挡住，魏武卒很难躲过这种突袭。就算能格挡住这当胸一击，秦兵的长戟也已经从上方击中了他们的头颈……

这些突入敌阵的魏武卒总是寡不敌众，身受数创而死。更令人防不胜防的是秦军持弩军吏的近距离冷箭。这些军吏身旁有剑盾兵和矛戟兵掩护，魏军的弩手在混战中很难成功将其狙杀。秦兵前排倒下，后排补位，总能迅速恢复队形。倒在血泊里的人越来越多，魏军先锋越打越急躁，但未能撼动敌阵。

---

①《尉缭子·勒卒令》："金、鼓、铃、旗四者各有法。鼓之则进，重鼓则击。金之则止，重金则退。铃，传令也。旗麾之左则左，麾之右则右，奇兵则反是。一鼓一击而左，一鼓一击而右。一步一鼓，步鼓也。十步一鼓，趋鼓也，音不绝，骛鼓也。"

在后阵督战的秦将们发现魏军的旗帜开始有些混乱，进攻力度有所下降，果断传令组织反攻。在听到熟悉的鼓声信号后，原本密不透风的长铍阵突然让出了几个通道。多种兵器混编的什伍散兵从这些通道冲出，魏军一时猝不及防，乱了方寸。秦军长铍队如墙推进，刺、挑、砍动作整齐划一，招招凶狠，锐不可当……

魏左、右将军意识到打头阵的武卒们锐气接近枯竭，再战不利，赶紧鸣金收兵。秦军也没有像往常那样穷追猛打，很快退守阵地。

白起成功顶住了第一回合的困兽斗，中军没有直接参战，实力依旧完整，但左右二军的士兵伤亡不少。好在魏军的损失更大，尤其是充当前锋的武卒，公孙喜的底牌就快用光了。秦左军和右军换下伤亡较大的百人队，重新巩固了两军阵形。白起听完左将和右将的汇报后，传令让两军各抽调一半兵力藏在后阵随时待命，两军剩下的一半人马集中精锐继续坚守。

日已过午，双方士兵抓紧时间吃饭休整。总体上看，魏军比秦军更加累、饿，体力储备严重不足，人数优势几乎可以忽略不计了。只要能在激战中尽可能更多地消耗魏军中最能打的武卒，剩下的魏奋击、苍头兵就很容易丧失斗志。此外，白起还分别给待命多时的三队车骑下达了新的指示。各种迹象表明，这场战争已经到了决定双方存亡的最后关头。

破军虏将拔五城，秦国将星强势崛起

首轮突围失利，魏军众将有的意志消沉，有的坐立不安。连主帅公孙喜都无法强作镇定，满布血丝的眼睛透着汹汹火气，厉声斥责那些动摇军心的人。

魏左军的交战对象是次强的秦右军。对方右靠伊阙山高地，无论是弓弩还是车骑都有居高临下的优势。公孙喜也对此心知肚明，不奢望左将军能击败秦右军，只求左军能牢牢牵制住对手。他希望己方次强的右军能击破秦左军，绕到整个秦阵的后方。到那时，秦军阵势必乱，左军也可以趁机突破，完成对秦军侧后的夹击。而魏中军也可以发出制胜一击，击溃白起的包围圈。

可一仗打下来，右军付出不小的伤亡也未能突破秦军左阵，左军更是被秦军右阵的反攻打得满地找牙。双方的中军都在压阵，等待对方露出致命的破绽。但白起岿然不动，公孙喜自然也无机可乘。

韩军主将又来告急，说是箭矢和军食都严重不足。箭不够用，韩弩做工再好也无用武之地。缺少弓弩的掩护，秦军攻克伊阙塞的概率大大增加。但公孙喜无力为韩军提供援助，只是要求韩军不惜一切代价保护好魏军的后背。唯有如此，魏军才能全力突围，打开联军的生路。

众人都明白，秦人不遣使劝降，显然是要杀绝魏韩之师，片甲不留。为今之计，要么战死，要么突围，没有后路可走。

经过休整之后，两军重启战端。魏军继续采用箕形阵，进攻重心还是放在两翼。左军疾击左，右军疾击右，哪一军先突破敌阵，都要从后面夹击秦军。到那时，公孙喜亲自率领魏中军发起总攻，与白起决一死战。三军置之死地而后生，齐心协力突出重围。

公孙喜下达了一道军令：士兵如果能超越同一行的人冲在前面是敢于冒险，如果落后同一行的人是拖后腿；每个伍如果能超越同一五行向前的有奖赏，如果脱离同一五行向后的要处罚[1]。也就是说，在不破坏现有的5个五行次序的前提下，奖励冲锋在前者，惩处畏敌后退者。然而公孙喜不知道的是，白起早就对战阵做出了新部署，故意设计引诱他的中军出动。

通过前次交锋，白起意识到魏军差不多是强弩之末了。于是让左军和右军仅以半数兵力御敌，另一半兵马暂时归中军直辖，由他亲自指挥。

由于左右二军阵的守备力量有所减少，想要赢得胜利，唯有设法提高阵形抗冲击能力。秦左将和右将先在阵前撒上蒺藜，再把防守用的革车首尾相连结成一道"城墙"，大楯整齐地排在车前当"城垛"，小盾牌配在车上当"女墙"，充作阵前的临时"壁垒"。前锋弩队在蒺藜之后射击，革车壁垒上有披坚执锐的轻车兵守卫，其后是长兵器和强弩混编的甲士，后阵则是做机动防御的短兵器和弱弩混编部队。[2]左右两军按照白起的指示在前拒和后卫多设旌旗羽旄，让魏军摸不清虚

---

[1] 《尉缭子·经卒令》："鼓行交斗，则前行进为犯难，后行退为辱众。逾五行而前进者有赏，逾五行而后者有诛。"
[2] 这个阵法出自《孙膑兵法·陈忌问垒》篇。

实。只要魏军高估秦左、右军阵的实际人数，就不敢全部压上，依然逐批投入兵力。

秦中军阵的位置略后于左右二军阵，位于最前方的前拒部队由渴望建功立业的敢死之士组成。白起命令他们缩小队间间隔，结成密不透风的牢固阵形。这样前后各队能密切协同，以最短的时间相互救援。当敌军来袭时不分散兵力截击，当敌军败退时也不分兵追击。只在时机成熟时截杀敌军迂回部队，或者让正面进攻的敌方锐卒尝到战败之辱。

中军主力和左右二军分出来的半数兵马列成形状酷似利剑的锥行之阵。与左右军阵的虚张声势相反，白起隐藏了不少旗帜，尽可能让敌人以为中军阵的实际人数和此前一样。公孙喜完全没料到，白起已经悄悄把全军三分之二的兵力集中在中央。秦军两翼只有三分之一的人马，却凭借疑兵之计造成了人数大大增加的假象。

按照白起的预判，公孙喜会误以为秦军两翼增强而分兵支援，进而导致魏中军阵的实力打折，或者误以为秦中军阵力量减弱而率魏中军贸然出击。无论哪种决策，加强版秦中军都能以优势兵力突然包围魏中军。只要能击破魏军大将所在的军阵，魏军就会全线崩溃。魏军败了，落单的韩军就不会再有战斗意志。到那时，秦军离胜利只有一步之遥。但这个作战意图能否实现，关键在于秦左军、右军和中军前拒能否顶住敌人疯狂的进攻，给中军主力创造战机。

这天下午，随着鼙鼓再次响起，魏军开始最后的挣扎。战局已到必须决出胜负的时刻。

魏中军还是没有攻出来。魏左军和右军的重甲武士举大盾开道，为身后的同袍挡住流矢。戟兵和弩手则试图找出敌阵的薄弱环节下手。秦军以革车壁垒为屏障，集中更多的强弩齐射，让魏军很难保持良好的队形冲锋。但魏军攻势如潮，一波接一波，终于冲过了蒺藜带。秦军弩队急急退入革车壁垒中，血腥的白刃战再度开始。

革车壁垒上的秦军轻车兵浑身甲胄包裹严密，戴着插羽毛的头盔，只露出口鼻眼，看起来威严肃穆。他们三人一组，刺射搭配，使用的矛戟比步兵更长，又有居高优势，很难对付。魏军戈盾武士用盾牌挡住秦轻车兵的长矛，戟兵寻机靠近攻击，各伍的弩手也瞄着秦兵从盾牌后露出身体的时机放冷箭。革车下的秦军长矛兵则通过大小盾牌的缝隙不断刺杀试图靠近革车的魏兵。

秦左军阵和右军阵的士兵不停击鼓助威。血水染红了土地，革车壁垒前的尸体横七竖八。

正当双方打得难解难分时，秦左右二军后阵的预备队突然发出地动山摇的喊杀声，还故意竖起很多新的战旗。魏左军和右军误以为有源源不断的人马准备从秦军后阵杀出，攻势顿时有些混乱。公孙喜望见秦军两翼的旗帜数量变多了，以为白起的意图是通过增兵把魏军两翼击垮，于是决定投入车骑加速攻陷敌阵。

《六韬·均兵》曰："车者，军之羽翼也，所以陷坚陈，要强敌，遮走北也。骑者，军之伺候也，所以踵败军，绝粮道，击便寇也。"尽管战车已经不再是军队的核心，但还是被战国兵家视为击败步兵坚阵的主要力量，与骑兵合称"军之武兵"。不过，如果车骑投入过早，容易跟敌步兵的堂堂之阵陷入苦战，战马的体力被提前消耗，从而导致车骑的机动力和冲击力下降。所以军之武兵更多是在步兵消耗敌军实力后才发起致命一击。假如敌阵还很坚固，车骑要么被雪藏待机，要么分兵在敌军侧翼和后方扰袭，以制造破绽。

公孙喜此前没出动车骑，是因为秦左军阵和右军阵都很难攻打。

车骑作战需要足以"周环各复故处"的回旋余地（《六韬·均兵》），但秦左军阵与伊河之间只有一个狭窄的通道。只能直来直去的战场环境，将严重制约车骑的机动力优势。秦人军阵的两翼从来没有缺少过强弩，魏军车骑若是从侧翼进攻秦左军阵，显然会被成排的强弩与伊河"两面包夹"，被动挨打。

秦左军阵不好打，右军阵更难攻。《六韬·战车》曰："左险右易、上陵仰阪者，车之逆地也。"魏左军左靠伊阙山，右边是开阔平原，正是战车忌讳的"逆地"。对骑兵而言也是如此。秦右军不光在平原列出坚阵，还分出一些弩兵占据伊阙山

▲ 秦俑一号坑出土的秦寺工矛

的各高地，朝魏左军的侧翼射箭。这让魏左军很难集中兵力进攻秦右军阵。

经过几番交战，公孙喜注意到秦军阵侧翼的车骑数量并不多，而且无论战况多么激烈，秦军始终只以步兵应战，完全没有出动车骑救急的意思。于是他大胆猜测，秦军实际上没有多少车骑，只能以小兵群打一下散兵扰袭，不能集结成大队人马做正面决战。看来自己之前是因敌军的偷袭乱了方寸，高估了对方的真实实力。

想明白这点后，公孙喜顿时有了突出重围的信心。他下令左右二军步兵先回撤，给车骑让出行动空间。然后把剩下的所有战车和骑兵分为两队，分别攻击秦军的左右战阵。

魏军战车以 5 车为一列，每车左右间隔 10 步，每列前后间隔 40 步，各队之间间隔 60 步。骑兵也以 5 骑为一列，每骑左右间隔 4 步，每列前后间隔 20 步，各队间隔 50 步。[①] 随着公孙喜一声令下，中军旗鼓发出信号，战车和骑兵专用的战鼓响了。轻车队驱驰在前，骑兵队随后展开，后面跟着步兵，直扑秦左右军阵的前拒。

秦左军和右军的革车壁垒在魏军轻车的冲击下变得歪歪扭扭。魏骑兵和魏步兵蜂拥而至，秦步兵陷入苦战。那些杀红眼的士兵甚至把头盔一摘，披散着被剑斩断髻的长发，跟敌兵同归于尽。好在白起已经提前抽调生力军来补充各部，两军还维持着基本的战线。

突然，秦中军阵发出了急促的鼓声，左将和右将听到后亲自擂鼓发令。只见大队车骑从左军阵和右军阵侧翼涌出，如海浪般席卷了魏左军和魏右军的侧后。无论从战力还是兵力上，秦军车骑此时都占有绝对优势。白起将其雪藏多时，就是等着这一刻。狂奔的秦轻车击穿了魏军阵形，秦骑兵像旋风一样穿行于混乱的人群中，把魏军车骑之将纷纷斩落马下……

就在左右两军缠住敌军两翼时，白起亮出了锥行之阵，集中三分之二的兵马全力进攻魏中军。

---

① 此阵法出自《六韬·均兵》。关于战国骑兵的细节记载很少，姑且将其视为战国七雄的通用战术模板。

锥行之阵是用于陷阵克敌的进攻型阵法，讲究的是"末必锐，刃必薄，本必鸿"[1]。白起以中尉军锐士为其前锋，原先担任游阙的轻车骁骑为其两翼，左右二军分出来的半数兵马则构成了锥行之阵的后卫。猝不及防的魏中军阵一下子被击穿，数万秦军旋即以优势兵力包围敌军。各校人马进一步穿插到魏中军各部的缝隙中，将其分割成小块再逐个围歼。

白起事前跟众将尉分配好各自的任务，分头攻打既定目标。他自己亲率大将卫队4000人[2]杀向敌方主帅所在地。虎狼之师能否搴旗、虏将、破军，成败在此一举。

秦军大将卫队分为左校和右校，人人皆是忠勇卫士。他们顺着魏中军的蠡旗找到了公孙喜及其亲军的位置，从左右将其包围。魏军大将亲军也尽是精选的魏武卒。秦锐士锐不可当，魏武卒也寸步不让。公孙喜插翅难飞，但白起遇到了整场战争中最顽固的抵抗。

都说秦国军法严酷，魏国军法其实也不遑多让。《尉缭子·兵令下》曰："三军大战，若大将死，而从吏五百人以上不能死敌者斩，大将左右近卒在陈中者皆斩，余士卒有军功者夺一级，无军功者戍三岁。战亡伍人，及伍人战死不得其尸，同伍尽夺其功，得其尸，罪皆赦。"其他士兵战败而逃，还未必会被追究死罪，大多是削爵一级或者罚戍边若干年。大将左右的卫兵只要在军阵中就不能不跟大将同呼吸共命运。主将战死，他们全部要被问斩。而大将麾下指挥500人以上级别的军吏若是不能拼死杀敌，也要被处决。

不少魏军士兵想在战斗中投降，却发现这次的秦兵要赶尽杀绝，只好在极度恐惧中继续抗争。可惜他们又饿又累，惊慌失措，格杀动作变形，也难以重新组织起来，最终还是难逃阵亡的噩运。

公孙喜的亲军被层层包围。加入战团的秦锐士越来越多，站着的魏武卒越来越少。他心知大势已去，无颜见大梁君臣与河东、河内父老。他还没来得及像当

---

[1]《孙膑兵法·十阵》："锥行之阵，卑之若剑，末不锐则不入，刃不薄则不，本不厚则不可以列阵。是故末必锐，刃必薄，本必鸿。然则锥行之阵可以决绝矣。"

[2]《商君书·境内》："将，短兵四千人。"4000人刚好是两校人马。按照秦汉军制的习惯，一般是称左校、右校。

年的庞涓那样自裁谢罪，就被秦兵用长戟勾住双肩，用长剑指着胸口，沦为白起的俘虏。他的卫队全军覆没，秦兵割去他们的首级，准备在回国后向朝廷换取军功爵。

魏中军的鑾旗和将鼓都落入秦军手中，整个魏军的指挥系统彻底瓦解，就算还有10万残部，也只是一盘散沙。

白起让将士们高呼公孙喜被俘虏的消息。乱哄哄的战场渐渐安静下来，残余的魏兵面面相觑，秦兵山呼万岁。片刻之后，回过神来的魏军全线崩溃，数以万计的败兵落荒而逃。伊阙之战大局已定，只待最后的收官。

秦军乘胜逐北，把魏军残部赶往韩军阵地。韩军建制相对完整，但也变成瓮中之鳖，全军上下丧失斗志。秦军控制了伊阙山谷西岸的南北谷口和整个东岸，加上伊阙山的悬崖峭壁，不存在网开一面之说。

数量依旧惊人的魏韩败兵，大大超出了伊阙山谷的承载能力。他们的作战空间越来越拥挤，被秦军从三面压缩成一团，列不了阵，挥不动兵器，毫无还手之力。里面的人相互踩踏死伤无数，外围人群被秦兵反复猛攻，成片成片地倒下。断送他们性命的，是魏将公孙喜的误判，是魏韩众将的同床异梦，以及秦将白起的无情。

时间不知过了多久，渐渐的，山谷里不再有喊杀声。一张张大楯在血泊中漂浮，缓缓流入伊河。下游的洛阳人也许会对伊阙沙场的惨状终生难忘。传说中流血漂橹的牧野之战，也不过如此吧。老聃曾经说过："师之所处，荆棘生焉。大军之后，必有凶年。"（《道德经·第三十章》）明年的伊阙，恐怕也是一个充满饥荒的大凶年吧……

以上是根据伊阙地形与三国军队特点所做的战局推演，以假设魏国老将公孙喜会按照先秦兵法进行最强抵抗为前提。至于历史上伊阙之战的真实经过，说不定没那么复杂。

也许，魏军在被秦军奇袭切断后路时就心理崩溃了，没有组织像样的抵抗。而韩军尝试突围未果，在魏军全线崩溃后也丧失战意，被秦军单方面吊打，直至被歼灭。也许，公孙喜在决战开始不久就被俘了，诸将的营救行动被秦军无情粉碎。群龙无首的魏军士兵慌不择路，无数人死于相互踩踏，或者跌入伊河溺亡。韩军的剧本同上。

这种缺乏跌宕起伏的剧情同样符合白起那句战后总结："设疑兵，以待韩阵，专军并锐，触魏之不意。魏军既败，韩军自溃，乘胜逐北，以是之故能立功"。只是不那么精彩。

无论怎样，这场战役的完整原貌彻底湮没于历史长河中了，我们只能根据各种碎片来拼出个大致的骨架，误差在所难免。好在相对于史书中语焉不详的战斗经过，伊阙之战的战果十分明确。

秦军除了斩首24万和杀死敌军主将公孙喜①外，还顺势拔了5座城。具体是哪5座城，史书未明载，但可以肯定的是，两周附近的韩魏主要据点及驻军，应该被白起顺手清除了。秦军在此战的伤亡没有记录，但战损率应当低于50%，伤亡不超过6万。即使伤亡高于此，也应该得到了关中援兵的补充，否则白起没有余力连拔五城。

伊阙之战让在三年攻秦之战中表现优异的魏武卒与韩卒等精锐部队伤亡惨重，辎重装备的损失相当惊人。

据《考工记》的记载，制作一张良弓需要两三年的周期。弓是弩最主要的基本部件，制弩的周期不短于制弓。假如某国在一次战争中损失数万弓弩，意味着该国的弩兵将在两三年内因缺乏装备而难以形成有效战力。这对以弓弩见长的韩军的打击非常大。由于魏武卒的大量阵亡，魏国军事实力大打折扣，在不久的将来要吃更多更大的苦头。

韩魏两国从此一蹶不振，两位新君吓破了胆，只好乖乖地向秦昭王俯首称臣。这场以少胜多的大捷，让秦将白起声震天下。秦昭王借机给楚顷襄王下战书，迫使楚国君臣决定重新与秦国建立友好关系。

白起革新的大规模歼灭战法，居然能在一次战役中斩首24万。这是中国古代战争史自上古以来未曾有过的军事奇迹。哪怕是齐楚这种战争潜力达到"持戟百万"级别的万乘大国，都承受不了如此重创。

然而，当时大概还没多少人意识到，将星白起的崛起并不只标志着歼灭战法

---

① 《韩非子·说林下》曰："周南之战，公孙喜死焉。"周南之战即伊阙之战，可见公孙喜沦为俘虏后被杀。

取得重大突破，还预示着群雄争霸将进入新的阶段。魏冉、司马错和白起这个铁三角组合已经出现，一相二将从此将长期主持秦国军政，频繁发动新的战争。未来的大战将比伊阙之战前的连年战争更加残酷。

尾声

伊阙之战既是河外争夺战的终曲，又是河东征服战的序幕。秦国凭借这场奇迹般的大胜在河外彻底站稳脚跟，白起则从此成为山东列国的心理阴影。从三国攻秦到伊阙之战，河外之地饱受兵灾，元气大伤。但这里是四通八达的天下之中，战略价值巨大，不可不继续保持繁荣。于是秦国组织移民充实被白起攻克的城邑群，天下商旅在战后重启贸易。通过各方输血，河外开始恢复生机。可惜，前一轮纵横之争刚过，新一轮诸侯混战又起。这是战国时期军事冲突最剧烈、最频繁的时期。河外作为七雄用兵伐交的共用跳板，直到楚汉相争时都摆脱不了卷入战乱的宿命。

好在残酷惨烈的战争早已结束，如今的伊阙山谷不再鼓角争鸣。龙门石窟是全国首家通过人工智能刷脸买票的景区。河南移动发布的《2017 年河南超级黄金周出游大数据报告》称："双节期间，全省 4A 及以上景区共接待游客 281.8 万，热门 TOP5 景区为：龙门石窟、太昊陵庙、黄河风景名胜区、嵩山少林风景区和许昌鄢陵国家花木博览园，接待游客占游客总数的 25.5% 以上。"

世事沧桑多变，难以预料。昔日兵家必争的古战场，彻底变成了群众游玩的风景名胜，杀伐之气早已消散在天际。人们可以尽情欣赏龙门山色，享受生活的安宁。战争也许永远不会消失，只盼它能继续被预防和遏制，不再成为失控的滔天洪水。

叁

秦楚五年战争

将相铁三角的巅峰之作

作者／始安公士或

秦王政元年（公元前246年），秦国有个名字叫"喜"的17岁少年傅籍了。按照大秦律令，他已是成年人，从此开始承担徭役和兵役的义务。喜的家乡在浩渺云梦泽旁的安陆县（今安陆市），南下的秦民已经和故楚人杂居了32年。在那之前，城头挂的是楚旗。喜出生于秦吏世家，他的祖籍也许在关中，也许在上郡。他的家族和安陆县的其他秦民一样，都是在秦楚五年战争期间迁居此地的。

战国最负盛名的纵横家苏秦说过："楚强则秦弱，秦强则楚弱，其势不两立。"尽管当时在秦国执政的是楚贵戚集团，但秦昭王君臣多次发兵攻楚。由魏冉、白起、司马错主持的秦楚五年战争，堪称决定两国未来数十年形势的命运之战。这场旷日持久的战争始于公元前280年（秦昭王二十七年，楚顷襄王十九年），终于公元前276年（秦昭王三十一年，楚顷襄王二十三年）。秦国输掉了最后一个战役，但楚国被打得迁都，悲愤的屈原大夫投江自尽，留下不朽的楚辞《哀郢》。

少年喜后来成为秦国县吏，目睹了"秦王扫六合，虎视何雄哉"的过程。他的墓就是今天中国考古学界著名的睡虎地秦墓。他的随葬书简《编年纪》记载，安陆于秦昭王二十九年（公元前278年）成为秦土。那是秦楚五年战争的第三年。

由《编年纪》来看，喜的祖父曾是一名普通的青年军吏。他和众多秦人从军伐楚，见识了铁三角的智勇雄强，亲历了五年战争的残酷悲壮。谁说盛衰难料，生灭无常？战争是最严苛的历史考验，一切荒疏武备的国家都将为此付出血的代价。

战争的缘起：打乱秦国既定方针的突发变数

秦楚五年战争爆发之前，秦国并没有把楚国视为头号对手，主要精力还放在中原战场。自从最强劲的对手齐国被诸侯联军打残后，秦国把征服魏国作为主要目标。当秦昭王二十四年（公元前283年）秦军第一次包围魏国首都大梁时，魏国丞相孟尝君说服赵惠文王和燕昭王出手相助。秦军见燕赵联军人多势众，暂时解除对大梁的包围，秦国相邦魏冉也因此被免去相位。铁三角和秦昭王都记恨赵国，把攻赵列为头等大事。

从秦昭王二十五年到二十六年（公元前282—公元前281年），秦大良造白起两次率军渡过黄河攻打赵国太原郡，占领4座重镇——祁、兹氏、蔺、离石。魏冉恢复了相位。与此同时，魏国在大梁解围后不久就跟赵国反目成仇，转而投靠了秦国。虽然秦国暂时与魏国结盟以抗衡燕赵组合，但这并不代表魏冉放弃了灭魏的宏伟构想。按照原剧本，秦国下一步本该尝试继续进攻大梁。

当时白起已经初步打破了秦赵两国漫长的边城拉锯战僵局，形成对赵作战的有利态势。令人奇怪的是，赵惠文王君臣却采取消极防守的架势，没有派精兵良将反攻夺回西线战场丢失的四城，而是在东线战场以"决河水"的狠招攻魏。

魏国连续两年遭到赵军猛攻，损失不小，主要兵力都用于抵御赵国，对临时盟友秦国没什么防备。也许是因为看到魏国浑身破绽，白起才在拔赵之蔺、离石后突然转兵南下远征大梁。但此战最终不了了之，白起在听了周天子特使、策士苏厉的建议后罢兵回朝。

表面上看是白起被策士苏厉的计谋动摇了决心，实际原因恐怕更复杂。其中最根本的原因是他听到了至关重要的新情报——楚国欲合纵伐秦。

秦楚最近一次交战发生在秦昭王十五年（楚顷襄王七年，公元前292年）。《史记·秦本纪》称秦昭王十五年攻楚之宛城，《史记·穰侯列传》称秦拔楚之宛、叶，睡虎地秦简《编年纪》记为秦昭王十六年事。也可能秦拔叶县在昭王十五年，拔宛城在昭王十六年……但无论怎样，这是秦楚恢复正常外交关系前的最后一战。

从秦昭王十二年（公元前295年）开始，秦相魏冉为了对付韩魏，一直采取联合楚国的外交方针，曾经给予楚国5万石粟来表达修复关系的诚意。但两国结怨太重，楚国只是在秦攻魏韩时袖手旁观，并没有重建同盟关系。假如秦国在伊阙之战与韩魏两败俱伤，楚国说不定会马上转变立场。

秦昭王在战前给楚顷襄王写了封挑战书："愿王之饬士卒，得一乐战"。他可能是因为气恼楚国在白起与韩魏联军对峙时立场有所动摇，也可能是想断绝楚顷襄王君臣寻机复仇的苗头。楚顷襄王对这封战书深感恐惧，决定与秦国修好。于是楚国在秦昭王十五年"迎妇于秦"，在宛叶之战结束后，两国重新结盟。[1] 此后

---

①《史记·楚世家》："（楚顷襄王）六年，秦使白起伐韩于伊阙，大胜，斩首二十四万。秦乃遗楚王书曰：'楚倍秦，秦且率诸侯伐楚，争一旦之命。愿王之饬士卒，得一乐战。'楚顷襄王患之，乃谋复与秦平。七年，楚迎妇于秦，秦楚复平。"

秦楚一直保持和平状态，先后举行了 3 次会盟。特别是在诸侯攻齐前，楚顷襄王与秦昭王在宛城结亲。楚国借联军之力攻占了与齐国争夺多年的淮北，这个收益已经超过此前被秦国抢走的城池。至于白起的攻赵行动，对楚没什么不利的。

无论从哪个角度看，此时的楚国都没必要与秦国交恶。可是楚顷襄王一直对父亲楚怀王客死异乡的悲剧耿耿于怀，如今国力有所回升，自然想法也多了。

就在秦昭王二十六年，大概是在白起率上郡军攻打赵国蔺、离石的同时，一桩意外让已经即位 18 年的楚顷襄王重新燃起了与秦争天下的雄心。

一位没在史书中留下姓名的楚人出现在楚顷襄王面前。他有一项绝技是用弱弓小箭来击落北归的鸿雁。鸿雁用强弓利箭都不容易射中，可见此人的射术十分高超。楚顷襄王得知此事后，把他召进宫来问询。结果那人一开口就说："我这只是猎鸟的小把戏，大王该射的目标可远不止这些啊！"然后，他以射鸟为比喻来纵论天下，提出了一个层层递进的强楚之计。简单说，这位无名策士的战略规划分为 3 个阶段：

第一阶段的目标是吞并魏国。

楚国先攻魏都大梁的南部，再吞并魏国西南的上蔡① 地区（相当于一个郡的规模），与韩国接壤。然后挥师东征围县（今河南省祁县）之东的魏地，一直打到秦国的飞地定陶，迫使魏国放弃东部的大宋、方与② 地区（故宋地，相当于两个郡的规模）。把魏国的东西两臂占领后，楚军集中兵力攻占大梁。

第二阶段的目标是攻略齐地，与燕赵结为合纵。

具体操作是进攻东莒、淔丘、即墨③，占据齐国西部的午道，这样就能把齐长城以东、泰山以北的地盘都纳入楚国的版图。占领齐地后，楚顷襄王可以北游燕国的辽东郡，南望越地的会稽山，也就是说南海、东海、黄海、渤海沿岸基本上都由楚国控制，泗水流域的十二诸侯国都会俯首称臣。到那时，楚国西与赵国接壤，北与燕国相通，三国缔结合纵足以平定天下。

第三阶段的目标是攻秦。

楚国攻占魏齐大片领土并与燕赵结盟后，可以趁着秦魏战至两败俱伤的机会，一举收复原为楚地的汉中、析、郦等地（相当于汉中六百里、商於六百里、楚方城三个地理单元）。然后在郦塞[①]驻扎重兵，等待秦国师老兵疲之时，把山东、河内地区都控制在楚国手里。这时候，楚国就可以慰劳民众、休整士兵，完成称王天下的大业了。

这位无名策士为了刺激楚顷襄王早下决心，还特意强调了楚怀王被秦国欺骗而客死异乡的惨剧。此举果然让楚顷襄王很快拍板，立即派遣使者游说诸侯，重新组织合纵攻秦。

可惜楚国君臣做事不密，合纵尚无进展就提前走漏了风声。《史记·楚世家》称秦国闻讯后发兵伐楚，但《史记·秦本纪》《史记·白起王翦列传》《史记·穰侯列传》和睡虎地秦简的《编年纪》都没有秦国在这一年攻楚的记录。这可能是因为秦楚两国纪年存在岁差，秦国出兵是后来的事。不管怎样，楚顷襄王谋秦的意图流产了。唯一起到的作用，大概就是让白起暂停了出塞攻梁的行动，让秦国将相铁三角把目光从赵魏转移到了楚国身上。

其实，就算没有走漏风声，无名策士的兴楚大计也是无法实现的。这个宏伟的战略规划在进军路线上是靠谱的，但完全忽略了列国形势。

第一个问题是楚不可能肆无忌惮地攻魏。

虽然当时赵在济西方向与魏交战，大梁的守备力量较空虚，但秦国肯定不能容忍他国染指自己垂涎已久的大梁。况且按照计划，楚国还要攻取相当于3个郡的魏地。面对这样嚣张的军事行动，秦国不发兵攻楚简直不合常理。

第二个问题是楚无法夺得前面提到的齐国地盘。

楚与齐接壤，若能得魏地，就能从两个方向包抄齐地。可是，乐毅的燕军正在全力攻打齐国胶东地区，赵军则致力

▲ 春秋晚期楚国透雕铜矛

---

① 又称龟塞、冥阨、冥厄，后世称平靖关，在今河南省信阳市西南的豫鄂两省交界处。《吕氏春秋·有始》："何谓九塞？大汾、冥厄、荆阮、方诚、淆、井陉、令疵、句注、居庸。"

于征服齐国济西地区。楚国想占领齐长城以东、泰山以北的地盘，等于是直接从风头正劲的燕赵联盟嘴里抢肉……秦国都没把握一口气击溃燕赵联军，楚国就更不用说了。

此外，兵家武庙十哲之一的燕上将军兼赵相国乐毅善于用兵，但他直到被解除兵权时都没把齐国的两个陪都——莒县和即墨打下来。以楚军当时的战斗力，只怕表现更糟糕。

注意：楚顷襄王并没完全按照无名策士的剧本走，而是派使者重新发起合纵。他的算盘是先与燕赵结为三国同盟，然后借燕赵之力依次攻打魏、齐、秦。这个构想看似靠谱一些，实则也是一厢情愿。

燕国全部的力量都用来征服齐地，不可能放弃大好机会去掉头攻魏。赵国倒是正在东线与魏争齐地，但西线被白起打得连战连败，根本不愿与秦国死磕。秦国则抱着只要燕赵继续攻齐就是朋友的态度来选择是战是和，燕赵顺水推舟就能三方满意，何必蹚楚国合纵攻秦的浑水呢？

楚顷襄王也很快意识到此计行不通，于是又打算与齐韩合作伐秦，第一步是以三国联军灭周。

自从楚国失去方城以内的宛地，韩国失去了宜阳、新城等地之后，两国就不再接壤，中间不是隔着秦土，就是隔着魏地。若能成功灭周，韩国不但可以扩大地盘，还能为三国联军开辟攻秦的运输通道；楚国则可以趁机得到象征天下共主地位的周王室的宝器，提升自己对诸侯的号召力。

周赧王得知消息后，马上派西周惠公之子武公去游说楚国丞相昭子。武公陈述了3个不能灭周的理由：首先，"军不五不攻，城不十不围"，没有10倍的优势兵力很难一举灭周；其次，周是天下共主，楚攻周名不正言不顺，只会让邹鲁等中小诸侯寒心，让齐国想跟楚国绝交；最后，楚国灭周得到的实惠不多，反而因为获取周室宝器而成为众矢之的，被群雄围攻。

楚相昭子听后觉得有道理，便说服楚顷襄王和其他大臣放弃了这个计划。就这样，两个以攻秦为最终目标的战略方针都下马了。与此同时，苏厉又替周王说服白起不要攻魏。

早在攻魏安城、大梁之前，秦昭王在鄢、穰两次与楚顷襄王会盟，为的是让楚国置身事外。秦昭王君臣没料到楚国突然就变成了最大的不安因素。如果想要继续攻魏以打通定陶与秦本土的联系，除了避免燕赵插手外，还得警惕楚国重启任何形式的合纵。不先把楚国打残，秦国就没法全力攻魏。而魏国为了避免魏冉、白起再攻大梁，也主动派人游说秦国伐楚[①]。

周、魏使者成功激活了秦楚旧恨，为自己的国家争取到了宝贵的和平空间。但谋秦尚无实际成果的楚国要倒霉了。

秦国高层决定重新与魏国讲和，回归攻赵援魏的外交方针，先掉头给楚顷襄王君臣来一个下马威。对楚战事依然由铁三角来主持。大良造白起对外称病不出，世人以为他想维护自己"百战百胜"的荣誉，其实他在暗中准备更大规模的攻赵行动。相邦魏冉下令"赦罪人迁之穰"，表面上是给自己的封邑增加人口，实则为来年伐楚做准备。上郡守司马错秘密来到秦楚边境，全盘统筹对楚战事。当时谁也没想到，这个战略调整将会给全天下带来什么样的连锁反应。

重大战略课题：怎样攻楚更高效？

无论是秦昭王还是铁三角，在战略上都非常藐视楚国，对楚王、楚将、楚兵拥有绝对的心理优势。因为根据《史记》的记载，秦楚两国自从秦孝公以来的交战记录呈一边倒状态：

秦孝公时交锋1次。秦孝公二十二年（楚宣王三十年），刚被封为商君的铁腕改革家卫鞅南侵楚地，结局是秦胜。

秦惠文王时交锋3次。秦惠文王更元七年（楚怀王十一年），秦军击退山东五国联军，楚击秦不胜，是为首战。第二战是秦惠文王更元十三年，秦军在丹阳之战斩首楚军8万，虏楚大将军屈匄、裨将军逢侯丑等70余人，攻取楚汉中600里地，

[①] 《战国策·魏策·献书秦王》："献书秦王曰：'昔窃闻大王之谋出事于梁，谋恐不出于计矣，愿大王之熟计之也。梁者，山东之要也。有蛇于此，击其尾，其首救；击其首，其尾救；击其中身，首尾皆救。今梁王，天下之中身也。秦攻梁者，是示天下要断山东之脊也，是山东首皆救中身之时也。山东见必恐，恐必大合，山东尚强，臣窃为秦之必大忧可立而待也。臣窃为大王计，不如南出。事于南方，其兵弱，天下必能救，地可广大，国可富，兵可强，主可尊。王不闻汤之伐桀乎？试之弱密须氏以为武教，得密须氏而汤之服桀矣。今秦国与山东为雠，不先以弱为武教，兵必大挫，国必大忧。'秦果南攻兰田、鄢、郢。"

楚军惨败。第三战是丹阳之战的后续，楚怀王怒而兴师，集结举国之兵一鼓作气攻入武关，秦楚在关中的蓝田激战，深入秦境的楚军再次战败。

秦武王时两国没有发生军事冲突，只是在秦韩宜阳之战时达成了瓜分韩国地盘的协议。而秦昭王元年至二十六年，秦楚总共打了5次仗，秦军每战必胜。其中白起夺取了楚国宛郡最重要的宛、叶二县，楚方城防御体系由此瓦解。①

从历史战绩来看，秦国高层根本不必担心能否打赢，只需要考虑怎样攻楚的赢面更大。要想弄清这点，还得理清两个问题：一是秦楚之间的军事地理形势如何，二是前代战略家提出过哪些攻楚方略。

在秦孝公即位之初，秦楚只在商於、汉中两个地区接壤。商於的武关为秦楚分界，武关以北为秦地，以南为楚地。在汉中盆地，以南郑为中心的西部地段为秦土，以东皆为楚疆。当时的楚国占有汉中、巫、黔中以及商於南部，如果能攻取武关以北的商洛山地，西击秦之南郑，再灭掉巴蜀两国，楚国将控制整个西南地区，并且能从商於、巴蜀两个方向夹击关中。这样的话，秦国就很难招架了。所以，秦国不想灭亡的话，就必须在秦岭以南插入钉子，与楚国争夺整个商於之地。

商於之地在秦岭、伏牛山以南，金钱河以东，楚方城以西，汉水以北。此地是楚人发祥地，又是汉水流域通往关中的重要通道，注定要成为秦楚争夺的第一个地理单元。

秦攻楚的主要路线之一，就是由关中南下武关，攻打楚国北境。秦孝公把商鞅封在武关北部的商洛山地，也是为了让强臣镇边。秦如果占据了武关之外的商於南部地区（丹、析之地），就会切断楚方城与汉中郡的联系，让楚国整条北部防线出现缺口。

楚威王认为秦国有"举巴蜀并汉中之心"，曾经派宛公昭鼠率领10万大军驻扎汉中。②楚汉中郡位于丹水与汉水交汇处，扼守着秦楚之间的水陆交通，相当于把楚国控制的商於、汉中地盘整合在一起。

到了楚怀王时，秦相张仪以商於六百里地为诱饵拆散了齐楚联盟。楚怀王之

---

① 《读史方舆纪要·卷五十一·河南六》点评道："秦白起伐楚，取宛、叶而楚之鄢、郢危。"
② 《战国策·术视伐楚》："术视伐楚，楚令昭鼠以十万军汉中。"

所以中计，主要是因为商於六百里地的战略价值太大。得到此地后，楚国势力就延伸到武关以北、秦岭以南，秦国关中腹地就洞门大开。秦国君臣当然不会真心割地。秦国的赖账行为让楚怀王恼羞成怒。他不听策士陈轸的劝谏发兵攻秦，早有准备的秦军开出武关，两军在楚汉中郡治所丹阳打得天昏地暗，10万楚汉中军被歼灭了8万。秦军趁机从丹阳西进，切断了楚汉中地与汉水北部地区的联系，吞并了整个汉中盆地。

至此，秦国把巴、蜀、汉中三地连成一体，巩固了对秦岭以南地区的统治，加速了西南、西北一体化进程。尽管秦昭王一度归还了秦惠文王时占领的上庸之地，让楚国重新获得了商於以南的大片领土，但汉中盆地大部分地区仍然在秦汉中郡的控制下。

后来秦昭王在楚顷襄王元年再次派兵出武关攻楚，斩首楚军5万，取析县与15城而去。这16座城的陷落标志着整个商於地区都被纳入秦土。

自从占领巴、蜀、商於、汉中四个地理单元后，秦国在地理上形成了对楚国的战略半包围态势。处于长江、汉水、丹水上游的秦国，可以顺流而下攻楚，楚却很难逆流而上反攻回去。自从白起拔宛、叶之后，楚方城所在的南阳盆地大部分落入秦人之手。楚国北部的边防体系几乎全线崩溃，只是靠着上庸、房陵和汉水北岸的几座城池勉强支撑局面。如此一来，南阳地就成为新的秦楚北线战场，秦之巴郡与楚之巫郡、黔中则成为两国的西线战场。这也正是秦攻楚的两个基本方向。

其实，早在楚威王时就有策士指出：秦国会采取两路出击的策略，一军出武关攻楚国北疆，一军顺江而下攻楚黔中。[①] 楚威王时对应着秦惠文王称王前的阶段，武关方向是秦军传统攻楚线路，威胁之大自不消说。故而楚威王在汉中、商於前线陈兵10万，与秦国在武关形成重兵对峙态势。不过，第二条路线在当时并不成立，因为秦还没得到巴蜀之地，与楚黔中郡不接壤。直到司马错灭蜀之前，秦楚交锋都只有武关一条道可走。

---

① 《史记·苏秦列传》："秦之所害莫如楚，楚强则秦弱，秦强则楚弱，其势不两立。故为大王计，莫如从亲以孤秦。大王不从，秦必起两军，一军出武关，一军下黔中，则鄢郢动矣。"

秦国在打赢丹阳、蓝田之战后，曾经提出以武关之外的商於之地交换楚国的黔中。楚怀王表示不愿换地，但只要秦国交出可恨的张仪就献上黔中地。于是张仪主动入楚。他以免除楚国割黔中地的让步条件来利诱，以秦攻楚的作战方略来威胁，哄得楚怀王重新与秦结亲。

张仪的攻楚方略也是两路出击：第一路秦军从巴蜀乘船浮江而下，在10天之内到达如同"巴楚咽喉"的扞关要塞，攻占楚国西部的巫郡、黔中；第二路秦军则走传统的武关线，夺取楚国北部地区。①

真正让楚怀王君臣感到恐惧的是"时间差"。由于地理位置关系，秦军两路攻楚在3个月内就能结束战斗，而诸侯要到半年之后才能救援。楚国幅员辽阔，此时的政治中心在西边。除了与楚相邻的韩魏之外，其他北方诸侯的行军路线比从函谷关方向攻秦更长，集结效率也没那么高。

楚军之前集中兵力在武关方向与秦交锋，两次都大败而归。若是秦军真的两面夹击，损兵折将的楚国更加希望渺茫，所以楚怀王才迫不及待地答应张仪的要求。

不过，张仪提出的两路攻楚方略直到秦昭王前期都没有实现。后来秦昭王召燕昭王入秦朝见时，有策士劝谏燕昭王不要去，并提到了秦国攻楚的新方略：

秦蜀郡兵乘船沿长江而下，行军5天抵达楚国郢都，是为西路；秦汉中郡兵乘船沿汉水而下，行军5天抵达楚国的五渚，是为中路；秦关中卒出武关，与商於、南阳等地的秦军在宛地集结，然后进攻楚国的随，是为东路。②

第一路其实是由巴蜀攻巫郡、黔中的老路一直打到郢都；第二路则是沿着汉水河谷（荆襄通道）南下攻入郢都；第三路是从随枣走廊南下进攻郢都以东的楚地。中路军与东路军之间隔着大洪山脉，与西路军之间隔着大巴山脉、荆山。按照三

---

①《史记·张仪列传》："秦西有巴蜀，大船积粟，起于汶山，浮江已下，至楚三千余里。舫船载卒，一舫载五十人与三月之食，下水而浮，一日行三百余里，里数虽多，然而不费牛马之力，不至十日而距扞关。扞关惊，则从境以东尽城守矣，黔中、巫郡非王之有。秦举甲出武关，南面而伐，则北地绝。秦兵之攻楚也，危难在三月之内，而楚待诸侯之救，在半岁之外，此其势不相及也。夫弱国之救，忘强秦之祸，此臣所以为大王患也。"扞关一说在鱼县，一说在湖北长阳土家族自治县一带，本文取后一说法。

②《战国策·秦召燕王》："秦之行暴于天下，正告楚曰：'蜀地之甲，轻舟浮于汶，乘夏水而下江，五日而至郢。汉中之甲，乘舟出于巴，乘夏水而下汉，四日而至五渚。寡人积甲宛，东下随，知者不及谋，勇者不及怒，寡人若射隼矣。王乃待天下之攻函谷，不亦远乎？'"五渚在洞庭湖附近的湘、资、沅、澧四水汇入长江之处，故名五渚。《史记索隐》即据以释"五渚"为"五处洲渚"。

路进攻计划，楚国腹心地带最终会陷入秦军的三面包围。

攻楚新方略与张仪两路进攻方略的主要区别有3点：

其一，前者是两水一陆的三路进军，后者是一水一陆的两路进军，新方略多打一个随枣走廊方向；其二，前者以拔郢破楚为目标，后者只以夺楚巫郡、黔中、北地（指汉水北岸一带）为目标；其三，前者把汉中郡兵当成攻打汉水河谷的主力，后者则以开出武关的内史秦军为攻打该方向的主力。

造成上述差异的主要原因是，张仪为相时的秦国还没有得到以宛为中心的南阳盆地。如果这个进攻跳板仍在楚国手中，秦军开出武关后很难向东或向南深入进攻。此外，张仪入楚谈判时，楚汉中六百里地刚到秦国手中不久，秩序尚在整顿，秦汉中郡兵也还没组建完毕。到了秦昭王二十六年时，这些问题已经完全解决。秦昭王用来恐吓楚国君臣的三路进兵新方略，并非不可能实现的妄想。

但话说回来，秦攻楚的几条基本路线不光是秦人知道，楚人也熟悉得不能再熟悉，列国策士也都洞若观火。所以，攻楚课题的难点不在于选择哪条进军路线，而是以什么样的方式达成出其不意的效果。

就目前的形势而言，三路同时攻楚的方略缺乏可行性。因为事发突然，秦国还没结束与赵国的纷争，无法集中全部力量伐楚。可是，楚国一计不成又生一计的热情，令秦昭王君臣倍感威胁。倘若置之不理，迟早会破坏秦国的战略大局。

为了争取全面攻楚的时间，秦国君臣决定先发制人，派司马错先打一场仗来挫伤楚人的士气。上郡军等秦国北部战区的主力部队在为明年的攻赵行动备战，无法调往南方战场。借兵给大良造白起的上郡守司马错，需要从秦国其他战区来集结伐楚之师。他能凑出足以完成伐楚任务的兵力吗？

战前盘点：关于秦国当前动员能力的推测

《孙子兵法·军形》篇曰："守则不足，攻则有余。"兵家采取守势是由于力量不足，采取攻势是因为力量有余。秦昭王君臣决定大举伐楚，显然是认为自己力量有余。

早在多年前，张仪出使楚国，以"虎贲之士百余万，车千乘，骑万匹"恐吓楚怀王。但是，这个数字的水分很多。因为秦王嬴政发动灭楚之战时，倾国之力也只集结了 60 万甲士，直到一统天下后才真正组建起百万大军。秦昭王时的秦楚两国，综合国力都远不如灭六国的秦国。所以，"带甲百万"之说只能理解为秦国服役年龄段人口的总数，而不能当成现役部队总人数。

那么秦昭王二十六年的秦国现役部队总兵力有多少呢？

由于缺乏直接记载，我们只能通过两个间接办法来估算。第一个办法是借助苏秦、张仪等纵横家提供的各国兵力数据，这些数据被很多史学家引用，也注明了可能存在水分的问题。细抠起来，两人的说法只能代表各诸侯国在一段时期内的动员能力。因为连年战争会让各国土地、人口不断消长。更值得注意的是，两人的说法有时不一致。

例如，张仪称韩军总兵力不过 30 万，魏军也不过 30 万，其余国家不明。按照苏秦的说法，韩魏两国的力量没那么弱。地方九百余里的韩国"带甲数十万"。而地方千里的魏国有"武士二十万，苍头二十万，奋击二十万，厮徒十万，车六百乘，骑五千匹"（《史记·苏秦列传》），合计总兵力 70 万有余。

我们不难察觉，苏秦把魏军划为武士、苍头、奋击、厮徒四类。"武士""苍头""奋击"这三类战斗兵共计 60 万人，专门负责后勤的厮徒有 10 万。张仪估算魏军总兵力不超过 30 万人，其中有守亭鄣者不下 10 万。他说的都是魏国现役的战斗部队。其实相当于先从 70 万役龄男子中扣除了 10 万厮徒，再把三类战斗部队折半。

显然，两人用的计算标准不同。简单说，苏秦估算的是魏国总动员能力，张仪估算的是魏国现役战斗部队规模。故而前者比后者多出一倍多。

根据这两组数字，我们姑且把战国现役部队与役龄男子的比例定为"3：7"，即各国现役部队规模大约占役龄男子总人数的 42.9%。秦国役龄男子——虎贲之士百万，则可以组建 43 万左右的现役部队。

可是带甲百万之说并非确指，而是一种不精确的修饰，再加上各国兵役制度存在差异，这种推算方法的误差很大。好在出土秦简为我们带来了第二个间接推算方法。

岳麓秦简《数》中有一道关于士兵复员的算术题："凡三乡，其一乡卒千人，一乡七百人，一乡五百人，今上归千人，欲以人数衰之，问几可（何）归几可（何）？"这支秦军的士兵分别来自 3 个乡，一乡征兵 1000 人，一乡征兵 700 人，一乡征兵 500 人，共计 2200 人。如今朝廷打算缩编军队，命令各乡按照原先的征兵比例让 1000 名士兵解甲归田。这道题的背景应该是战后遣返临时征发的士兵，计算的正是每个乡各需要复员多少人。

依照秦制，只有县才有权征兵，乡只是按指示摊派兵役。换言之，应用题说的"凡三乡"实为一个县的情况。

《续后汉书·职官》称："凡县户五百以上置乡，三千以上置二乡，五千以上置三乡，万以上置四乡。"由此可知，秦汉一个下辖三乡的县，有 5000 户至 1 万户家庭。按照秦国"同居毋并行"的征兵原则[1]，每户每次只征一个兵，按役册轮流征发各户役龄人员。也就是说，以最低的 5000 户来算，一个三乡县的最大动员潜力达到了 5000 人。若是按照《数》中的基准，秦国平均每县征兵 2200 人，5000 户中大约有 44% 的家庭被征兵，各乡的征兵名额按照户数多少来分配。由这道应用题来看，秦国平均每县征兵 2200 人，在结束战事后把部队缩编为 1200 人，即战时的 54.5% 左右。尽管这个比例未必是严格的军制法定标准，但《数》是秦官吏的培训教材，应用题源于日常实务，仍具有较大参考价值。

明白了秦国每县的平均征兵数，再乘以当时的郡县总数，秦国每年的全国征兵总数就能推算出来了。秦国现役部队的总兵力也可由此估算出一个参考值。

秦昭王时期恰逢秦国版图迅猛扩张。结合《战国政区地理》的说法，昭王二十六年的秦国可以考证的郡县大致有：内史 41 县、上郡 19 县、蜀郡 13 县、巴郡 8 县（暂欠 4 县）[2]、汉中郡 8 县（暂欠 2 县）[3]、陇西 17 县[4]、北地 13 县[5]、河东郡 19 县（暂欠 4 县）[6]。需要注意的是，除了内史 41 县符合明确的文献记载外，其余各郡的县数只是可考证的县数，可能少于实际县数。除了上述郡级

---

[1] 睡虎地秦简中的《戍律》称："同居毋并行，县啬夫、尉及士吏行戍不以律，赀二甲。"这条律文的中心思想是避免过度征发，保留足够的人力经营生产。同挂一户口本（同居）的男丁，不同时服兵役。假如征发员兵超出法律规定，县啬夫（县令）、县尉、士吏各罚两副铠甲。
[2] 此时楚巫郡的西界至今重庆市忠县，楚黔中郡则包含了乌江下游的枳县、涪陵，朐忍、鱼县也属于楚国势力范围。所以此时的秦巴郡应该不包括这 4 个县。
[3] 秦昭王曾把汉中郡的上庸之地（主要是上庸和房陵）归还楚国，暂以 6 县计算。
[4] 陇西大约在秦昭王二十八年才正式设郡。
[5] 北地是义渠国故地，当时未设郡，秦惠文王曾攻取义渠 25 城，设郡后并为 13 县。
[6] 汾水河谷的平阳、彘县、杨县、襄陵等县此时应隶属于韩国上党郡。

单位外，秦国另有中都、西阳、平周、宜阳、襄城、武始、新城、皋落、穰、陶、宛、叶、郦、邓、轵、河雍、新垣、曲阳、安城、皋狼、隰城、兹氏、祁、蔺、离石等地。

此外，秦国吞并了商於地区的析县及 15 城。白起在伊阙之战后拔的 5 座城池位置不明，应该大体在尚未设郡的三川地区。他与魏冉等人联合攻下的 61 座魏国大小城分布在河东、河内地区，故不再与河东郡的县数重复计算。蒙骜在秦昭王二十二年攻取齐国 9 城，地点大概在魏冉封地陶邑附近。

按照这个不完全统计来做保守估算，秦国在秦昭王二十六年总共有 183 个县（道）。按照平均每县征兵 2200 人的基准，可以组建 402600 人的现役部队。其中，内史以外地区大约有 142 个县（道），可以组建 312400 人的现役部队。

注意：秦制规定，万户以上的县，长官称"县令"，万户以下的称"县长"。征兵 2200 人的县，都是户数仅在 5000 以上而不满 1 万的三乡县，县长的县。

既然各乡都是按户数多少的比例征兵，各县也不会例外。而上述众多县的长官都是"令"，全县人口自然在万户以上，可能是三乡县的一两倍。按照 44% 的家庭出兵比例，1 个万户县可以征兵 4400 人。尽管秦国可能不会一次征发那么多兵，但各大县的实际征兵能力高于平均 2200 人。

比如，陈胜、吴广在大泽乡起义后，很快拿下 6 个县，兵力从 900 人扩张成"车六七百乘，骑千余，卒数万人"，平均下来每个县要动员百多乘车、一两百骑兵和数千步兵，远远超过 2200 人的征兵数额。又如，秦朝末年的东海郡东阳县令史陈婴举长 2 万。《秦代政区地理》称东阳遗址两城面积合计 150 多万平方米，城池面积比新城、宜阳、宛、安邑等大县要小得多，却能动员 2 万兵马，可见战国大县的动员能力还是相当可观的。

不过，我们暂时还是按每县战时动员 2200 兵的保守估计来算。秦国内史以外地区每年征发的新兵，可以维持大约 31 万边郡军。这是战时满编状态，按照《数》中战后缩编 54.5% 的比例，这些边郡军的现役军人平时维持在将近 17 万人的规模。

《秦代军事史》称秦朝关中地区的现役部队 10 万，但当时已经大一统，秦始皇把绝大部分主力军部署在南北边疆，咸阳及内史地区的驻军可能经过了缩编。而秦昭王时的内史秦军是外战主力，数量肯定超过 10 万。

对比其他诸侯的情况，张仪估算韩魏两国现役部队不超过 30 万，扣除镇守四方边塞亭鄣者 10 万，主力中央军大约 20 万。秦为大国，中央军兵力应该有过之而无不及，总动员能力至少也有 20 万。不过，我们暂且还是保守估计内史秦军只有 10 万现役军人。

在极限动员的状态下，秦国可以动员 20 万内史秦军，以及其他郡县的 31 万边郡军，总兵力足有 51 万人。而在休战状态下，分两种情况：

其一，内史军保持 10 万现役部队，各郡县现役部队缩编至战时的 54.5%，则秦军平时的总兵力约为 26.9 万人；其二，全军都缩编至战时的 54.5%，则秦军平时的总兵力约为 27.8 万人，其中坐镇关中的内史军 10.9 万人。

有个需要注意的情况是，秦昭王在位 56 年，期间只有三年、五年、四十年、五十四年至五十六年没用兵记录，最长的和平时间也就最后 3 年。换言之，秦昭王时代只有短短 6 年的疑似和平时间。这意味着秦国上郡、汉中郡等边郡长期临战，必然要求现役部队保持战时满编状态。按照每县征兵 2200 人的标准来估计，上郡军以 19 县算有 41800 人，汉中军按 6 县计算只有 13200 人，两地合计 5.5 万兵马。

在扣除上述地区的县（道）数之后，秦国剩下的大概 117 个县（道、城）按照平均每县 1200 卒的平时编制计算，可维持 140400 人的现役部队（包括郡县兵和边防军戍卒）。

把上述兵力全数归总，秦国在秦昭王二十六年时现役官兵的数量约为 29.5 万：100000（内史军）+55000（上郡兵和汉中兵）+140400（其他边郡军）=295400。

需要指出的是，这只是严格按照平均每县 2200 人的保守标准征兵，还没达到秦国动员潜力的极限。当然，除非遇到那种国运大决战，秦国是不会轻易动用 20 万以上的兵力出征的。其他大国也是如此，比如赵武灵王灭中山投入了 20 万锐师，但这并不是赵国全部兵力。

在楚威王时期（秦孝公末年到秦惠文王称王前），楚国有"地方五千余里，带甲百万，车千乘，骑万匹，粟支十年"[1]。到了楚怀王时，先后丢失了汉中 600 里地、

---

[1] 出自《史记·苏秦列传》。楚威王在位时期，秦惠文王还没称王，秦无蜀、巴、汉中等地。所以秦军总兵力超过楚军应该是在夺取这些地盘之后。

大约 25 座城池，几次败仗都丧师数万。尽管楚国依然是幅员最辽阔的诸侯国（因为楚在秦昭王元年灭了越国），但连年丧师丢地与内政混乱已经让这个传统大国的动员能力严重下降。因此，哪怕楚国和秦国一样有百万役龄男子，平时都很难保持将近 30 万装备精良的现役部队。靠战时总动员扩编的话，楚军应该能拉起 40 万甚至更多兵马。但是，大量临时征发的兵卒与几乎每年以战代练的秦军士兵相比，战斗经验差了几个档次。

无论是现役部队数量还是质量都超过敌国，所以秦昭王君臣才会自信满满地大举伐楚。

在秦昭王二十六年，跟随白起攻赵的主要是由上郡兵、河东郡兵组成的边防军，以及首都地区的内史军一部人马（理论上应该是中尉军）。这支混编兵团能连续拔掉赵国的蔺、离石两个要塞级重镇，兵力应该达到了 10 万规模。与此同时，其他十几万秦军现役部队大多处于待命状态，而各郡县还有大量预备役材官骑士在家里等着朝廷召唤。

如果司马错从北线攻楚的话，可动用的部队有武关要塞驻军与汉中郡兵，以及南阳诸县与河外诸县兵马（含现役驻军与材官骑士）；从西线攻楚的话，可用之兵主要是巴、蜀、陇西三地的边防军。以秦国完备的战争动员体制，司马错无论从哪边组织数万锐师都不是难事。

五年战争的序章：秦楚锐师激战南阳

在司马错的军事生涯中，本次南征并非难度最大的任务。灭蜀国时，他走过难于上青天的蜀道；灭巴国时，他遇到了悍勇敢死的巴军劲卒；拔魏国的河内、河东诸城时，他几次北渡黄河天险，与魏军激战于轵关陉的进出口。而这一回伐楚，既无高山深涧之阻，也无凶悍难缠之敌。虽然秦楚都是万乘大国，但两国的战争能力早已呈现出一边倒的格局，秦国打赢是不成问题的。

不过，这一仗该打成什么样，还得从长计议。

伐楚之战不同于伐赵之战。秦攻赵更多是为了配合外交战略，所以攻打城池和土地不算多，头两年下手也不太重（没有秦军的斩首记录，显然不是歼灭战）。

伐楚则是为了扼杀其重新崛起的苗头，必须打狠打疼。

尽管楚国自从丢失商於、汉中、宛等地后边境线不断后退，但还是在汉水与南阳盆地交汇处构筑起北部防线。就目前而言，上庸与汉北地是楚顷襄王抗秦的第一道屏障。

战国时有上庸六县的说法，主要是汉水中游鄂西北的竹山、竹溪、郧县、郧西一带的城池，其中包括上庸、房陵两座重镇。

上庸处于一个微妙的位置，武当山是其北部屏障，大巴山横亘其南，其东南出口经过荆山地区，西北方通往秦汉中郡的西成县（今陕西安康市）。上庸之地三面环山，较为封闭，是一个独立的地理小单元。

上庸曾经是古庸国的腹心地带，尽管比较封闭，基础经济条件还不错。庸国在春秋前期实力不俗，曾经与楚、巴等国争锋。后来楚庄王联合秦国与巴国才灭掉了这个对南方群蛮颇有影响力的诸侯。三国瓜分庸国，但楚国后来吞并了整个上庸。

秦惠文王后期派兵夺取汉中六百里地，上庸也因此归秦。但秦昭王即位初年，为了联楚伐魏，在黄棘与楚怀王会盟，把上庸归还楚国。虽然秦国后来几次攻楚，占领了相当于一个郡的地盘，但上庸及汉北地依然在楚国手中。秦楚对汉中这个地理单元的争夺战并未结束。

秦汉中郡治所南郑在汉水上游，可顺流攻打上庸六县，然后继续水陆并进，东出郧关攻打楚之汉北地。由于上庸之地比较封闭，这里的楚军很容易被秦军封堵在群山之间，对汉水南岸的控制力不强。秦昭王愿意割让上庸给楚国，也是因为上庸、郧阳[①] 和郧关对秦武关的直接威胁不大。

对秦国宛、穰守军而言，汉北地楚军才是眼中钉、肉中刺。汉北地即汉水北岸地区，大致是南阳盆地南部到上庸一线。楚之阴县（今湖北十堰市北）对上游来的秦汉中郡兵是个阻碍。由此往东是丹水与汉水交汇处，继续东行就进入南阳盆地这一地理单元。

---

① 今湖北省十堰市郧阳区，这里有扼守"大关中"的五道关隘之一的郧关。

目前，秦楚两国边境线分割了南阳盆地。秦占有南阳盆地北部（宛、丹、析等地）和西南部（主要是穰地）。楚还控制着南阳盆地东南部。据专家考证，楚国以今河南唐河县为中心设"唐郡"，唐郡长由唐县公（楚简中写作"汤公"）兼任。[1]南阳盆地地势平坦，物产丰富，但秦军夺取宛地后休兵多年，一直没继续向南扩张。南阳盆地内部近乎一马平川，但有河流天然阻隔，秦楚两国的边防军多年来隔河对峙，各守疆界。若不是此次重启战端，两国可能会继续维持这个格局。

当年秦昭王与楚怀王选择在汉北地的黄棘会盟，主要是看中此地靠近两国边境，交通便利。黄棘往南是楚军的伤心地——垂沙。当年诸侯联军在垂沙之战大破楚师，随后又发生了庄蹻暴郢事件，导致楚国险些解体。由上庸及汉北地进入楚国腹地必须经过南船北马的过渡带——邓城。邓城原为春秋时邓国地，楚文王灭邓时开始成为楚地。这座城后来有个更响亮的名字叫"襄阳"[2]。

自从白起夺走宛地之后，楚国北部防线以邓城为中心，以汉北地的唐郡诸城为右翼，以上庸六县为左翼。但魏冉的封邑穰地与楚国邓城之间几乎没有什么山川河流做屏障。楚军若想攻打秦国，从邓城北伐穰地最为便利。反过来，秦军南征楚国，从穰地奔袭邓城最快捷。

司马错先行攻楚不仅是为了给楚顷襄王君臣一个下马威，同时也是在为白起所率的伐赵大军争取南下的时间。所以，这一仗要短促有力、一击必杀，避免打成旷日持久的拉锯战，同时还要设法在楚国汉水北岸防线上打开较大的缺口。于是司马错和魏冉决定集中数万边城人马速战速决。秦军的首战目标是作为水陆交通枢纽的邓城。

早在魏冉恢复相位时，就已经开始向自己的封地穰城输送由特赦罪人组成的戍卒，提前为司马错做战备。

这一年，秦赵在北方打得激烈，南线无战事。楚顷襄王君臣认为秦国跟赵国打了两年，完全没有想和解的样子，不会找楚国麻烦；至于魏冉赦免罪人迁入穰地之举，显然是为了充实私家实力；如果是关中卒开出武关，才真正值得警惕。

---

① 详见游逸飞先生的《"郡县同构"与"令出多门"——包山简所见战国楚国郡县制》。
② 《秦代政区地理》称：古邓城遗址在湖北襄阳市西北十余里的邓城镇。

由于高层的麻痹大意，楚国边防军没有及时加强戒备。兵革之祸说来就来。

秦昭王二十七年春，司马错兴兵伐楚。① 由武关守军和宛、穰驻军组成的数万秦师，陆续赶到邓城附近。司马错想攻其必救，吸引周边的楚军来此增援，然后一举将其击破。

考古调查称古邓城遗址为长方形，东西700米，南北800米，面积56万平方米。对比一下白起当年攻取的宛、叶二城：宛城故城为长方形，东西2500米，南北1600米，面积大约400万平方米；叶县故城也是长方形，东西500米，南北2000米，面积大约100万平方米。可见邓城的规格比较小，不用多少兵马就能包围。

《尉缭子·兵教下》曰："地大而城小者，必先收其地；城大而地窄者，必先攻其城；地广而人寡者，则绝其陑；地狭而人众者，则筑大堙以临之。"邓曾经是个小诸侯国，疆域不小，但城池不大，所以司马错没有急于围城，而是先分兵攻略邓城周边的地盘。

睡虎地墓主喜的祖父参与了这一战，并在自己的家史《编年纪》中留下了"廿七年，攻邓"的记录。他在前年和去年分别追随大良造白起攻克了赵国的兹氏县和离石要塞。今年又响应司马错的号召，从军击楚，以求再立战功，光大门庭。这位青年军吏带着部众拔了不少楚人的亭障，击溃了几股驻扎在乡邑的楚军百人队。分散在各地的楚军纷纷退入城中，外围郊野和村庄都被秦兵控制。

平定邓城各乡后，喜的祖父和同袍们兵临邓城之下。秦军轻车部队为了示威，带着旗帜绕城疾驰，扬起高而锐的飞尘。只见城墙上弓弩云集、矛戟林立，整座城池如同受了惊的刺猬，化恐惧为求生欲。时间一天天过去了，老邦尉（即国尉）司马错按兵不动。喜的祖父还没等到攻城的命令，却远远地看到了楚军援兵的大斾（先锋旗）……

---

① 《史记·秦本纪》载："（秦昭王）二十七年，（司马）错攻楚。赦罪人迁之南阳。白起攻赵，取代光狼城。又使司马错发陇西，因蜀攻楚黔中，拔之。"尽管三次战斗的起止时间不明，但司马错打完第一战后，要回咸阳复命并与秦昭王君臣商量第二轮攻楚的细节，然后到秦国最西部的陇西地调兵，再到蜀郡备战，再从蜀地出顺长江而下，攻占面积不比蜀郡小多少的楚国黔中地区。每个环节都需要时间，哪怕一鼓作气拿下黔中，从回咸阳到结束战斗恐怕也得小半年。如果第一战不在春季速战速决，司马错的第二战恐怕要打到秦昭王二十八年才能"拔之"。当年秦楚丹阳之战就发生于楚怀王十七年春，也是在楚国的北部防线。综上所述，司马错第一次攻楚是在春季，战斗时间应该不超过3个月。

原来，邓县公（楚国的县的长官叫县公）看到秦军的旗帜日益增多，心知大事不妙，赶紧向周围的楚县和郡都发求援信。唐郡和上庸的楚军火速向邓城靠拢，聚合成规模不亚于秦军的野战大兵团。就在两军全部到达战场的第二天，双方各出一部分兵马在邓城北鄙列阵，大战一触即发。

这场战斗的具体经过已经湮没于历史长河之中。楚军使用的很可能是其最引以为傲的战阵——楚武王创立的荆尸阵。

荆尸最初是楚国宗庙和军中激励士气用的神灵祭拜仪式，后来成为军阵的代称和楚国历法正月的名称[1]。春秋时期，晋楚双雄为争霸多次大打出手，荆尸阵由此名闻天下，成为楚师的经典军阵。

荆尸阵在行军时，按照"右辕，左追蓐，前茅虑无，中权，后劲"（《左传·宣公十二年》）的五军阵队形来部署。前军载茅为号（成语"名列前茅"的源头），侦察前方敌情和地形。右军次于前军，做好战备。中军次于右军，是全军的指挥中心。左军次于中军，当前军遇敌时急速前进以策应。后军为全军殿后。五军队形井然有序，各有分工，确保大军遇到袭击时不会一下子全盘崩溃。

在战斗时，五军合并为左中右三军，三军阵中有阵。其基本排法是左军和右军两个方阵部署在两翼且位置靠前，中军方阵居中且位置靠后，形成一个倒品字形结构。中军阵两侧设有左广和右广两支卫队。在全军最后还设有游阙部队作为后卫和预备队。在左军和右军内部，又分别以左拒和右拒为最先出战的前锋。

春秋时的荆尸阵是以车战为基础，每个军阵都是以战车为核心的方阵。战国时楚军已经把步兵上升为主力，以战车和骑兵为机动力量。三军都是由车骑步弩多兵种混合而成的。荆尸阵的两翼配属了轻车和骑兵部队，而作为预备队的游阙也从战车部队变为机动更加灵活的车骑步混编军团。

按照楚军的作战传统，护卫中军的左右二广一般不会轻易出动。因为荆尸阵最初是以楚王本人为中军统帅，左右二广是楚王的近卫亲军。进入战国后，职业武将的指挥体系越来越发达，楚王很少再亲自上阵，直属楚王的左广和右广上前

---

[1] 这个说法出自张君先生的《荆尸新探》。

线的频率也下降了。但荆尸阵保留了二广的位置，中军大将的二广依然是三军中的最强战队，会在必要时发出致命一击。

位置靠后的游阙之兵则会根据战事的需要，用于补充军阵的缺口，或者配属给左拒或右拒以增强一翼的攻击力。能否活用这支精锐程度不亚于先锋的预备队，取决于将帅的指挥水平。

楚军的荆尸阵十分严整，士兵以坚固而轻便的鲛革犀兕为铠甲，行军如飘风，善于速战速决。但指挥过楚师的兵家亚圣吴起却评价"楚阵整而不久"。楚国政令紊乱，各大世族山头林立，一旦陷入漫长的苦战，就很难保持严整的阵容。

当时的楚国国内形势很不妙。白起点评道："楚王恃其国大，不恤其政，而群臣相妒以功，谄谀用事，良臣斥疏，百姓心离，城池不修，既无畏臣，又无守备。"（《战国策·中山·昭王既息民缮兵》）这使得"楚阵整而不久"的缺点更加突出。

参考秦兵马俑坑的出土实物，秦军应该是以钩形之阵对敌。钩形之阵的前列是严整的方阵，并在左右两翼设置"勾卒"，无论哪个军阵都使用金、鼓、铃三声和五色军旗为号令，根据三声五旗的指示来变换队形。[①]《孙膑兵法·十阵》曰："钩行之阵者，所以变质易虑也。"这种阵法的最大特点是全军各部相互勾连，前阵与后阵可以灵活转化，让敌军很难找到阵形中心。

兵马俑二号坑军阵显示，秦军两翼的勾卒由车骑步混编而成，分为四个部分。

第一部分是与中军大方阵相连的轻车编队组成的小方阵，相当于钩的横臂。其前方和后方都没有设置兵卒，便于冲击力最强的轻车直进直出。

第二部分是轻车阵外侧一个车骑步混编而成的长方形军阵，组成了钩弯的内侧。各兵种协同作战，负责保护本方侧翼和攻击敌阵的侧翼。

第三部分是车骑步混编战阵外侧的骑兵纵队（混编了少量轻车），组成了钩弯的外侧。骑兵居于勾卒阵的最外侧，可以最大限度地发挥机动性，协同战车一起进攻敌阵，或者单独出阵向敌军两翼和后方迂回作战。

第四部分是车骑步混编部队和骑兵纵队之前的弩兵方阵，其位置最为突前，

---

① 《孙膑兵法·十阵》："钩行之阵，前列必方，左右之和必钩。三声既全，五采必具，辨吾号声，知五旗。无前无后，无……"

相当于钩尖。这个方阵是勾卒的前拒，负责迎击正面来敌。按照秦军"强弩在前，铦戈在后"的作战传统，弩兵方阵在开战时会展开队形，与中军阵前排的弩兵一起组成三排横队，对敌军倾泻箭雨。当主将下令投入车骑参战时，弩兵由横队变回方阵，给轻车让出直行通道，骑兵则从弩兵阵后方迂回出击。

战斗打响了。双方以强弩互射，楚军的左拒和右拒随即发起冲锋，秦军前列也派出锐卒迎击……

无论两军的阵容多么严整，接战后都会被打乱打散。将军的职责就是随时观察整个战局，不断调兵遣将来保持我方军阵的完整，并找出敌方军阵的薄弱环节发动决胜一击。不管是数千人厮杀，还是数万人搏命，最终还是会演变成无数个卒百人队之间的厮杀。

尽管战国步兵军阵不再以冲锋陷阵的轻车为核心，但依然在阵中保留了用于指挥的战车，以便各个卒长指挥自己的百人队。喜的祖父和其他军吏一样站在战车上，以革鼓和铜铎指挥自己的部众。在指挥车的周围是剑盾武士、持戟甲士、持矛甲士、弩手组成的短兵卫队。与他血战的楚军百人队也是以百夫长为核心。只要打掉了指挥官就能让全队溃败，所以对面的楚军百夫长也是卫兵环绕。

两军士兵以什伍为单位配合作战，相互掩护，有序出击。战国军队的战斗力强不强，很大程度上取决于卒长、敦长、什长、伍长等基层军吏的军事素养。秦军被列国称为虎狼之师，与基层军吏的强悍战力是分不开的。

喜的祖父记得那天的战况很激烈，自己的百人队杀得人人带血。但军报上只有冷冰冰的斩虏缴获数字，秦国国史更是只留下短短的一句话："（秦昭王）二十七年，错攻楚。赦罪人迁之南阳。"（《史记·秦本纪》）

最终，老将司马错大破楚师，楚国唐郡军和上庸军溃败，整个楚国北部防线濒临崩溃。秦军趁机包围邓城，攻势越来越猛，邓城岌岌可危。

楚顷襄王君臣唯恐失去这个荆襄通道最后的桥头堡，赶紧派使者向秦军求和。楚国以割让事实上已经无力控制的上庸和汉北地为交换条件①，请求秦军放过邓城。

---

① 《史记·楚世家》："（楚顷襄王）十九年，秦伐楚，楚军败，割上庸、汉北地予秦。"

秦昭王君臣借此拿到了先君秦惠文王做梦都想得到的地盘。

于是汉水北岸的楚军残部全数南撤到邓城，以及更南边的楚国陪都鄢县，唐郡不复存在。秦国扩大了宛城以南的防御纵深，控制了整个南阳盆地。魏冉再次赦免大批罪人充实新领土。数年后，秦国在此正式设置南阳郡，以宛县为郡治。此战虽未拔邓，但邓城以北及以西尽为秦土。楚国少了一个边郡，秦国多了相当于一郡的人口、财货。双方的综合实力此消彼长，差距被进一步拉大。这为秦军的后续作战创造了良好的条件。

秦昭王二十七年第一次攻楚战役结束，秦军赢得了五年战争的第一回合。司马错留下部分精兵镇抚上庸与汉北地，其余材士各自回归原籍。喜的祖父可能留在上庸戍守新领土，没有跟司马错回北方。他的命运依然与荆襄通道紧密相连。

按照原先的剧本，秦国只是想给楚国来个下马威，然后驱赵攻齐，自己再全力攻魏。但班师回朝的司马错提出了新的建议——在今年投入重兵再次伐楚。他的进言让秦国的军事战略出现了重大转折。

秦军初战的收获比预想的更大，楚军战斗力比预判的更差。楚国君臣割地求和，已经失去了斗志。既然敌国陷入惊恐状态，不乘胜追击扩大战果，就浪费了绝佳战机。司马错的胜利让秦昭王和穰侯魏冉敏锐地意识到，此时伐楚的利益远超伐魏。于是秦国高层决定不给楚国留下喘息的时间，接下来几年征战以攻楚为核心。

在北方的王屋山与太行山之间，白起即将发动3年以来的最后一次攻赵行动。此战是为了配合魏冉的外交，以武力迫使赵国求和，好腾出手来伐楚。

司马错全权统筹第二次伐楚工作。由于北方郡县的兵马即将随白起攻赵上党，南阳方向的秦军需要休整且楚军已经严加防备，秦国只能从其他未参战的地区抽调精锐。对于年事已高的司马错而言，这可能是他平生最后一次统兵出征。如果错过这次机会，就再也无法亲手完成心中谋划多年的宏伟计划。

时隔三十六年才实现的司马错计划

楚国割让上庸与汉北地后，紧急向边境增兵，把防御重心放在了北面。秦军继续攻打这里的话，势必会遭到最强的抵抗。于是司马错把目光转移到了楚国西部的黔中郡和巫郡，准备从西南打一记右勾拳。他等这天太久太久，还曾经不惜为此跟大名鼎鼎的纵横家张仪在朝堂上吵了一架。

那是秦惠文王更元九年的往事。当时巴蜀两国相互攻击，双双请求秦国出兵帮自己。而韩国为报去年的战败之仇，图谋侵秦。先伐蜀还是先攻韩，秦惠文王举棋不定。

时任秦国相邦的张仪建议先攻韩，年轻的将军司马错则力主先灭蜀。两人互不相让，争执很激烈。但没想到秦惠文王和张仪居然都被司马错说服了。于是将军司马错和相邦张仪、都尉墨等人一起率兵翻过巍巍秦岭。司马错先灭蜀国，随后配合张仪灭了巴国。秦国从此雄踞黄河与长江上游，促成了西北与西南的一体化进程。

但蜀地起初并不安宁，司马错等人多次平定蜀乱，直到秦昭王二十二年，朝廷改蜀国为蜀郡，才让这个天府之国安定下来。蜀郡守张若还派兵攻取了盛产马匹的筰地（今四川雅安和凉山地区），扩大了蜀郡的版图。都江堰还没开始修，但蜀郡俨然成为秦国第二大战略中心。

司马错当初力排众议先灭蜀，正是为了开辟秦国伐楚的第二战场，争取上游国家对下游国家的作战主动权。

张仪曾经恐吓楚怀王："秦西有巴蜀，大船积粟，起於汶山，浮江已下，至楚三千余里。舫船载卒，一舫载五十人与三月之食，下水而浮，一日行三百余里，里数虽多，然而不费牛马之力，不至十日而距扞关。扞关惊，则从境以东尽城守矣，黔中、巫郡非王之有。"

汶山即岷山，发源于汶山的岷江是长江上游的重要支流，长期被古人误当成长江的正源。蜀郡治所成都就在岷江沿岸，这里到楚巴之间的要塞扞关大约有3000里路程。按照张仪的估算，秦军从蜀地乘大船浮江而下可在10天之内抵达扞关。假如在夏季涨水时，行船速度更快，据说可以在5天内抵达位于今湖北荆州市一带的郢城[1]。

---

[1] 《战国策·秦召燕王》："蜀地之甲，轻舟浮于汶，乘夏水而下江，五日而至郢。"

虽然嘴炮是张仪打的，但因蜀伐楚其实是司马错的战略构想。据《华阳国志》载，司马错与中尉田真黄对秦惠文王进谏道："蜀有桀、纣之乱，其国富饶，得其布帛金银，足给军用。水通于楚，有巴之劲卒，浮大舶船以东向楚，楚地可得。得蜀则得楚，楚亡则天下并矣。"

巴蜀秦军的进兵路线比关中秦军下南阳要远得多，但速度反而更快。战国步兵急行军也才日行百里，车骑兼程奔袭能做到日行两百余里，远低于大船顺长江而下日行三百余里的速度。而且水路运粮节省了民夫和牛马的损耗，后勤负担大大减轻。士兵乘船不费体力，能保持更好的战斗状态。所以，秦军在大战中经常借助水路运兵运粮，而黔中战场恰恰最能发挥船运的效力。换言之，同样是调集10万兵马攻楚，从巴蜀方向用兵比从北线用兵的后勤负担更轻，更利于保障军队的持久作战能力。这一点对于经常劳师远袭的秦国非常重要。

由于秦赵两国尚未休战，关中卒随时准备开赴对赵前线，不宜大举南下，所以司马错此番打算以陇西、蜀、巴三地之兵伐楚黔中。

陇西是秦人最重要的根据地之一，此时尚未设郡①。这里多山多林，道险而远，畜牧业发达，人民"修习战备，高上气力，以射猎为先"。秦陇西兵世代与西戎、北狄交战，多有剽悍的轻车士、骑士、赿张引强之士（两种不同类型的弩兵）。这样的老牌劲旅不用来打楚国，简直是暴殄天物。

秦蜀郡兵的根底是当年灭蜀之师。士卒早已换了很多批，但功勋部队的骄傲仍在。司马错几次平定蜀乱，主要依靠这股力量。蜀郡兵有着秦国数一数二的舟师，又有大量善走山路的筰马，为西南战区行军打仗提供了极好的保障。

司马错来到陇西挑兵选将，但没有急于出击。一来白起已经发兵攻赵光狼城，北线战事胜负未分，不宜两线作战；二来黔中地区秋冬季节少雨，利于西北出身的陇西士卒发挥战力。耐心和细心，他从来不缺。这也正是司马错克敌制胜的法宝。

经过一番激战，白起的伐赵之师消灭了二万赵国上党军，并夺取上党重镇光狼城，北线战事告一段落。诸侯皆以为连年征战的秦国会收手，没想到就在这一

---

① 谭其骧和后晓荣等学者认为秦陇西设郡在公元前 279 年，即秦昭王二十八年。

年秋天，蛰伏已久的司马错率数万陇西兵秘密进入成都，先与老战友张若调派的蜀郡兵会师，再乘船顺着岷江进入长江，直奔下游的江州。

江州（即今重庆），曾经是巴国的首都，现为秦巴郡的治所。这里的年平均雾日长达 104 天，故而在后世被称为"中国雾都"。这天又是一个不见太阳的日子，江面上云雾缭绕，浩浩荡荡的船队宛如见首不见尾的苍龙。大部分秦军已经完成集结，只等着巴郡各县征发的甲士赶来江州。

参考《战国政区地理》等资料，当时的秦国蜀郡大约有 13 县，陇西有 17 县，巴郡仅有 4 县，动员潜力各有大小。由此推断，秦军西线兵团主要由陇西兵和蜀郡兵构成，陇西兵主要是战斗兵，蜀郡兵多为后勤辎重部队。巴郡兵的比例最小但至关重要，因为巴郡有诸侯闻之色变的阆中劲卒。

阆中是巴郡北面门户，夏夷杂处，民风好斗。居于渝水左右的板楯蛮更是以劲勇无畏著称。板楯蛮也叫賨人，原为巴国子民，后归秦人统治。秦昭王时曾有白虎祸害西南，板楯蛮猎户勇士射杀白虎有功，昭王不愿给夷人封太高的爵位，于是下令让板楯蛮全族享受"顷田不租，十妻不算，伤人者论，杀人者得以僦钱赎死"的优惠政策。他还与板楯蛮君长刻石盟约："秦犯夷，输黄龙一双；夷犯秦，输清酒一钟。"[1] 这一系列措施让板楯蛮乐于为秦国朝堂赴汤蹈火。

板楯蛮远战以白竹之弩射敌，近战则举楯突击搏杀。这些巴之劲卒以陷阵见长，在秦军和后来的汉军中都做过前锋。司马错正需要这样的勇士担任三军尖刀。

司马错在此战中动用了万艘大舶船，准备了 600 万石米[2]，全军连战卒和厮徒杂役等人共计 10 万。秦汉普通士兵的口粮标准一般为 3 石 3 斗 3 升少（《秦汉交通史新识》第 7 页）。600 万石米最多够十万之师吃 18 个月，整整一年半。若再计入其他消耗，也足以支撑西线兵团打一年的仗。可见秦国已经准备好打硬仗、恶仗。

---

① 《后汉书·南蛮西南夷列传》："板楯蛮夷者，秦昭襄王时有一白虎，常从群虎数游秦、蜀、巴、汉之境，伤害千余人。昭王乃重募国中有能杀虎者，赏邑万家，金百镒。时有巴郡阆中夷人，能白竹之弩，乃登楼射杀白虎。昭王嘉之，而以其夷人，不欲加封，乃刻石盟要，复夷人顷田不租，十妻不算，伤人者论，杀人者得以僦钱赎死。盟曰：'秦犯夷，输黄龙一双；夷犯秦，输清酒一钟。'夷人安之。"
② 据《华阳国志》称，司马错在周赧王七年（即秦武王三年）指挥 10 万巴蜀兵浮江伐楚，动用大舶船万艘，携带 600 万斛米。秦时不用"斛"这个计量单位，一斛恰好是一石。对照《史记·秦本纪》，此事应为秦昭王二十七年秦拔楚黔中之战，被误记到秦武王三年。

楚国朝野还在舔舐战败割地的伤口，浑然不觉三地秦军已在江州顺利会师。司马错在长江北岸誓师。板楯蛮出身的秦军战士跳起了传说中的周武王伐纣之曲——巴渝战舞。刚健凌厉的舞姿让三军士气大振，个个摩拳擦掌、志在必得。

从率军灭蜀至今，司马错为这个作战计划准备了整整36年，从黑发的青年新锐熬成了白头的三朝元老。他出发前大概没有想到，此战前期的进展居然比预想中更顺利，更没想到黔中战事后来一波三折，远比当年秦灭巴蜀要麻烦得多。

从国际形势来看，楚国没有什么可以求助的外援，只能跟秦国单挑。从地理格局来看，秦之巴蜀进攻楚之巫黔有先天优势。

秦之巴蜀位于长江上游，而楚之巫黔位于长江中游。秦军舟师顺流，利进攻不利撤退。楚军舟师逆流，利撤退不利进攻。

楚国巫郡西至临江县，东至三峡出口重镇夷陵（今湖北省宜昌市东），北与秦汉中郡的上庸、房陵一带交界，南临夷水（湖北省的清江）流域。全郡地形狭长，控制着长江上游至中游的要道。除了大巴山脉以南、长江北岸的临江、朐忍、鱼县①三县外，楚国还在巫山修筑了方城重镇。这些城邑都在峡江地区，那里有着丰富且易开采的盐卤资源（当时最重要的战略物资之一），堪称楚国财政的一大支柱。

楚黔中郡在长江南岸，北至夷水流域，西与秦巴郡接壤，东临洞庭湖，南临长沙地区。武陵山脉把黔中分割为两个相对独立的地理板块，乌江下游流域在武陵山西侧，沅江中下游流域在武陵山东侧。

乌江下游主要有枳县和涪陵②两座城。两者原属巴国，后被楚国占领。秦灭巴时，巴国的老对手楚国也趁机西进，主要战果就是这乌江二县和巫西三县（临江、朐忍、鱼县）。

相对于乌江流域，沅江流域才是楚黔中郡真正的腹心地带。《试探洞庭兵输内史及公文传递之路线》称："从迁陵一零阳一索、临沅一益阳，是沟通湘西与湘中两地的一条陆路捷径。"楚黔中有迁陵、酉阳、零阳、索、沅陵、临沅等重要城

---

① 临江在今重庆市忠县，朐忍在今重庆市云阳古城，鱼县在今重庆市奉节县。
② 枳在今重庆市涪陵区，古涪陵则在今重庆市彭水苗族土家族自治县。

池①，其中临沅县是楚黔中郡治所。上述重镇皆是沟通长江上游及中下游的水陆交通要冲。

黔中战场多山多水多林，道路崎岖难行，走水路比陆路便利得多。除了靠近洞庭湖的今湖南省常德市一带，黔中地区很难进行大兵团会战。

除了地形复杂外，黔中的另一大特点是蛮夷众多。楚国对西南诸夷只保持着春秋时的松散联盟关系，远不如秦巴郡对板楯蛮的控制力那么强。楚人实际上只能控制乌江与沅江中下游的沿江带状平原，包括濮人、杨人、臾人在内的西南诸夷和越人部族占据了武陵山脉腹地及各条河流的上游。

楚黔中军和巫郡军的成分比楚国内地兵马更加复杂。这两郡本是巴楚拉锯之地，故而当地楚军中有不少巴人士兵。春秋楚国曾经号令南方群蛮之师东征西讨。据此推测，黔中楚军应该还招募了一些翻山越岭如履平地的西南夷武士。

司马错久镇巴蜀，熟悉西南边情，知道大兵团在巫黔山地展不开，小兵群交锋将成为主要作战形式。他之所以要投入十万之师，是为了确保有足够的人力来分兵扼守巫黔的所有山水险道。他打算集中数万锐卒前行掠地，每拔一城就继续前进，保持局部以多打少的优势。后续大部队则不断分兵维持治安，广设障塞邮亭，尽快巩固新地盘。

巫黔战场可以划分为4个相对独立的地理区域：

1. 黔中郡之乌江二县（枳、涪陵），大致范围包括今重庆市涪陵区、武隆区、彭水苗族土家族自治县等地区。

2. 黔中郡之沅江诸县（迁陵、酉阳、零阳、索、沅陵、临沅等），大致范围包括今湖南省张家界市和常德市等地区。其中，张家界市一带即著名的湘西山区。靠近洞庭湖的常德市一带地势较为平坦，是楚黔中郡的核心地区。

3. 巫郡之西部三县（临江、朐忍、鱼县），大致范围是今重庆市忠县至奉节县。

4. 巫郡之巫山地区，大致范围包括今重庆市巫山县到湖北秭归县，是巫郡的

---

① 迁陵在今湖南省龙山县里耶古城遗址，酉阳在今湖南省湘西的魏家寨古城，零阳在今湖南省慈利县，沅陵在今湖南省沅陵县，索县在今湖南省常德市鼎城区，临沅在今湖南省常德市，益阳在今湖南省益阳市东（本为楚洞庭郡下辖县，后属秦长沙郡）。

核心地区，修筑有巫山方城要塞。

其中，楚国的巫西三县和乌江二县紧挨着秦巴郡，沅江诸县跟乌江二县隔着分水岭。楚黔中军被武陵山分为两部，山路通信效率低，更多靠巫郡水路来维持联系。但巫郡水路的三峡段多险滩，江水流速急，雨季多洪水，大船队不易平安通过。而巫山和武陵山之间的夷水流域（今湖北恩施土家族苗族自治州地区）又是西南夷盘踞之地。也就是说，巫郡和黔中郡被重重山水阻隔，两地的楚军很难及时相互增援。

经过反复权衡后，司马错决定先平江南的黔中郡，再打江北的巫郡。

先集中精兵强将以迅雷不及掩耳之势拿下离江州最近的乌江二县，再从武陵山间道秘密行至沅江上游，再顺着水路逐个攻略沿江各县。然后分出部分兵力留守黔中，主力再由枳乘船攻打江北的巫西三县，最后讨伐地势险要的巫山方城。这场战役关键在于秦军首战能否攻克连通黔中和巫郡的水陆交通枢纽——枳城。

枳城坐落于乌江和长江汇流处。涪陵在其乌江航道的上游，江州在其长江航道的上游，临江在其长江航道的下游。枳如同丁字路口的交汇点，离这三个县都有一段距离。这一带山道曲折迂回，陆上交通不如船运便利。由江州乘船攻枳很方便，由涪陵乘船顺流救枳也很快捷，但由临江逆流驰援枳很慢。可是，涪陵的人力、物力、财力远不能跟秦巴郡治所江州相提并论。秦军以十万之师牛刀杀鸡速战速决，落单的枳城自然难以招架。

令人感慨的是，枳曾经做过巴国首都，还有历代巴王的陵寝，而秦军前锋巴郡劲卒和枳城守军的主要成分都是巴人。当初巴国灭亡后，江北的巴人大多成了秦民，江南的巴人则转为楚民。随着时间流逝，两批巴人分别被纳入秦楚两军的战术体系，唯有同源同俗带来的劲勇血气如出一辙。长江两岸的巴国后裔注定要夹在双雄争霸的第一线，弘扬敢战之风，饱尝兵灾之苦。

楚国在上半年被司马错从南阳方向偷袭，把防御重心放在北面的汉水流

▲ 咸阳塔儿坡战国秦墓骑马武士俑

域。谁也没料到这位灭蜀名将会在下半年再度发难，还改从长江流域动手。楚黔中郡长①还不知道，枳城正在被虎狼秦师猛攻。

那一天，秦军舟师突然从上游出现，大小船只布满了江面。枳城楚军惊慌失措，立即派兵阻止秦军登上滩头。秦军以阆中劲卒打头阵，在白竹之弩和大楯的掩护下，数千板楯蛮锐士结阵冲锋，与摆好阵势的楚军接刃。他们以楯撞击敌兵，冲乱其队形，再用手中的短戈、长剑、长矛将其格杀。

即使在昔日的巴师里，阆中劲卒也是最勇锐善战的一部。融合秦军战法后，阆中劲卒的武力值更上一层楼。他们灵活的身法仿佛激流，凌厉的攻势如同山火，枳城楚兵未能挡住这群不要命的陷阵之士，败退回城。

秦军大部队趁机登陆，把枳城围了个水泄不通……攻克枳城后，司马错立即派兵衔枚疾进，打了涪陵楚军一个措手不及。至此，楚黔中郡的武陵山脉西侧部分全部沦陷。由于山路交通闭塞，武陵山脉东侧的沅江诸县未能及时获取秦兵来袭的情报，更大的灾难即将降临在楚黔中军的头上。

秦军兵分几路穿行于武陵山的各条间道。蜀郡兵带了大量筰马来驮运全军物资，尽量节省士兵的体力。这段山路处处险要，行走不易。秦军在前后都部署了精兵警戒，并派出多支轻骑斥候侦察，以防敌军伏击。好在楚黔中军无备，西南夷也不敢招惹虎狼之师，行军过程还算顺利。

黔中道路弯曲，城邑分布较散。根据里耶秦简的地名里程木牍记载："鄢到销百八十四里，销到江陵二百卅里，江陵到孱陵百一十里，孱陵到索二百九十五里，索到临沅六十里，临沅到迁陵九百一十里……"光是从迁陵到索县这一段路就有970里，按照每日百里急行军也要跑10天。当地交通更多依赖船运，顺流行船时快，逆流运输较慢。

与中原城池相比，大部分黔中城邑规格较小。据《秦代政区地理》的统计数据，迁陵县遗址为长方形，残存面积2万平方米；零阳城遗址面积10万平方米；索县故城为长方形，折算下来大约24万平方米。黔中各县驻军规模因此受到限制。

---

① 楚国郡长官叫郡长，地位跟秦国的郡守相当。

楚黔中军万万没想到敌军会翻越武陵山，悄然出现在沅江上游。秦军每战先以轻骑迅速抢占关梁津渡，切断城中楚军撤退报信之路。紧接着，巴郡劲卒和陇西甲士在众将的指挥下发动轮番进攻，人人皆推锋争死，楚兵莫能与之相抗。秦军每拔一城就分兵留守，大部队则乘坐缴获的楚官船开赴下一个目标。留守各城的军吏又派出多支屯队（50人）清剿逃散各乡的楚军败兵。就这样，楚黔中军各部被逐个击溃，黔中诸城相继陷落，沿途的关塞、渡口、亭障都有秦兵把守。除了楚人未设据点的夷水流域外，黔中郡几乎全部被秦国占据。

据《史记·秦本纪》载，黔中之战于秦昭王二十七年结束。参考秦国多在秋九月或冬十月发兵的惯例，此战大约前后历时3个月。司马错留下数万陇蜀兵坐镇黔中，率领主力大军转战江北，先后拿下巫西三县，秦军直抵地势险要的巫山方城，黔中之战至此结束。司马错的因蜀伐楚之计大获成功。

秦国打赢了五年战争的第二回合，占领了长江南岸大片土地（时人称"江南地"），并完成了对楚国首都圈南面的包围。假如再拿下巫郡，秦军就能直扑郢都西郊。连续的胜利让秦国高层开始思考从北、南、西三路围攻郢都的宏伟目标。如今，司马错已经在北南两路都取得重大进展，就差西路还没打开缺口。秦昭王君臣因连续大捷而豪气万丈，甚至开始考虑一举灭楚的可能性。

按照常理来看，楚国一年两败，早就伤重到无力还手。秦国高层做出了最乐观的判断，甚至连准备攻打巫郡的司马错可能也是这么想的。然而，黔中秦军严重低估了楚国做困兽斗的决心。胜利之神并不会永远垂青哪一方，只会惩罚失误更多的一方。

楚王重用争议名将，黔中战局变数突生

东晋文学家陶渊明在《桃花源记》里虚构了一个没有纷争、怡然自乐的世外桃源。然而，按照他的设定，这个梦幻般的理想世界位于武陵——恰恰就是秦楚两军杀得天昏地暗的黔中战场。

在春秋战国时期，因诸侯纷争而逃入山林湖泽的人不计其数，剽悍者聚集为各国官府通缉的"盗"，避世者在人迹罕至的秘境过着封闭而贫苦的生活。秦师来

袭，楚民降的降，逃的逃。黔中之地多山多林多溪多洞，那些逃避战祸的民众在崇山峻岭中幸运地找到别有洞天的秘境也不足为奇。

避世的难民惊惶失措，楚国庙堂也对第二场败仗极度恐慌。郢都失去了重要的西南屏障，若非有长江阻隔，秦军的战旗很快就能出现在郢都人的视野中。好在巫山方城的楚军利用易守难攻的地势死守，司马错大军一时进攻受阻。若是让秦军在黔中彻底站稳脚跟的话，不仅能进攻东面的洞庭郡，还可以迂回到扞关背后，兵锋直指长江北岸的郢都……无论哪种情况，都是楚国朝野无法接受的。楚顷襄王君臣决定不惜一切代价收复黔中。

楚国一面加强巫郡的防御，一面从国内调集重兵西进。令群臣震惊的是，楚顷襄王任命的西征军主帅竟然是曾经把楚国搞得四分五裂的争议人物——庄蹻。

尽管楚国是传统军事强国，但在战国时能被称为名将的人不多。除了战国末期至秦汉之交的项燕、项梁、项羽三代名将外，最有威名与实绩的就是庄蹻。据《史记》称，庄蹻是楚庄王之苗裔，颇有军事才能。战国思想家荀子把齐国的田单、楚国的庄蹻、秦国的卫鞅、燕国的缪蚔并称为"世俗所谓善用兵者"。这个评价来自庄蹻的两大关键词，一是"庄蹻暴郢"；二是"庄蹻入滇"。在这两个事件中，他扮演的角色反差极大。

庄蹻暴郢事件发生在楚怀王二十八年，学者们对此事解释不一。当时楚国输了垂沙之战，被齐韩魏联盟破军杀将，又遭到秦国痛击，郢都动荡不安。第一种说法是郢都民众对朝廷怨气很大，愤而拥戴庄蹻为首领，起兵反抗楚怀王政权，引发了国内混战。第二种说法是，庄蹻本为楚国将军，由于某些原因起兵叛楚。第三种说法是，将军庄蹻奉楚怀王之命追究楚军诸将及官兵的战败责任，因手段太狠烈而激起了国人反弹。庄蹻残酷镇压了众多战败者家属，故而被称为"庄蹻暴郢"事件。无论是哪种说法，最终结果都是楚国因此陷入了四分五裂的困境。直到楚顷襄王上台后，这个社会创伤才逐渐愈合。

相对于众说纷纭的庄蹻暴郢事件，庄蹻入滇一事倒是没太多争议。这个事件里的庄蹻是为楚国开疆辟土的功臣。具体情况我们后面很快会提到。

耐人寻味的是，庄蹻并没有被排挤出楚国高层，而是继续担任将军。由这点来看，他应该不是叛将，否则楚顷襄王也不会对他委以重任。

将军庄蹻临危受命，担任收复黔中之战的总指挥。他肩上的担子异常沉重。秦军号称虎狼之师，楚军多年逢秦不胜。司马错是威震诸侯的名将，多谋善断，用兵老辣，楚国众将无人敢与之争锋。否则跟庄蹻有深仇大恨的各大世族也不会赞同楚王的决定。

为了赌赢这场决定国运的战争，楚顷襄王君臣痛下血本。号称"楚之良"的中军王卒（楚国王族子弟兵）、郢都周边各县征发的材士、南楚的洞庭郡兵和苍梧郡兵、巫郡和黔中郡的残余兵马，源源不断地向黔中战场集结。除了镇守淮北、江东的东地兵外，楚国最勇敢的战士大多聚集于庄蹻麾下。假如楚军再次战败的话，秦师就会乘胜渡江围郢，朝野将再无信心抗秦。

庄蹻没有必胜的把握，但楚人退无可退，他决意死战报国。即使无法收复黔中，也要让秦人付出沉重的代价。

眼下秦军正在猛攻巫山方城。楚军该先西行驰援巫郡击退司马错，还是先南渡长江收复黔中地，是个大问题。如果没选对主要进攻方向，优势兵力就无法充分发挥作用，照样会被敌军击败。庄蹻是个作风狠烈的暴脾气，却又有着冷静的头脑和敏锐的战场嗅觉。他反复分析局势，判断楚军仍有一线胜机。

若以兵圣孙武的"七计"来预测胜负，庄蹻这仗的胜算本来不大。

孙子七计	对比结果	胜方
主孰有道	秦国政治比楚国清明高效，楚顷襄王不如秦昭王雄才大略	秦
将孰有能	司马错南平巴蜀、东破魏楚，此等战绩，庄蹻自叹不如	秦
天地孰得	黔中原本楚地，楚人占了天时地利，秦人尚未站稳脚跟	楚
法令孰行	秦律细密严明，秦吏办公极重时效。楚国在这两方面皆不如秦	秦
兵众孰强	秦军在西线仅有10万巴、蜀、陇西兵，楚国则投入举国之兵大半，兵力有绝对优势	楚
士卒孰练	诸侯皆唤秦军为"虎狼之师"，秦之锐士，群雄莫当。楚军多年来被列国之师击败，难称强兵	秦
赏罚孰明	秦政信赏必罚，唯才是举，人人皆可凭战绩争取军功爵。楚则有贵族多头政治传统，吏民难有上升空间，布衣士子往往投奔外邦，尤其是秦国	秦

孙武七计，秦得五分，楚才得二分，劣势明显。然而，庄蹻相信，只要能利用好熟悉地形和兵力众多两个优势，依然有望与强敌一决胜负。因为他意识到秦军还有3个不利因素，可能动摇整个战局。

　　第一，秦军连续作战，已十分疲劳，锐气衰退，暮气已生，后续攻势必定会减弱。而楚国援兵都是新集结的生力军，拯救国难，士气正盛。此消彼长，可以一搏。

　　第二，10万秦师已经分散在长江两岸，协同不如楚国援军便利。秦军主力大多集中在长江北岸攻打楚巫郡，留在江南地的秦军只有散布各城邑的数万兵马，数量远远少于四面八方赶来的楚国援兵。

　　第三，秦军增援黔中诸城要翻越武陵山，楚军走的路则平坦宽阔得多。秦军顺流奇袭顺畅，但逆流撤退很难。楚军从下游平原开始反攻，正好利于发挥大兵团的数量优势。

　　出于这三个考虑，庄蹻采取了避实击虚的策略，不与司马错的秦军主力在巫郡死磕，而是集中优势兵力先打江南的黔中地。尽管如此，他的西进计划依然称得上是一次输不起的战略冒险。

　　此战的关键在于"突袭"与"速决"四字。即以优势兵力迅速击破江南秦军，夺取沿江的渡口要津，阻止司马错的主力部队再次渡江南下。如果能做到这点，两军就会转入重兵隔江对峙的局面。对于楚国来说，丢掉部分领土不要紧，只要能维持巫郡—峡江—黔中防线就是了不起的胜利了。万一久攻不下，楚师将丧失怒气，被恐惧、烦躁和疲惫扰乱斗志。届时司马错再南下反击，庄蹻只能铩羽而归。

　　整个作战计划的核心是一举切断江南数万秦兵的退路，再由各路楚军合力将其歼灭。于是庄蹻把楚军分为南北两路。南路军是由洞庭兵、苍梧兵组成的南楚之师以及黔中楚军残部。他们的任务是从下游进击黔中诸城，务求把更多秦军吸引到武陵山东面。北路军则是楚军中最精锐的中军王族子弟兵。其任务是伺机循江而上，奇袭夺回枳城。如果枳城落入楚军手中，两岸的秦军就会失去联系，江南的数万秦军将陷入孤立无援的窘境。

　　庄蹻惊喜地发现，秦军未能有效控制西南夷盘踞的夷水通道。

　　夷水通道是当年巴蜀两国伐楚的重要路线。《史记·楚世家》称："（楚）肃王四年，蜀伐楚，取兹方。于是楚为捍关以距之。"兹方在今湖北松滋市，对岸就是郢都。捍关即扞关，位于兹方之东、今湖北长阳一带。扞关是扼守夷水通道的要塞，一旦失陷，敌军只要北渡长江就能席卷江汉平原。夷水通道东端是楚国要塞扞关，西端恰恰连着枳城。若能由此秘密行军，楚军就能打枳城秦军一个措手不及。

方略已定，能否获胜，全看执行。庄蹻在战前祭祀祷告誓师，全军将士皆为哀兵，尤其是从黔中战场九死一生突出重围的残兵，人人甘于赴火蹈刃。

就在司马错拔黔中的次年春天，南路楚军大举出动，以黔中籍楚兵为先导，分多路攻打沅江流域的秦军。当年秦楚丹阳之战也发生在春季。这个季节的长江流域气候温暖，还没进入令大军头痛的多雨时节，正是南方战场最适合用兵的时间段之一。

楚军多年不胜秦，但对其他诸侯不乏胜绩，仍是一支颇有特点的军队。《商君书·弱民》篇称："楚国之民，齐疾而均，速若飘风；宛钜铁釶，利若蜂虿；胁蛟犀兕，坚若金石。"宛钜即宛地长矛，已经被秦国兵工作坊控制。但楚国制造的铁剑锋利，秦昭王直到多年后依然颇为忌惮。[1] 由此可知，楚师行军速度非常快，机动能力较强，也不缺少坚甲利兵。而且，楚军非常熟悉山林水网密布的南方战场，跋山涉水如履平地。这点对于收复黔中之战至关重要。

论战斗力，南楚之师逊于秦陇蜀兵。但庄蹻亲自督战，楚军将士皆抱着"背后就是郢都"的危机感浴血厮杀，攻势仿佛汹涌的云梦泽波涛。黔中秦军不敢怠慢，从各城邑的留守部队中不断调派人手增援前线。但以武陵山地的交通效率，这个过程花的时间比我们想象的更长。

枳与涪陵因抽调援兵而变得相对空虚，在不知不觉中生出隐患。庄蹻根据各方传来的情报判断战机已经成熟，留下南楚之师继续攻城，自己秘密赶赴扞关，亲自指挥养精蓄锐多日的北路军从夷水通道奔袭枳城。

由于史料失载，我们已经无法确知庄蹻究竟是派使者说服夷人归顺楚国，还是对夷人部族实施了迅雷不及掩耳的斩首行动。总之，庄蹻大军顺利通过夷水通道，出其不意地出现在枳城，让素来轻视楚兵的守城秦军也变得手忙脚乱。

---

[1] 《史记·范雎蔡泽列传》："昭王曰：'吾闻楚之铁剑利而倡优拙。夫铁剑利则士勇，倡优拙则思虑远。夫以远思虑而御勇士，吾恐楚之图秦也。夫物不素具，不可以应卒，今武安君既死，而郑安平等畔，内无良将而外多敌国，吾是以忧。'"

秦军守城战术主要来自墨家中的秦墨学派。《墨子·备城门》及以下诸篇都是秦墨的作品，反映的是战国后期的城池攻防战术。

枳城秦军发现楚师来袭后，中军紧急击鼓3次告警。守城秦将立即把所有官吏、军中卒长、贵戚、富人的家眷集中在官府，派亲信卫兵紧密保护。他还发出戒严令，城上道路和里中巷街都禁止通行，违者斩。城中女子随军队行动，参与守城的男子走左边，女子走右边，不准并排走。每个人都要到自己的岗位各司其职，不从令者斩。[1]

由于沿途分兵较多，留守枳城的秦军应该只有数千，必须征发本地居民来充实守备力量。庄蹻大军人多势众，依照秦墨守城术，城中的男女老少都要参与防御。《墨子·备城门》曰："五十步丈夫十人、丁女二十人、老小十人，计之五十步四十人。城下楼卒，率一步一人，二十步二十人。城小大以此率之，乃足以守围。"

墨家守城术把城墙上和城下分为不同防区。城下每一步设置一名士兵。城墙上则每50步（折合今69.3米）设40人防守，成年男子一个什队，成年女子两个什队，老人和少儿合编为一个什队。男子什队中，6人持弩，4人持戟戈剑盾等其他兵器。女子、老人和少儿则每人各持一根长矛。（《墨子·号令》）

战国战争不乏"杀人盈城"的惨烈景象，但在史书上许多攻城战不写斩首数。这应该与战国军功多以"甲首"论有关。

"甲首"即甲士的首级。甲士最初只是有军官身份的战车兵，随着步兵取代战车兵成为军队主力后，"甲士""带甲"逐渐成为士兵的泛称。墨家守城术的城墙卫队是由丁男、丁女、老少组成的，丁男只占四分之一。尽管男女老少都拿起武器参与战斗，但真正算"甲首"的恐怕只有丁男。假如每50步的40人全部战死，斩首数恐怕也只记为10个。战争的破坏力与残酷性，永远比纸面数字更加骇人听闻。

墨家学说创始人墨翟认为，要守好一座城需要14个条件：

1. 城墙高而厚；

---

[1]《墨子·号令》："卒有惊事，中军疾击鼓者三，城上道路、里中巷街，皆无得行，行者斩。女子到大军，令行者男子行左，女子行右，无并行，皆就其守，不从令者斩。"

2. 城外的护城河深而宽；

3. 修好用来瞭望敌情的高楼，准备精良的防守器械；

4. 粮食和柴草足以支持 3 个月以上；

5. 守城官兵是经过选练的锐卒；

6. 官吏和民众关系和睦；

7. 城内有许多为国家立功勋的大臣；

8. 国君讲信义；

9. 万民生活富足安乐；

10. 百姓父母的坟墓在城中；

11. 当地有丰富的山林草泽资源来发展民生；

12. 城邑周围的地形易守难攻；

13. 守城军民对敌人有深仇大恨，而为君主立过大功；

14. 奖赏明确而有信用，惩罚严酷得让人畏惧。（《墨子·备城门》）

秦墨的守城术本身十分完善。但是，我们不难察觉，作为征服者的秦军并不具备其中大部分条件。最致命的问题是枳城民心未服，枳人对初来乍到的秦人非常敌视。

枳城的秦兵多为城下卒，少数部署在城头上。被征发入军的当地男女老少则大多负责城头防御。枳人大多是巴人后裔，但做了多年楚民，早已认同楚国。此前是慑于名将司马错和阆中劲卒的威势才无奈投降。如今被迫守城，内心并不顺服。庄蹻的奇袭让秦军感到慌乱，枳人则窃喜。人心不齐，再高明的守城术都无法落到实处。

庄蹻指挥楚师急攻枳城，气势锐不可当。秦兵拼命抵抗，企图坚持到主力回援。当战斗趋于白热化时，守城的枳人突然反水，导致秦军的防线破绽百出。楚国最能攻善守的中军王卒迅速抓住机会打开突破口，前赴后继地登上城头。城中的秦兵被打得全军覆没。

楚军夺回枳城，江南秦军腹背受敌，被困于黔中地。除非司马错带领主力复拔枳城，否则无法打通与江南秦军的联系。

奇袭的胜利令庄蹻豪气万丈。他立即加强了津渡关梁的布防，奖赏了有功将士，并征发忠勇的枳人补充战损。在确认枳城的水陆防线足以阻击江北秦军南下后，庄蹻又率兵从背后夹击困守黔中诸城的秦军。失去了后援的秦兵宛如疯狂的困兽，给楚兵造成不小的伤亡。但掌握主动权的楚军发挥数量优势，以车轮战耗尽了被围秦兵最后一点儿力气……

经过多日激战，留守黔中的数万秦兵全军覆没。江北秦军对巫山方城的攻击也早就停止。10万秦军中的战斗部队锐减近半，陇西兵和蜀郡兵的阵亡名单是那么的长，让日夜连轴转的郡县官府不得不制作更多竹简木牍来书写紧急公文。

庄蹻在指挥各路大军围歼江南顽敌时始终悬着一颗心。他要求枳城守将每天报告司马错的动向，担心这位老将会集结巴蜀精锐南下救援。倘若真是如此，庄蹻就不得不放弃乌江流域的地盘，只求保住武陵山以东的胜利果实。毕竟，枳离巴郡治所江州太近了，巫西三县又落入秦人之手。楚军在武陵山西侧的江南地只有这一个临江据点，秦国则可以从上、下游不断调兵夹击枳，就像楚国增援黔中诸城那样便利。枳城失则涪陵不保，楚军很难在武陵山西侧跟秦军拼消耗。届时双方将以武陵山为分界，形成谁也难以再前进一步的漫长僵局。

不料，江北秦军动作比庄蹻想象的更加迟缓，直到江南秦军被灭都没有组织起像样的攻势。庄蹻心里很纳闷，但也松了一口气。

时间已至春夏之交，巫黔的暴雨如期而至。汛期的长江水猛涨，很快淹没沿岸大片土地，船只不得通行。秦军就算想南下也得等到雨季结束了。接下来半年时间，巫黔之地不适合打仗。眼下秦军控制长江北岸，楚军收复长江南岸，双方隔江对峙，形成战略相持之势。楚军就这样赢得了五年战争的第三回合。

庄蹻收复黔中之战没被记载在《史记·楚世家》和《史记·六国年表》中。历史学家杨宽等学者考证，此战发生在秦拔黔中后不久。

自从商鞅南侵楚以来的几十年，楚国从未在大战中单独战胜秦军。楚军过去与秦交锋的表现简直惨不忍睹。所以，庄蹻收复黔中之战完全称得上是战国时期一个伟大的军事壮举。

平心而论，当初司马错能很快拿下黔中地，在很大程度上是因为进攻的突然性。他在秦昭王二十七年春第一次攻楚是在南阳方向。楚国割让上庸及汉北地后，赶紧把防御重心放在北线，忽视了对西线的戒备。故而司马错改从巴蜀攻楚时，巫郡和黔中楚军完全猝不及防。楚国丢失黔中是因为误判秦军下一步的进攻方向。而秦国被庄蹻反攻则是由于麻痹轻敌，低估了楚军拼死搏命的可能性。这两场战役有着相同的教训，值得后人深思。

庄蹻转兵远征西南夷，白起力排众议冒险抢攻

楚顷襄王看完黔中捷报后大喜过望。多年逢秦不胜的糟糕战绩让桀骜奔放的楚人倍感压抑。曾经令楚国分裂的"罪将"庄蹻，居然打了如此辉煌的胜仗，朝野对其评价大为改观。楚顷襄王对自己的知人善任颇为得意，重新燃起了对外扩张的野心和信心。

就在后方欢庆胜利时，身居前线的庄蹻却丝毫不敢放松：秦国是诸侯眼中的王霸之国；秦军是威震天下的虎狼之师；当今秦王的好战指数为战国所有雄主之最；秦民闻战则喜且极耐苦战；更有司马错和白起两大名将多年来攻魏掠韩侵赵伐楚，攻必克，战必取。

战斗结束后，各路楚军重新向枳城集结，在长江南岸各据点严加防范。庄蹻认为，秦人必不肯善罢甘休，定会调集更多精兵良将复仇雪耻。若是司马错亲率巴蜀锐师前来，将会是一番苦战。他此时还不知道，秦军西线兵团再次攻楚要到两年后了。而秦军下一波攻势不在黔中战场。

当庄蹻挥师反攻时，秦军罕见地败退，也没有迅速组织有效的反击，真是大失水准。后来庄蹻部楚军远离黔中战场，秦军还是没有乘虚而入。以司马错的用兵才能，以秦国君臣强烈的好胜心，断不至于连后一个战机都坐视不理。秦军西线兵团虽遭重创，但以巴、蜀、陇西三地的战争潜力，完全可以补充损失，卷土重来。这种不寻常的沉寂是秦楚五年战争的一个疑点。

种种迹象表明，这一路秦军遭遇了重大变故，导致整个作战计划无法继续执行。最大的可能性就是指挥系统出了问题。

司马错自从拔楚黔中之后便从史书上彻底销声匿迹。秦楚双方的记录都找不着关于他的痕迹。秦军西线兵团再战楚军时，是由司马错的老战友蜀郡守张若指挥的。此时司马错应该已经去世，否则秦昭王肯定还是会让他领兵。

黔中战场山高水急，春夏气候湿热，易发疫病。东汉名将伏波将军马援在讨伐黔中的武陵蛮时就病故于军中，当时他已是年过花甲。司马错在秦惠文王更元九年以将军职务灭蜀，至秦昭王二十七年时，至少做了36年将军，因蜀伐楚时已是年迈老者。由此推断，司马错在黔中大捷后不久就病故于军中。秦军众将秘不发丧，但不料楚军大举来袭。秦军各部群龙无首，未能有效组织防御，导致长江两岸兵马脱节，被庄蹻抓住机会夺回黔中。

不管历史真相如何，秦军西线兵团确实转入战略防御阶段，在接下来几年都没有大动作。楚军重兵集结于枳城，让巴郡秦军高度警惕。但庄蹻收复黔中后并无北伐之意。说到底，这场胜利并没改变秦强楚弱的基本格局。秦巴蜀军虽受挫，但布防严密，楚军强行出击会令自己伤亡惨重，让形势再度逆转。不如见好就收，休兵讲和。

尽管两军将士都窝在江旁军营看大水，但秦楚两国的情报战线并未停止活动。庄蹻从间谍那里知悉了秦军内情，心中窃喜。他判断巴蜀秦军就算在雨季结束后也不会南下，正好可以腾出手来解决楚国的另一个顽敌——西南夷。

庄蹻收复黔中后没有渡江北上，反而率领精兵南下，向不属于楚国疆域的沅江上游进军。他突然放弃与秦军对峙的原因，应该是西南夷趁着秦楚对峙时从背后插刀，骚扰沅江中下游流域。他相信秦人在一两年内无力南侵，楚军可以挟战胜之威一举平定困扰楚黔中郡多年的西南夷边患。

庄蹻向楚王申请更多的兵马、粮草、武器装备以及船只。他的上书在楚国高层引发热议。楚国因庄蹻暴郢事件一度濒临解体，虽然楚顷襄王君臣努力把楚国各部重新归拢，但派系林立的问题并未根除。

春秋时期的楚国世袭贵族势力极强，五霸之一的楚庄王跟执政的若敖氏家族撕破脸，好不容易才击败了叛军。到了战国时期，兵家亚圣吴起离魏入楚，楚悼王支持他变法强国。吴起"明法审令，捐不急之官，废公族疏远者，以抚养战斗之士"（《史记·孙子吴起列传》），让楚军面貌焕然一新，诸侯患楚之强。然则楚悼王去世后，参加葬礼的吴起被楚国世族私兵杀害。吴起临死前伏在楚悼王的尸体上，导致悼王也中了箭。新即位的楚肃王以侮辱王尸之罪处死了70余家参与行刺的贵族。吴起变法半途终止，楚国王权大大加强，但世族依然根深蒂固。于是楚肃王跟各大世族达成了新的平衡格局。

世族集团依然长期轮流把持朝政，各家族都在军中有山头。

比如，楚威王时的10万汉中郡军最初以昭氏家族的宛公昭鼠为主将，指挥该兵团跟秦军在丹阳大战的却是屈氏家族的屈匄。秦韩宜阳之战中北上观望的楚将是景氏家族的景翠，在新城郡被秦将庶长奂杀死的楚将景缺也是景氏出身。

执掌楚军各部的昭氏、景氏、屈氏，往往借战胜之功扩大家族权势，在其他家族将领战败时落井下石，并且排挤非大世族出身的将军。白起因此批评楚国内政是"群臣相妒以功，谄谀用事，良臣斥疏，百姓心离"。在这种政治环境下，庄蹻自然不受待见。若非无人敢与秦国宿将司马错对战，他很难再有出头机会。

论朝野根基，被公认为楚国罪臣的庄蹻虽是贵族，但完全没法跟三大世族相提并论。收复黔中的不朽战功，也只是让他重新得到朝野认可。但论统兵制胜之才，楚国众将都远远逊于庄蹻。各大世族抗秦不利，才让"罪将"庄蹻脱颖而出。

楚国朝局原先的平衡被打破了，群臣对庄蹻的战功嫉妒不已，不想让他继续得势。但经过几番争论和扯皮后，世族出身的大臣们突然意识到，这是一个让庄蹻吃瘪的好机会。

在楚国各郡中，黔中郡边情复杂，时叛时降的西南诸夷困扰着历任黔中郡长。楚人聚居地集中分布在沿江的带状平原，夷人盘踞在上游的深山老林，时不时出来掠劫。他们跋山涉水如履平地，又熟悉武陵山深处的地形和小路，楚兵很难彻底将其消灭。如同野草般春风吹又生的夷兵，始终是楚黔中军的心腹大患。

如今庄蹻主动提出要荡平西南夷，群臣都暗自发笑。众人都认为他是打了个胜仗就狂妄自大了，居然去主动招惹难缠的夷人。正好，让令人生厌的庄蹻和西南夷打个两败俱伤，庄氏家族就不会崛起了。对三大世族来说，这是个借刀杀人的好机会。

各大世族有小算盘，楚顷襄王也有自己的考虑。他想借庄蹻之手扩张王权，挽回自己从即位以来持续降低的威望。

楚国之所以形成贵族共治格局，是因

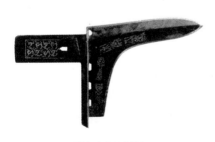
▲ 吴宣室戈（战国）

为世袭贵族掌握了大量堪称"国中之国"的封地，王室只有相对优势。从中央到郡县，楚王和贵族都在分权制衡。秦国变法后凭借发达的乡官系统直接"制土分民"，故而能保持强有力的中央集权。而楚国王权想要扩张，就得通过不断地外战来增加王室直属地盘，在首都圈和边疆都形成对各世族封邑的力量优势。庄𫐉的开疆拓土计划正对楚顷襄王的胃口。

庄𫐉对楚王的想法心知肚明。暴郢事件让他跟各大世族交恶，除了跟重新起用自己的楚顷襄王合作，也没有别的出路。无论出于知遇之恩，还是为自身和庄氏家族考虑，他必须打好这一仗。

经过反复协调后，楚国高层终于达成共识，支持讨伐西南夷的作战计划。楚顷襄王增派了不少中军王卒随军出征，对这场战事寄予厚望。庄𫐉慨然领命，率领一支精锐云集的远征军乘舟循沅江而上，开启了漫漫征途。这一走就是两年多。

楚国世族大臣们万万没料到，难缠的西南夷完全不是庄𫐉的对手。史书没记载庄𫐉究竟使用了什么高明的战术和计谋，但可以肯定的是，这位善用兵的楚国悍将熟悉山地丛林战法，知道怎么对付夷兵的伏击，也能保持对败敌的连续追击。

诸夷军队被打得毫无还手之力。远征军转战千里，先灭且兰，再破夜郎①，深入山高林密、道路崎岖的云贵高原。后方的楚黔中郡不断接收到来自且兰和夜郎的财富及战俘。庄𫐉一路征服西南诸夷，最终在今云南省发现了数千里的肥饶滇地。这又是另一个故事了。

假如远征西南没发生在错误的时间，庄𫐉对楚国的贡献不亚于司马错灭巴蜀之功。正如老子说的"福兮祸之所伏"，楚军的两场辉煌胜利中埋有巨大的隐患。

庄𫐉和楚顷襄王误以为秦国被黔中拉锯战和对赵战事搞得左支右绌，把宝贵的主力部队投入了西南夷方向，而且出兵的时间太长了。他们最大的失误，就是没有意识到自己下足血本的黔中战场并非真正的命运咽喉。

秦楚交锋历来以江汉流域（包括商於、汉中、南阳一带）的北线战场为主要

---

① 《后汉书·西南夷传》称："楚顷襄王时，遣将庄𫐉从沅水伐夜郎，军至且兰，椓船于岸而步战……"庄𫐉第一次入滇在《史记》《汉书》《华阳国志》中都有记载。据王海平先生的《庄𫐉入滇探略》一文，时间点非常微妙——发生在楚顷襄王二十二年，即秦昭王三十年。

方向，以巴蜀黔中的西线战场为次要方向。本次伐楚战争也不例外，决定性的战役是秦军从北线南下攻打楚国腹地。但事前谁也没料到，在这场规模空前的举国决战中，次要方向的支线剧情居然比主线剧情更漫长。

黔中地的得而复失，给过分乐观的秦国朝野泼了一桶冷水。秦赵仍在北方重兵对峙，还没开始和谈；秦楚在黔中已经进入了战略相持状态：两线作战对秦国很不利。如果不尽早打掉楚军日益高涨的士气，庄蹻可能在秋高马肥之时北伐巴蜀。这将给秦楚决战带来很多难料的变数。秦昭王君臣一开始不知道楚将庄蹻即将远征西南夷，还沉浸在对战败的反思中。痛定思痛，楚国即使疲弱也依然是个大国，秦国必须拿出全力来对付楚国，否则不能克竟全功。

于是秦昭王主动向赵惠文王提议在渑池举行会盟，让两国休战和好。赵国君臣最畏惧的白起出现在渑池会盟的秦国代表团名单上[1]，没有继续留在光狼城前线，这是秦国不打算继续攻赵的重要信号。

自从参与合纵破齐以来，赵国一直把主力部队投放到东线战场。假如此时与秦国全面开战，就会错失瓜分齐地的良机，太不划算了。顺着秦国给的台阶重新修好，也是赵惠文王梦寐以求的转机。尽管他非常害怕变成第二个楚怀王，却也不得不在廉颇和蔺相如的进谏下鼓起勇气赴渑池。

双方在渑池会上冲突不断。秦昭王本想以势压人，却被蔺相如机智化解，屡失颜面。不过，两国最终顺利达成协议，获得了4年的和平时间。赵国攻齐不再有后顾之忧，秦国也能专心对付楚国——各取所需，仍是双赢。

大良造白起应该在会盟时目睹了蔺相如三番两次挫败秦昭王的经过，但他并没有做出什么值得史书记录的举动。也许，他彼时满脑子都在思考对楚战事。在得知庄蹻收复黔中的消息后，白起又惊又怒。他下决心给楚国来一记前所未有的重击。这个仗该怎样打呢？

楚国最怕秦国三路并进——以巴蜀兵攻西路，以汉中兵攻中路，以关中卒和宛穰之师攻东路——但现在的秦国根本没法完成这个宏伟计划。黔中被庄蹻收复，

---

[1] 据《世说新语笺疏·言语篇》记载，赵国平原君说："渑池之会，臣察武安君小头而面锐，瞳子白黑分明，视瞻不转。"武安君指白起。可见他和平原君都曾出席秦赵渑池会。

巫郡难突破，巴蜀之师受到重创，伐赵之师急需休整，宛穰之师又是楚军重点戒备对象。况且，司马错已经退出历史舞台，缺少一人的铁三角无法再重复双拳齐出的老套路。此外，连年征战让秦国的财政压力居高不下，恐怕暂时凑不齐 10 万大军所需的粮草和装备。别说三路伐楚了，就算是两路伐楚，财力物力都捉襟见肘。强行发起全国总动员，必然会让全体军民不堪重负。秦昭王君臣只能退而求其次，以一路兵马出击。

通过分析相关情报和黔中地图，白起敏锐地意识到黔中拉锯战根本无法从正面打开突破口。

秦军未能突破楚巫郡军的峡江防线，而翻越武陵山控制沅江流域各县极其困难。楚国江汉首都圈和洞庭郡都离黔中郡核心地区不远，能够源源不断地提供援助。单凭巴蜀两郡的物力财力，很难在黔中战场跟楚国首都圈拼消耗打持久战。从富饶的关中往巴蜀转输物资，需要穿行于秦岭，运输消耗巨大。巫黔之地处于雨季，不利出师。况且，就算再沿着司马错的老路动手，也只能控制乌江二县而已。位于武陵山西侧的乌江二县对楚国来说也是很难救援的，所以楚国会放弃这里，退守到迁陵一线。秦楚两军的相持战线也不过是从滔滔长江变为武陵山地，大军还是难以展开，无法充分发挥秦军大兵团作战的威力。强攻巫山方城也是个笨办法。且不说这座要塞易守难攻，楚国首都圈支援巫郡连长江都不用过，比支援黔中郡还方便。楚巫郡军在庄蹻收复失地后士气大振，秦军则因战败而丧失锐气。强行攻坚的结果只能是秦巴蜀军久攻不下，最终被迫撤军，还要当心楚军尾随追击。

白起判断，此战只能另辟蹊径。想要攻克黔中和巫郡，必须从东西两面夹击，使其落入腹背受敌、孤立无援的困境。也就是说，不平江汉则无以定巫黔。而平定江汉，意味着秦国要杀入楚国腹地。换言之，秦军的主攻方向和作战目标必须做出根本性调整。

尽管楚国收复黔中，重创了秦国西线兵团，但自身伤亡更大，战略上依然处于劣势。白起只要等到明年各支部队休整补充完毕，就可以重新启动两路甚至三路伐楚的大手笔。但这会给楚国喘息的时间，说不定会有人游说诸侯合纵援楚抗秦。更重要的是，眼下有个可遇不可求的绝佳战机，错过了实在可惜。

在战国战争史上，秦军斥兵深入敌营侦察或放出流言的情况并不罕见，当然也有被敌将反过来利用的情况，比如赵国名将赵奢后来就用错误的情报误导秦国间谍。以秦国间谍的工作效率，白起不难掌握楚国的最新动向。当白起到达南阳前线时，得知了庄蹻率楚师远征西南夷的最新情报。在他看来，楚国犯了一个致命的错误。

秦楚两国都有动员数十万大军的能力，但两国的兵力分布很不对称。秦国疆域的主要特点是南北跨度大，边疆恰好从北面和西面对楚国形成了半包围态势，国内兵力的部署较为集中。楚国版图的主要特点是东西幅员广，东楚地区与秦国八竿子打不着，各地驻军相对分散。自从秦得巴、蜀、汉中三个地理单元后，这个基本格局一直没变过。由此导致的恶果是，楚很难集中全部力量抗秦，而秦可以轻松地对楚发动多线进攻。

如今，楚国十余万东地兵在淮北、江东警戒灭齐的燕军南下，巫黔之师跟巴蜀秦师相互牵制，庄蹻又带走了大量包括中军王卒在内的精兵良将远征西南。郢都虽还有众多材士可征发，可是楚王禁卫军的兵力减少，郢都守备部队的总体战斗力有所下降。郢都以北的鄢、邓等地的驻军不少，但楚国政出多门，江汉各城邑的守将往往出身于不同的世族，彼此矛盾较多，形同一盘散沙。

纵观整个战局，楚国目前能投入大战的兵力仅有鄢邓之师和郢都之师，其他部队难以及时支援。秦国只需要击破鄢邓之师，就能将楚国开膛破肚，趁着各路楚军赶不及勤王的空当来个黑虎掏心。假如等到秦国各路大军都休整补充完毕再发动进攻，庄蹻远征军说不定已经从西南回到郢都。即便白起能顺利击溃鄢邓楚军，庄蹻所率楚军精锐也会在郢都周围拼死抵抗。这就变成了硬碰硬的正面强攻，显然不符合兵家避实击虚、批亢捣虚的作战原则。因此，白起决定以少数轻装精兵提前发起抢攻，打一个攻其不备。他力排众议，说服秦昭王和相邦魏冉同意自己的计策。

灵光一闪容易，落到实处困难。秦国眼下正处于低谷期，能够投入的力量远不如去年那么多。肥肉在前，没有好牙口也是吃不动的。此战的要害在于怎样以有限的兵力大量消灭鄢邓楚军的有生力量。本次行动风险极大，稍有不慎就满盘皆输。这是一场豪赌，随时可能让白起失去"百战百胜"的威名，沦为天下兵家的笑柄。

兵神的豪赌：数万锐师置之死地而后生

这一年的夏五月①，喜的祖父接到了新的作战命令，他和所有驻守上庸的军吏立刻集合部众，火速赶往汉中郡郧阳县的郧关。到达指定地点后，喜的祖父发现，不光是上庸戍卒，汉中郡其他各城兵马以及全郡最精锐的郡邦尉军都来到了郧关。

汉中郡的郡守、郡尉、郡轻车（掌管一郡战车兵）、郡发弩（掌管一郡弩兵）、郡司空（掌管一郡工程）、郡司马（郡尉下属的部队指挥官）、郡骑司马（掌管一郡骑兵）、郡候（郡尉下属的武官）等重要官吏，悉数到场。他们齐刷刷向一位身材魁梧、小头而面锐的武将行礼。喜的祖父在誓师时才知道，那人就是大良造白起，秦军士卒心目中的威烈兵神……

秦大良造白起秘密来到汉中郡，在郡守和郡尉的协助下，集结了数万锐师和大量公船。他打算依靠这数万汉中郡兵沿着汉水突袭楚国。

汉中郡直到秦惠文王后元十三年（公元前313年）才设置，疆域相当于今陕西汉中市、陕西安康市与湖北十堰市的总和。其中，今陕西安康市到湖北十堰市一带本为楚汉中郡地盘，于秦惠文王后元十三年时被秦国吞并。但秦国早在春秋时就跟蜀国争夺今汉中市地区。南郑（在今汉中市，非今南郑市）是此地的核心重镇，后成为秦汉中郡的治所。

论秦国西南三郡（巴、蜀、汉中）之兵，要数汉中甲士历史最悠久。以南郑兵为骨干的汉中兵，在秦军中有特殊地位。

南郑夹在终南山和米仓山之间，跟关中、蜀中、江汉相通，但路途遥远。南郑秦军要戒备蜀、巴、楚三国，遭袭时必须坚持较长的时间才能等到关中援兵。在这种作战环境中锤炼出来的南郑甲士敢打硬仗、恶仗、逆风仗。后来汉王刘邦也是靠着汉中兵平定三秦，再以故秦国之力再次席卷诸侯，建立大汉帝国。

从春秋到战国，南郑几度易手，秦国最终在此牢牢扎根。秦胜丹阳之战，破楚汉中军，夺汉中六百里地，战胜之师与原先南郑等城的守军被整编成秦汉中郡

---

① 司马错去年第一次伐楚应在春季，第二次伐楚在秋季，历时三四个月。而庄蹻收黔中到远征西南夷，至少经历了整个春季。白起在渑池会后南下前线时，已经进入夏季了。虽然史书没有记载具体月日，但我们从某些信息可以间接推断白起此次攻楚大致发生在夏秋之际。他可选的出兵时间主要是秋九月和夏五月。结合秦军引水灌城和掠食于野两个信息，秦军应该是在夏五月农忙结束后发动战争的。

兵。司马错伐蜀时，汉中是进入蜀道的跳板，南郑甲士在灭蜀吞巴的战斗中多有军功。在南方江汉战场，擅长山地战和水战的汉中兵比关中卒更能大显身手。

按照三路伐楚之计，汉中之甲本就是一支预定的力量。司马错两次伐楚都没动用汉中兵，正好为白起留下了数万宝贵的精锐生力军。

白起把自己从关中带来的4000人大将卫队（分为左校和右校，人马皆精锐）与参战的汉中兵重新编组为左中右三军。在誓师大会结束后，数万锐师快速有序地分批登船，开出郧关顺汉水而下。他们带了足够的兵器装备，却只准备了几天的军食。白起以最严格的消息管制隐藏了汉中秦军的动向，以至于下游的楚军万万没想到，血光之灾会从天而降。

自从上庸与汉北地被秦国占领后，邓城俨然成为楚国北方边境最前沿的军事基地。楚国向邓城增派了不少兵力，随时警惕秦兵再度南下。

按照白起的指挥风格，他应该会采取正面牵制与迂回袭击相结合的打法。在五月农忙时，秦国征发迁居南阳的特赦罪人成军，时不时骚扰邓城郊野。楚国邓县公不敢怠慢，把多数守城士卒抽调到城北戒备。但他认为重视农业的秦人不会在农忙时节兴师动众，这只是小股秦军在虚张声势地干扰楚民抢收抢种。

谁知双方农忙刚结束，汉中秦军舟师突然大举开出郧关。由于上庸及汉北地被秦国控制，楚国的边防亭障离郧关太远，仅限于邓地，故楚军未能及时警戒。

郧关到邓的距离，跟邓到郢都的距离相差不大。但汉中舟师顺流船快，一路畅通无阻。沿途各县秦兵也陆续加入南征兵团。白起部秦军水陆并进，急行军两三日就全部抵达邓地。离船上岸的前锋部队立即列阵进攻邓城外围的楚军。

战国时的邓城位于汉水北岸，尚无后来南宋的襄阳城那种复杂的水陆城防体系。楚军舟师和守桥部队猝不及防，被数量和武力值都占优的秦军前锋击溃，余部败退城中。秦军顺利地切断了邓城与汉水南岸的联系。

被包围的邓城楚军匆忙组织抵抗，但得知为首秦将是白起时，恐惧情绪在邓城官吏、贵族、士兵中迅速蔓延开来，战心顿时泄了一半。以南郑甲士为骨干的汉中郡兵动作快、攻势猛，邓城楚军难以招架，没过多久就败了。

楚军战俘发现来袭的秦军士卒用的竟是宛地出产的长矛。《荀子·议兵》曰："宛钜铁矛，惨如蜂虿。"宛城工匠制造的铁矛天下闻名，曾经是宛郡楚军南征北战的利器。可如今，邓城楚军用的还是旧宛矛，秦军却装备了新造的宛矛。怎能让人不唏嘘？没办法，谁让宛城在 12 年前被秦大良造白起打下来了呢！

秦军攻克邓城后，整个江汉平原洞门大开，汉水中游城邑都免不了卷入战祸。

邓城往南数十里是邔邑（今湖北襄阳市欧庙镇附近），继续向南就是楚国陪都鄢城。鄢邓之间仅仅相去百里左右，步兵急行军一天就能杀到城下。鄢城往南不足百里处是鄀县，鄀在吴军破郢时做过楚国临时首都[①]。据《左传》记载，鄀曾经在鲁文公五年（公元前 622 年）春"叛楚即秦，又贰于楚"，那年夏天秦人一度入鄀，但最终楚人夺回了这座重镇。鄀县再往南大约百里就是郢都北面最后的天然关隘——甘鱼之口（大致在今湖北荆门市一带）。郢都在甘鱼之口往南 200 多里。

从邓到郢的陆上交通线全长超过了 500 里，水路交通线被弯曲的河道拉长许多[②]。江汉平原的楚国城邑主要分布在鄢邓地区，再往南城塞之间的距离较远，容易被敌军援兵打穿插，分割包围。这里不像多山多水的黔中战场，方圆数百里都平坦开阔，利于双方展开大兵团交锋，特别是便于楚军最畏惧的秦军车骑突驰。

鄢邓楚军数量虽多，但军事素养难敌汉中甲士。如果楚国上下团结一心，江汉各城完全可以相助如左右手，节节阻击秦军南下，迫使后援不利的秦军无功而返。然而，白起看到的是楚国"百姓心离，城池不修，既无畏臣，又无守备"，简直处处都是破绽。

其实，在楚国割让上庸和汉北地之前，邓、邔、鄢、鄀等地已经很久没经历战事了。邓城因先前战败加固了城池，但其他各县依然没认真整顿防务，楚国政局混乱可见一斑。鄢邓之师的战斗经验也不如经常跟西南夷武士交手的巫黔楚军丰富。而楚式郡县制的先天不足，更是为白起部秦军横扫江汉创造了绝佳条件。

楚制县公身份尊贵但并未掌握全部的地方大权，司法权和财政权分别被司败、司马等吏员掌握。就连中央朝廷也是由专门的司法、财政机构与地方的司败、司

---

① 《战国政区地理》认为鄀县在今湖北省宜城市东南，另一说在今湖北省钟祥市西北。本文从前者说法。《史记·楚世家》言："（楚昭王）十二年，吴复伐楚，取番。楚恐，去郢，北徙都鄀。"可见鄀县在春秋时一度当过楚国首都。

② 出土的秦代文献《北大水陆里程简》称：凡江陵到西陵九百九十八（秦）里。江陵在郢都以南，西陵即邓，折算下来也有将近 830 里的水路路程。

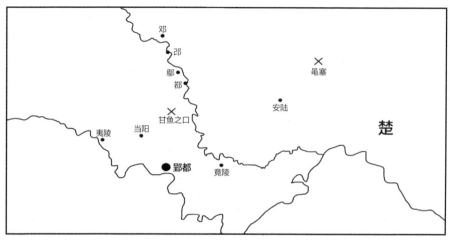

▲ 楚国腹地形势

马对接。楚国贵族政治传统根深蒂固，从中央到地方都是政出多门。① 兼任郡长的大县县公主要依靠本县守军，对其他县的兵马调动不如秦制便捷。各城守将来自不同的世族，彼此之间的凝聚力很差，跟"以军中为家，以将帅为父母"的秦军官兵不可同日而语。楚国只有在结成征伐军时才能形成统一指挥权，实现最高动员效率。收复黔中和远征西南夷都属于这种情况。但在抵挡敌袭时，政出多门的楚郡县很容易沦为一盘散沙，被敌军各个击破。白起敢于在后勤准备不足的情况下发动抢攻，正是看穿了这点。

在首战告捷后，白起迅速以缴获物资补充军需，加强装备，全军稍作休整，就继续乘船顺着汉水直奔邔邑。数万锐师全部靠岸登陆，列好战阵准备进攻。将士们南望楚之邔城，摩拳擦掌，志在必得。突然，秦军身后火光冲天，船只相继被烈焰吞没。众人大惊，白起却严令各军不得擅自灭火。

这不是秦将第一次烧自家的船。秦穆公三十六年（公元前 624 年），在崤之战中被打成光杆司令的孟明视、西乞术、白乙丙（一说是白起之祖）再度伐晋，渡

---

① 详见游逸飞先生的《"郡县同构"与"令出多门"——包山简所见战国楚国郡县制》。

河焚船，大败晋人。白起此回"发梁焚舟"正是在效仿前辈秦将。他精通战场心理学，不得不这么做。

为了以最快的速度抢攻，白起只让士兵们带几天干粮就急忙出发。汉中兵打下邓城才得到新的补给，但旋即又开拔南下。白起很清楚，数万锐师的兵力太少，兵贵神速，只有保持以快打慢的节奏，才能赶在各部楚军组织有效反击前将其击破。周密的后勤准备耗时太长，但缺少辎重又很难让军队获得持续战斗力。唯一的出路就是因粮于敌。

《孙子兵法·作战篇》："故智将务食于敌，食敌一钟，当吾二十钟；芑秆一石，当吾二十石。"白起用的就是兵圣孙武的因粮于敌之计。每拔一城就夺敌物资稍做补充，然后继续轻装奔袭下一座城。[①] 如是循环，直到平定鄢邓之地为止。

白起其实一直假大胆真小心，惊世骇俗的冒险行动均以精确计算为基础。他深知准备不足的军队只能一鼓作气打下硬仗，一旦受挫就会变得斗志不坚。汉中兵必须最大限度地利用楚国上下不团结的破绽，才能彻底击溃鄢邓楚师。如果留有退路，士兵们会生出打不赢就走的念头，不会全力以赴地执行统帅的作战意图。

为此，白起派自己直辖的中卒烧船拆桥，把秦军撤回南阳和汉中的退路统统切断。他晓谕三军将士，此番深入楚境，敌众我寡，胜负难料，诸君若是不能连战连捷，破敌师，拔敌城，夺敌粮草，必定全军覆没。秦军吏兵心知退无可退，人人宣誓要在战斗中一往无前、死不旋踵。喜的祖父也是宣誓人之一，他晚年跟子孙讲起这段往事时，总是不禁流露出一股少年狂。

邔邑城池不坚，秦锐士舍生忘死，战斗结果毫无悬念。秦军打扫战场，吃饱睡足，紧接着向本次作战的最大目标鄢城进军。

白起对鄢城并不陌生。秦楚两国曾经于秦昭王二十四年会盟于鄢城。白起应该参与了那次会盟，顺便观察了沿途的山川地势、城防军备和风土人情，对怎样攻打鄢邓之地已经有了腹案。

---

①《吕氏春秋·孟夏纪·四月纪》曰："是月也，驱兽无害五谷。无大田猎。农乃升麦。天子乃以彘尝麦，先荐寝庙。"《吕氏春秋·仲夏纪·五月纪》曰："是月也，……农乃登黍。"战国人在孟夏四月收麦，仲夏五月收黍。而江汉楚人兼种稻、稷、麦、麻、豆等农作物。白起选择此时出击，原因之一就是能在敌国郊野的仓储抢到新粮。

他冒险奇袭，以寡击众，需要最大限度地迷惑敌军，务求使其不敢轻举妄动，被各个击破。古人以旌旗和金鼓指挥作战，斥候清点敌军数量主要是看旗帜有多少，将帅则通过听金鼓声的密集度来判断敌军主攻方向。战国兵书《六韬》里有个计谋，通过多设旌旗，益其金鼓，忽而在前，忽而在后，让敌军误以为我军人多势众。

汉中郡轻车和郡骑司马奉命出击，率领一部车骑在鄢城周围方圆数十里的范围来回运动。秦军步兵也增加旌旗金鼓，四处设置疑兵。通过示形造势，数万秦军硬是搞出了堪比10万大军的气势，把附近的楚军吓得够呛，谁也不敢轻举妄动。就这样，鄢城被秦军团团包围。

由于与外界失去联系，鄢县公完全不知秦军虚实，也不明白为何会有大批秦军突然出现在楚国腹地。保险起见，他先命令全军退守城内，只派出斥候打探敌情。

鄢城外围的亭障据点与交通要道都被秦军切断。附近唯一可以提供支援的郡县楚军，也不敢出城应战。正如白起所料，楚人自战其地、各顾其家，并未因保家卫国的大义而同仇敌忾。各部楚军只顾保存自家实力，都不肯离开本乡作战。大家都坐等对方与秦军死磕，自己见机行事。

如此一来，楚国陪都鄢城彻底被孤立了。此时此刻，鄢城的将吏军民人心惶惶。大家都是根据"军不五不攻，城不十不围"的军事常识考虑问题。楚军在极度恐惧中把敌情想象得无比夸张，导致士气如同漏刻里的水一般不断流失。

魏国兵法家尉缭子认为，消极防御是最笨的守城办法。若将帅把精兵利器全部集中在城头，尽取城外仓库地窖里的粮食财货，拆毁民房让百姓迁入城内，把城外的一切都丢给敌人，会让客场作战的敌军嚣张百倍，让主场作战的守军士气萎靡、战力下降。当敌军攻城时，守军的伤亡会变得更大。[1]

战国兵家眼中的最佳对策是：控制好城邑周围的亭障关隘，联络远方其他城邑的友军挑选精兵迅速突击敌军后方，部队寻机出城越境迎敌。两军约定在本月的晦日里应外合，借助没有月亮的夜色掩护，奋勇夹击敌军。就算敌兵众多，破

---

①《尉缭子·守权》："凡守者，进不郭围，退不亭障，以御战非善者也。豪杰雄俊，坚甲利兵，劲弩强矢，尽在郭中，乃收窖廪，毁折而入保，令客气十百倍，而主之气不半焉。敌攻者，伤之甚也，然而世将弗能知。"

军庑将也是有胜算的。^①可惜楚军完全被秦军制造的假象吓破了胆，上至众将，下至吏卒，莫有斗志，打不出那些高难度的战术配合。

举目四望，秦军的旌旗漫山遍野，城下排着"强弩在前，铍戈在后"的严整战阵。再加上斥候回报周围方圆百余里处处有秦兵活动。鄢城楚军误以为虎狼秦国已经全面突破汉水防线，20万雄师大举压境。谁也不敢出城反击，眼睁睁地看着白起把包围圈扎得越来越密不透风，完全把主动权拱手让人。他们根本没意识到，自己的兵力远多于白起部秦军（而且主场作战，征兵潜力巨大），在秦军完成对鄢的全面合围之前还可以拼一下命。当然，就算他们察觉了这一点，也不敢直撄秦军兵锋，因为敌军统帅是多次大破楚师的白起。

如果楚将在秦军围城之前勇敢出击，白起恐怕是求之不得。无论是集中兵力正面对决，还是诈败设伏，秦军都有很大的胜算。楚将们计谋不高，却颇有自知之明，宁可过分保守，不敢玩火托大。他们不确定秦军来了多少，但很清楚劳师远袭者利在速决而不宜久拖，楚将铁了心要坚持避敌锋芒的拖字诀。

应该说，"以拖待变"是务实的计谋，也的确给秦军造成了一定的麻烦。

《六韬·突战》曰："敌人深入长驱，侵掠我地，驱我牛马，其三军大至，薄我城下，吾士卒大恐，人民系累，为敌所庑……如此者，谓之突兵。其牛马必不得食，士卒绝粮，暴击而前……"

无论楚军对战场形势产生什么错觉，秦军的实际情况就是"突兵"深入敌国腹地。白起"引兵深入，多倍城邑"。为求行军神速，他只带了数万锐师轻装前行。为了突破后勤限制，秦军仅依靠掠夺郊野补充消耗。如此秦军便不可能携带太多重型攻城器械，突袭战备失修的小城尚可，打不动像鄢城这样兵多粮足的坚城。

纵观全局，白起掌握了主动权，但战况很复杂，稍不注意就可能由胜转败。周边各城塞的楚军暂时不敢增援，但终究是个不可不防的隐患。楚国的动员潜力在战国七雄里仅次于秦国，可以凑出大量人马跟白起的数万锐士打车轮战，甚至形成反包围的格局。数万秦军缺乏一条能支持自己长期暴师于外的后勤补给线。

---

① 《六韬·突战》："令我远邑别军，选其锐士，疾击其后，审其期日，必会于晦。三军疾战，敌人虽众，其将可庑。"

若是鄢城久攻不克，时间一长，白起部秦军必然饥困。楚国军民的心理将从恐惧转为士气大振，各自为战的格局可能会有所改变，各城守军与郢都援兵将会齐心协力地围攻白起的数万兵马，打秦军一个寡不敌众。反过来说，若是鄢城被迅速攻破，楚军在郢都以北将再无机动兵力可迎战数万秦师。白起部秦军就能在楚国境内彻底站稳脚跟。即便郢都派来再多临时征发的新军，也是无力回天，只能给锐气正盛的秦兵送人头加军功。

毫不夸张地说，本次伐楚之役的胜负取决于鄢城攻防战的结果。能否在短时间内拿下楚国陪都，关系到数万秦军能否活着回家，成败生死在此一举。恰恰在这个环节，白起遭遇了开战以来的最大难题。

《孙子兵法》的启示：以水佐攻者强

按照战国兵家的作战经验，每一丈城墙需要 10 个人来防守，工匠与伙夫都不算在内，负责出击的士兵不守城墙，守城墙的士兵也不担任出击任务。千丈之城的规模相当于万家之邑，需要万人来防守。从理论上说，据城而守能以一当十，故而 1 万士兵守城可抵挡敌军 10 万人马。[1]

赵国名将赵奢后来也分析过：以 3 万兵马攻打千丈之城，连一个角都围不住，野战也不够用。所以他主张必须用十几二十万兵力来攻城。[2] 可是，白起的兵力不过数万，又没带多少大型攻城器械，攻城能力大大下降。而考古资料表明，鄢城周长 6420 米、面积 220 万平方米，妥妥的千丈之城。

这就很尴尬了。

如果能引诱楚军出城交锋，秦军可凭借冠绝群雄的野战能力取胜。然而，鄢县公及其部将们铁了心要玩老虎不出洞，无论白起怎么挑战都死活不出来，诱敌

①《尉缭子·守权》："守法，城一丈，十人守之，工食不与焉。出者不守，守者不出。一而当十，十而当百，百而当千，千而当万，故为城郭者，非妄费于民聚土壤也，诚为守也。千丈之城则万人之守，池深而广，城坚而厚，士民备，薪食给，弩坚矢强，矛戟称之，此守法也。"

②《战国策·赵策三·赵惠文王三十年》载："马服（赵奢）曰：'今千丈之城，万家之邑相望也，而索以三万之众，围千丈之城，不存其一角，而野战不足用也，君将以此何之？'"

之计无效。秦军用从邧邑武库缴获的攻城器械正面进攻，但几次都被拼死抵抗的鄢城军民击退。

鄢城楚人不敢与秦人硬碰硬，但他们跟周围城邑的楚人不同，有着陪都人民的骄傲——就算打不过强敌，也绝不向敌军投降。白起跟楚军多次交战，还是头一回遇到这么顽抗的楚人。他意识到自己无法用迫降的方式迅速征服鄢人，只能将其消灭。

秦军兵力不占优，又是深入敌境，因粮于敌不是长久之计，时间不经耗，将士们的情绪开始有些焦躁，这样下去情况不妙。

白起让副将继续指挥围城部队，自己带着众将仔细考察鄢城周边的山水地势。他发现鄢城的地势低洼，城外的蛮河正处于汛期，水量比想象中大。若能设法抬高水位，引蛮河灌鄢城，就可不费一兵一卒击破这股死不投降的楚军。于是白起让副将监视，一部兵马以蛮河为屏障阻截可能出现的楚军援兵，其余各部士兵和被强征来的楚国民夫在鄢城附近挖壕沟……

所有身体健康的秦国男子在傅籍后都做过更卒，每年必有 1 个月服徭役，主要任务是修建城池和沟洫。这使得秦军士兵几乎人人都懂土木作业。随军出征的汉中郡司空[1]的主要职能就是组织徭徒、刑徒和戍卒来修建各种工程。故而白起部秦军能在较短的时间内开展大规模土木作业。

大秦工程队连绵到几十里外，楚兵在城墙上看秦兵挖壕沟挖得热火朝天，还以为秦军是想修工事长期围困鄢城。楚将见白起不来进攻，于是也按兵不动，反正鄢城人多粮足，看谁耗得过谁。就在此时，白起已经来到蛮河岸边的今武安镇一带，沿途百里处处是施工现场。他此时还不知道，后世会以他的封号给此地命名。他只知道，这里是筑坝拦河的最佳选址。鄢城能不能顺利攻克，就看将士们挖沟和筑坝的效率了。

引水攻城的战法既有理论依据，也有战例支持。《孙子兵法·火攻》曰："故

---

① 《商君书·境内》："其攻城围邑也，国司空訾其城之广厚之数。"可见秦军攻城时会带上"国司空"。根据出土秦简及印玺，国司空应写作"邦司空"。秦统一后，秦始皇下令把"郡邦尉"改名为"郡尉"，"邦司马"改为"郡司马"。由此推断，"邦司空"就是郡司空，汉中郡的郡司空应会随白起参战。

以火佐攻者明，以水佐攻者强。水可以绝，不可以夺。"其中的"以水佐攻者强"即水攻战法。春秋晚期，晋国权臣智伯胁迫魏韩两家共同攻打同为晋卿的赵氏。赵襄子退守晋阳，智氏、魏氏、韩氏联军攻城3个月仍不能克。智伯决开汾水灌淹晋阳，围困赵氏整整3年。后来魏韩两家跳反，与赵军里应外合，先水淹智氏军营，再合力诛灭智氏。

水攻战法有两大缺点：一是"可以绝，不可以夺"，可以隔绝和消灭敌军，但战利品也会被淹没泡坏；二是对水源与地势要求很高，并非每个战场都具备条件。故而水攻案例远远少于火攻。

无论从哪个角度看，白起用蛮河灌淹鄢城的方略十分有想象力。

蛮河发源于荆山，两个源头在今湖北南漳县谢家台合流，顺流东下经过今武安镇，然后又在距离鄢城大约50里的位置折向东南，最终汇入汉水。蛮河经过鄢城的西边和南边，但离城池最近的地方也相隔20多里。所以，楚军压根儿就没想过这条河流能用来攻城，对这方圆百里沿河地带的布防也不是特别严密。

这里毕竟是楚国腹地嘛，大家都以为敌军不会打过来。可惜白起一再颠覆楚军诸将的认识，让他们老是措手不及。白起在踏勘鄢城周围环境时，把蛮河沿途地形看了个遍，脑子里已经在酝酿挖渠引水的构想。

根据前代兵家的作战经验，水攻先要筑坝拦河，然后再寻机放出积蓄的洪水。可是蛮河水道并不经过鄢城附近，直接用此法效果不突出。于是白起决定让全军抓紧时间挖一条长渠，把蛮河引过来。从蛮河岸边的今武安镇一带到鄢城大约有百里之遥，这意味着水渠必须修到同样的长度，工程量不小。好在秦国擅长修建大工程，尤其精通水利，服役的戍卒和徭徒多有修城池沟洫的经验，完全不缺施工技术人员。

这条长达百里的水渠西起今湖北南漳县谢家台，蜿蜒向东至今湖北宜城市的李家营后向东南折，经过今鲤鱼湖水库西侧，一直延伸到宜城市郑集镇赤湖村，最终通向汉水。白起没有直接从离鄢城最近的今宜城市雷河镇一带挖渠引水，而是将长渠的起点设在了两条水流汇合的谢家台，又把筑坝拦河的地点选在了谢家台以东的武安镇。

秦军广设疑兵，虚张声势，为施工队争取更多作业时间。驻鄢楚军与此地相隔百里，既不敢出城远袭，也搞不清上游的情况，只是继续被动地等待形势生变。楚王君臣也误以为白起部秦军兵多将广，担心他兵锋一转直逼郢都，不敢派太多兵北上救援。秦军士兵们趁机昼夜赶工，在较短的时间内挖成了百里长渠。上游的部队也在武安镇修好了拦河坝，蓄满了洪水。

一切准备就绪，只待最后的总攻。白起传令各军解除对鄢城的包围，全部撤退到安全地带。楚军起初还以为秦军真要离开了。无论他们是否在城墙上欢呼雀跃，很快就会变得面如土色——

大大大大水来了！

蛮河在上游被河坝拦截成汹涌洪流，倒灌入秦军开辟的长渠中。时值夏汛，水量最大。更糟的是，鄢城的地势相对低洼，溢出长渠的大水铺天盖地涌了过来。这座楚国陪都遭遇了有史以来最大的浩劫……

后世的《元和郡县图志·山南道二》载："长渠，在县东南二十六里，派引蛮水。昔秦使白起攻楚，引西山谷水两道争灌鄢城，一道使沔北入，一道使沔南入，遂拔之。"

这个记载比较轻描淡写，另一则史料充满了令人脊后生冷的记述。

《水经注·卷二十八·沔水中》称："夷水（即蛮河）又东注于沔。昔白起攻楚，引西山长谷水，即是水也。旧堨去城百许里，水从城西灌城东，入注为渊，今熨斗陂是也。水溃城东北角，百姓随水流，死于城东者数十万，城东皆臭，因名其陂为臭池。"

由此可见，白起这次水攻冲垮了鄢城的东北角，还淹死了多达数十万楚国军民，损失人口相当于一个郡。洪水退去后，白起乘胜追击，很快占领了整个荆襄通道（主要是汉水河谷的荆门至襄阳段）。

《史记·秦本纪》："（秦昭王）二十八年，大良造白起攻楚，取鄢、邓，赦罪人迁之。"

《史记·楚世家》："（楚顷襄王）二十年，秦将白起拔我西陵。"

《史记·六国年表》："（楚顷襄王）二十（年），秦拔鄢、西陵。"

《史记·白起王翦列传》："白起攻楚，拔鄢、邓五城。"

综合各方材料来看，白起赢得了五年战争的第四回合，攻取了5座城池。在这5座城中，鄢、邓被明文记载下来了，另外三城里应该包含邔、都。楚国史料中提到的那个"西陵"，其实就是邓城的另一个名字①。《史记》中没有任何一处关于白起水攻鄢城的记录（仅后世的《水经注》提起），也没有提秦军斩首记录。但可以肯定的是，数万秦兵基本歼灭了十几万甚至更多的楚兵（含未征发的材士）。若非如此，楚国首都圈也不会在后来的战争中毫无还手之力。

总之，白起这次的战果颇为辉煌，在某种程度上超过了司马错两次伐楚。

除了东地兵与庄蹻远征军两支远水救不了近火的精锐外，鄢都周边的楚军主力兵团已被白起消灭。秦国完全控制了荆襄通道，鄢都以北再也无险可守。尽管三面包围鄢都的宏伟战略仍不能实现，但白起部秦军可以长驱直入，抵达鄢都北郊。

经过前述四次会战后，秦楚对决已呈一边倒态势，而且后者再无机会重演光复黔中之战的奇迹了。

因为楚国不仅在两年中丧师数十万，丢掉了差不多一个大郡的地盘，还失去了南阳盆地南部的产粮区（新野等地）、江汉平原鄢邓段的产粮区等重要财政收入来源。由于财力、物力、人力大幅度缩水，庙堂束手无策，民心四分五裂。自从得知五城沦陷的噩耗后，楚顷襄王君臣惶惶不可终日。大家纷纷想起了代代流传的关于吴军破鄢的恐怖记忆。

历史有时候充满了反转和讽刺。当年吴王阖闾的军队以少胜多，五战五捷，攻入鄢都烧杀抢掠。楚大夫申包胥向邻国求援，求援对象恰恰是秦国。

楚昭王十一年（即公元前505年，秦哀公三十二年）的夏六月，秦哀公被申包胥说动，派子蒲、子虎两位将军率领500乘战车南下救楚，协助楚大夫子西、子期击败吴师，并在秋七月诛灭了投靠吴国的唐国。秋九月，吴师击败楚师，但

---

① 关于西陵的位置有3种说法。《史记正义》引《括地志》云："西陵故城在黄州黄山西二里。"即今湖北新州县西，《秦代政区地理》从此说。一说西陵在西陵峡出口。辛德勇先生等历史学家认为：邓县的治所在西陵附近，所以史书中出现两者相互代替的情况。本文采信辛德勇先生的观点。因为，如果西陵在湖北新州县西，白起要先经过竟陵，渡汉水与溠水，再过夏浦，才能抵达此地；如果在西陵峡，白起要越过当阳，渡过漳水与沮水，经过夷陵，才能拔城。无论哪条路线，从鄢城出发都要长途奔袭几百里。如此一来，白起此战的活动范围差不多上千里了。"因粮于敌"的后勤补给方式不大可能支持秦军跋山涉水地横行楚国腹地。

秦师又败吴师，流落在外的楚昭王得以重返郢都。[①]谁知226年后的夏天，秦军再次从荆襄通道南下，拔了楚国的鄢、邓五城，大破楚师。

本次奇袭的战果已经远远超出秦国高层的预期。白起拔鄢、邓五城相当于一次性完成了此前攻赵三年的战绩总和。楚国不仅锐师覆没，丢失几座要塞和陪都，而且郢都北面的门户大开。

然则，秦大良造白起下令全军停止进攻，全部转入休整状态，同时赦免罪人充实新地盘。出乎各国意料的是，秦军的休整一直持续到第二年，给了楚国充分的喘气时间。白起为什么要这样做呢？

就实而论，假如不是引水工程顺利的话，秦军很难啃下鄢城，最多也只能利用楚军不敢出城追击的心理，修桥渡河从原路退回汉水北岸。更糟的情况是各顾其家的周边楚军突然胆肥了，跟鄢城楚军一起反扑。真要这样的话，白起再猛也是吃不了兜着走。

超额完成作战目标固然令朝野士气高涨，但前线指挥官和士兵们已经很疲惫了，无法再接再厉。最根本的问题是，白起发动的第三轮攻势已经达到秦国的极限。秦国在战略上取得了空前的胜利，但战利品还不足以补充巨大的后勤消耗，以往的战备积蓄恐怕也所剩无几，无力继续发动新的攻势。这是白起决定全军转入长期休整的根本原因。

尽管史料中没有准确的统计数字，我们仍然可以通过间接对比的办法来估算这两年的战事给秦国带来多大的负担。

按照战国秦汉的传统，十万之师一年的军食是600万石军粮。三国时的曹魏名将邓艾在《济河论》中提道："令淮北屯二万人，淮南三万人，十二分休，常有四万人，且田且守。水丰常收三倍于西，计除众费，岁完五百万斛以为军资。六七年间，可积三千万斛于淮上，此则十万之众五年食也。"（《三国志·魏书·王毌丘诸葛邓钟传》）三国脱胎于东汉，秦至两汉的计量单位变化不大，3000万斛即3000万石。平均下来，十万之众每年消耗的粮草有600万石。这跟司马错攻楚黔中时

---

① 《左传·定公五年》《史记·楚世家》《史记·秦本纪》《史记·吴太伯世家》都记载了这场战事。

调集 10 万兵、600 万石米的数据正好对应上了。

600 万石米是个什么概念？我们不妨结合秦国农民的劳动生产率、赋税制度、财政制度来感受一下。

《中国历代粮食亩产研究》根据《吕氏春秋·上农》篇的内容推算出战国后期的百亩田年产粮食 300 石。《吕氏春秋》总结的是秦国关中的农耕技术经验，可见关中农户平均每年能以百亩田生产 300 石粮食。除了兴修水利与牛耕的普及等因素外，也跟秦国在商鞅变法后采取 240 步的大亩制有关。

出土秦简显示，秦国不同人群的口粮标准存在差异。[①] 秦史专家张金光先生据此整理出秦国农家各类人的口粮标准：成年农民男子月均口粮为 2.33 石强，成年女子月均口粮为 1.83 石强，未成年的男半劳动力月均口粮 1.83 石强，女半劳动力的月均口粮为 1.58 石强，老弱婴幼的月均口粮为 1 石。他把相关数据代入了 8 种不同人员结构的五口之家模型，然后汇总平均，计算出秦国每个人的月均口粮为 1.7 石弱。（张金光《战国秦社会经济形态新探》，第 444—445 页）

在此基础上计算，秦国关中五口之家扣除 30 石的什一之税和 102 石的全年口粮后，还有余粮 168 石。假如所有家庭成员都按照成年男子每月 2 石的口粮标准计算，扣除全年 120 石的口粮和 30 石租税，也还剩余粮 150 石（这是个理想值，实际值恐怕要低得多）。

若以每户年均 150 石余粮来说，黔中之战征集的 600 万石米，相当于 4 万个关中秦民家庭一年的全部积蓄。

咱们再从郡县财政的角度来考虑。秦国采取的是一种非常精细化的社会治理模式，在兴修水利、整治国土、筑城铺路等方面的财政开支非常多，一个万户县除去上缴国库的赋税与各种建设支出外，剩下的钱粮恐怕也不多。即便地方官府

---

① 睡虎地秦简《仓律》载："隶臣妾其从事公，隶臣月禾二石，隶妾一石半；其不从事，勿禀。小城旦、隶臣作者，月禾一石半石；未能作者，月禾一石。小妾、舂作者，月禾一石二斗半斗；未能作者，月禾一石。婴儿之母（无）母者各半石；虽有母而与其母冗居公者，亦禀之，禾月半石。隶臣田者，以二月月禀二石半石，到九月尽而止其半石。舂，月一石半石。隶臣、城旦高不盈六尺五寸，隶妾、舂高不盈六尺二寸，皆为小；高五尺二寸，皆作。小隶臣妾以八月傅为大隶臣妾，以十月益食。"其中种田的隶臣（男）在每年二月至九月吃 2.5 石粮，十月至次年一月吃 2 石。其他隶臣（成年男子）每月吃 2 石，隶妾（成年女子）每月吃 1.5 石。能劳作的未成年城旦（一种刑徒）、隶臣每月吃 1.5 石，不能劳作的每月 1 石。未成年隶妾每月吃 1.25 石，不能劳作的每月 1 石。婴儿的口粮标准是每月 0.5 石。

通过粮食统购专卖政策大量吸收民间的余粮，也主要是藏入特定的国家仓库，优先保证军粮的供应，不得轻易动用。

此外，秦国每户每年需要缴纳 30 石田租，还有刍（喂牲畜的草）3 石、藁（谷类植物的茎秆）2 石作为公家牛马的草料。若以万户一县来算，县府光是这三项实物收入就有 35 万石，仅田租就 30 万石，这还不包括户赋等其他财政收入。仅仅黔中之战就消耗掉 20 个万户县平均一年的田租收入。

秦昭王二十七年的三场战事中只有黔中之战留有数据。从作战效果来看，司马错第一次伐楚与白起攻赵光狼城应该也是用兵 10 万的大战役。白起拔鄢、邓五城之战只用了数万兵，而且是因粮于敌，消耗应该相对较小。秦军两年四场战争的粮草支出远超 600 万石米。即使有司马错和白起靠掠夺物资来补充损耗，消耗量也是个天文数字。

如果再考虑武器装备的消耗补充，秦伐楚的军费开支更加惊人。秦国一张秦盾造价 384 钱，一副铠甲造价 1344 钱，一副马甲造价 1920 钱。[①] 如果算上成千上万的铠甲盾牌数量，只怕各郡县的财政负担更重。

从秦昭王十二年司马错攻魏襄城开始，直到秦昭王二十八年白起拔鄢、邓五城，整整 16 年来，秦国没有哪一年不动干戈。8 个月农忙积攒的粮食，4 个月农闲发兵就马上用掉大半。户赋与关市税收带来的无数钱币和布帛，同样花费如流水。纵然关中百姓的劳动生产率和家庭余粮率高于六国，社会长期处于高消耗状态，还是难以负担。这两年的战争强度又翻倍，粮仓支出太多，新种的庄稼还没熟，回血速度实在有点儿跟不上。

优先保障军事需要的战时体制，会给支援前线的郡县和民众带来沉重的负担。哪怕前方士兵不缺粮草，将军也不得不考虑战事延长对国内经济生产的拖累。所以，白起在战备不充分的情况下发动抢攻，只能带数万兵，且取食于敌，以水攻战法攻破坚城。一切都是为了以最少的消耗来取得最大的战果。如今目的已达成，战线又拉长了几百里，再不好好休整的话，只怕秦国要脱力，腰肌劳损的吏民和

---

① 数据出自王战阔先生的论文《再论秦简中赏甲盾等级问题》。

铠甲里长虱子的士兵都要骂娘了。

不急于攻郢的决定体现了白起炉火纯青的战争节奏掌控能力。秦国年年发兵却没有因穷兵黩武而崩溃，可见铁三角组合对怎样高效率低损耗地完成战争目标颇有心得。当然，这对他们的对手而言，真不是什么好事。

赦戍兵团重建废城：总攻前的必要准备

秦国在两年内夺取的新地盘——上庸之地、汉北之地、鄢邓五城，相当可观。秦军占领区已经越过了甘鱼口。这些领土加起来差不多抵得上现在的河东郡了（后来河东郡增加了汾水河谷地盘）。打胜仗对于秦国铁三角来说已经是家常便饭，更加复杂的任务是战后治理——这也恰恰是备战的基础工作。

众所周知，战争具有很强的破坏性，只有不战屈人才能避免双方付出伤亡。但这只是一种理想境界，并不适用于所有的作战任务。无论是古希腊古罗马军队，还是战国七雄军队，事实上都有追求大规模杀伤敌人的倾向。特别是白起，为了打破列强均势的格局，追求最大的摧毁效果，务求打得敌国没有还手之力。这一方面使他的歼敌战绩在战国时期空前绝后，另一方面也增加了战后治理的难度。

就拿拔鄢、邓之战来说，白起以水灌城，淹死了数十万楚国军民，让鄢城沦为废墟，周围的田野也被成片冲毁，简直是一场生态灾难。秦军费了很大功夫掩埋尸骨，在跟沼泽没什么两样的泥滩里重新铺路。白起派人修好桥梁，并用缴获的楚国官船运输战利品和伤病士卒。全军暂时先回到破坏不那么严重的邔邑和邓城休整。等后方增援到达后，再带着恢复生产所需的各种物资回到鄢地。

鄢地毕竟是荆襄通道的核心地段，如果没有鄢城做中转基地，秦军攻打郢都的后勤补给线就拉得太长了，运粮车队要多跑儿百里路才能得到休息和补充。为此，白起不得不重建自己亲手毁掉的鄢城，并且必须在较短时间内恢复这里的生机。但这又谈何容易？鄢城的楚国原住民几乎全部在残酷的战争中殉难，只能靠大规模移民来填充空白。于是秦国高层再次赦免罪人，将其迁徙到邓、鄢等新征服地区。

在历史上，秦国有不少移民实边或充实新征服地的案例。

秦孝公六年，商鞅尽迁数以千计的"乱化之民"于边城，两年后发动元里之战，斩首魏军 7000 人，攻占了司马错的老家少梁城。[1]

秦惠文君三年，相邦张仪伐取魏国陕城，把城中居民迁往魏国，由秦人填充此地。

秦惠文君八年，庶长樗里疾伐魏之曲沃，尽出其人，只取其城池和土地。

秦惠文王九年，司马错灭蜀国后，秦国迁徙万户秦民入蜀中平原定居。

秦昭王二十一年，司马错攻魏河内，魏国割让旧都安邑。秦国将安邑城中的魏人迁出，并"募徙河东赐爵，赦罪人迁之"，用赐爵招募移民和赦免罪人两种手段来让秦民充实此地。

这几次移民实边的具体手段各异，但目标都是巩固边疆要点，为后续的进攻战做铺垫。

就在秦楚大战爆发的前一年，穰侯魏冉恢复相位，赦免罪人充实自己的封邑穰地，为司马错伐楚打好后勤基础。司马错第一次出击迫使楚国割让上庸及汉北地，之后立刻赦免罪人迁往南阳地区，为第二年白起由汉水上游伐楚埋下伏笔。而白起拔鄢、邓后，又采取了这个成熟的战后治理经验。

这三批被赦免的罪人在秦国法律上的真正身份是戍卒，准确地说是充军的"赦戍之卒"。

战国七雄的连年纷争造成了大量人口伤亡，各诸侯国都面临用兵紧张的问题。各国不断完善普遍征兵制，设法扩大兵源，以确保有足够的军队完成日益繁重的军事任务。在秦国兵役制度中，除了最常规的屯戍和更戍之外，还有冗戍（募兵）、罚戍、废戍（吏员被罚废除职务戍边）、吏以卒戍（吏员因违法而以士卒的身份戍边）、谪戍、取庸代戍（出钱雇佣他人代替自己服戍役）和赦戍等兵役形式。

赦戍之卒原为罪人，因遇到国家特赦而恢复自由身。其在军中的地位比服常

---

[1]《史记·商君列传》："令行于民期年，秦民之国都言初令之不便者以千数……秦民初言令不便者有来言令便者，卫鞅曰'此皆乱化之民也'，尽迁之于边城。"《史记·六国年表》："（秦孝公八年）与魏战元里，斩首七千，取少梁。"

规兵役的低一些。里耶秦简的公文里有"赦戍上造武陵康乐樛"的记载。可见赦戍之卒不光是平民，也包括有爵人。他们来自秦国各地，当中不乏战斗经验的老兵和前军吏。

秦国在3年中先后3次"赦罪人迁之"，组建成3个赦戍兵团。穰地秦军中有相当多的赦戍之卒。南阳赦戍卒在汉中郡兵攻邓时也在配合行动。赦戍之卒恢复自由身的条件是接受强制性的军事移民。锐士战卒克敌师，赦戍兵团守新土，几乎成为秦楚五年战争中的固定套路。

其实，秦国铁三角采取这些措施，在很大程度上是吸取了乐毅灭齐功败垂成的教训。

乐毅在济西之战中大破齐军，然后直扑齐都临淄，很快破城。他一方面把齐国国库的财宝都送往了燕国，另一方面又试图通过拉拢齐国贤良来维持统治。此举一度让齐国不少城池丧失战心，但退隐画邑的原齐国大臣王蠋以死拒绝燕军的威胁利诱，让流亡的齐国大夫们纷纷重燃斗志。他们拥立王子田法章为新的齐王，继续坚持抗燕复国运动。[1]

在秦昭王君臣看来，乐毅的怀柔政策第一年就宣告破产，到头来还是得靠戈矛说话，结结实实地分兵攻城5年。既然如此，还不如一开始就坚持强力征服，战后再以清明政治慢慢消化被征服者。

直接经验与间接启示表明：想要彻底巩固新地盘，虚头巴脑的仁义道德是靠不住的。残酷的战争肯定会让第一代被征服者心怀仇恨。只有通过移民来改变人口结构，让故秦人与新民众杂居，使用同一部法律，自由通婚，共同参战，公平赏罚，才能让双方在监视和制衡中逐渐融合为一体。秦国通过这个办法将巴人和蜀人都变成了新秦人，已经充分验证了该策略的有效性。

为此，秦国连续3年大量赦免罪人以组建赦戍兵团，说不定国内大部分监牢

---

① 《史记·田单列传》："燕之初入齐，闻画邑人王蠋贤，令军中曰'环画邑三十里无入'，以王蠋之故。已而使人谓蠋曰：'齐人多高子之义，吾以子为将，封子万家。'蠋固谢。燕人曰：'子不听，吾引三军而屠画邑。'王蠋曰：'忠臣不事二君，贞女不更二夫。齐王不听吾谏，故退耕于野。国既破亡，吾不能存。今又劫之以兵为君将，是助桀为暴也。与其生而无义，固不如烹。'遂经其颈于树枝，自奋绝脰而死。齐亡大夫闻之，曰：'王蠋，布衣也，义不北面于燕，况在位食禄者乎！'乃相聚如莒，求诸子，立为襄王。"

都被放空了。按照秦律，家属会随着罪犯迁徙。由此推测，这些赦戍兵团里不光有戍卒，还包括其家属，总人数恐怕不止 20 万，相当于一个郡的民户。

如此一来，从汉水北岸至鄢城一带的人口结构发生了很大的变化。秦民在沿途多个城邑已经成为主体人群，与故楚人和越人等蛮夷部族杂居。此举确保了鄢、邓等五城的数百里新地盘不会在秦军南进时突然反叛。以赦戍兵团为骨干的秦民，也正是白起主持鄢邓地区战后治理工作的主要力量。

据《秦代政区地理》，秦鄢县就是在楚鄢城遗址上重建的，规格完全一致，还是 220 万平方米的面积，一直沿用到东汉建安十三年（208 年）才废除。除了重建鄢城外，还有被冲毁的官道、农田要恢复，之前引水攻城用的战渠也要顺势改造成灌溉沃野的民生基础设施。此外，白起还要在鄢城至甘鱼口要塞之间设置新的据点，以防楚军北上偷袭。

这些战后治理措施的工程量无疑非常大。施工者主要是秦军士卒和其他四城投降的故楚民。集中在此地的劳动力，怕是不会少于 10 万。后方还要向此地转输粮食、衣物、建筑材料等物资，财政支出项目也是相当多的。但无论怎样，上述种种工作不得不做，否则白起的大军难以继续南征楚国，秦国也无法长久统治这片新的领土。

由于相关物价资料匮乏，我们很难准确算出重建鄢城、修渠、治田、建据点需要花多少钱和物资，只能借助一两项基本开支来管中窥豹。

假设参与战后重建的军民有 15 万男子，他们的口粮都由官府拨付。比照秦国仓律隶臣发口粮的标准，种田者每年二月至九月吃 2.5 石粮，十月至次年一月吃 2 石粮，而筑城造房者每月吃 2 石粮。白起拔鄢、邓等五城大概是在夏五月至六月之间，种田者有三四个月是按照每月 2.5 石的标准发口粮。就算所有人都按每月 2 石的标准发口粮，前线每个月最少也要消耗 30 万石粮食。

按照我们的粗略估计，几个月下来，光是朝廷转输前线的粮食就超过百万石。现实情况比这个假设要复杂得多，战后治理消耗的其他物资和秦半两肯定是一个天文数字。

据《吕氏春秋》记载，孟秋七月"农乃升谷，天子尝新，先荐寝庙。命百官始收敛，完堤防，谨壅塞，以备水潦；修宫室，附墙垣，补城郭"；仲秋八月"可以筑城郭，建都邑，穿窦窌，修囷仓。乃命有司趣民收敛，务蓄菜，多积聚。乃劝种麦，无或失时，行罪无疑"。

秦国农民在农历七月开始进献五谷，官府会组织民夫修缮水利设施与城墙。到了八月，农民开始种冬小麦，官府则派人筑城墙、建都邑、挖地窖、修粮仓。古典政治有很强的季节性，白起在鄢邓地区主持的战后重建工作跟月令的政事安排大体同步。而鄢地的新移民要等到来年夏天丰收时才能实现自给自足。在此之前，前线军民都靠前线最高指挥官白起向朝廷申请的后勤物资维持生计。

随着鄢城重建完毕，设置鄢县的工作也进入了冲刺阶段。秦国此时有郡和县，但还没完全发展成后来郡下辖县的体制。不过，秦国县制从商鞅变法时就比较完备。与政出多门的楚县制比，秦县制的权力较为集中且强调行政效率。

秦之县府有县令、县丞、县尉三位长吏。县令主要管行政和财政，县丞辅佐政务并侧重司法，县尉除了维持治安外还管人事、授爵、上计、户籍等工作。孙闻博先生在《秦县的列曹与诸官》一文中指出：秦代的县分为户曹、仓曹、司空曹、吏曹、尉曹、金布、令曹、覆曹等组成的列曹系统，以及田官、畜官、仓、库、厩、邮亭、传舍、市官、船官、狱、少内、尉、发弩、司马、乡官、漆园、卒长等构成的诸官系统。当然，秦昭王时的县府组织应该还没分化得那么细致，但机构也不少。

按照将军在战时的权限，鄢县的令、丞、尉都接受大良造白起的指挥。他们将尽心尽责地管理特赦罪人出身的赦成之卒，督导农牧生产，制造军需器物，随时准备按照役册征发甲士追随大良造南征。

喜的祖父应该参与了重建鄢县的工作。至于他是否由军吏改任县吏，就不得而知了。但据《编年纪》的记载，喜在秦王政七年的正月甲寅由安陆令史调任鄢县令史。想必喜在鄢县任职时，踏访过那条百里长渠。

白起为引水攻城而开凿的长渠，在战后被各乡邑的吏民用于灌溉。百里长渠大大改善了沿途的灌溉，为当地百姓增加了许多良田，促进了鄢县的农业生产。让人意想不到的是，后人为了纪念最初组织修渠的白起，将其称为白起渠，还把在当年秦军筑坝拦河之地兴起的小镇称为武安镇。看来战争给当地人民留下的历史记忆比较复杂。

▲ 秦国珠重一两十二

通过赦戍兵团大半年的辛勤劳作，鄢、邓等县逐渐恢复了生机。尽管与往日的繁荣还差得很远，但作为大军南征的基地已经够用了。

这一年的九月，秦国官府像往常那样收齐了各种赋税，重新获得支付巨额军费的财力。运输粟米的船队络绎不绝，从南阳的宛仓一直连到鄢县的码头，士卒们手忙脚乱地卸船，把军粮搬入仓库。攻打楚国郢都的备战工作已经完成。但是，白起并未马上在这个最适合打仗的季节发兵。因为他还有新的顾虑，不敢不慎重。

秦军在鄢邓五城一直休整到第二年，因为历史的车轮突然来了个急刹车。

在位33年的燕昭王不幸去世了。与乐毅有矛盾的燕国太子即位，史称燕惠王。齐国即墨守将田单闻讯，使了一招离间计。果然，燕惠王以将军骑劫代替乐毅为主帅，乐毅怕被迫害，直接投奔赵国。赵惠文王大喜，立即封乐毅为望诸君，对其尊宠有加，以震慑燕齐两国。

接下来，智谋过人的田单寻机以火牛阵奇袭燕军大营，杀死主帅骑劫。田单的胜利让燕国占领军一退再退，其他的齐国城池也闻风而动，纷纷响应田单的反攻。燕军一直败退至黄河以北，齐国奇迹般地光复了70余城，回归乐毅破齐前的边界（但赵国掠走的地盘没能收回）。齐襄王回到了被燕军洗劫一空的首都临淄，田单因不世之功被封为安平君，执掌国政。

田单复国之战让全天下瞠目结舌，曾经参与破齐之战的三晋都担心齐国会报复自己，对此高度戒备。于是诸侯的注意力完全放在了东方，楚国再无可以求救的外援。发动最后一击的战机日益成熟，休整了大半年的秦军将士摩拳擦掌，就等着大良造白起宣布那道总攻军令。

拔郢设郡：大秦武安君的授勋之战

白起派出大量斥候侦察郢都地形后发现，即使大量消灭楚国有生力量，拔郢之战还是不太好打。他不怕楚顷襄王君臣把举国兵马集中在郢都，这反而给了秦军一战摧毁楚国武装体系的机会。真正令白起感到棘手的是如何把楚王君臣和郢都一锅端。眼下最大的阻碍是地理环境：在洞庭五渚以北、汉水以南、郢都以东有一个号称方圆900里的巨大淡水湖——云梦泽。

其实，"云梦泽"是西汉中期以后的叫法，"云"和"梦"在春秋至战国中期不是一个概念。"云"最初是个专用地名，该地位于汉水东岸的今湖北京山县一带。"梦"是楚语，指的不是地名，而是一种由湖泽及周边荒野地形共同构成的特殊地貌。"云梦"一词则产生于战国中后期，兼具地名和地貌含义，最大覆盖范围包含了大洪山、大别山南麓及长江以北汉水东西岸地区，东至今武汉市以东，西至今宜昌市（长江北岸）及宜都市（长江南岸）一带。[1]

换言之，白起此前占领的地盘已经处于广义的"云梦"范围，秦左云梦县[2]就是因此得名。

云梦泽只是云梦地貌综合体的其中一个大型水域，包括郢都在内的整个楚国首都圈都是"云梦"地区和地貌的一部分。云梦地貌综合体包含了湖泽、河流、山林、（江汉）平原等各式各样的地形，虽不如函谷关那样一夫当关万夫莫开，仍然称得上是一个地形复杂的战场环境。假如战败一方化整为零，在山林湖泽之中打游击，也是很难彻底清剿干净的。总之，云梦地貌非常利于楚王君臣逃跑，秦军没法堵死所有的水陆交通线。白起用兵从来都是计利形势，不拘泥于教条和经验。既然这次包围圈不好做，那就干脆选择"围师遗阙"的传统战法攻打郢都。

郢都并不是铁三角攻打的第一个大国都城。此前魏冉和白起都曾经尝试攻打魏都大梁。魏冉在第一次包围大梁后被燕赵联军逼退，白起则在行军途中被说服返回。也就是说，虎狼秦军尚无正面攻克万乘之国首都的经验（魏军拔过赵都邯郸，

---

① 以上观点来自李青淼、韩茂莉两位学者合著的论文《云梦与云梦泽问题的再讨论》。
② 左云梦是汉朝编县的前身，在今湖北省荆门市与南漳县之间，恰好控制住了鄢县以南的两座大山之间的隘口。左云梦县的前身可能是白起在攻郢前设置的军事据点。

齐军破过燕都蓟，燕军掠过齐都临淄）。

大良造白起也是头一回执行如此重大的任务。他距离灭国之功只有两步之遥，第一步是占领敌国首都，第二步是俘虏楚顷襄王君臣。

《吕氏春秋·季春纪·三月纪》曰："天子布德行惠，命有司发仓廪，赐贫穷，振乏绝，开府库，出币帛，周天下，勉诸侯，聘名士，礼贤者。"季春三月，冬藏基本耗尽，但夏粮尚未收获，民户与国家都是支大于收，用度比较吃紧。故而朝廷要用官仓的钱粮接济穷苦百姓（主要以贷款形式）。楚国连续惨败，经济损失不计其数，财政更显拮据。

就在此时，蛰伏已久的秦军突然南下，如疾风乌云一般压境。

按照秦国司空律，"种时二旬"的农业生产是不能耽搁的。所以，白起很可能是等仲春二月的"种时"结束后才从容发兵。他打算在"治苗时二旬"到来前，也就是孟夏四月二十日前赢得胜利。当然，实在超时了不要紧，战争年代嘛，一切都为军事服务，一切都为胜利让步。说白了，秦国就是仗着自己积蓄充足，专挑春夏之交欺负青黄不接的楚国。

尽管战争的主动权被秦军牢牢掌握，但拔郢之役的部署不可大意。毕竟，除了兵圣孙武及其战友伍子胥外，再无人攻入过此城。况且，经过两百多年的建设，郢都的城防非常完备，并不容易拿下。

楚郢都所在的纪南古城遗址平面近似长方形，东西长 4450 米，南北宽 3588 米，城池规模远远超过了前面提到的所有大城①。由此来看，十万之师根本拿不下这座南方最大的城池。比照赵灭中山与齐国伐楚的规模，秦军应该是征发了将近 20 万大军，车、骑、步、舟师等兵种俱全。舟师沿着汉水不断向前线输送粮草和兵甲，主力部队则以鄢县为基地沿着官道抵达郢都的北郊。

据《楚国郢都兴衰史考略》称，纪南城（郢都）城内以平原为主，西北和东南略高，中间略低，东南有一座东北—西南走向的制高点叫凤凰山，西北有个制高点叫摩天岭。有朱河、新桥河、龙桥河穿城垣而入其内，"朱河自北向南流，在

①据《秦代政区地理》称，秦咸阳故城东西 7200 米，南北 6700 米，面积比郢都更大，但历史远不如郢都悠久。

北垣中部入城；新桥河自北向东南，绕城垣西南角，在南城垣中部入城后又向北流，两河在城内中心地带的板桥汇合成龙桥河，折向东流，从东垣的龙会桥处出城注入邓家湖"。纪南城垣外坡 20—40 米设有护城河，形状大体与城垣一致，"但在南垣突出部分和东垣南边城门、北垣西边城门及北垣东段大缺口等四处，没有发现护城河"。各段护城河的河床宽度不一，少则 10 米（地势较高的城西北角与城东北北边拐角），最宽可达 100 米，更多时候在 40—80 米之间。

再加上北郊的纪山、西郊的八岭山、南郊的扬水和长江、城东的长湖从四面拱卫，郢都更加易守难攻。因此，自从楚文王元年迁都于郢至楚顷襄王二十年，这个楚国政治、经济、文化中心已经历 400 多个寒暑。即便中途曾经被吴王阖闾的大军烧杀掳掠过，郢都依然能凭借发达的农工商经济基础与便利的水陆交通继续保持先秦南方第一大都的豪华气派。

但这一次，灭顶之灾真的来了。

楚军的主要兵马部署在郢都周边，以北面的当阳县（今当阳市）为第一道防线，同时分兵据守东边的竟陵与西边的夷陵。竟陵掩护着楚顷襄王君臣向东楚撤退的最短通道，以免秦军沿着扬水进逼郢都东郊。而夷陵若是沦陷，秦军就能从长江上游顺流而下，迂回到郢都南郊，切断郢都与黔中郡的联系。为此，楚军在纪山设置第一道防线来保护郢都北面，依托八岭山拱卫郢都西郊并阻止秦军向城南穿插，同时借助水域宽阔的长湖来阻止敌兵从东面包抄。

整个楚国首都圈战线宽达数百里，包括了汉水以西、长江以北的大部分云梦地区。秦军需要攻击的战略要点很多。

楚军数量失载，但考虑到 3 次惨败与庄蹻分兵等因素，郢都的甲士应该不超过 10 万。除了楚王的直属禁卫军外，可能还有从黔中前线抽调的数万人马（拆东墙补西墙是无奈之举，但也导致秦巴蜀师后来乘虚而入），更多是新征发的老幼之兵。这些楚兵的训练水平与秦国虎狼之师不可同日而语。甚至连秦军战斗力最弱的赦成兵团，都可以击败大多数郢都守军。而楚王禁卫军也不是秦锐士的对手。

秦军没花多大工夫就攻克了当阳县，一路向南追歼逃敌。白起深知云梦地貌利于楚军周旋，没有分兵去进攻距离郢都一两百里路程的竟陵和夷陵，而是集中优势兵力正面突击。

兵家亚圣吴起曾经点评过，楚军阵虽然严整但不能持久，击败楚军的办法是扰袭其驻地，挫伤其士气，以轻装部队快速进退，让楚兵身心俱疲，就可以顺势破敌了。吴起入楚变法时试图重新构建楚军的战术体系，可惜后来遇害，变法未能持续下去。楚军的弱点也因此在楚怀王、楚顷襄王时期变得越来越严重。

秦军以强弩和锐士开道，轻车骁骑猛冲左右，大军随后冲锋。虽然身后就是郢都，但楚军士兵的斗志并不坚定，很快败下阵来。纪山防线崩溃后，秦军又马不停蹄地攻打八岭山的楚军阵地。

由于楚顷襄王淫逸侈靡，亲近令尹子兰、州侯、夏侯、鄢陵君、寿陵君等佞臣，排斥三闾大夫屈原等良臣，导致百姓离心离德。大臣庄辛早在白起攻楚之前就直言劝谏，但楚顷襄王根本听不进去，于是庄辛去赵国避难①。

果然，此时的楚军将士并无后来"楚虽三户，亡秦必楚"的誓死报国之志。他们很快被打成一盘散沙，各顾其家逃命去了。由于楚国世族众多，军队派系林立，中军王卒数量有限，最能打的庄蹻部楚军又不在国内，谁也无法将这些败兵重新聚拢。各大世族纷纷带着自己的私兵逃难，郢都北郊的各个城障据点纷纷陷落。

就这样，秦军前行部队一路穿插到郢都城南，逐渐形成三面围城之势。唯有城东因长湖阻隔而没被大军围死，楚军则凭借水陆营寨和宽阔的水面死守，保住了最后一条通往外界的出路。郢都外围的楚军作鸟兽散，借助云梦地貌的多样地形远离兵灾，留下城内军民做最后的挣扎。

秦军兵临城下，主将白起与国正监、御史一同站在高高的木台上俯瞰全局。汉中郡司空（即《商君书·境内》里的国司空）测量了郢都城墙的广厚之数，汉中郡尉（即《商君书·境内》里的国尉）划分各部队负责进攻的片区并约定了攻城期限。由国正监与御史督战，先入城者为头功（最启），后入城者为最差（最殿）。

各军挑选 18 名"陷队之士"打头阵，自告奋勇者优先，不够的话就补充希望

　　①《战国策·庄辛谓楚襄王》："庄辛谓楚襄王曰：'君王左州侯，右夏侯，辇从鄢陵君与寿陵君，专淫逸侈靡，不顾国政，郢都必危矣。'襄王曰：'先生老悖乎？将以为楚国祆祥乎？'庄辛曰：'臣诚见其必然者也，非敢以为国祆祥也。君王卒幸四子者不衰，楚国必亡矣。臣请辟于赵，淹留以观之。'庄辛去之赵，留五月，秦果举鄢、郢、巫、上蔡、陈之地，襄王流掩于城阳。"

晋爵升职的人。陷队之士必须一往无前，只要杀死 5 个敌兵就能让每个人都晋爵一级，若是连一个敌兵都没杀死就会被斩首，若是贪生怕死就会在千人围观之下遭受黥刑或劓刑。[1]

考古发掘表明：郢都城垣上有缺口 28 处，已经查明有 7 处是城门，其中包括东垣南边门、西垣北边门、西垣南边门、南垣东边门、南垣西边门（水门）、北垣西边门、北垣东边门（水门），其余缺口尚不确定是否有城门。此外，"北垣西边城门外，护城河中断达 170 米，中断处正对着城门门道。东垣南边城门外的护城河中断长达 30 米，中断处也正对城门门道。南垣东边城门，处于南垣突出部分的偏西南角部位。其外，护城河中断长达 450 米，对着整个南垣突出部分。另外，北垣偏东部位，西距北垣东边水门 220 米处，城垣有一大缺口，护城河也在此中断 60 米"[2]。

由此来看，秦军攻城的重点方向很可能是北垣西边城门、北垣东边水门偏西的护城河缺口、整个南垣突出部分。随着战况的推进，又分兵攻打东垣南边城门。

秦军引强之士以强弩压制城头的敌兵，进攻部队以大楯和轒辒为掩护逐步靠近城墙，以壕桥通过壕沟，以撞车冲击城门，以云梯和钩梯攀越城墙。楚军则以弓弩、檑木、滚石和火烧等手段防守，用塞门刀车堵上城门或城墙上的缺口。战况虽然激烈，但胜利的天平已经完全倒向进攻方。因为，楚国此时已经拉不出别的勤王之师了，庄蹻远征军还远在归途，东地兵远水不救近火，而且两路兵马在战力与规模上都与秦军主力兵团相差甚远。

郢都城的攻防战进入白热化状态，多处城墙被秦军攻陷。楚国中军王卒节节抵抗，一片片倒下，活着的也尽是"血人"。楚顷襄王君臣已经吓破了胆，决定弃城逃跑。

他们从斥候那里得知，尽管秦军已经攻到了东垣南边门，封锁了南垣西边水

---

① 《商君书·境内》："其攻城围邑也，国司空訾其城之广厚之数；国尉分地，以徒、校分积尺而攻之，为期曰：'先已者当为最启，后已者訾为最殿，再訾则废。'穴通则积薪，积薪则燔柱。陷队之士，面十八人。陷队之士知疾斗，其斩首队五人，则陷队之士人赐爵一级；死，则一人后；不能死之，千人环睹，黥劓于城下。国尉分地，以中卒随之。将军为木台，与国正监及王御史参望之。其先入者，举为最启；其后入者，举为最殿。其陷队也，尽其几者；几者不足，乃以次级益之。"

② 以上数据来自董灏智先生的《楚国郢都兴衰史考略》。

门，但未能完全控制长湖水域。郢都城内的龙桥河向东流入长湖，再乘船顺流而下就可驶入滔滔云梦泽。守卫东门的士兵奋力死守城东水路，拼命掩护楚王君臣的舟师离开。楚顷襄王在左广和右广两支禁卫军的保护下顺利逃离郢都。这些忠勇的中军王卒却被怒潮般的秦兵淹没……

正如白起所料，还在城中顽抗的军民得知楚王带头逃跑后也很快心理崩溃，丧失了最后一丝斗志。渐渐的，郢都市井之内的喊杀声与兵器碰撞声越来越稀疏。一队秦兵经过还在燃烧的残垣断壁，搜索着残余的敌人。他们跨过楚兵的尸体，捡起被血水和泥水浸染的楚军旌旗向军吏报功……

没过多久，郢都的城头上插满了秦军旗帜。手持矛戟的秦兵押解着长长的俘虏队伍走在借道上，里面混杂着男女老幼，有的穿粗衣，有的穿华服。哭啼声、哀号声、训斥声不绝于耳。

楚王逃跑了！郢都陷落了！秦兵又来了！不同的是，上一次他们是楚人复国的援军，这一次却是摧毁楚国的灾星。

白起在破城之后，立即率军沿着长湖两岸向东追击，同时另派一军进攻西边的夷陵。楚顷襄王的舟师由长湖进入扬水后向竟陵方向逃窜。白起一口气追至扬水北岸的竟陵，在汉中郡舟师的协助下消灭了当地守军，但未能及时拦截住逃入云梦泽的楚王船队。

接下来，白起派部将继续沿着由北向东折的汉水追击楚顷襄王，自己则向南攻略了洞庭、五湖（五渚）、江南等地。[1] 西路秦军占领了夷陵，并一把火烧掉了这里的历代楚王陵寝。[2] 白起要断了江汉楚民对楚国的念想，同时也是想激怒楚王君臣不顾一切回来报仇。到那时，秦军就可以把失去理智的楚王兵马一网打尽，真正灭亡楚国。但楚顷襄王君臣彻底丧失了战心，只顾着狂奔逃命，没有什么像样的抵抗。

需要说明的是，焚毁陵寝并没有超出先秦战争传统，此举跟诸侯灭国的必经

---

① 《韩非子·初见秦》："秦与荆人战，大破荆，袭郢，取洞庭、五湖、江南。荆王君臣亡走，东服于陈。"
② 《史记·楚世家》："（楚顷襄王）二十一年，秦将白起遂拔我郢，烧先王墓夷陵。楚襄王兵散，遂不复战，东北保于陈城。"

▲ 楚国郢再金块

程序——夷宗庙有密切联系。每个被战国七雄吞并的中小诸侯国，宗庙都被铲平，历代先君的陵墓基本也不会有好下场。那种保留被征服者宗庙社稷的儒家式怀柔政策，更多是一种政治理想，跟先秦的战争实践有很大距离。

可惜大国能留下传世文献，即使记载不全，也有后世人替他们叫屈喊冤。而在史书中仅仅作为大国战果出现的小国没有人权，也无人缅怀。小国民众最终会以某种形式融入大国中，被征服者的后代可能变成了大国的忠勇战士。而大国灭亡后，这些人的子子孙孙又会成为新政权的民户，见证兴亡，生生不息，血脉延续至今。

白起火烧楚王陵，一方面对巩固新征服地确实起到了积极作用，但另一方面也埋下了更多的仇恨种子。楚国贵族在六国灭亡后成为最坚定的反秦势力，跟这个奇耻大辱有很大关系。

言归正传。东路秦军渡过汉水追击，在途中攻取了安陆[1]。喜的祖父随军打到这里，在战后凭军功得到国家授予的田宅，从此世居于此。喜也因此成为土生土长的安陆秦人，听着云梦涛声，守卫长江中游。东路秦军战果辉煌，但楚顷襄王君臣侥幸通过了冥厄要塞，逃到了东北的陈城。白起未能将其一网打尽。

著名的楚国诗人、政治家屈原听闻郢都沦陷的消息后悲愤交加，抱石自沉汨罗江，是为中国文学史上最大的悲剧之一。

据说这一天是农历五月五日，后来纪念屈原成为我国端午节的主要传统之一。由此判断，秦军破郢应该是在四月下旬，传到远离郢都的屈原耳中时已是五月了。

攻郢之战以秦军大获全胜告终，白起几乎完成了自己所有的构想，除了没能

---

① 云梦秦简《编年纪》："（秦昭王）二十九年，攻安陆。"

俘虏楚顷襄王。楚国丢了半壁江山，但宗庙社稷得以延续，直至秦将王翦率领60万大军南征时才灭亡。

大良造白起凭借这一次的赫赫战功被封为武安君，成为秦国有史以来爵位最高的非宗室武将。

按照商君设计的早期军功爵制，大良造已经是最高荣誉。商君、武信君、严君、穰侯、泾阳君、高陵君等实际上是不属于军功爵序列的特殊待遇，地位相当于诸侯。白起得封武安君，开始与穰侯魏冉的政治地位比肩（但将军在职权上依然小于相邦）。

《史记正义》言："能抚养军士，战必克，得百姓安集，故号武安。"可见"武安"之名象征着兵家名将的至高荣誉，非居功至伟之雄杰不能得此称号。虽然战国的苏秦、李牧也被封为武安君，但后人一提起武安君，首先想到的仍是秦武安君白起。这又是另一个话题了。

在攻郢战役结束后，秦国把白起攻取的楚国地盘设为南郡，郡治设在江陵（今湖北荆州市境内）。江陵在扬水之南、长江之北，是秦人新筑之城。郢都城则被白起下令破坏成废墟，彻底断绝楚人复辟之心。他可能是吸取了乐毅灭齐功亏一篑的教训，不再幻想靠怀柔政策来征服桀骜的楚人。另，《秦代政区地理》称："考古发掘表明湖北荆州市郢城古城近方形，东1400米，西1267米，南1283.5米，北1453.5米，时代为秦汉南郡郢县。"可见秦国在白起摧毁楚国郢都后，又在附近修建了新的郢城，用于设置郢县。这座城的规格比当年的楚国首都小了很多，但在县级单位里面已经不算小城。

考古发掘表明，云梦之地在秦南郡时期的繁华程度远不如楚郢都时期。不过，这不完全是战争破坏所致，根本原因是当地已经从首都圈降格为边郡，财富的生产及分配方式发生了根本性变化。云梦地区没有了各地赋税财富的转输，反而要向咸阳输送钱粮甲兵，自然不可能重现楚郢都时的辉煌。

平心而论，秦国高层对南郡还是非常重视的，将其建设成南部战区的新中心（因为巴蜀离中原和江淮太远），为今后的秦统一战争构筑根基。否则，秦国也没必要在新设江陵的同时另建郢县，在江汉腹心地带继续聚集大量人口。

修建江陵和新郢城的工作是否由白起主持，就不得而知了。可以肯定的是，他和秦军将士们依然在前线备战。楚国已经被打得迁都，秦昭王、武安君白起、穰侯魏冉都想再接再厉，争取再战灭楚，吞并半个天下。他们的雄心壮志能实现吗？

秦楚五年对决的终曲

多年后，平原君的门客毛遂对楚考烈王说："今楚地方五千里，持戟百万，此霸王之资也。以楚之强，天下弗能当。白起，小竖子耳，率数万之众，兴师以与楚战……"（《史记·平原君虞卿列传》）

秦相范雎代秦昭王质问白起时说："楚，地方五千里，持戟百万。君前率数万之众入楚，拔鄢、郢，焚其庙，东至竟陵①……"（《战国策·中山·昭王既息民缮兵》）

燕国策士蔡泽（后来的秦纲成君）游说秦相范雎时说："楚地方数千里，持戟百万，白起率数万之师以与楚战，一战举鄢郢以烧夷陵，再战南并蜀汉。"（《史记·范雎蔡泽列传》）

他们的说辞不无夸张之处，但无一例外地强调白起是以数万之众大破楚国。楚人痛恨白起破郢都烧王陵，却又对他非常敬畏。所有亲历过鄢郢之战的楚人，无论贵族还是庶民，都有这种心理阴影。就连刚被编入秦国户籍的南郡故楚民，也要等到真正接触秦律和军功爵这两个新鲜事物后，才慢慢抚平心灵创伤。

我们还是先回到那个令楚国君臣最狼狈不堪的时刻。

楚顷襄王的左广和右广轮流断后，以鲜血维护着楚国老牌禁卫军最后一点儿尊严。很多人倒在逃亡的路上，首级成了秦兵的军功凭证。只有楚国王族子弟和国君亲自选募的武士才能加入左右二广卫队。而参战的秦国隶臣若能斩获楚国禁卫军甲士的脑袋，将恢复自由身并成为有爵人。战场之内，你死我亡；战场之外，方死方生。

秦昭王二十七年开始的秦楚对决已经进行了 3 年。第一年，司马错在不同的方向打了两场大仗；第二年和第三年，白起在同一方向分两个阶段打了一场大仗。

---

① 竟陵故址在今湖北潜江市西北，是汉水流域的交通枢纽。

尽管中途遭遇了庄蹻反攻黔中的挫折，秦国始终没有失去战争的主动权，凭借一波高于一波的攻势打得楚国狼狈迁都，放弃了经营数百年的江汉云梦之地。

白起指挥的鄢郢之战是这场国运决战的最高潮，天下人很快记住了他的新称呼——武安君。在秦国庙堂封白起为武安君之前，还有一段小插曲。

《史记·秦本纪》对秦昭王二十九年大事的记载顺序是："大良造白起攻楚，取郢为南郡，楚王走。周君来。王与楚王会襄陵①。白起为武安君。"

划重点：白起攻郢，秦设南郡，周君来秦，秦楚会盟，最后才是白起被封为武安君。从时间线的角度说，白起由大良造晋级为武安君是秦昭王与楚顷襄王会盟结束后的事情。至于这次会盟上发生了什么，《史记》和《战国策》都没提供像秦赵渑池会那种详细的记录。结合后续事件来看，襄陵会盟并没有让秦楚大战真正结束，但也并非毫无影响。

话说楚顷襄王君臣从郢都向东北逃亡，狂奔千余里才好不容易到达淮北的陈县。他们一开始也没想跑那么远，但楚军溃兵四散，实在无法重新组织抵抗。楚王君臣遂不复战，东北保于陈城。

楚顷襄王这时才想起当初庄辛的谏言，真是追悔莫及，赶紧派人把他从赵国请回来。庄辛当场念了一句："亡羊而补牢，未为迟也。"楚国在鄢郢之战中丧地千里，但剩下的疆域仍有数千里，回旋余地还是有不少的。庄辛严肃地批评了楚王以前的错误，楚顷襄王脸色大变、身体战栗，赶紧封他为阳陵君并授予其执珪（楚国高级官职）之职，委托庄辛主持政事。

庄辛在谈话中提到了一个重要信息——"穰侯方受命乎秦王，填黾塞之内……"

黾塞即开头提到的鄳塞，也称冥厄要塞。黾塞之内即桐柏山脉以南地区，也就是前面说的云梦地区；桐柏山脉以北则是淮北地区。正是这道天然屏障挡住了秦军追击的脚步。否则，只怕地势平坦的淮北地将成为秦军车骑横冲直撞的理想

---

① 《史记集解》称："地理志河东有襄陵县。"《史记正义》引《括地志》云："襄陵在晋州临汾县东南三十五里。"引《十三州志》云："襄陵，晋大夫邲邑也。"但依照此说，襄陵在韩国上党郡的汾水河谷一带，楚顷襄王和秦昭王千里迢迢跑到这里会盟，不合常理。此处的襄陵应该是后来秦朝的襄邑，故址在今河南睢县。《水经注·睢水注》称该地是故宋国的承匡、襄牛之地，因宋襄公安葬于此而得名襄陵。

▲ 楚陈爰金币（战国）

战场。由庄辛的话来看，穰侯魏冉已经来到冥厄要塞以南的安陆，并在此部署了重兵，随时准备发动新一轮攻势。而大良造白起正在镇抚新设置的南郡。显然，秦国对南楚和东楚两个方向都有想法。

就在此时，周君突然来秦面见秦昭王，不久之后秦国就同意与楚国会盟。襄陵是魏国南部的边城，距离楚国陈城很近。作为战胜者的秦昭王亲自到魏国腹地与战败者楚顷襄王会盟……无论从哪个角度看，信息量都很大。

秦国史书把"周君来"作为大事记载，而且没说"来朝"或"宾从"。《周本纪》里没有对应的记录，但此事无疑发生过，否则秦人没必要特别记载。周君来干什么？史书没有细说，但很可能是替楚国或魏国做说客。

魏国此时对秦俯首称臣，否则的话，秦昭王绝不会同意深入魏地与楚王会盟。当初无名策士献给楚顷襄王的计谋第一步就是攻魏，秦伐楚等于是帮魏国免灾。从《战国策·魏秦伐楚》的记载来看，秦国曾经命令魏国一同攻楚，魏王不欲攻楚，赵人楼缓劝魏王在秦楚交战中取得有利的外交地位。这段记载对应的时间不明，但可以反映出魏国不愿得罪秦楚两个大国的微妙态度。

楚执珪庄辛此前客居赵国，少不了会借助赵国之力保楚，同时很可能说动魏国不跟秦国联手攻楚。赵国正在迁徙漳水河道，此前又跟秦国讲和，肯定不会直接出兵援楚，但可能会为了遏制秦国过度膨胀而主张外交调停。魏赵既不愿跟秦翻脸，也不愿坐视秦灭楚，便通过与秦国关系密切的周君来斡旋。

秦昭王见诸侯有意调停秦楚战事，故而答应在魏国襄陵举行会盟，顺便观察楚顷襄王与列国的情况。

就地理格局而言，秦无法直接威胁楚之淮北，但魏国可以做到这点。于是秦昭王要求魏国从北面进逼陈城，秦军则从南面攻打冥厄，两面夹击楚顷襄王所在之地。然而，魏国已经间接表明自己不愿佐秦攻楚的态度，秦国又无法越过韩魏腹地直击陈城，于是秦昭王君臣只好放弃跟魏国一起瓜分楚国的设想。秦楚襄陵会盟没留下秦赵渑池会那样生动的故事，结果是秦军停止进兵，楚顷襄王君臣暂时躲过一劫，秦昭王回国后封白起为武安君。

但是秦楚对决并未就此落幕！秦国高层同意会盟，只不过是为了麻痹诸侯，让下一波进攻准备得更充分一些。

当前的局势对楚国极为不利，江汉平原已经成为秦国南郡，包括洞庭、五渚在内，长江南岸部分城池也沦陷。虽然淮北、江东与云梦泽以南的长沙、苍梧等广袤地盘因山川险要而不易被秦兵大举攻伐，但巫郡、黔中郡彻底失去了郢都的支援，被秦国巴郡与南郡从东西两面包夹。穰侯魏冉从冥厄要塞以南撤军，不再对淮北虎视眈眈。可武安君白起还惦记着重夺司马错生前一度征服的黔中之地，报庄蹻反攻之仇。

秦国高层虽放弃一举灭楚，但云梦泽和洞庭湖以西的楚地还是要吞并的。就在襄陵会盟的第二年，即楚顷襄王二十二年、秦昭王三十年，秦军再次出动精锐部队进攻楚国的巫郡和黔中。

武安君白起以南郡为基地，从东面切断巫郡楚军东逃之路。蜀郡守张若则率领早就憋着一股劲儿要报上次战败之仇的西线兵团顺流而下，进攻巫山方城。巫郡楚军腹背受敌，插翅难飞，很快被消灭。巫山方城所在的巫县（故址在今重庆市巫山县）与屈原的故里秭归（故址在今湖北秭归县）分别被两路秦军占领。紧接着，张若和白起率军南渡长江，把黔中的山山水水再次纳入秦国的版图。

《读史方舆纪要·卷八十·武陵县下》云："临沅城在府治东。一名张若城。《地记》：'秦昭王三十年使白起伐楚，起定黔中，留其将张若守之，若因筑此城，以拒楚。'"由此可知，秦军复拔巫郡、黔中后，白起留蜀守张若镇守黔中郡。张若在临沅县修筑了新城池，以巩固对当地楚人的统治。

楚顷襄王在秦军破郢前曾经急派使者去找远征西南夷的大将庄蹻求援。可惜庄蹻远征军此时已经打到了数千里之外的滇池，使者未能及时与他联系上。直到楚顷襄王君臣在陈城修建新的王宫时，庄蹻都不知道屈原悲愤投江的事情。

据说滇池方圆三百里，周边是平原，肥饶数千里。庄蹻以兵威平定诸夷，为楚国开辟了大片新领土，然后班师回朝。他超额完成了作战任务，迫切地想向楚顷襄王报告这个好消息。这支楚军用矮小的筰马和壮硕的旄牛驮运物资，带着大批西南夷战俘跋山涉水。他们终于来到了黔中郡的边塞，却看到城上飘扬着秦军的战旗……

当斥候带回郢都陷落、楚王逃到陈城的消息后，庄蹻顿时心灰意冷。假如自己早点回来，纵然无法扭转败局，至少还可以继续追随楚顷襄王，为复兴楚国鞠躬尽瘁！假如自己灭且兰、降服夜郎后就马上班师回朝，至少还能为郢都保卫战拼尽最后一滴血！

如今，已是白起拔郢的第二年，一切都晚了！

秦人已经在南郡、巫郡、黔中郡站稳了脚跟，回楚的道路被张若部秦军彻底阻断，士兵们已经丧失了再次夺回黔中的斗志。庄蹻只好率领部众重返滇池另谋出路。这支楚军为当地带来了先进的生产技术与文化，但庄蹻带头改变服饰，顺应当地习俗，成为西南夷中赫赫有名的滇王。[①]

当初秦国攻赵伐楚都是为了给灭魏创造条件，只是没想到伐楚之战居然越打越大。秦国君臣在实战中发现，继续攻楚淮北、江东、长沙、苍梧等地理单元很难取得大突破。南楚山水重重，且开发程度远不如中原、淮北、江东之地。东楚也有山脉、大湖阻隔，秦军从江陵进攻下游，必经浩渺的云梦泽。因此，秦国这次真的收手了，重新捡起以灭魏为目标的战略方针。

对于秦昭王来说，灭魏可以拆断天下列国的脊梁，并获得进攻楚国新首都陈的最佳跳板。对于穰侯魏冉来说，灭魏能让自己成为秦国史上第一个诛灭大国的相邦，还能让封邑陶地与秦国本土连成一片。对于武安君白起而言，如果能顺利灭魏，将一举奠定秦国对诸侯的压倒性优势。

秦昭王三十一年，白起被调回中原战场，率兵拔魏两城。不料，楚顷襄王趁秦军主力北上的机会集结十余万东地兵，反攻长江南岸，拔江旁 15 邑为郡，以此

---

①《史记·西南夷列传》："始楚威王时，使将军庄蹻将兵循江上，略巴、黔中以西。庄蹻者，故楚庄王苗裔也。蹻至滇池，方三百里，旁平地，肥饶数千里，以兵威定属楚。欲归报，会秦击夺楚巴、黔中郡，道塞不通，因还，以其众王滇，变服，从其俗，以长之。"据专家考证，威王当为楚顷襄王。对照《史记·秦本纪》的记录，秦昭王三十年"蜀守若伐楚，取巫郡，及江南为黔中郡"，那一年恰好是楚顷襄王二十二年。距离秦昭王二十七年司马错拔黔中郡，已经过去整整 3 年。

阻挡秦国继续东征。^①湖南地区出土的楚铜权和里耶秦简的公文记录表明，沅陵、迁陵等县回到楚国手中，直到秦灭六国时才重新成为秦县。楚军此举等于是把扞关以东的长江南岸地区重新抓在手中，在秦南郡与黔中郡之间插入了一排钉子。

不过，秦国并没有因此讨伐楚国，而是继续准备来年的第二次包围大梁之战。楚顷襄王也见好就收，不敢再过分刺激秦国。

当然，秦国高层也不是毫无应对措施。朝廷把巫郡和剩余的黔中地合并为巫黔郡^②，并从内地郡县抽调了不少戍卒来。由屯戍、更戍、罚戍、废戍、冗募等不同类型的戍卒组成的边防军，进驻各个边城要塞，负责对楚国江旁十五邑的戒备工作，以防新郡县里的故楚民和越人部族再次叛秦。

就这样，历时5年的秦楚决战到此正式结束。两国在4年后重新恢复外交关系，此后很久都没再兵戎相见，直到诸侯救援赵国首都邯郸时才重启战端。

五年战争最开始图谋战事的是楚，实际上先动手的是秦，而最后一击又是由楚完成的。秦打了两次败仗，但楚在秦军诸将的连续打击下丧师数十万，丢掉了半壁江山，直到战国晚期都难以振作。这场规模空前的万乘之国宿命对决是白起、魏冉、司马错的巅峰之作，它同时也为秦国将相铁三角时代画上了一个令天下人目眩胆战的休止符。

这场一波三折的国运大决战，让巫黔至江汉的广袤山河都成为秦土。秦国的南方疆域从长江上游跨入了长江中游，控制了云梦泽以西和以北的土地，但云梦泽以东和以南依然是楚国地盘。由原楚国首都圈转化而来的南郡，经过几十年治理后成为秦国维持南方统治的核心地区。

据睡虎地秦简显示，南郡的故楚人和喜这样的秦人家族保持着各自的习俗（南郡官吏要掌握秦楚两套历法和两种《日书》），但认同的都是秦国。到秦灭六国时，南郡的故楚人在秦国律令文书中已经被视为"故秦民"。他们当中将有很多人成为秦统一战争的有功将士。秦灭楚后在原楚国江旁十五邑设置洞庭郡，这里的楚人

---

①《史记·楚世家》："（楚顷襄王）二十三年，襄王乃收东地兵，得十余万，复西取秦所拔我江旁十五邑以为郡，距秦。"

② 关于秦黔中郡、巫黔郡、洞庭郡的关系有很多争论，此处采用了后晓荣先生的观点。

战国七雄
公元前260年

图例
▨ 周朝地区
～ 强化边境
◎ 市/镇

▲ 战国七雄形势图

在秦户籍文书中会标明是"荆（楚）人"。

尽管都是楚风楚俗，但不同时期入秦的故楚民分化为"故秦民"和"荆人"。至于枳县、涪陵、临江、朐忍、鱼县都成了秦巴郡的属县，原本分属秦楚两国的巴人后裔重新合流，秦国从此拥有了更多的"巴之劲卒"。

战争对社会发展带来的影响，从来就是如此复杂。宏观层面看似泾渭分明，微观层面却光尘含混。人类有史以来，战争多而和平少，但文明一直在血与火之中发展，在兴与衰之间涅槃。秦楚五年战争亦是如此，在毁灭中孕育着新的生机。它加速了先秦乱世演变为秦汉大一统帝国的历史进程。秦人与楚人这两大华夏族支系在西汉完成了深度融合，帝国西部和南部的吏民都是"汉人"。汉朝南郡的官吏不再像故秦南郡安陆令史喜那样需要学习秦楚两套历法及《日书》。

尾声

秦始皇二十八年，喜在家乡安陆见到了南巡的始皇帝。他的家史《编年纪》只是淡淡地记载了这件事，没有留下私人日记。他当时的心情是否跟《诗经·秦风·终南》的作者一样"佩玉将将，寿考不忘"，就不得而知了。

两年后，曾经3次从军、亲历了秦统一战争的喜去世。他见证了大秦帝国最辉煌的时期，幸运地没有看到暴秦二世而亡的悲剧。

1975 年 12 月，考古学家发现和发掘了湖北省云梦县睡虎地秦墓。墓葬中出土了 1155 枚秦代竹简，以及一些金属器物、生活用品。通过睡虎地秦墓竹简，我们才得以认识不见于史书的秦国县吏喜。

这位兢兢业业的秦吏就是一个有秦国特色的工作狂，把生前用过的律令文书作为陪葬品。若非他这略嫌古板的兴趣爱好，史学界对秦史的研究不会有那么多突破性进展。而趣味历史科普读物《秦朝穿越指南》和网文小说《秦吏》等作品的创作者们，也将巧妇难为无米之炊。这也算是秦楚五年战争带来的蝴蝶效应吧。

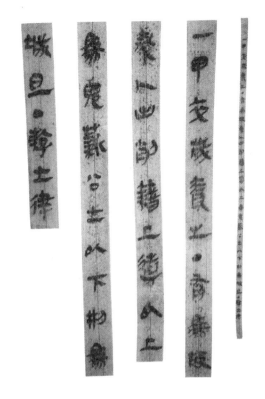

▲ 云梦县睡虎地秦墓竹简

附录：健全而高效的秦国军制

秦国对山东列国的军事优势，并不只是兵强将勇、车骑众多、装备精良。众所周知，秦军号称虎狼之师，秦锐士的武力值高居战国榜首。这是商鞅变法后的情况。所以人们通常认为军事体制优势是秦军强大的根本原因。相对于六国军制，秦国军事体制更加完备，非常适合战国大兵团作战的需要。这也是讨伐万乘之国楚国的重要资本。

先来看军队编制。

与六国的编制不同，秦军不设千夫长，采用的是"部曲制"。五人为伍，设一名伍长；十人为什，设一名什长；五十人为屯，设一名屯长（秦简写作敦长）；

百人为卒，设一名卒长（又名五百主）；二卒为一曲，设一名军候（又名二五百主）；二曲为一部，设一名部司马；五部为一校，设一名校尉。校尉之上设有裨将军、左将军、右将军、上将军等指挥官。

在平时，秦军现役部队以部曲制为基础驻扎在各县，战时征发预备役也按照部曲制来编组应征的材士。在秦县官府中设有县尉、司马、候、士吏等秩级不同的武吏。其中士吏跟军中的屯长一样是 50 人队长，平时管着 50 名预备役材士，战时以屯为单位征发从军。秦国征伐军的规模大小取决于朝廷总共集结了多少个校（2000 人）、部（400 人）、曲（200 人）。秦军的万人军团由五校人马组合而成。无论是数万大军、十万大军，还是数十万大军，都以结构相同的万人军团为基础。

再看调兵方式。

秦与六国一样，将军靠国君授予的兵符调兵。杜虎符铭文：“兵甲之符。右才（在）君，左在杜。凡兴士被甲，用兵五十人以上，必会君符，乃敢行之。燔燧之事，虽毋（毋）会符，行殹（也）。”阳陵虎符铭文：“甲兵之符，右才（在）皇帝，左才（在）阳陵。”

杜县和阳陵都在中央直辖的内史地区，恰好在京师咸阳的周边。杜虎符铭文表明，杜县守将要用兵 50 人以上时，必须得到国君的兵符授权。但遇到烽火告急的情况时，不必勘验兵符就可以调动 50 人以上的军队。阳陵虎符没有那么多铭文，但调兵方式无疑与杜虎符一致。这种调兵方式很符合中央直属部队的特征，两地守军可能是秦国中央军的一部分。

再看兵役制度。

秦国人从 17 岁傅籍到 60 岁免老，都属于役龄人员，一生至少要服两次为期一年的兵役。第一次是“材官之役”（又称“正卒之役”），服役地点在各郡县，主要任务是接受军事训练与维持郡县治安。正卒训练包括材官（步兵）、轻车（战车兵）、骑士（骑兵）、发弩（弩兵）、楼船（水师）等不同兵种，服役者统称为材士。第二次是“屯戍之役”，各郡县的材士接受过一年严格训练后，会被朝廷按照役册上的排序依次征调为戍卒。有的被分配到京师内史做“卫卒”，成为中央军战士；有的被分配到边防要塞做“戍卒”，成为边防军战士。秦史专家张金光先生认为：“戍卒与卫卒为一类，役期各一年。秦应役人员，一生中，服戍则不服卫，服卫则不服戍。"（《秦制研究》第230页）不过，秦国也存在因种种缘故而被罚屯戍数岁不等的戍卒。

上述两年兵役只是常规兵役，除了最基本的戍役之外，秦律还规定了更戍、冗募、罚戍、废戍、吏以卒戍、赦戍、取庸代戍、谪戍等不同类型的戍役。这些戍役为秦军提供了大量性质不同的现役人员，其中不少人是事实上长期服役的百战老兵。

此外，秦国遇到战事会临时"兴兵"，即征发大量役龄人员入军，扩充现役部队。被征发的对象既包括新傅籍的少年，也包括服完两年常规兵役的退伍老兵。这种攻城野战之军的兵役没有固定期限，仗打多久就服役多久，被征发的预备役官兵在战后解甲归田。

为了提高征发之卒的战斗力，秦国实行材官骑士制度，这个前面讲伊阙之战时已经提过，不再重复。

接下来以白起为例，看看一名秦军将领的成长之路大致是怎样的。

白起参军第一年应该是在故乡郿县服正卒之役，被编入材官、轻车、骑士、发弩中的某个兵种，接受整套军事训练。接下来，他在某一年转入戍卒之役，因训练成绩突出获得材官骑士资格，并被选入京师做卫卒。他可能成为郎中令军、卫尉军、中尉军中的卫士，也可能被分配到函谷关、武关之类的隶属内史的边防要塞做军吏。然后，他所在的部队参加了秦昭王元年至十一年的某些战役。

《商君书·境内》篇曰："军爵，自一级已下至小夫，命曰校徒操士。公爵，自二级已上至不更，命曰卒。"也就是说，秦军士兵分为两类。一类是"校徒操士"（简称"徒"），另一类是"卒"。军功爵第一级的"公士"及地位更低的"小夫"都是"徒"。张金光先生认为"徒"是负责土木作业的工程兵。但高亨、王学理先生等学者认为"徒"是还在接受军事训练的士兵。军功爵第二到四级——上造、簪袅、不更都是"卒"，即秦军作战的主力。第五级爵"大夫"开始就是军吏，不再是士兵。

不管怎样，随军出征的白起应该会在战斗中屡建奇功，最初是上造爵的"卒"，再顺着伍长、什长、屯长、卒长、军候、部司马、县尉或校尉、郡级军官或禁卫军军官的轨迹一路升迁……到了秦昭王十三年时，他已经凭军功获得左庶长爵位。按照《解读秦俑》的说法，左庶长相当于左裨将。出土秦简表明，左庶长爵可担任相当于秩级 600 石至 1000 石的高级军官。后来魏冉让白起代替向寿领兵，他才正式成为统兵大将。接下来又先后升任国尉（同年司马错也是国尉）、大良造等高级将领。

那么问题来了，白起转为戍卒那一年到底在哪支部队服役呢？

史书完全没有记载。不过，我们可以断定，白起所在的部队必定是秦军精锐，而且是经常负担外战任务的主力军。

好在里耶秦简中的一枚残简透露出秦国军制的冰山一角——"邦尉、都官军在县界中者，各皆以门亭行，新武陵言书到署……"

邦尉军和都官军驻扎在洞庭郡新武陵县的地界，残简后面缺失的内容大概与行军路线有关。也就是说，这两支军队在执行作战任务。

《从秦"邦"、"内史"的演变看战国秦汉时期郡县制的发展》一文分析道："'邦尉、都官军在县界中者'将'邦尉军'与'都官军'并列，因此，显然邦尉军和都官军不同，邦尉军是秦王畿（京师）的军队，而都官军指中央军。"

前面提到，邦尉即司马错、白起先后担任过的国尉。邦尉军就是京师禁卫军。不过，也有专家把秦简中的"邦尉"注释为郡尉，即一郡最高武官。这个注释的依据是，里耶秦简中有"骑邦尉为骑□尉[①]。郡邦尉为郡尉。邦司马为郡司马。乘传客为都史。毋曰邦门曰都门"的记载。这是秦始皇统一天下后发布的更改名号令。此前的郡也称"邦"，所以郡尉的旧称是"郡邦尉"。

按照这个说法，在洞庭郡新武陵县执行作战任务的"邦尉军"应该是"郡邦尉军"，即洞庭郡或其他郡的常备军，由郡尉亲自训练的郡府直属部队。

都官是秦国的中央直属单位，无论是京师还是各郡县均设有都官。从睡虎地秦简来看，都官机构有经济管理、监察执法等职能。所以《从秦"邦"、"内史"的演变看战国秦汉时期郡县制的发展》一文认为都官军是秦国中央军。根据其他

---

① 秦始皇下诏把骑邦尉改名为"骑□尉"，秦简上中间的字有缺损，有的学者推测为"骑都尉"，有的学者认为是"骑校尉"。

都官机构的分布情况类推，秦国都官军在咸阳、内史及各郡均有设置，都是中央直属部队。比如，各关塞的指挥官是"关都尉"，从名称上看应该属于都官系统。

可见，秦国邦尉军（郡邦尉军）与都官军分属不同的军队系统，但出征时可能编入同一个野战军兵团。

综上所述，秦军大致可以分为 3 类：

第一类是各郡县的地方部队，通常被称为县卒，由服正卒之役的秦人组成，战斗力较弱；

第二类是京师内史地区的卫卒，由服戍卒之役的秦人组成，具体包括郎官卫队、卫尉军、邦尉军（可能还有中尉军）、屯驻关中各重镇的都官军等部队，是秦军最精锐的部队；

第三类是四方边疆的戍卒，由服戍卒之役的秦人组成，具体包括直属郡府的郡邦尉军与驻守各个关防要塞的都官军，也是秦军主要战力。

上述三类部队中人数最多的是哪种部队？

根据前面的推算，此时秦国的常备军大约有 29 万人。其中内史常备军约 10 万，各郡县约 19 万人。

按照《秦代军事史》的说法，秦京师禁卫军的郎卫有千人，卫尉军两三万人，中尉（此时的邦尉）军两三万人。三军之和五六万人。剩下的数万内史秦军分驻咸阳以外的各个关塞。从后来的嫪毐之乱来看，县卒平时的规模可能少于都官军。

秦王政九年，嫪毐"矫王御玺及太后玺以发县卒及卫卒、官骑、戎翟君公、舍人，将欲攻蕲年宫为乱"（《史记·秦始皇本纪》）。由于没有虎符，嫪毐只能调动其党羽卫尉竭下辖的部分卫尉军、由内史肆征发的县卒、中大夫令齐所辖的部分官骑、佐弋竭所辖的部分弩兵。叛军只被斩首数百就无力整军再战，可见其兵力有限。这个案例从侧面反映出，直属中央的都官军规模多于内史下辖的地方部队。由此推测，秦国禁卫军以外的内史兵多为驻扎要塞的都官军，关中各县维持治安的县卒队伍比较精干。

19 万余秦国各郡兵马，包含了郡邦尉军与中央派驻地方城塞的都官军，以及各县的正卒。

每个郡的郡邦尉军数量在 1 万左右①。此时秦国设有上郡、蜀郡、巴郡、汉中郡、河东郡，再加上尚未设郡但实际规模相当的北地、陇西、南阳等地，大概需要 8 万的郡邦尉军。剩下的 11 万多人由镇守四方重城关塞的都官军与分散在各县的县卒共同构成。

综上所述，秦军现役部队的主体是禁卫军、名为"都官军"的中央军和郡邦尉军。禁卫军里的中尉军内卫京师、外征诸侯。而且根据出土秦简的信息，都官军和邦尉（或郡邦尉）军也是执行外战任务的主要兵力。由此可见，白起服役的部队可能是拱卫京师的卫尉军、中尉军，也可能是戍守边关要塞的都官军或郡邦尉军。无论他具体在哪支部队服役，都能获得很多立战功的机会。

总之，秦国不像六国存在数量不等的贵族私兵，而且无论是京师还是边疆都有较多的中央直属部队。这意味着在动员能力对等的情况下，秦军高度服从中央的统一指挥，不会出现六国贵族私兵不听王命的现象——这是秦兵耐苦战、协同能力强的主要原因之一。若非如此，秦国很难能对群雄保持极高的胜率。司马错也不可能在秦国连续伐赵两年的背景下，迅速在另一作战方向集结起一支骁勇的虎狼之师。

---

① 郡邦尉最初可能是比照内史的邦尉设置的。《商君书·境内》曰："五百主，短兵五十人；二五百，主将之，短兵百。千石之令，短兵百人；八百之令，短兵八十人；七百之令，短兵七十人；六百之令，短兵六十人。国封尉，短兵千人。大将，短兵四千人。"按照这种"短兵"（卫队）占所辖部队十分之一的比例，商鞅时代的国尉（邦尉）下辖 1 万兵马。郡邦尉军作为地方常备军的主力，可能与这个规模相近。

参考文献

古人著述

[1] 司马迁 . 史记 [M]. 北京 : 中华书局 ,2011.

[2] 战国策 [M]. 北京 : 中华书局 ,2015.

[3] 左丘明 . 左传 [M]. 上海 : 上海古籍出版社 ,2016.

[4] 武经七书 [M]. 北京 : 中华书局 ,2007.

[5] 吕不韦 . 吕氏春秋 [M]. 北京 : 中华书局 ,2011.

[6] 荀况 . 荀子 [M]. 北京 : 中华书局 ,2011.

[7] 商鞅 . 商君书 [M]. 北京 : 中华书局 ,2016.

[8] 孙膑 . 孙膑兵法 [M]. 郑州 : 中州古籍出版社 ,2015.

[9] 郦道元 . 水经注 [M]. 北京 : 中华书局 ,2016.

[10] 常璩 . 华阳国志译注 [M]. 成都 : 四川大学出版社 ,2007.

今人著述

[1] 杨宽 . 战国史 [M]. 上海 : 上海人民出版社 ,2003.

[2] 林剑鸣 . 秦史稿 [M]. 北京 : 中国人民大学出版社 ,2009.

[3] 张金光 . 秦制研究 [M]. 上海 : 上海古籍出版社 ,2004.

[4] 后晓荣 . 秦代政区地理 [M]. 北京 : 社会科学文献出版社 ,2009.

[5] 后晓荣 . 战国政区地理 [M]. 北京 : 文物出版社 ,2013.

[6] 王学理 . 解读秦俑 : 考古亲历者的视角 [M]. 北京 : 学苑出版社 ,2011.

[7] 孙闻博 . 秦汉军制演变史稿 [M]. 北京 : 中国社会科学出版社 ,2016.

[8] 黄盛璋 . 三晋铜器的国别、年代与相关制度问题 [A]. 古文字研究 [C]. 北京 : 中华书局 ,1989.

[9] 杨振红 . 从秦 "邦"、"内史" 的演变看战国秦汉时期郡县制的发展 [J]. 中国史研究 ,2013(4).

[10] 游逸飞 . "郡县同构" 与 "令出多门" ——包山简所见战国楚国郡县制 [J]. 兴大历史学报 ,2016.

[11] 王海平 . 庄蹻入滇探略 [J]. 贵州社会科学 ,1990(4).

[12] 王战阔 . 再论秦简中赀甲盾等级问题 [J/OL]. 简帛 ,2013[2019-04-17].http://www.bsm.org.cn/show_article.php?id=1818.

[13] 李青淼 , 韩茂莉 . 云梦与云梦泽问题的再讨论 [J]. 湖北大学学报 ,2010(4):30-36.

[14] 董灏智 . 楚国郢都兴衰史考略 [D]. 东北师范大学 ,2008.

希腊化时代的开端

继业者战争

作者/七丘之狼

亚历山大之死
与继业者的崛起

在腓力二世（Philip Ⅱ，公元前359—前336年在位）继位之前，马其顿仅仅只是希腊北方一个无足轻重的半蛮族国家，虽然他们自称是希腊人（有可能是未随赫拉克勒斯后裔子孙南下的多利安人），语言亦颇为相近，甚至就连王族也被认为来自阿尔戈斯（Argos），但与希腊诸邦还是存在隔膜。腓力二世继位之后，便仿照希腊推行了一系列涉及政治、军事和经济方面的改革，使马其顿的国力逐渐强盛。公元前338年，腓力二世在喀罗尼亚之战（Battle of Chaeronea）中决定性地打败了当时希腊最有实力的两个城邦——雅典和底比斯组成的联军。次年，在科林斯召开的泛希腊会议上，腓力二世被推举为盟主和远征波斯的马其顿–希腊联军总司令。公元前336年，腓力二世在旧都埃加伊（或译为埃盖）参加女儿的婚礼时遇刺身亡，其子亚历山大三世（Alexander Ⅲ，Alexander the Great，公元前336—前323年在位）在军队的拥戴下继位。

▲《亚历山大大帝大帝入巴比伦城》，法国画家夏尔·勒·布朗

亚历山大用最快的时间相继击败了骚扰马其顿北部的色雷斯和伊利里亚（Iliryia）蛮族，接着又南下镇压了希腊的反对者，摧毁了历史悠久的底比斯城。在这之后，他便于公元前334年率领4万大军渡过赫勒斯滂海峡入侵亚洲。亚历

山大用了 10 年时间，先后在格拉尼卡斯河之战（The Battle of Granicus，公元前334 年）、伊苏斯之战（Battle of Issus，公元前 333 年）和高加米拉之战（Battle of Gaugamela，公元前 331 年）中摧毁了波斯军队的主力，然后带领大军向中亚和

印度进军，在海达斯佩斯河之战（Battle of the Hydaspes，公元前326年）中击败了印度的波鲁斯，建立了一个疆域横跨爱琴海到印度河流域的庞大帝国。只是由于士兵们的坚决抵制——他们不愿意再继续冒险前进，亚历山大才被迫停下脚步。在苏萨（Susa），亚历山大为马其顿和希腊将士们举行了一场别开生面的集体婚礼，新娘们都是来自波斯和亚洲各地的贵族女子，这一举动被视为是两大文明的结合。此前亚历山大已经有了一个妻子罗克珊娜（Roxane），她是巴克特里亚土王奥克夏特斯（Oxyartes）的女儿。现在亚历山大和他最亲密的战友赫菲斯提翁（Hephaestion）又分别迎娶了大流士三世的两个女儿，她们是在9年前的伊苏斯之战中被亚历山大俘虏的。

然而没过多久，赫菲斯提翁便因病去世，这给了亚历山大沉重的打击，当时他正计划仿照马其顿人的模式训练一支波斯军队，并发动对阿拉伯或北非城市迦太基的远征。公元前323年，在一次宴会过后，亚历山大便一病不起。6月初，西方历史上最伟大的征服者亚历山大在巴比伦的王宫中病逝，终年33岁。临终前，当众人询问由何人做他的继承者时，亚历山大只说了一句含混不清的"给最强者"便撒手而去。由于没有明确指定继承人，在亚历山大死后召开的巴比伦会议上，诸将争吵不休。当时王后罗克珊娜已身怀六甲，因此伙伴骑兵司令佩狄卡斯主张，如果王后顺利生下一个男婴，就由这个拥有亚历山大血脉的孩子继承王位；而反对者认为，马其顿的王位不应由一个具有一半亚洲血统的人来继承。托勒密主张应由腓力二世健在的另一个儿子阿里达乌斯①继位，并得到了方阵指挥官梅利埃格等人的支持；海军司令尼阿库斯主张由亚历山大的私生子赫拉克勒斯继位。

最终各方达成妥协，得到军队支持的阿里达乌斯（后改称腓力三世）和罗克珊娜腹中的胎儿（如果是男孩的话）共享王位，由戴有亚历山大印章戒指的佩狄卡斯任摄政和御营指挥②，梅利埃格则为他的副手。未几，佩狄卡斯设计谋杀了梅

---

① 阿里达乌斯（又译作阿里戴乌斯）是腓力二世与达尔达尼的伊利里亚公主所生，虽然比亚历山大年长三岁，却天生心智迟钝且患有癫痫。
② 御营指挥（Chiliarchen）是马其顿的最高官职，最初用来指代波斯阿契美尼德王朝（Achaemenid）军队中负责指挥国王身边1000名精锐护卫的千夫长（melophoroi）一职。后来亚历山大采取了这一官职，将它授予密友赫菲斯提翁。

利埃格，独揽大权。而在后宫中，罗克珊娜处死了大流士三世的两个女儿，她的儿子在不久之后降生，是为亚历山大四世。

《巴比伦分封协议》（*Partition of Babylon*）中的权力分配

摄政：佩狄卡斯，亚历山大身边的七个侍卫首领之一

伙伴骑兵统领：塞琉古（Seleucus）

（马其顿、伊利里亚、伊庇鲁斯和希腊）留守：安提帕特（Antipater）

色雷斯：利西马库斯（Lysimachus），亚历山大身边的七个侍卫首领之一

赫勒斯滂–弗里吉亚：莱昂纳托斯，亚历山大身边的七个侍卫首领之一

大弗里吉亚（Greater Phrygia）、潘菲利亚（Pamphylia）和吕西亚（Lycia）：安提柯（Antigonus Monophthalmus）

卡里亚（Caria）：阿桑德（Asander）

吕底亚（Lydia）：米南德（Menander）

卡帕多西亚（Cappadocia）、帕夫拉戈尼亚（Paphlagonia）：卡地亚的攸美尼斯（Cardia of Eumenes）或尼卡诺尔（Nicanor）

奇里乞亚（Cilicia）：菲洛塔斯（Philotas）

埃及：拉古思之子托勒密，亚历山大身边的七个侍卫首领之一

叙利亚：拉俄墨冬（Laomedon of Mytilene）

美索不达米亚：阿尔卡西劳斯（Arcesilaus）

大米底亚（Greater Media）：培松（Peithon）

小米底亚（Lesser Media）：阿特罗巴特斯（Atropates），佩狄卡斯的岳父，后成为米底亚北部的阿特罗帕特尼王朝的首任君主

波西斯（Persis）：朴塞斯塔斯（Peucestas）

卡曼尼亚（Carmania）：特勒波勒摩斯（Tlepolemus）

赫卡尼亚（Hyrcania）、帕提亚（Parthia）：菲利普（Philip）或弗拉塔费涅斯（Phrataphernes）

索格迪亚纳（Soghediana）、巴克特里亚（Bactria）：斯塔萨诺尔（Stasanor）

德兰吉亚纳（Drangiana）、阿里亚（Aria）：斯塔桑德尔（Stasander）

阿拉霍西亚（Arachosia）、格德罗西亚（Gedrosia）：西比亚提斯（Sibyrtius）

帕罗帕米西亚（Paropamisia）：奥克夏特斯，罗克珊娜的父亲

旁遮普（Punjab）：塔克西莱斯（Taxiles）

印度河：波鲁斯（Porus）

犍陀罗（Gandhara）：阿格诺尔之子培松（Peithon，son of Agenor）

　　当亚历山大去世的消息传到希腊时，在雅典，人们纷纷走上街头庆祝。亚历山大生前颁布的两项命令让他成为众矢之的。在密友赫菲斯提翁死后，亚历山大要求希腊人向他献祭，这对虔诚的希腊人来说是一种亵渎。在返回巴比伦后，亚历山大又下令让所有希腊城邦召回被放逐者，并恢复他们的公民权。希腊人有理

▲ 亚里士多德正在为亚历山大授课

由担心这将使被放逐的僭主们重返希腊，亚历山大被认为正在改变他早期的政策，打算在希腊复兴僭主制。尽管亲马其顿的政治家福基翁（Phocion）一再告诫雅典人不要轻举妄动，但是在民意的推动下，雅典公民大会决定派出一支由列奥提尼斯指挥的雇佣军[1] 前往埃托利亚（Aetolia）。列奥提尼斯首先打败了前来阻拦他们的彼奥提亚人，随后

----

① 他们曾在亚洲为波斯总督们效力，后被亚历山大遣散。

与埃托利亚人和色萨利人结盟。在温泉关，列奥提尼斯打败了前来镇压的安提帕特——他受命在亚历山大远征期间留守马其顿，迫使他退守附近的拉米亚（Lamia）。亚历山大的授业恩师亚里士多德其时正在雅典，混乱的局势迫使他逃离雅典，前往附近一座有马其顿驻军的基地避难，并于次年（公元前322年）在此去世。

首先赶来解围的是莱昂纳托斯，他是赫勒斯滂－弗里吉亚省的总督，又是腓力二世的孀居女儿克里奥帕特拉[①]的未婚夫。莱昂纳托斯的军队约有2万人（其中步兵2万人、骑兵1500人），对面的希腊人亦旗鼓相当。然而没过多久，莱昂纳托斯便在一次战斗中为希腊人所杀。随后赶来增援的是克拉特鲁斯，当时他正指挥着一支万余人的老兵队伍在小亚细亚。阿卡纳尼亚人的入侵迫使埃托利亚人退出联军，其他人也担心自己的领土会遭到邻居的入侵，至于拥有全希腊最强陆军的斯巴达，则始终按兵不动，就像雅典在10年前斯巴达起兵反抗马其顿时做的那样。在随后爆发的克拉农之战中，克拉特鲁斯指挥一支多达4.8万人（其中步兵4万人、投石手和弓箭手3000人、骑兵5000人）的军队击败了仅有2万多人（步兵25000人、骑兵3500人）的希腊联军。另一方面，海军司令克莱图斯指挥着一支以腓尼基水手为主的舰队（240艘战船），在基克拉泽斯群岛中的阿莫尔戈斯岛附近打败了名满希腊的雅典舰队（170艘战船）。随后，安提帕特率军逐个击破了反抗的希腊城邦，雅典被迫接受了比之腓力二世和亚历山大时更加苛刻的条件：马其顿在比雷埃夫斯附近的曼基尼亚山上驻军；有权修改雅典的法律；剥夺所有财产在2000德拉克马以下者的公民权，并将他们放逐到色雷斯。

在遥远的巴克特里亚，亚历山大去世的消息立即在当地引发了一场叛乱。先前，亚历山大在镇压了当地的反抗者后，为了巩固对新征服的巴克特里亚和索格狄亚那的统治，除留下数万士兵驻防外，还从马其顿和希腊等地大量移民。（殖民者）由于远离故土、羁留异域，因此时常发生叛乱。早在公元前327年，在巴克特里亚的卫戍部队就发生过哗变；次年，又有3000希腊移民在巴克特里亚和索格

[①] 克里奥帕特拉的前任丈夫是摩罗西亚的伊庇鲁斯国王亚历山大一世（亚历山大大帝的母亲奥林匹亚斯的弟弟），正是在她的婚礼上腓力二世遇刺身亡。几年后，这个亚历山大在率军助大希腊地区（南意大利和西西里）的城邦与布鲁提恩人作战时被杀。

狄亚那叛乱，试图效法色诺芬从陆路返回希腊①，但遭镇压。亚历山大死后，在巴克特里亚和索格狄亚那，有2万步兵和3000骑兵整装西进，企图返回希腊。佩狄卡斯对此大感震惊，他担心这将会危及马其顿人和希腊人对亚洲腹地的统治。培松受命率军前去阻止他们。培松曾试图劝说他们为己所用，但未成功。按照佩狄卡斯的命令，培松将他们解除武装，然后全部杀害。至于他们的财产，则被培松麾下的士兵瓜分。

欧律狄刻（Eurydice）是被废黜的马其顿国王阿明塔斯四世②与腓力二世之女库娜涅（Cynane）的女儿，库娜涅的母亲是一位叫奥妲塔（Audata）的伊利里亚公主，是达尔达尼人国王巴尔底利斯的女儿。欧律狄刻曾经名叫阿狄亚，早年丧父，是由母亲一手带大的。库娜涅从小就教授女儿骑马、狩猎、格斗作战的技巧，就像当年奥妲塔教导库娜涅这些技巧一样。公元前323年，在得知腓力三世于巴比伦被推举为国王后，留在马其顿本土的库娜涅就带着欧律狄刻动身出发前往巴比伦，准备让欧律狄刻嫁给腓力三世，使自己的女儿成为王后。然而她们一行来到小亚细亚时，被摄政佩狄卡斯的弟弟阿尔塞塔斯（Alcetas）带兵拦截，库娜涅遭处决。处死王室成员的举动引起士兵们的强烈不满，佩狄卡斯只好让腓力三世和欧律狄刻成婚以安抚士兵们的怨气。

第一次继业者战争及其后的短暂和平

埃及的托勒密首先起来挑战佩狄卡斯。他与护送亚历山大灵柩返回马其顿安葬的阿里达乌斯（马其顿军官，非腓力三世）相勾结，秘密将灵柩送往埃及，安置在孟菲斯城外的一座神庙里（公元前323年年底）。本来佩狄卡斯与安提帕特的

---

① 公元前5世纪末，波斯王子小居鲁士在吕底亚起兵叛乱，在斯巴达名将莱山德的帮助下招募了一支万余人的希腊雇佣军，他的军队一直推进到美索不达米亚，却意外在库纳克萨战役中被杀。苏格拉底的一个学生色诺芬正在军中，小居鲁士死后，在希腊雇佣军的指挥官遭波斯人处死的情况下，他临危受命率领希腊人历尽艰辛返回希腊。许多年后，色诺芬将他此行的见闻整理为《万人远征记》（Anabasis）。这部书后来成为亚历山大的案头读物，激励了他对波斯发起远征。

② 阿明塔斯四世是佩狄卡斯三世的儿子，他的父亲在与入侵的伊利里亚人作战时被杀，当时尚还年幼的他被曾在底比斯作为人质的叔叔腓力二世取代，亚历山大继位后，以阿明塔斯四世参与刺杀国王为由将他处死。

▲ 一座托勒密一世的石膏像

女儿订有婚约，然而在莱昂纳托斯死后，他取消了这份婚约，打算迎娶再次孀居的克里奥帕特拉。这一轻率的举动导致他与安提帕特之间的联盟瓦解，安提帕特转而将自己的女儿嫁给了克拉特鲁斯。巴比伦会议召开时，克拉特鲁斯远在小亚细亚，故一无所得。三方迅速组成了一个反佩狄卡斯的联盟。

公元前322年年初，佩狄卡斯率领大军进攻埃及。托勒密一面率军前往东部的佩鲁修姆（尼罗河三角洲地区的门户）；一面下令处死了暗中勾结佩狄卡斯的前任埃及总督克里奥米尼，没收了他在任期间搜刮的巨额财产。托勒密的舰队牢牢扼守着河口，使帕迪卡斯的舰队无法进入尼罗河，帕迪卡斯试图夺取该地的一处要塞，也未能成功。在佩鲁修姆的进攻受挫后，佩狄卡斯率军进到下游的赫利奥波利斯附近。第二次渡河行动起初十分顺利，部分士兵成功登上了尼罗河中的一座沙洲，然而由于突然河水泛涨（可能是托勒密掘开了尼罗河大坝），后续部队没能成功渡河。担心遭到托勒密袭击，佩狄卡斯遂下令让已经渡河的士兵悉数撤回东岸。两次渡河行动的失败，引起了军中将士的不满，动摇了佩狄卡斯的威望。此时，几名高级将领——塞琉古、培松和安提贞尼斯（银盾步兵团长），合谋暗杀了佩狄卡斯。佩狄卡斯之死标志着马其顿众将之间第一次内战结束。

尽管佩狄卡斯死于埃及，忠于他的军队却在攸美尼斯的率领下，在小亚细亚战场上杀死了克拉特鲁斯。攸美尼斯在腓力二世和亚历山大时代曾是王室书记官，深受国王重用。在亚历山大死后的短暂混乱中，他曾参与调解众将之间的矛盾，后被任命为卡帕多西亚或帕夫拉戈尼亚的总督，负责攻打当地独立的地方贵族。攸美尼斯虽长期担任文职，却颇具军事才能。赫勒斯滂海峡位于小亚细亚西北部，是通往黑海的必经之路，攸美尼斯和克拉特鲁斯的军队在此相遇。克拉特鲁斯是马其顿军中少数几个威望仅次于亚历山大的将领之一，攸美尼斯手下的马其顿士兵拒绝与他作战，毕竟攸美尼斯说到底只是一个来自色雷斯－切索尼斯（Thracian Chersonese）的希腊人。尽管经过腓力二世和亚历山大两代君主的统治，马其顿人与希腊人之间的隔阂仍然很深，在后者心中，马其顿也只不过是一个半蛮族国家而已。攸美尼斯只得带领一支以新归附的东方士兵为主的军队应战，这对克拉特鲁斯来说无疑是有利的。因此在战斗打响后不久，克拉特鲁斯就带领麾下骑兵发起猛攻，不料却意外坠马而死。攸美尼斯隆重地安葬了克拉特鲁斯，又收服了他群龙无首的部下，实力大增。

佩狄卡斯死后，公元前 321 年年初，马其顿众将与王室成员在叙利亚城市特里帕拉迪苏斯（Triparadisus）会集，这已是亚历山大死后对权力的再次分配。托勒密对埃及的统治权得到承认，他的辖区还包括了利比亚和阿拉伯地区。刺杀佩狄卡斯的三人——塞琉古、培松和安提贞尼斯分别获得了所属的省份，其中塞琉古得到了巴比伦尼亚，培松获得了米底亚，安提贞尼斯获得了苏萨。至于最重要的摄政人选，托勒密主张由阿里达乌斯出任，他曾帮助托勒密将亚历山大的灵柩运往埃及；另一位候选人是安提帕特，他得到了主要王室成员的支持，主要是腓力三世的王后欧律狄刻。经过妥协，安提帕特最终获胜，成为马其顿的摄政。除安提帕特以外，受益最大的当属安提柯，他不但控制了小亚细亚几个重要的省份，还获得了对亚洲各省军队的统率权，他的部下"白色的"克莱图斯（Cleitus the White）斯则获得了吕底亚。

《特里帕拉迪苏斯分封协议》（*Partition of Triparadisus*）中的权力分配

　　摄政：安提帕特

　　伙伴骑兵司令：卡山德（Cassander）

　　叙利亚：拉俄墨冬

　　奇里乞亚：费罗萨努斯（Philoxenus）

　　美索不达米亚和亚述：安菲马库斯（Amphimachus）

　　巴比伦尼亚：塞琉古

　　赫勒斯滂－弗里吉亚：阿里达乌斯

　　苏萨：安提贞尼斯，前银盾步兵团长

　　吕底亚：克莱图斯

　　大弗里吉亚、潘菲利亚和吕西亚：安提柯

　　奇里乞亚：费罗萨努斯

米底亚：培松

波西斯：朴塞斯塔斯

埃及：托勒密

色雷斯：利西马库斯

卡曼尼亚：特勒波勒摩斯

里海之门（Caspian Gates）以内的米底亚：培松

帕提亚：菲利普

德兰吉安纳、阿里亚：斯塔桑德尔

索格迪亚纳、巴克特里亚：斯塔萨诺尔

阿拉霍西亚、格德罗西亚：西比亚提斯

帕罗帕米西亚：奥克夏特斯

旁遮普：塔克西莱斯

印度河：波鲁斯

犍陀罗：阿格诺尔之子培松

▲ 中世纪插图中关于托勒密袭击耶路撒冷的场景

从公元前321年到公元前319年的不足3年时间里，安提帕特担任摄政，大致维持了继业者们的和平。在公元前320年夏季，托勒密利用犹太人过传统节日时，偷袭了耶路撒冷，将大量犹太人带回亚历山大里亚这座由亚历山大奠基的伟大都市。他们的聚居地正是后来这座城市的一个主要城区——犹太人区的前身。对耶路撒冷的征服使托勒密的控制区域扩展到了叙利亚南部边界，拉俄墨冬和费罗萨努斯的属地成为他与安提柯之间的缓冲带。

第二次继业者战争

公元前 319 年，安提帕特病逝，临终前将摄政一职交给了一位腓力二世时代的老臣波利伯孔（Polyperchon），而非自己的儿子卡山德（他被任命为波利伯孔的副手）。① 安提帕特这一有意或无意间的举动，点燃了新一轮内战的烽火。

波利伯孔的权力受到各方挑战，除了卡山德外，还有埃及的托勒密、色雷斯的利西马库斯和小亚细亚的安提柯，他们组成了一个反波利伯孔的同盟。同时，安提柯还向卡山德提供了一支 4000 人的军队以及一支舰队。为了在即将爆发的战争中获得希腊人的支持，波利伯孔以摄政的名义颁布了一项法令，宣布将不再支持各个城邦内部的僭主势力，并撤回驻扎在各个城邦中的马其顿驻军，允许遭安提帕特处罚的城邦恢复独立。波利伯孔的新政迅速在希腊各地掀起轩然大波，人们纷纷驱逐了在腓力二世、亚历山大和安提帕特摄政时代扶植起来的僭主和亲马其顿势力。

只在两个地方——麦加罗波利斯（Megalopolis）和雅典，波利伯孔的法令遇到了一些阻碍。麦加罗波利斯是少数几个仍支持卡山德的希腊城邦，它是一座阿卡迪亚人的城市，由底比斯名将伊巴密浓达（Epaminondas）所建。在留克特拉战役后（Battle of Leuctra，公元前 371 年），底比斯军队入侵伯罗奔尼撒，帮助阿卡迪亚人建立了麦加罗波利斯，目的是遏制南面的斯巴达势力。北方的马其顿崛起后，麦加罗波利斯又倒向了腓力二世。公元前 331 年夏，当亚历山大的军队正在向美索不达米亚挺进时，斯巴达在伯罗奔尼撒发动了一场反对马其顿的战争，驻扎在科林斯的一支马其顿军队被打败。伊利斯、除佩利尼以外的亚该亚同盟、除麦加罗波利斯以外的阿卡迪亚同盟（Acadian Alliance），都加入了进来，联军总兵力多达 2.2 万人（步兵 2 万人、骑兵 2000 人），其中包括大量从亚洲返回的希腊雇佣兵，他们多数原在波斯总督和将军帐下效力，亚历山大的东征使他们失去了生计。而当时安提帕特正指挥留守马其顿的军队主力在色雷斯镇压一场叛乱。斯巴达人在获胜后立即包围了麦加罗波利斯，这座城市是进入美塞尼亚（Messenia）的

---

① 安提帕特把摄政一职交给波利伯孔而非卡山德，或许是出于权力平衡的考虑，他错误地估计了当时的局势以及他儿子的决心，最终引发了导致帝国分裂的第二次内战。

门户。斯巴达人试图恢复昔日霸权的企图使他们陷入孤立无援的境地，原本打算派舰队支持的雅典现在拒绝出兵。斯巴达人对麦加罗波利斯的围攻持续了半年之久，始终没能突破城防。在与色雷斯的叛乱者达成妥协后，安提帕特立即挥师南下，沿途征募了一支多达 4 万人的大军。由于大量的马其顿士兵都已随亚历山大前往亚洲了，因此这支军队主要以蛮族战士、同盟雇佣军和少量马其顿士兵组成。斯巴达人放弃了对麦加罗波利斯的包围，向南退至拉戈尼亚边界。在库里图斯隘口，斯巴达人在一场血战后崩溃了，有 5300 人被杀，包括他们的国王。

在拉米亚战争失败后，雅典受到了严厉的惩罚，曼基尼亚山上的马其顿驻军始终令雅典人如鲠在喉。因此当波利伯孔颁布法令取消对僭主的支持并撤回驻军时，雅典人积极响应。失去支持的僭主派贵族则勾结卡山德，使后者的部下接管了山上的要塞，并拒绝执行波利伯孔的命令。

麦加罗波利斯不但支持卡山德，还收留了许多遭驱逐的僭主。为此，波利伯孔一面派他的儿子亚历山大带领一支军队前往雅典，驱逐法勒隆的德米特里；一面亲自带领大军南下攻打麦加罗波利斯。负责指挥麦加罗波利斯城防的是一个曾随亚历山大远征东方的雇佣军军官达米斯（Damis），亚历山大死后他返回希腊，定居在麦加罗波利斯。当波利伯孔的大军兵临城下时，达米斯由于他丰富的军事经验被推举为指挥官。波利伯孔在城外修建了一座巨大的攻城塔，派人在城下挖掘地道，又以弩炮破坏城墙。在一段城墙因遭到破坏而倒塌后，达米斯估计第二天波利伯孔会用战象为先导攻城，在动员市民修建第二道临时城墙的同时，他在遭到破坏的城墙两侧埋伏了大量投石手和弓箭手，又将尖木桩埋设在缺口处的地面上。到了次日，波利伯孔果然以战象为先导攻城，在冲入缺口后受到埋在地下的尖木桩以及两侧的远程武器打击。受惊的战象发狂般转头向后逃去，一下子便冲垮了在它们身后列阵的马其顿士兵。而在另一方面，波利伯孔的军队偷袭曼基尼亚山的计划被僭主派贵族泄露给了卡山德的军队，这一计划未能成功。

波利伯孔在希腊受挫使他陷入极为不利的境地，卡山德趁机占领了马其顿。腓力三世的王后欧律狄刻与卡山德结盟，使后者成为她丈夫的摄政。当卡山德率军南下希腊与波利伯孔作战时，欧律狄刻成为马其顿的统治者。为扭转败局，波利伯孔转而与奥林匹亚斯（Olympias）结盟，并认命正转战亚洲各地的攸美尼斯节制东方诸省的军队。奥林匹亚斯带着她的外孙亚历山大四世与支持她的军队攻入马其顿，由于士兵们拒绝与亚历山大的母亲和儿子作战，奥林匹亚斯轻易获得了胜利，腓力三世与他的妻子欧律狄刻在安菲波利斯（Amphipolis）被擒并被关押起来。奥林匹亚斯担心腓力三世继续存在的话将会威胁亚历山大四世的王位，因此于当年（公元前317年）年末处死了腓力三世，欧律狄刻亦被迫自杀。然而好景不长，当卡山德于次年结束了希腊的战事后，再次攻入马其顿，奥林匹亚斯在皮德纳被俘后死于石刑（即被乱石砸死）。随后，卡山德为腓力三世和欧律狄刻举行了隆重的葬礼，将他们安葬在旧都埃加伊。至于亚历山大四世和他的母亲罗克珊娜则被软禁在安菲波利斯城外的一处宫殿里。

佩狄卡斯死后，攸美尼斯一直带领他的部下转战于亚洲各地，他的主要敌人是身兼大弗里吉亚、潘菲利亚和吕西亚三省总督及亚洲诸省统帅的安提柯。公元前318年年末，安提柯和攸美尼斯的军队在米底亚南部山区隔着一条山谷溪流对峙。由于缺乏食物和草料，安提柯决定前往南面的坎巴塞尼斯（Campasenes）山谷建立冬季营地。该地位于苏萨和埃克巴塔纳之间，不仅尚未被战火破坏，土地富饶，且易守难攻。通过秘密渠道得知这一消息后，攸美尼斯也开始行动。其实他也打算前往坎巴塞尼斯过冬，只是由于安提柯占据了通往这一地区的大路且双方一直处于对峙状态才作罢。攸美尼斯故意让"叛逃"到安提柯营中的士兵告诉他，前者将率军渡河发动进攻。正当安提柯严阵以待时，攸美尼斯利用夜色的掩护，让辎重队沿着一条隐蔽的山间隘路秘密前往坎巴塞尼斯，士兵们则携带长途行军所需的口粮紧随其后。攸美尼斯在岸边故意摆出一副大战即将来临的架势，成功地迷惑了安提柯。直到次日凌晨有侦察兵向他报告攸美尼斯已拔营而走时，安提柯一直带领军队在营地附近严阵以待。攸美尼斯为军队赢得了一整夜的时间，当安提柯的骑兵追上他的后卫部队时已是天明时分。安提柯故意制造他已率领大军赶到的假象，迫使攸美尼斯列阵迎战，成功地为后续步兵争取了时间。双方势均力敌，都希望通过一场胜利打通前往坎巴塞尼斯的道路。战斗一直持续到夜幕时分，双方不分胜负，他们各自的左翼都被击败，右翼又都取得了胜利。安提柯尽管在战场上获得了优势，但由于损失惨重，被迫放弃对（通往坎巴塞尼斯）道路的争夺，向北返回米底亚过冬。攸美尼斯顺利地进入坎巴塞尼斯，在那里建立了冬季营地。

尽管攸美尼斯一再命令部队不要分散得太远，但仍不能阻止士兵们分散居住在各个村落中，这导致军队失去了在受到攻击时迅速集中的能力。在从间谍口中得知这一消息后，安提柯决定出其不意，将分散在坎巴塞尼斯的敌军各个击破。从他的冬季营地出发有两条路可以通往坎巴塞尼斯，其中一条较远，但沿途人口稠密，有足够的物资供给军队；另一条路较近，但沿途人口稀少且缺乏水源，很难供给军队。安提柯选择了后者，因为这条崎岖的道路可以直通攸美尼斯的冬季营地。安提柯让士兵们携带十天的口粮以及兽皮制作的水囊，并为马匹准备了充足的草料。出发前，安提柯还故意散布谣言，宣称他将前往亚美尼亚招募更多的士兵，以补充在坎巴塞尼斯山路中的损失。为了迷惑攸美尼斯派出的间谍，安提柯故意带领军队向亚美尼亚方向行军，直到进入山区后，才转过头来沿着那条崎岖的山路向坎巴塞尼斯进军。

本来这个偷袭计划天衣无缝，安提柯的军队在夜间行军，而且只在白天宿营时点火取暖，可是由于天气十分寒冷，有士兵不顾禁令在夜间引火取暖，因此暴露了踪迹。却说攸美尼斯在进入坎巴塞尼斯后，由于部队分散在各处，一直没有放松警惕，不断向附近地区派出巡逻队和侦察兵。当得知北方山区出现大量营火时，攸美尼斯立即做出部署，他让士兵轮流占据两侧山脚的突出部，点起大量营火，做出一支大军正在集结的假象，迫使安提柯放弃了奇袭的计划。攸美尼斯则利用这一时机，集中军队并构筑设防营地。

公元前317年年初，事情出现转机：同卡山德争夺希腊失败的摄政波利伯孔与奥林匹亚斯结盟，攸美尼斯被授予节制亚洲诸省军队的权力，因此实力大增。在波斯境内的帕莱塔西奈（Paraitacene），攸美尼斯与安提柯的军队正面相遇，前者有4.1万人（其中重装步兵17000人、轻装步兵18000人、骑兵6000人以及125头战象），后者有4.4万人（其中重装步兵28000人、轻装步兵5500人、轻装骑兵6900人、重装骑兵3700人以及65头战象）。安提柯的优势在于他的重装步兵和骑兵人数远远超过攸美尼斯，而后者的轻装部队数量更多，且战象是前者的一倍。

安提柯将轻装骑兵部署在左翼，重装骑兵和轻装步兵部署在右翼，重装步兵组成的方阵位于阵线中央，战象则分散部署于阵前。攸美尼斯亲自指挥位于右翼的重装骑兵，而其他骑兵、战象和轻装步兵部署于左翼，重装步兵组成的方阵位于中间。战斗开始后，安提柯左翼的轻装骑兵首先发动进攻，攸美尼斯的骑兵数量处于劣势，为此他不得不派部分左翼骑兵前往增援。而在阵线中央，攸美尼斯麾下的银盾军团老兵成功击退了安提柯数量占优的重装步兵，安提柯被迫投入重装骑兵，勉强止住了颓势。此战中，安提柯手下有3000—7000人被杀，而攸美尼斯只损失了约1000人。

在接下来的一年多时间里，双方继续在波斯境内不断交战。公元前316年冬，在波斯境内的加比奈（Gabiene），双方再次爆发会战。安提柯此时能召集起来的军队只有3.1万人（其中步兵22000人、骑兵9000人、战象64头），攸美尼斯此前损失较大，仅剩2.3万人（其中步兵17000人、骑兵6000人、战象114头）。战场位于一片平坦的沙地上，安提柯在兵力上占据优势，只是在战象的数量上仍不及攸美尼斯。重装骑兵、战象和轻装步兵组成了安提柯的右翼，其他步兵和轻装骑

▲ 马其顿持盾兵，by Johnny Shumate

兵组成了他的左翼，其子德米特里（"破城者"）指挥右翼的伙伴骑兵，他本人指挥左翼的方阵步兵。在他们的对面，攸美尼斯仍然像帕莱塔西奈战役时，将其精锐的银盾军老兵部署在阵线中央。战斗开始后，双方部署在阵前的战象和轻装步兵首先发生接触，继而是双方的重装步兵。属于安提柯一方的培松带领精锐的米底亚骑兵故意在战场上扬起沙土，形成一道沙雾挡住视线，在攸美尼斯没有察觉的情况下，悄悄绕过其侧翼，袭击了他们位于后方的营地，缴获了大量的战利品，其中包括银盾军团老兵们多年来积聚的行李和辎重。在德米特里的打击下，指挥攸美尼斯左翼骑兵的波斯总督朴塞斯塔斯逃离战场。失去了战象和重装骑兵的攸美尼斯被迫下令撤退，在各部中只有银盾军团老兵井然有序地撤离战场。在战场上失利的攸美尼斯带领部队返回营地后，失去了所有行李和辎重的银盾军团老兵逮捕了攸美尼斯及其他指挥官，将他们交给安提柯，以换回他们损失的行李辎重。攸美尼斯与其主要将领安提贞尼斯和欧西德莫斯（Euthydemus）等人一道，在审判后遭处决。

攸美尼斯和奥林匹亚斯相继被杀使波利伯孔陷入孤立无援的境地。公元前315年，历时4年的第二次内战（或继业者战争）结束，几位势力强大的继业者（或军阀）瓜分了帝国的版图，其中卡山德统治马其顿和希腊的大部分地区，雅典由他的部下法勒隆的德米特里（Demetrius of Phalerum）①统治；托勒密除统治埃及以外，还控制了朱迪亚（今巴勒斯坦）和昔兰尼加（位于今利比亚北部）等地；安提柯和

---

① 法勒隆的德米特里约出生于公元前350年，其父法诺斯特拉图斯（Phanostratus）是一个普通且贫穷的法勒隆公民。德米特里早年曾与著名的戏剧家米南德一起，求学于泰奥弗拉斯托斯（活跃于公元前4世纪的哲学家和科学家，后取代亚里士多德成为"逍遥学派"的领袖）的学园。德米特里因其出色的辩论技巧而成名，在政治上倾向于福基翁为代表的寡头派。福基翁死后，在卡山德的支持下，德米特里占领了比雷埃夫斯，并击败了前来进攻的波利伯孔派军队，后成为雅典的僭主。在位期间，德米特里改革雅典的法律，提高投票权的限制，缩小了雅典公民权的范围，他的这一系列举措被看作是安提帕特政策的延续，因此遭到了底层民众的反对。不过，由于安提帕特放逐了绝大部分平民，因此在这一时期，底层民众的力量已大不如前。出于对他的感激，雅典公民至少为他树立了360座雕像，不过这些荣誉大多在他流亡后即被撤销。在其统治后期，宫廷生活愈加奢靡，每年花在饮食、宴会和女人身上的费用就达1200塔兰特之多。德米特里的统治一直维持到公元前307年，当时卡山德的敌人"破城者"德米特里攻陷雅典，法勒隆的德米特里在后者的授意下出逃。在德米特里出逃后，雅典人在其政敌的煽动下，对其做出缺席死刑判决。而原先为雕塑竖立起的雕像，除了保留一件外，其他的都遭到破坏。德米特里先是逃亡到邻近的彼奥提亚，避难于重新建立的底比斯，公元前297年后，他又渡海来到埃及亚历山大里亚托勒密一世的宫廷内，作为顾问帮助托勒密一世制定法律和建立图书馆，并致力于文学创作。然而当托勒密一世病逝后，继位的托勒密二世将其放逐到南方的上埃及。最后，他因被毒蛇咬伤而去世（约公元前283年）。

他的儿子德米特里则控制了小亚细亚的大部分地区，并将手伸向了两河流域和叙利亚；色雷斯被亚历山大麾下的另一位将军利西马库斯统治。

第三次继业者战争

在所有继业者当中，安提柯的野心是最大的，他试图重新统一亚历山大庞大的帝国。公元前316年年末，在处死了攸美尼斯后，他将军队开向两河流域，逮捕并处死了在加比奈之战中投资敌营的米底亚总督培松，兼并了他的省份。为避免落得和培松同样的命运，巴比伦尼亚（Babylonia）总督塞琉古带领少量亲随逃往埃及。据说，当时有一个迦勒底人占星家曾向安提柯预言，塞琉古将在未来成为亚洲的主宰者，并最终会杀死他。安提柯当即派人追赶塞琉古一行，但为时已晚。

托勒密联合卡山德要求安提柯将侵夺的省份还给塞琉古，在遭到拒绝后，便联合色雷斯的利西马库斯组成了一个反安提柯联盟，第三次继业者战争爆发。

公元前314年，安提柯为了在战争中争取更广泛的支持，宣布支持希腊城邦获得自由，并反对任何形式的驻军——不过他的后代似乎并不认同这一宣言。此举明显针对的是卡山德在希腊地区的统治。安提柯和他的儿子德米特里建立一个由爱琴诸岛（希俄斯岛、利姆诺斯岛、莱斯博斯岛和萨摩斯岛等）组成的岛国

▲ 一座塞琉古一世的青铜头像

城市联盟（Island City Alliance），以阻止卡山德对小亚细亚西部的入侵。安提柯还与在上次战争中失败的波利伯孔取得联系，让他在希腊牵制卡山德。波利伯孔此时正在伯罗奔尼撒半岛，手中控制着亚历山大的私生子赫拉克勒斯。

安提帕特所处的位置使他不得不同时面对来自多个方向的敌人——西面马其顿的卡山德、南面埃及的托勒密。由于斯基泰人和色雷斯人的入侵，色雷斯的利西马库斯未能立即参战，在一定程度上减缓了安提柯的压力。从公元前314年起，安提柯用了整整一年时间围攻并占领了支持托勒密的提尔。公元前312年，托勒密与塞琉古进攻加沙。该城位于腓尼基与埃及的边界，是进出埃及的必经之路，安提柯派他的儿子德米特里前往迎战。

托勒密和塞琉古的军队有2.2万人（其中步兵18000人、骑兵4000人），德米特里的军队约有1.7万人（其中12500人、骑兵4400人、战象43头）。托勒密和塞琉古把大部分骑兵部署在左翼，德米特里则针锋相对地增强左翼实力，并命令右翼骑兵不要主动发起进攻，以达到延缓战斗进程的目的。战斗开始前，托勒密和塞琉古从斥候处得知德米特里的阵形后，立刻改变部署，将精锐骑兵集中到右翼，并在骑兵前面铺设障碍（如铁蒺藜和钉子），并部署标枪手和弓箭手用以防御战象，由重装步兵组成阵线中央，其他骑兵则被部署在左翼。战斗开始后，德米特里左翼的骑兵在战斗中获得优势，继而又以战象发动进攻，但因受阻于铁蒺藜以及标枪、弓箭的打击而损失惨重。德米特里失去战象的左翼骑兵渐渐不支，他被迫带领军队向后退去，托勒密则趁机占领了加沙城。

▲ 一座德米特里一世的石膏头像

加沙之战后，安提柯失去了对南线的控制，受托勒密支持的塞琉古趁机带领一支军队返回巴比伦尼亚，驱逐了安提柯留在当地的驻军，收复了这一地区。安提柯委任的米底亚总督尼卡诺尔，联合阿里亚总督埃瓦戈拉斯（Euagoras）率领一支17000人的军队从北面入侵巴比伦尼亚，而塞琉古此时仅有不足4000名士兵。为此，塞琉古指挥军队在底格里斯河边沼泽地附近袭击了正驻扎于此的米底亚－阿里亚联军，埃瓦戈拉斯在混战中被杀，尼卡诺尔带领部分士兵连夜逃回米底亚，并向安提柯求援。塞琉古收编了留在营地内的米底亚－阿里亚联军，兵力增至2万人。留下部分士兵防守巴比伦尼亚后，塞琉古带领军队向东方进发，陆续征服了波斯、阿里亚、帕提亚、米底亚和苏锡安那等地。因为巴克特里亚总督斯塔桑诺（Stasanor）在战争中始终保持中立，故得以幸免。安提柯派他的儿子德米特里乌斯带领步兵15000人、骑兵4000人前往救援尼卡诺尔。

公元前311年，安提柯相继与卡山德、托勒密和利西马库斯缔结和约，各方约定在亚历山大四世①成年前都要维持现状，至此第三次继业者战争结束。然而，安提柯并未与塞琉古缔结和约，双方之间的战争仍在继续，两河流域的巴比伦尼亚和美索不达米亚以及对东方诸省的控制权，成为争夺的焦点。

公元前310年春，德米特里率军进入巴比伦外城，塞琉古的部下帕特罗克勒斯指挥守军坚守城内的两座要塞。德米特里率军经过苦战夺取了第一座要塞，但第二座要塞始终未能攻下。德米特里留下6000士兵（其中步兵5000人、骑兵1000人）继续围攻这座要塞，自己率领其他的军队返回叙利亚。同年秋，安提柯率领一支约4万人的大军再次入侵巴比伦尼亚，此时已从东方前线返回的塞琉古率军迎战。为获得足够的补给，安提柯纵容军队在巴比伦尼亚境内大肆劫掠，引发了当地人的敌意，塞琉古则利用了这一有利态势，扩大了自己的影响力。从公元前310年年末至公元前309年年初，双方在两河流域对峙，直到托勒密发动对奇里乞亚的袭击，安提柯才从巴比伦尼亚撤军。

虽然卡山德与塞琉古缔结和约，同意在亚历山大四世成年前维持现状，但他

---

① 亚历山大四世时年12岁，与他的母亲罗克珊娜一起被软禁在马其顿。

仍然担心亚历山大四世的存在将来可能会对他的统治构成威胁。公元前 310 年，卡山德毒死了处于软禁中的亚历山大四世和他的母亲罗克珊娜，并对外封锁了这一消息。卡山德又与身处伯罗奔尼撒的波利伯孔媾和，条件是后者必须处死在其手中的亚历山大私生子赫拉克勒斯。赫拉克勒斯的母亲巴尔馨是波斯总督阿塔巴佐斯的女儿，先嫁给罗德岛的门农[①]，在其死后又成为亚历山大的一个情妇。

第四次继业者战争

公元前 309 年，托勒密对小亚细亚南部、爱琴海和希腊沿岸的入侵，再度挑起了他与安提柯之间的战争。公元前 308 年，托勒密再度与卡山德结盟，以共同对抗安提柯的军事威胁。为避免三面受敌，安提柯与塞琉古缔结了和约，承认了后者对巴比伦尼亚、美索不达米亚以及东方各省的控制。安提柯本人亲自坐镇南线，派他的儿子德米特里率领舰队向西入侵希腊。公元前 307 年，德米特里的军队解放了阿提卡，迫使亲卡山德的僭主法勒隆的德米特里逃亡埃及。雅典人热烈欢迎了帮助他们恢复自由的德米特里，后者慷慨地将舰队中的部分船只移交给雅典人。自 15 年前的阿莫尔戈斯海战以来，雅典的舰队便一蹶不振，至此才得以重建。

公元前 306 年，德米特里率领舰队向东入侵托勒密控制下的塞浦路斯岛，而非在希腊继续扩大战果，随同前往的还有新组建的雅典舰队。德米特里打败了托勒密留在岛上的守军，后者退守至萨拉米斯，并向托勒密求援。一支由托勒密亲自指挥的、包括 140 艘战船和 200 艘运输船的舰队从埃及的亚历山大里亚出发，北上前往塞浦路斯，与当地守军的 60 艘战船会合。德米特里的舰队由 180 艘战船组成，其中 30 艘来自雅典，由安提柯的海军司令拉里萨的梅迪乌斯（Medius of

---

① 罗德岛的门农是在阿尔塔薛西斯三世至大流士三世时，为波斯帝国效力的希腊雇佣军指挥官。亚历山大入侵后，门农曾建议大流士三世派出舰队攻击马其顿本土，未被采纳。后在哈利卡纳苏斯，他久率军阻击亚历山大的大军，该城成为亚历山大大帝东征期间唯一未被马其顿军队完全占领的城市。此外他还支持了斯巴达在希腊本土对马其顿的反抗（未获成功）。公元前333年年末，门农病逝，他的死使亚历山大的最大潜在威胁消失。

Larissa）①指挥。经过激战，德米特里的舰队获得胜利，以损失 20 艘战船的代价，击沉敌船 80 艘，俘虏 140 艘（其中包括 100 艘运输船）。托勒密舰队损失过半（200 艘战船中损失了 120 艘），最终萨拉米斯的守军被迫投降。当德米特里获胜的消息传到安提柯在叙利亚北部奥伦斯特河畔建立的城市安提戈尼亚时，"国王万岁"的呼声响彻全城。

在塞浦路斯摧毁了托勒密舰队的主力后，安提柯决定趁热打铁，利用这一有利时机入侵埃及。同年年末，安提柯率领数万大军在舰队的支援下入侵埃及，然而严冬将至，补给运输困难，托勒密则率领军队固守埃及的门户佩鲁修姆。安提柯的舰队因为风暴而搁浅，无法对陆上部队进行支援，安提柯被迫撤军。在埃及受挫后，安提柯决定进攻罗德岛，因为其与托勒密一直保持着盟友关系。早在入侵埃及时，安提柯就派出一支舰队封锁罗德岛，以阻止他们支援托勒密。公元前 305 年，德米特里指挥远征军和舰队在卡里亚南部集结，除 200 艘战船外，还有 170 艘运输船搭载着 4 万步兵以及数目不详的骑兵。卡里亚的海盗舰队亦参加了此次行动，其数量竟有 1000 艘之多。

当舰队抵达罗德岛外海时，德米特里打算利用夜色掩护，凭借舰队规模庞大的优势首先从海上发起进攻。德米特里用 4 艘改装过的巨型战船搭载作为攻击平台的塔楼（其上配有弩炮和弓箭手），它们在拖船的牵引下缓缓驶抵港外，其余战船则封锁了通往外港的航道，另有 400 名步兵悄悄登上了港口外侧的防波堤。当守军发现海面上的巨舰和攻城塔后，立即用部署在港内的防御武器发起攻击。战斗十分激烈，一直持续到第二天上午，罗德岛人用港内停泊的 3 艘战船冲出包围圈，焚毁了其中两艘巨舰，迫使德米特里暂时撤退。另外两艘巨舰则在途中因风暴而沉没。德米特里放弃了从海上进攻的计划，转而在陆上发起进攻。

---

① 拉里萨的梅迪乌斯是一位希腊雇佣军将领，早年曾在马其顿军中的色萨利同盟骑兵中服役，亚历山大死后，他转投佩狄卡斯帐下效力，随佩拉的阿里斯通诺斯（Aristonous of Pella）远征塞浦路斯。佩狄卡斯死后，梅迪乌斯又投靠了安提柯。公元前 313 年，他指挥安提柯的舰队从腓尼基前往卡里亚，沿途击败了一支来自皮德纳、由 36 艘战船组成的舰队，他们是卡山德的支持者。公元前 312 年，他夺取了米利都，又解除了卡山德对优卑亚的围攻。同年，他率领一支由 150 艘船组成的舰队，入侵托勒密统治下的彼奥提亚（位于希腊中部，邻近阿提卡）。公元前 307 年，他参加了德米特里对塞浦路斯的军事行动，并获得胜利。公元前 304 年后，他与德米特里转战希腊各地，可能在 3 年后的伊普苏斯战役中阵亡。

为了能够攻破罗德岛坚固的城墙，德米特里建造了一个被称为"破城者"（Helepolis）的巨型攻城塔，其高约34米，底座面积430平方米，它的8个巨大的轮子由一个需要200个人操作的巨型绞盘控制。"破城者"的底下3层，由下到上依次为从大到小3座弩炮，可以发射重量不等的石块来攻击城墙。其上两层的士兵则使用远程武器打击城墙上的守军。攻城塔的每一侧都建有隐蔽的通道，以便操作室内的士兵用破城槌来攻击城墙。攻城塔的表面覆盖有金属板，且每一层都配有灭火工具，以防遭到守军的火攻。

德米特里的工兵以攻城塔为掩护，在城下挖掘地道试图破坏城墙。起初罗德岛人对此并未察觉，后来透过一名落入他们手中的马其顿士兵之口，才得知了这一计划。罗德岛人开始在城内挖掘反方向地道，双方的工兵在已贯通的地道内相遇并发生了激烈的战斗，最终罗德岛人获得了胜利。在挖掘地道的计划失败后，德米特里继续以"破城者"进攻守军，并最终突破了一段城墙，而罗德岛人已用障碍物构筑了一道临时城墙。至次年年初，"破城者"攻破了临时城墙，德米特里以1500名重装步兵登上城墙，却被罗德岛人和托勒密的雇佣军击败。

公元前304年年初，围城战已持续了一年之久，托勒密利用这一时机，在亚历山大里业以最快的速度重建了受损的舰队。此时，不论是身在都城的安提柯，还是顿兵于坚城之下的德米特里，都感觉时不我待，决定结束这场旷日持久的围困。德米特里与罗德岛媾和，后者承诺不参加任何反对安提柯的军事行

▲ 攻城塔"破城者"模型

▲ 罗德岛港口的巨像

动，交出100名人质并加入由后者发起的岛国城市联盟，此后德米特里率军撤离罗德岛外海。颇具讽刺意味的是，此战使德米特里获得了"破城者"（Poliorcetes）的称号。罗德岛人将德米特里遗留在海滩上的巨大攻城塔拆毁，在港口附近筑造了一座能够俯瞰整个港口的太阳神赫利俄斯的铜像，以纪念这一伟大的胜利，铜像的体积如此巨大，以至于它被认为是古代世界七大奇观之一。

当亚历山大四世和他母亲的死讯公布后，继业者们相继自立为王。首先称王的是安提柯，他在公元前306年于叙利亚的都城安提戈尼亚加冕为王，他的儿子德米特里亦同时获得国王封号。次年（或公元前304年），托勒密和塞琉古相继在埃及和巴比伦尼亚称王，卡山德亦自称为马其顿人的国王，利西马库斯则成为色雷斯的国王。

塞琉古在底格里斯河畔建造了一座城市，并命名为塞琉西亚，巴比伦的铸币厂亦被搬迁至此，该城在此后的几个世纪里一直是塞琉古王朝的政治、贸易、文化中心，是希腊东方最大的城市之一。巴比伦日趋衰落，至公元前275年时，他的儿子安条克一世干脆将巴比伦城的全部人口迁移到这座希腊化城市。据说，当时塞琉古曾向巴比伦的祭司们请教何日是新城市动工的最佳时间，祭司们故意将一个错误的日期告诉塞琉古，然而当真正的吉日到来那天，塞琉古的士兵们却自发地开始建造新城市。后来当塞琉古逮捕并审问这些祭司时，后者才供认了这一切。

塞琉古称王得到了东方诸省总督的支持，他们需要塞琉古的帮助来抵抗北方游牧民族和孔雀王朝的威胁。而拥有一个亚洲裔的王后阿帕玛[1]，也为塞琉古的统治加分不少。

公元前305年，塞琉古平定了东部的巴克特里亚诸省。当时摩揭陀的孔雀王朝正威胁着马其顿的印度诸省，出身贵族的旃陀罗笈多是这个王朝的首任君主，他在老师考底利耶的辅佐下征服了北印度。在与旃陀罗笈多的战争中，塞琉古可能处于不利地位，被迫割让了包括阿拉霍西亚、帕罗帕米西亚在内部分土地，旃陀罗笈多本人或他儿子娶了塞琉古的一个女儿，并送给后者500头战象和许多礼物。塞琉古派遣大使麦加斯梯尼[2]驻于孔雀王朝在华氏城的宫廷。公元前302年，塞琉古率领大军返回塞琉西亚。

公元前304/303年，德米特里在与卡山德的战争中夺取了科林斯地峡，并试图恢复腓力二世和亚历山大时代的泛希腊联盟，他宣称只有"希腊人的自治才能给他带来伟大的荣耀"。这个新组建的泛希腊联盟，由国王（主要是德米特里）任命委员会的主要成员，实际权力也掌握在国王手中。兰帕萨库斯的阿戴曼图斯（Adeimantus of Lampsacus）是德米特里在委员会中的代理人，在他的提议下，建立了为纪念两位国王而举行的公共庆典。在军事压力下，托勒密亦被迫退出战争，转而与安提柯议和。

公元前301年，在弗里吉亚（位于小亚细亚西部内陆）境内的伊普苏斯，安提柯指挥8万大军（其中重装步兵45000人、轻装步兵25000人和骑兵1万人）迎战由利西马库斯、卡山德和塞琉古三方组成的联军7.5万人（其中重装步兵4万人、轻装步兵2万人和骑兵15000人）。可以说双方在兵力上旗鼓相当，但安提柯只有75头战象，而联军有400头来自印度的战象和100辆卷镰战车（scythed chariots）。在布阵方面，双方均将步兵列在阵线中央，利西马库斯和卡山德将骑兵

---

[1] 阿帕玛是巴克特里亚贵族斯皮塔米尼斯的女儿，后者曾击败过一支小规模的马其顿骑兵分遣队，后被亚历山大率军击败。阿帕玛成为亚历山大的俘虏，并在公元前324年的苏萨集体婚礼上嫁给了塞琉古。在亚历山大死后，大部马其顿军官们都抛弃了自己的东方妻子，但塞琉古是一个例外。婚后，阿帕玛为塞琉古育有两子二女，其中长子就是后来的安条克一世。

[2] 曾著有《印度记》——一部关于印度风土民俗的作品，但大部分遗失了，只是在几个世纪后罗马作家老普林尼的《博物志》中有所提及。

▲ 一枚卡山德发行的银币正反面

平均分配在两翼，又部署了100头由塞琉古提供的战象，其余战象由塞琉古指挥，右翼骑兵由利西马库斯指挥，左翼骑兵则由塞琉古之子安条克指挥，轻装步兵部署在阵前；安提柯则把精锐骑兵都部署在右翼，由其子德米特里指挥，将轻装步兵部署在阵前，并加强了方阵纵深。

战斗开始后，首先交战的是双方的轻装步兵，继而投入战象作战。双方的轻装步兵都试图靠近并割断敌方战象的腿筋，却又都不得不保护己方的战象。德米特里以精锐骑兵击退了安条克指挥的左翼骑兵，随后他在试图从侧翼袭击塞琉古战象时受阻。而在联军右翼，当利西马库斯开始获得优势时，他把部分弓骑兵和轻装步兵派往阵线中央，在他们的协助下，安提柯的轻装部队被击败。随后，安提柯的步兵遭到了敌军轻装步兵和弓骑兵发射的远程武器猛烈攻击，顿时阵脚大乱。在混乱中，安提柯被一支标枪射死。得知主帅阵亡的消息后，安提柯的大军全线崩溃，只有德米特里率领少量军队（步兵5000人、骑兵4000人）摆脱了联军的追击，而后逃往以弗所。

伊普苏斯之战后，利西马库斯、塞琉古和卡山德瓜分了安提柯的土地，其中利西马库斯获得了爱奥尼亚、吕底亚、赫勒斯滂－弗里吉亚、帕夫拉戈尼亚，卡山德获得了卡里亚，而塞琉古获得了叙利亚北部、奇里乞亚和卡帕多西亚。至于托勒密，虽然他没有参加伊普苏斯之战，却趁机占领了山谷叙利亚。这也为后来的一个半世纪里，塞琉古和托勒密之间的六次叙利亚战争埋下了伏笔。

伊普苏斯之战后的第四年（公元前297年），马其顿人的国王卡山德病逝。卡山德是一个既有文学修养又颇具野心的人物，他重建了被亚历山大毁灭的底比斯，并将位于塞尔迈湾沿岸的塞马改建为塞萨洛尼基，又在波提狄亚城的旧址建立新城市卡山德里亚。在去世前一年，卡山德打退了凯尔特人对马其顿的入侵，大获全胜。

在伊普苏斯之战中失利使德米特里的声望受损。公元前295年，他带领舰队从以弗所出发前往希腊，以武力重新占领了雅典，又出兵占领了许多希腊城市。

▲ 位于今阿尔巴尼亚的皮洛士铜像

随后几年，德米特里一直蛰伏于希腊等待时机。他把女儿斯特拉托妮可嫁给了塞琉古，自己则娶了托勒密的女儿。

卡山德死后，他的长子腓力四世不久亦随他而去，次子安提帕特二世通过政变放逐了亚历山大五世，谋杀了他们的母亲帖撒罗尼卡，因为后者似乎更偏爱弟弟。亚历山大五世向伊庇鲁斯国王皮洛士和希腊的德米特里求援，并在后者的帮助下重新登上王位——现在马其顿有了两个国王。作为酬谢，亚历山大五世将几座位于边界附近的城市割让给伊庇鲁斯。德米特里亦向马其顿进军（公元前294年），并得到了普通民众的支持，他们已经厌倦了卡山德诸子之间的内战。亚历山大五世企图暗杀德米特里，结果却反被后者所杀。随后，德米特里又打败了卡山德的另一个儿子安提帕特二世，宣布自己为马其顿国王。

德米特里继位后，即派人采伐上马其顿境内的木材，建造了一支强大的舰队，同时极力扩充军备，打算恢复其父昔日的疆域。这引起了塞琉古、托勒密和利西马库斯等人的忧虑，他们遂结成一个反德米特里联盟。另一方面，由于德米特里在生活上奢靡无度，逐渐引起了马其顿人的不满，因此当伊庇鲁斯的皮洛士和色雷斯的利西马库斯相继入侵时（公元前288年），德米特里麾下的马其顿士兵拒绝作战，他被迫逃回希腊。随后，利西马库斯又打败了皮洛士，夺取王位，成为马其顿和色雷斯统治者。

利西马库斯是亚历山大时代的马其顿将领，在第一次分封会议中获得了色雷斯。地处巴尔干北部的色雷斯，位于多瑙河、黑海、普罗庞提斯海、爱琴海与巴尔干山脉之间，境内土地肥沃，沿着海岸线散布着许多希腊城市。公元前340年，腓力二世出兵征服了色雷斯西部的几个部落，建立了腓力比波利斯（Philippopolis）殖民地，并在此设置了一名将军，作为国王的代理人统治色雷斯。

在失去马其顿后，德米特里决定孤注一掷入侵小亚细亚。公元前285年，在补给线被切断且军中瘟疫流行的情况下，德米特里向东进入奇里乞亚，准备在此过冬。塞琉古禁止其入境，迫使他向北退入卡帕多西亚山区，并封锁了道路。不久，德米特里带领饥寒交迫的部下向塞琉古投降，而后遭到软禁。其子安提柯二世曾打算用在希腊的全部领土甚至他本人来换取父亲的自由，但德米特里终究没有被释放。公元前283年，德米特里在软禁地病逝，塞琉古将他的骨灰送往希腊交给其子安提柯二世，后者在科林斯为他举行了一场隆重的葬礼。

德米特里战败后，反德米特里联盟亦不复存在。公元前284年，利西马库斯处死了他的继承人阿加托克利斯，儿媳卡姗德拉等人逃往塞琉西亚。塞琉古向利西马库斯宣战，并率军入侵后者控制的小亚细亚西部。公元前281年，亚历山大最后的两个继业者①——利西马库斯与塞琉古，在吕底亚境内的库鲁佩迪安决战。结果利西马库斯战败被杀，获胜的塞琉古占领了小亚细亚西部和色雷斯。未几，塞琉古遭托勒密·克劳诺斯暗杀，后者是托勒密的长子，此时正避难于塞琉古的宫廷中。托勒密·克劳诺斯遂成为马其顿和色雷斯的统治者。

塞琉古之死标志着长达42年（公元前323—公元前281年）的继业者之争的终结，在这些杰出的"军阀"中，没有一人获得成功。严格意义上来讲，托勒密并不能算作继业者，因为他很早便放弃了对帝国统治权的争夺，安心经营埃及，其政策的一切目的也都是维持对埃及的统治。无疑他是众人中最成功的一位，其后代对埃及的统治持续了近3个世纪。在这场竞争中，从亚洲到欧洲，成千上万的希腊人和非希腊人埋骨黄沙。最接近成功的当属安提柯，他无疑是所有继业者中最具实力的，但不利的位置使他陷入四面受敌的困境。最终在伊普苏斯战场，遭到塞琉古、托勒密和利西马库斯围攻的安提柯，兵败被杀。在他之前，只有安提帕特曾短暂地维持了平衡，但他在临终前的选择却使帝国分崩离析。至于他的儿子卡山德和另一个继业者利西马库斯，他们的势力范围从来就没有超出过昔日的希腊世界。

尾声：六次叙利亚战争

从公元前274年到公元前168年，亚洲的塞琉古王朝与埃及的托勒密王朝之间的六次的叙利亚战争，可以视作是继业者战争的延续。公元前301年的伊普苏斯之战后，托勒密对叙利亚南部地区的占领成为这一系列战争的导火索。这片被

---

① 托勒密已经在此前一年死于亚历山大里亚，王位由他的小儿子托勒密二世继承。

▲ 托勒密四世发行的金币（左侧那枚是其父托勒密三世的头像，右侧那枚是托勒密四世的头像）

◀ 一枚安条克二世时期发行的银币正面

▼ 一枚安条克一世时期发行的金币正反面

称作科勒叙利亚的土地有着重要的经济价值①和战略价值。就如昔兰尼和塞浦路斯那样，它为埃及提供了一个有利的前哨阵地。

公元前 282 年，托勒密在亚历山大里亚去世，王位由其少子托勒密二世继承。次年，塞琉古在巴尔干遇刺身亡，其子安条克继位。公元前 276 年，托勒密二世同母异父的兄弟马加斯（Magas）在昔兰尼自立为王，并与安条克结盟。马加斯是托勒密的继子，但与托勒密二世的关系恶劣。起初战局对托勒密二世十分不利，他受到来自昔兰尼和叙利亚两方面的威胁，只是因为小亚细亚的战事拖住了安条克，他才没有从北面入侵埃及。至于昔兰尼方面，一场叛乱迫使马加斯撤军。公元前 274 年，托勒密二世开始反击，他派出舰队从海上对塞琉古王朝控制的地区发动袭击，最远抵达黑海沿岸。甚至他还计划从红海出发，穿越波斯湾入侵塞琉古王朝的腹地巴比伦尼亚，以减轻后者对科勒叙利亚的压力，但未成功。战争一直持续到公元前 271 年，托勒密二世占领了小亚细亚南部的奇里乞亚、潘菲利亚、基克拉泽斯群岛和爱奥尼亚的米利都。

公元前 261 年，安条克在吕底亚的萨尔迪斯与帕加马王国作战时阵亡，他的儿子安条克二世继位。公元前 260 年，托勒密二世首先发动进攻，在爱奥尼亚的以弗所打败了安条克二世。为了对付托勒密二世，安条克二世与马其顿的安提柯二世结盟。约公元前 255 年，安提柯二世的舰队在科斯岛海战中打败了托勒密舰队，使后者一度失去了对爱琴海诸岛的控制。安条克二世则相继收复了奇里乞亚、潘菲利亚、爱奥尼亚的米利都以及以弗所。公元前 253 年，由于希腊的科林斯发生叛乱（背后可能有托勒密的支持），以及北方蛮族的威胁，安提柯二世退出战争。随后，安条克二世与托勒密二世议和。双方同意进行一次王室联姻，

---

① 黎巴嫩山区的雪松、腓尼基沿海的港口和来自东方的贸易商队，使科勒叙利亚成为一片富饶的土地。

▲ 一枚安条克三世发行的金币

托勒密二世将自己的女儿贝勒尼西嫁给安条克二世。安条克二世与妻子劳迪丝离婚，并于次年迎娶了贝勒尼西。

公元前246年，安条克二世去世，留下贝勒尼西和她年幼的儿子。为了确保自己的儿子能够继承王位，贝勒尼西向她刚刚继位的哥哥托勒密三世求援，后者也打算利用侄子来控制塞琉古王朝。托勒密三世迅速北上占领了塞琉西亚佩里亚，随后进入安条克，受到了当地希腊人的欢迎。在此他得知妹妹和侄子遇害，以及安条克二世与劳迪丝的长子塞琉古二世继位的消息。托勒密三世率军东进，沿途未遇任何抵抗，便占领了塞琉西亚。埃及国内爆发的一场叛乱促使他从前线撤军，在接下来的几年里（从公元前245年到公元前241年），他将主要精力都用在扩展从小亚细亚到色雷斯的海外领地上，没有继续深入亚洲内陆。公元前245年，塞琉古二世的盟友安提柯二世在安德罗斯岛附近一场海战中以一支规模较小的舰队，打败了由以弗所的索弗隆（Sophron of Ephesus）与托勒密·安德罗马克（Ptolemy Andromachou，托勒密三世的私生子）指挥的一支规模庞大的托勒密舰队。另一方面，塞琉古二世与他的弟弟安条克·伊拉克斯因为小亚细亚的归属权发生了冲突，塞琉古王朝内战爆发。直到公元前241年，塞琉古二世才与托勒密三世达成和解，割让了塞琉西亚佩里亚。

公元前219年，塞琉古二世之子安条克三世向托勒密王朝宣战。在征服了沿海的腓尼基城邦后，安条克三世率军向埃及挺进。在公元前217年的拉菲亚战役中，托勒密四世出人意料地打败了安条克三世的军队，后者损失了超过1万人，另有数千人被俘。这与首席大臣索西比乌斯在战前为托勒密四世招募并训练了一支由3万埃及人组成的军队不无关系。虽然托勒密四世取得了此战的胜利，却因国内发生起义而被迫与安条克三世议和。

公元前202年，利用托勒密王朝陷入内乱之机，安条克三世联合马其顿的腓力五世再度入侵。安条克三世虽一度在加沙受挫，却在次年的潘尼翁战役中大获全胜，打败了由埃托利亚的斯科帕斯（Scopas of Aetolia）指挥的托勒密军队主力。腓力五世夺取了托勒密王朝在小亚细亚和色雷斯的属地，而安条克三世征服了科勒叙利亚、奇里乞亚、朱迪亚和塞琉西亚佩里亚。后来在罗马使者的斡旋下，安条克三世同意不入侵埃及，以免影响谷物的出口。公元前195年，安条克三世与托勒密五世缔结和约，后者承认了安条克三世对其海外领土的占领，并迎娶安条克三世的女儿克利奥帕特拉一世为妻。

然而没过多久，安条克三世就在罗马－塞琉古战争中失败，被迫放了小亚细亚的大片领土。公元前170年，安条克三世之子安条克四世入侵埃及，在佩鲁修姆打败了托勒密军队，占领了下埃及，包围了亚历山大里亚，并自称是侄子托勒密六世的保护人。公元前169年，托勒密向罗马求助。起初他们的请求并没得到回应，因为当时罗马正在与马其顿的珀尔修斯作战。直到第二年，罗马在皮德纳战役中打败了珀尔修斯，才派出由莱纳斯率领的一个使团前往安条克四世的营地，要求他离开埃及和塞浦路斯，否则将兵戎相见。迫于罗马人的压力，安条克四世撤军。

长达一个多世纪的六次叙利亚战争可以说是继业者时代冲突的继续，在这一系列战争中，塞琉古王朝和托勒密王朝的国力都受到了不同程度的削弱，尤其是塞琉古王朝，频繁的内外战争使帝国在公元前2世纪后最终分崩离析。

附录：继业者时代的战争与战役

第一次继业者战争（First War of the Diadochi）

  时间：公元前322—公元前322年

  作战地域：小亚细亚、埃及

  交战方：佩狄卡斯 VS 安提帕特、克拉特鲁斯、安提柯和托勒密

  结果：佩狄卡斯死后，在安提帕特的主持下，各路诸侯会聚于叙利亚小城特里帕拉迪苏斯，经过一番激烈的讨价还价，签署了一份新的分封协议

赫勒斯滂海峡战役（Battle of the Hellespont）

  时间：公元前321年

  作战地域：赫勒斯滂海峡附近

  交战方：反佩狄卡斯阵营 VS 佩狄卡斯阵营

兵力：2 万人 VS 2 万人

指挥官：克拉特鲁斯、涅普托勒摩斯（Neoptolemus）VS 攸美尼斯

损失：不详

结果：佩狄卡斯阵营获得胜利，攸美尼斯接收克拉特鲁斯的步兵

第二次继业者战争（Second War of the Diadochi）

时间：公元前 319—公元前 315 年

作战地域：希腊、马其顿

交战方：波利伯孔、奥林匹亚斯、攸美尼斯 VS 卡山德、安提柯、托勒密

结果：波利伯孔在失败后逃往伯罗奔尼撒半岛，马其顿的卡山德及其盟友获得胜利；亚历山大四世及其母罗克珊娜被软禁在安菲波利斯附近的一座要塞内，腓力三世及其妻子欧律狄刻被杀，而杀死他们的奥林匹亚斯也在被俘之后被卡山德所杀

比雷埃夫斯围攻战（Siege of Peiraieus）

时间：公元前 318 年

作战地域：雅典外港比雷埃夫斯

交战方：卡山德 VS 波利伯孔、雅典

兵力：不详

指挥官：法勒隆的德米特里乌斯 VS 亚历山大

损失：不详

结果：卡山德获得胜利，法勒隆的德米特里乌斯成为雅典的僭主；法勒隆的德米特里乌斯在雅典的统治持续了 10 年之久，直到公元前 307 年才被安提柯之子德米特里乌斯所驱逐

麦加罗波利斯战役（Battle of Megalopolis）

时间：公元前 318 年

作战地域：美塞尼亚境内，麦加罗波利斯

交战方：马其顿（波利伯孔）VS 麦加罗波利斯

兵力：不详

指挥官：波利伯孔 VS 达米斯

损失：不详

结果：麦加罗波利斯获得胜利，马其顿人被迫撤退

帕莱塔西奈战役（Battle of Paraitacene）

时间：公元前317年

作战地域：波斯境内帕莱塔西奈

背景：作为腓力四世及其祖母奥林匹亚斯与摄政波利伯孔的支持者，攸美尼斯被任命为亚洲军队的总司令，可以节制东部各省的军队，安提柯是他的主要敌人

交战方：安提柯 VS 攸美尼斯

兵力：约4.4万人 VS 约4.1万人

指挥官：安提柯 VS 攸美尼斯

损失：3700—7700人被杀 VS 540—1540人被杀

结果：胜负未分

加比奈战役（Battle of Gabiene）

时间：公元前316年冬

作战地域：波斯境内加比奈

交战方：安提柯 VS 攸美尼斯

兵力：约3.1万人 VS 约2.3万人

指挥官：安提柯 VS 攸美尼斯

损失：约5000人伤亡 VS 损失惨重

结果：安提柯获得胜利；返回营地后，士兵们逮捕了攸美尼斯及其他指挥官，将他们交给安提柯，以便换回他们损失的行李和战利品；攸美尼斯及其主要将领安提贞尼斯和欧西德莫斯等人在审判后被杀

第三次继业者战争（Third War of the Diadochi）

时间：公元前314—公元前311年

作战地域：美索布达米亚、希腊、黎凡特和爱琴海诸岛

交战方：（埃及）托勒密、（色雷斯）利西马库斯、（马其顿）卡山德、塞琉古VS（小亚细亚）安提柯

结果：公元前311年，筋疲力尽的安提柯与卡山德、托勒密和利西马库斯媾和，第三次继业者战争结束；不过，塞琉古不在和平范围之内，安提柯仍继续对巴比伦尼亚发动进攻

提尔围攻战（Segie of Tyre）

时间：公元前314—公元前313年

作战地域：腓尼基境内提尔

交战方：安提柯VS提尔

兵力：不详

指挥官：安提柯VS不详

损失：不详

结果：安提柯获得胜利

加沙战役（Battle of Gaza）

时间：公元前312年

作战地域：黎凡特加沙

交战方：埃及的托勒密、塞琉古VS德米特里

兵力：约2.2万人VS约1.7万人

指挥官：托勒密、塞琉古VS德米特里

损失：不详VS阵亡500人、被俘8000人及战象

结果：托勒密获得胜利，占领加沙城

巴比伦尼亚战争（Babylonian War）

时间：公元前 311—公元前 309 年

作战地域：两河流域巴比伦尼亚

交战方：塞琉古 VS 安提柯

结果：公元前 309 年，由于托勒密袭击奇里乞亚，安提柯被迫从巴比伦尼亚撤军

第四次继业者战争（Fourth War of the Diadochi）

时间：公元前 308—公元前 301 年

作战地域：小亚细亚、黎凡特、塞浦路斯和埃及

交战方：安提柯 VS 托勒密、卡山德、塞琉古、利西马库斯

结果：托勒密、卡山德、塞琉古、利西马库斯获得胜利，并瓜分了安提柯在亚洲的领地，其中利西马库斯夺得了小亚细亚西北部，卡山德夺得了小亚细亚西南部，塞琉古夺得了小亚细亚的其他地区和叙利亚，托勒密则获得了奇里乞亚和黎凡特南部

萨拉米斯海战（Battle of Salamis）

时间：公元前 306 年

作战地域：塞浦路斯岛萨拉米斯

交战方：安提柯王朝、雅典 VS 托勒密王朝

兵力：180 艘舰船（其中 30 艘来自雅典）VS 60 艘舰船（墨涅拉奥斯）、140 艘舰船和 200 艘运输船（托勒密）

指挥官："破城者"德米特里、拉里萨的梅迪乌斯 VS 托勒密、墨涅拉奥斯

损失：20 艘舰船受损 VS 80 艘舰船沉没、40 艘战船和 100 艘运输船被俘

结果：德米特里获得胜利，墨涅拉奥斯被迫投降

罗德岛围攻战（Siege of Rhodes）

时间：公元前 305—公元前 304 年

作战地域：罗德岛

交战方：德米特里 VS 罗德岛

兵力：约 3 万人 VS 1.1 万人

指挥官：德米特里 VS 阿尔斯

损失：1300 人 VS 5400 人

结果：罗德岛人获得胜利，德米特里率军撤退

伊普苏斯战役（Battle of Ipsus）

时间：公元前 301 年

作战地域：小亚细亚境内，弗里吉亚，伊普苏斯

交战方：安提柯王朝 VS 利西马库斯王朝、安提帕特王朝、塞琉古王朝

兵力：8 万人 VS 7.9 万人

指挥官："独眼龙"安提柯、"破城者"德米特里 VS 利西马库斯、塞琉古、卡山德、帕尔帕拉鲁斯（Prepelaus）、佩里斯特拉库斯（Pleistarchus）

损失：损失惨重 VS 不详

结果：安提柯阵亡，利西马库斯、塞琉古和卡山德瓜分了前者的疆土，其中利西马库斯获得了小亚细亚西部和北部，塞琉古获得了小亚细亚其余地区和叙利亚，卡山德获得了小亚细亚的西南部

克罗佩狄乌姆战役（Battle of Corupedium）

时间：公元前 281 年

作战地域：小亚细亚境内，吕底亚，萨迪斯附近

交战方：色雷斯王国 VS 塞琉古王朝

兵力：不详

指挥官：利西马库斯 VS 塞琉古

损失：不详

结果：塞琉古获得胜利，托勒密一世之子托勒密·克劳诺斯成为马其顿和色雷斯的君主

参考文献

[1]（英）威廉·沃尔班克.希腊化世界[M].陈恒,茹倩,译.上海:上海人民出版社,2009.

[2]（英)威廉·塔恩.希腊化文明[M].陈恒,倪华强,译.上海:上海三联书店,2014.

[3]（美)西奥多·道奇.亚历山大战史[M].王子午,译.北京:中国长安出版社,2015.

[4] 郭子林.古埃及托勒密王朝专制王权研究[M].北京:中国社会科学出版社,2015.

[5]（美)约翰·黑尔.海上霸主:雅典海军的壮丽史诗及民主的诞生[M].史晓洁,译.桂林:广西师范大学出版社,2012.

[6] 萨拉·波默罗伊,等.古希腊政治、社会和文化史[M].傅洁莹,龚萍,周平,译.上海:上海三联书店,2010.

格兰特 VS 李

1864 年陆路战役

作者 / 张宏伟

西部来客

1864 年 3 月 8 日，一个中年人带着一个孩子来到华盛顿宾夕法尼亚大道第 14 街的威拉德酒店前台登记住店。这人 40 岁出头，大约 5 英尺高，130 磅重，略微驼背，晒得黝黑，淡褐色胡须粗硬蓬乱，身上带着浓烈的烟味，从外表看是个典型的西部糙汉。但当他不声不响地签下"U. S. 格兰特与儿子，加利纳，来自伊利诺伊"时，前台惊讶得差点叫起来。正是这个貌不惊人的中年人，在西线取得了一系列辉煌胜利——多纳尔逊、维克斯堡、查特努加。这些胜利让格兰特之大名即使在华盛顿也家喻户晓。前台恨自己有眼无珠，马上给父子二人安排了一间豪华套房——林肯在就职典礼前住过的房间。威拉德酒店的客人们吃过早餐后，通常凑在满是"热气、叫嚷、尘埃、烟雾、浓痰"的大厅里谈天说地，但当格兰特将军入住的消息不胫而走后，他们从大厅里拥上来，打量这位西部来客。

作家理查德·达纳这样描述格兰特："相貌平平，身材矮小，看起来有些疲惫。就像离职失业者。没有架子，不盛气凌人，不讲究仪表。"但达纳注意到，这个 41 岁的将军"十分坚决，看起来并不好惹"。

当天傍晚，格兰特步行两个街区前往白宫，参加亚伯拉罕·林肯总统为其准备的接待会。当他赶到时，总统正在蓝厅招待客人。说来凑巧，二人战前皆长期在伊利诺伊州居住，却缘悭一面。总统隔着几重房间就认出了他，于是大步向前，

◀ 格兰特参加林肯总统及夫人为其准备的欢迎舞会。画家竭力想表现联邦军界大佬汇聚一堂的大团圆场面，但事实上当时谢尔曼与米德军务缠身，麦克莱伦早已开始为竞选总统奔走，老将斯科特则不问政事多年——上述四人当天均不在场

伸出骨骼粗大的长手："哈，格兰特将军！"格兰特被林肯引入东厅后，全场轰动，女士们甚至不顾衣裙的蕾丝花边被撕破，衬裙被踩得稀烂，从四面八方疯狂地涌上前，争先恐后与新任总司令握手并道贺。疯狂的欢呼让吊顶上的水晶吊灯瑟瑟发抖。一个记者称："这是我在白宫所见的唯一一群'暴民'。"有人对格兰特嚷道："站高点儿，这样我们都能看到你！"于是总司令如同服从命令的列兵一样，站到一个沙发上，并在那里整整站了一个钟头。"这是合众国总统首次未担当焦点角色。"另一个记者写道，"这个站在深红色沙发上的、矮小的、相貌平平的人，乃是此时的偶像。"

▲ 格兰特身着中将军服像，绘于3月8日深夜马修·布拉迪的工作室。在绘画期间工作室沉重的玻璃天窗忽然掉了下来，险些"击毙"这位还没有正式上任的总司令

次日下午，格兰特又来到白宫，参加对其授予中将军衔的典礼。这是合众国迄今为止为军人授予的最高军衔。美利坚建国不到百年，唯有国父乔治·华盛顿与美墨战争英雄温菲尔德·斯科特被授予过中将，而且斯科特的中将是荣誉性的。格兰特略为腼腆，但清晰大声地朗读他的感言："我感觉责任的全部重担落在我身上，我会报以真挚的努力，以免辜负你们的期望。"他完全忘了林肯给他的叮嘱——说几句恭维波托马克军团的话。

发言结束后，他的前任亨利·哈勒克少将对其表示祝贺。正是这位哈勒克，曾在1862年夏洛战役后差点儿以酗酒的罪名，把格兰特开除出军队。在哈勒克担任总司令期间，他在全军战略规划及指挥上无所建树，但他能把陆军部颁布的文官指令用军事术语转译给将军们，也能把军事报告用政府能够理解的语言转译出来。他的命令和报告条理清晰、精确严谨。在战时迅速发展的军事官僚机构中，这些都是重要的才能。于是林肯人尽其用，改让哈勒克担任总参谋长，继续坐镇华盛顿的办公室，承担通讯中心和作战中心的作用，把格兰特的命令传达给其遥远的部属，从而让格兰特从烦琐的案牍工作中解脱，前往一线指挥战斗。

3月10日，格兰特乘坐火车赶往波托马克军团司令部的驻地，距离华盛顿60英里的弗吉尼亚州布兰迪车站。这支乔治·麦克莱伦一手打造的军团，经过3年的磨砺，即使按照当时欧洲列强的标准，也绝对称得上训练有素、装备精良、保障有力。军团将士们也十分勇敢坚毅：即便在最糟糕的将军指挥下，也可以在寒冬腊月大雪纷飞之时，在马耶高地对敌军坚固的石墙发起6次英勇而绝望的冲锋。但纵使军团司令官如同走马灯一般更换——乔治·麦克莱伦、安布罗斯·伯恩赛德、约瑟夫·胡克，直到现在的乔治·米德，军团都无法摆脱自建立以来就存在的诸多痼疾：行动瞻前顾后，难以捕捉战机，稍遇损失挫折即退缩不前，以及对那位南方战神罗伯特·李将军发自内心的恐惧与自卑。

重整旗鼓

在葛底斯堡惨败后，李将军率残部步履蹒跚地沿谢安多洛山谷撤回弗吉尼亚。李感到心力交瘁，请求辞职，但很快被杰斐逊·戴维斯总统驳回。出人意料的是，获胜的米德将军未对李穷追猛打，而是回避与李作战，小心翼翼地使他的军团位于李与华盛顿之间。林肯无奈地说（这）让他想起一个老太太穿过一条小溪赶鹅。

1863年7月下旬，李在拉帕汉诺克河畔停止撤退。在接下来的几个月中，两军开始针锋相对的机动行动——行军多，作战少，并都忙里偷闲抽调部队支援打得热火朝天的西线。李派出他最得力的战将詹姆斯·朗斯特里特中将率两个师前往田纳西战场。米德得知对手兵力减弱后，发起攻势，将邦联军赶过拉皮丹河。但随后朗斯特里特在基克莫加取胜，西线危急，米德也不得不抽调第11、12军赶往田纳西。10月初，当李得知米德少了两个军后，便绕过塞达山，向北行进准备迂回米德右翼。米德见招拆招，径直沿奥兰治—亚历桑德拉铁道前往玛纳斯，结果A. P.希尔率第3军在玛纳斯以南的布里斯托车站捕捉米德后备部队时遇伏，损兵1900人。李见捞不着便宜，便退回拉皮丹河南岸，开始修建军营，准备过冬。

华盛顿抨击东线战事缓慢拖沓，令米德焦头烂额。11月21日，米德收到一份情报，称李的部队仅仅是他的一半①，并且李的两个军被克拉克山间隔开，第2军依旧留在拉皮丹河畔，第3军则驻守奥兰治县府。于是米德准备率5个军迅速从下游渡过拉皮丹河，插入敌人两个军之间，然后将二者各个击破。为了保密，中下级军官直到26日感恩节当天太阳升起半小时前，才得到行动命令，而且每个士兵自带10天口粮，以减少辎重车数量。

但在24日，邦联斥候已侦察到对手在积攒粮草。第二天，邦联骑兵在伊利浅滩与联邦斥候交火。当克拉克山的邦联观测站于26日观测到联邦军队及辎重车队的动向时，李命令胡巴尔·厄尔利将军②迅速从拉皮丹河沿岸的阵地中撤出，向东迎敌，其余部队尾随其后。

米德的先头部队是威廉·弗兰奇少将的第3军，但这个军动作很慢。本应紧随其后的第6军的纽约第77团一个军医抱怨道："在我们赶到之前，他们本该出营了。但他们没收起一顶帐篷，没装载好一辆辎重车，人们大都在军营里睡觉。第6军不得不停下来，站在泥里几个小时，等这支怠工的部队出门。"

第3军犯的错误远不止此。在渡过拉皮丹河时，弗兰奇的部队领着整个军团走错了道，等终于走上正道时，齐踝深的烂泥以及冰冷的冬雨迫使整个军团减慢步伐。除此之外，工程兵测量拉皮丹河宽度时出现误差，导致架设的浮桥根本够不到对岸。上述错误足足浪费了联邦军一整天时间，李正好抓住这宝贵的一整天，重新调整布设了防线。

27日，米德终于将全部5个步兵军（即第1、2、3、5、6军）、1个骑兵军送到拉皮丹河南岸。其左翼先锋为第2军，当其先头部队穿过洛克斯特果园时，与邦联第2军的厄尔利师（师长为海伊）撞在一起，两边交火后不久均掘壕驻守。下午4点，联邦第3军自第2军左侧移动，遭遇了邦联第2军约翰逊师。尽管约翰逊在兵力上处于1比3的劣势，但还是主动发动冲锋，最终冲锋被遏制，约翰逊师损失545人。而联邦军损失更多——950人，导致弗兰奇误以为遭到远胜于己的敌军攻击，缩了回去。他的消极给了李足够时间，将两个军集中到拉皮丹河支流美内溪后方的山脊上，等待米德发起总攻。随后两天，米德一边让部下挖掘堑壕，一边打探虚实。在湿冷的天气里，哨兵为了不被冻僵，每隔半小时就得换岗。一个联邦士兵回忆道："尽管下垂的眼睑可怜地要求睡觉，但每个士兵都知道，在这么冷的天气里睡着，就意味着再也醒不来。"

米德命令第 2 军于 11 月 30 日发起进攻，但格温纳尔·沃伦少将[①] 曾在葛底斯堡目睹悲惨的"皮克特冲锋"，清楚对坚墙深垒发起正面冲锋无异于自寻死路，因此不经米德同意便私自取消了这次进攻。"这些工事拿不下来！"他倔强地告诉米德，"我宁可辞职，也不会牺牲一个弟兄。"米德尽管对沃伦抗命十分恼火，但最终还是取消了攻势，撤过拉皮丹河。波托马克军团在拉皮丹河北岸的库尔佩珀及布兰迪车站附近建立冬营，休养生息。

尽管一个军官描述道，经过当年春夏的战斗，这里已成为"点缀着树桩、马骡尸体、废弃营地以及成千上万只乌鸦的一大片糨糊"。另一个军官也写道："泥浆，泥浆，司空见惯；溅水，溅水，一天到晚。"但对于征战厮杀大半年的士兵来讲，有什么比得上战争间隙的短暂和平呢？他们猫在棚屋与帐篷里，点着温暖的篝火，悠闲地煮着咖啡，不紧不慢地看着平底锅里的培根与熏肉滋滋冒油。来到军营走亲访友者络绎不绝，小商小贩也整日叫卖水果罐头、炼乳罐头、甜饼等小吃，让手里有些闲钱的大兵们解馋。卖家奇货可居，价格当然不菲，因此度过冬天之后，很多士兵都负债累累。

击退米德的进攻后，北弗军团也刀枪入库，马放南山。南卡罗来纳第 1 团的詹姆斯·卡德维尔上尉写道："天气不允许我们操练过多，也不允许过多的日常警戒任务，因此哨兵巡逻是我们仅剩的频繁的军事任务。"但是，邦联军的日子并不像对手那样滋润。李将军整冬都在向里士满申请粮草、鞋子以及御寒衣物。在一封信中，他哀叹道："将士们处境凄惨，上千人还光着脚，大量人穿单只鞋，几乎没人有大衣、毯子及棉服。"士兵每日口粮仅为 4 盎司（1 盎司 =28.35 克）培根或咸猪肉与 1 品脱（约 0.5 升）玉米，就连李将军自己，也常常用盐水煮甘蓝充饥。

---

① 由于第 2 军军长温菲尔德·汉考克少将在葛底斯堡受伤，因此临时由沃伦将军指挥。第 5 军此时军长是赛克斯（葛底斯堡时就是军长）。

▲ 邦联发行的纸币。1000 美元面额的印着南方老一代政治家约翰·卡尔霍恩与安德鲁·杰克逊总统，50 美元面额的印着总统戴维斯。由于战争失利与滥发纸币，这些纸币在战争后期飞快贬值

　　此时邦联的经济状况已接近崩溃。商品稀缺，通货膨胀严重：一打鸡蛋 2 美元；一磅咖啡 10 美元；一尺印花布 10 美元；一蒲式耳豆子（约 27 千克）60 美元；1 美元金币可以兑换邦联发行的 30 美元面额纸币。由于南方工业落后，政府只能动员民众共克时艰，一边勒紧裤腰带，一边为前线将士缝制军需品，单单李将军的妻子玛丽·李夫人就动员亲朋好友给"石墙"旅制作了 392 双袜子。

　　在冬营期间，双方士兵往往私下达成默契，避免流血冲突。例如联邦军在白天将一个旧木屋当哨所，晚上撤回军营后，邦联骑兵就在木屋里过夜，天亮再撤走。有一天邦联军起晚了，结果两军不期而遇，但并未擦枪走火，相反还扯起闲天。邦联骑兵整束完毕后，纵马而去，随后木屋依旧被两边共用。为防止出现类似事件，

▲ 在冬营期间，无所事事的联邦军官一边抽烟一边玩纸牌，桌子上摆着一瓶白兰地，身后有两名黑人勤务兵

双方约定无论哪一方来到木屋，都先在门前点一堆篝火，人走火灭，提醒对方已人去屋空。

最后林肯总统再也无法坐视波托马克军团的毫无作为，他越过米德，直接命令骑兵第3师师长贾德森·基尔帕特里克准将奔袭里士满，拯救关押在那里的1.5万名战俘，同时传播总统大赦所有对联邦宣誓效忠的邦联公民的公告。与此同时，林肯命令米德为基尔帕特里克提供一个步兵师掩护其行动。米德虽对林肯的越级指挥怨声载道，但在1864年2月28日，还是命第6军大摇大摆向戈登维尔方向调动，阿姆斯特朗·卡斯特的骑兵旅策马向西，吸引李的注意。当晚，基尔帕特里克的3500名骑兵从邦联军右侧的艾利滩过河，随后兵分两路：基尔帕特里克率主力从北面接近里士满，吸引里士满守军注意力；约翰·达尔格伦海军上将的爱子——乌尔里希·达尔格伦上校则率领500名骑兵南下，渡过詹姆斯河后，从南面攻击里士满。结果在一个当地黑人的带领下，达尔格伦的偏师走错了路，失去攻击突然性后被迫撤退，途中遭遇埋伏，达尔格伦力战身亡；而基尔帕特里克的主力也遭到南军骑兵悍将韦德·汉普顿的打击，狼狈逃回拉皮丹河北岸的冬营：里士满奔袭战以失败告终。就此直到格兰特来到弗吉尼亚为止，东线再无战事。

在冬营期间，米德对军团的编制进行了改革调整。他认为目前军团的军级单位存在两个问题：一是单个军规模太小，无法跟对手一个军对抗；二是随着雷诺兹、萨姆纳、胡克等老军长，或战死沙场，或寿终正寝，或调到西线，部分新提拔的军长根本不称职。于是米德裁撤了第1军和第3军，只留下了第2、5、6军。第1军军长约翰·牛顿被降为准将，去西线指挥一个师；第3军军长弗兰奇则回到华盛顿担任闲职。剩下的3位军长——汉考克、沃伦以及约翰·赛德威克，均出身

▲ 一名邦联骑兵用一份报纸向对手换取一袋咖啡。在冬营期间，这种私下的交换十分普遍，军官们对此也是睁一只眼闭一只眼

于西点军校，在3年的血腥征战中依靠卓越战功一步步走到军长一职，其能力与威望得到了军团上下的一致认可。而格兰特来到东线后，也将他们全部留用。

　　却说3月10日那天，格兰特与从西线带来的"秃顶"威廉·史密斯少将（格兰特心中替代米德的人选）一道抵达布兰迪车站，在与米德见面之后，直接赶到军团指挥部进行推心置腹的交谈。米德知道由于在葛底斯堡战役后无所作为，自己在华盛顿口碑不佳，他也明白一朝天子一朝臣的道理，便主动辞职，称"对于国家来说，我们眼前的事业至关重要，当某个位置有合适人选时，我不期望也不愿意有人成为障碍"，请求格兰特不要顾忌他个人的荣辱而心慈手软。但是格兰特十分欣赏米德的坦率与无私，于是改变了主意。他告诉米德，他"并没有换帅的打算"，史密斯少将则会前往本杰明·巴特勒将军的詹姆斯军团担任第18军军长。

　　格兰特给陆军部的报告里如此解释他与米德的分工："我对该军团的指示都是

通过米德，本质上全是全局性的，所有的细节与具体执行交给他。"当然，相比锐意进取的格兰特，比他大 6 岁的米德继承了历任军团司令官保守迟钝的作风，因此随着战事的逐渐深入，格兰特有意识地增加了对军团具体战术布置的干涉，米德的处境也愈发尴尬。这是后话。

3 月 17 日，格兰特下达担任总司令以来第一道军令，开头是："我被任命为合众国陆军总司令，司令部就在战场，迄今为止这些战场属于波托马克军团。"为远离华盛顿的是非，也为督促米德，格兰特搬进了库尔佩珀的一间砖房，参谋们在附近草坪上搭起帐篷办公。北方报纸惊呼，堂堂陆军总司令的司令部距离前线仅有 6 英里。

安顿好司令部后，格兰特马不停蹄地检阅沃伦将军的第 5 军。该军老兵对格兰特的第一印象并不好，炮兵旅长查尔斯·温赖特上校在日记里写道："他无精打采，漫不经心地沿着横队骑行，衣服没有系扣子，给军队树立了一个榜样。大家没有任何热情，随着雨越来越大，还没有检阅完，我们就解散了。"尽管格兰特因西部战功而声誉响彻北方，但在心高气傲的波托马克军团将士看来，他之所以成名，是因为尚未碰见真正的强敌。格兰特最为厌烦的一句话便是"你从来没碰见过'博比'李跟他的男孩，请注意，他们就在拉皮丹河对岸"。但不管怎样，他们还是愿意给这位沉默寡言的总司令一个机会证明自己。

一个士兵在日记里写道：

他不可能比过去三年里浪费弟兄生命的将军们还弱，还无能。

马萨诸塞第 1 骑兵团的查理·亚当斯上尉则写道：

对于格兰特的感觉很奇怪——有一丝提防，有一丝讨厌，有一丝妒忌，有一丝缺乏信心。唯有辉煌的成功才能抚平这些。如果他成功，战争将会结束。我向你保证，在一个给士兵带来成功的将军手中，世上没有任何一支军队能够抵挡这支军团。

格兰特留用了几个步兵军长，但解除了战绩平平的骑兵军长普莱曾顿将军的职务，指定 33 岁的菲利普·谢里登少将为骑兵军长。这个任命让人大跌眼镜。谢里登在石河战役及传教士岭战役里表现出色，但之前一直指挥步兵，而且从外表上看，这个只有 5 英尺高、115 磅重、身材瘦削、长着一对罗圈腿的纽约人也毫无

▲ 波托马克军团骑兵军诸将合影，自左至右：亨利·戴维斯（第2师第1旅旅长）、大卫·格雷格、谢里登、韦斯利·梅里特（第1师预备旅旅长）、艾弗里·陶博特、詹姆斯·威尔逊

骑士风采。谢里登在4月4日抵达华盛顿，当哈勒克将其带到陆军部时，一个官员对格兰特开玩笑道："你从西部带过来的军官个子太小，没法驾驭骑兵。"格兰特回复道："在我们与他混熟后，你就会发现对于这个目标而言，他足够高。"谢里登挑选的师长也出人意料，除第2师师长、大胡子宾州人大卫·格雷格准将是骑兵宿将外，第1师师长艾弗里·陶博特准将与谢里登类似，之前只指挥过步兵作战；而第3师师长詹姆斯·威尔逊准将之前只是格兰特的副官。

尽管经过三年磨砺，扬基佬的骑兵已经不再是内战初期抱着马脖子不放手的孬种，但他们的马上功夫显然还是与枪马娴熟的南方人有一定差距。如此一番大规模走马换将，令大家不禁为骑兵军的战斗力捏了把汗。

格兰特认为，联邦军之所以在过去3年里未取得全胜，主要因为各军团"独立行动，缺少协调，就像几匹不愿拉车的马，没有哪两匹马的劲儿往一处使"。于是格兰特制订了一个总体战略计划。这一计划的参与者，是绵延1000英里、5条战线上的联邦部队。在西线的佐治亚，谢尔曼的10万大军将向约瑟夫·约翰斯顿的田纳西军团进攻；而班克斯将军将从新奥尔良移师莫比尔城下，一俟占领该港口，就挥师东北，穿越阿拉巴马州直抵佐治亚州，与谢尔曼会师。在弗吉尼亚，巴特勒将军将从门罗要塞出发，率3万军队溯詹姆斯河而上，从东面威胁里士满，并防止敌军增援北弗军团。同时，弗朗兹·西格尔将军将深入谢安多洛河谷，以阻止李得到河谷中的物资和守军的支援。当然，这场全线出击的最重一拳，还要来自在拉皮丹河畔与对手峙了整整一个冬天的波托马克军团，他们将过河进攻老对手北弗吉尼亚军团。格兰特对米德说："你的出击目标是罗伯特·李的军团。李开到哪里，你就追到哪里。"

为了在兵力上保证对李的绝对优势，格兰特在入驻东线后，想尽办法搜罗兵员。他首先盯上了华盛顿附近操作要塞重炮的卫戍部队。由于南军迄今尚未围攻首都，因此这些人满为患的团队过得相当滋润，民众嘲讽这些养得膘肥体壮的部队是"纸领子"部队。在总司令的一声令下，这些养尊处优的家伙不得不离开舒适的军营，前往拉皮丹河畔报到。许多雄心勃勃的骑兵之前在首都闷得萎靡不振，倒是希望再度上马驰骋，但格兰特将他们中的大多数人改造成步兵。与此同时，格兰特要求各战区把多余的守备部队送到弗吉尼亚战场。就连各级指挥部辎重也被削减，团部只允许配一辆辎重车，旅部也只配一辆，师部两辆。空出来的车夫与骡夫被编入作战部队。

除了尽力搜罗兵员外，为了维持数量优势，由陆军部长斯坦顿发起并由格兰特批准了一项充满争议的政策：停止战俘交换。这样一来，北方可以用取之不竭的人力弥补被俘的损失，兵源日趋枯竭的南方则无法弥补。而且这一政策可以激励士兵奋战到底，尽量不当俘虏。因为他们清楚，眼下对手连自己都养不活，长期在战俘营里，几乎等于慢慢饿死。

但另一个问题是讲究契约精神的美国人难以解决的。原来在1861年萨姆特要塞陷落以后，许多北方青年出于爱国热忱与对战争的浪漫憧憬而志愿参军，签了三年合同。眼下3年已过，很多合同即将到期的老兵早已厌倦血腥残酷的战争，

▶ 李将军（骑马者）与第 3 军军长 A. P. 希尔。也许由于健康问题，后者始终未能担当起军长重任，其病根直到 1865 年战死都未能找到

亟待回家。事实上南方同样出现这一问题。南方的解决方案是强行修订兵役法，强制老兵留队。而面临大选的联邦政府不敢得罪选民，无法霸王硬上弓，只能想尽一切办法鼓励老兵续约，如给予续约老兵 30 天假期，以及刚够在休假期间挥霍的 400 美元。当然，团队的荣誉感以及战友间的袍泽之谊，也发挥了重要作用。续约老兵的制服袖子上佩戴"V"字标记，表明他从战争开始便是军中一员，现在完全出于自愿为国征战。基于绿油油的美元、悠长的休假，以及壮志未酬誓不甘休的雄心，超过一半老兵选择继续战斗，这个结果已经比预想的好得多。总体上说，替代退伍老兵的新兵员质量不甚理想，就连格兰特自己都在当年 9 月，也就是彼得斯堡围城时，抱怨道："我们用这种方式招来的士兵差不多全都开了小差。根据北部公布的招募新兵数额，我们没有招来超过五分之一的合格士兵。"这也是在 1864 年东线战役中，联邦军基本都是以多打少但依旧难以取胜的重要原因之一。

随着新兵员的不断赶来，以及各地军队的调入，拉皮丹河北岸的白色帐篷数量与日俱增。在总司令默默的凝视下，蓝衣士兵开始厉兵秣马，每日艰苦操练队列、行军、射击、刺杀等本领。随着日子一天天过去，将士们对这位来自西部的总司令愈发尊重。而格兰特也颇为自得地写道："波托马克军团状态完美，显然期望惩处某些人。目睹上述情况后，我对当总司令的感觉比刚上任时强多了。"

3 月 26 日，军官的夫人们陆续被礼送出军营。4 月 7 日，军营开始遣散随军小贩。4 月 27 日，也就是格兰特 42 岁生日那天，他给妻子茱莉亚的信中还打趣道："我感觉很棒。别问我军开拔的确切日期，也别问在我做好准备前李会不会来，即使我知道，也不会告诉你。"但老兵们对东线战场的季节周期规律一清二楚：初春4 月，大地回暖，冰雪融化，必将重启杀戮之门。

也就在格兰特生日那天，马萨诸塞第 22 团的罗伯特·卡特给双亲写信：

夏日临近，我们将再次在路上疲惫跋涉，寻求胜利或者死亡。相当多的可怜人将得到后者。我害怕即将到来的会战，我能看到夏季时难以逾越的恐怖。

在拉皮丹河南岸，一位 57 岁的灰发老人注视着对岸如繁星般的篝火日复一日地增多，心急如焚。尽管朗斯特里特已经从西部归来，但北弗吉尼亚军团眼下依旧只有 6 万多人，为了节约兵员，李甚至未在奥兰治县府的司令部设置任何岗哨与卫兵。唯一能聊以自慰的，就是北弗军团大多数是久经战阵的老兵，又是守土作战，熟悉北弗吉尼亚的一草一木。李一次又一次向戴维斯总统请求兵力支援，但戴维斯不为所动。在战争的第4个年头，曾经的西点高才生、墨西哥战争英雄、合众国陆军部长、如今作为政客的戴维斯，对这场战争有着自己的看法——显而易见，南方已经没有在战场上取胜的指望。因此他的战略十分现实，只要让联邦军在进攻中蒙受足够惨重的损失，让战局陷入僵持，到了11月，失望透顶的选民将自然而然放弃林肯，转而给一位愿与邦联握手言和的候选人投下选票，譬如前波托马克军团主帅麦克莱伦。因此戴维斯不愿意拨给李过多军队，以免让热衷于进攻的李有足够资本再度入侵北方，而是将北弗军团的一些师旅分散在各个地区，例如罗伯特·霍克将军的旅被派遣到北卡罗来纳，乔治·皮克特将军的师被派到里士满之南警备联邦军登陆兼搜集粮草。

4月的最后一天，当戴维斯总统在办公桌上吃午餐时，一个黑人家仆冲进办公室哭着说，他5岁的幼子乔从30英尺高的后阳台跌到院子里。当戴维斯赶到现场几分钟之后，孩子便去世了。乔是戴维斯4个孩子中他最宠爱的那个，因此整整几天他都精神恍惚，以至于连悲剧发生当天下午李寄给他的急信都未及时处理。李在这封信中不复往日的优雅从容，而是显得心急火燎："一切都预示着前线将会有集中攻势，这逼得我表达将我军团所属部队返还的焦虑。我不得不建议，倘若他们腾得出手来，那么他们应从南部各据点赶到里士满。"

5月2日，李骑着灰马"旅伴"，携军团所有军长、师长登上克拉克山查看地形，这座700英尺高的小山上一时间将星闪耀。山北面就是200英尺宽的拉皮丹河，河水浑浊呈棕色，河面平静，对岸就是波托马克军团的大营。在克拉克山正东方向13英里处为德尔纳浅滩，再向东6英里为艾利浅滩。两个浅滩的南侧是一片茂密的原始森林，有12英里宽、6英里深，到处是荆棘、山脊、山丘、矮松、密植林，名为"莽原"。从李这一侧有3条近乎平行向东、路况较好的道路通向莽原，分别是从奥兰治县府经钱瑟勒斯维尔直抵弗里德里克堡的奥兰治收费公路，收费公路以南2英里的奥兰治栈道，以及再向南2英里的卡塞平路。这3条路均与北军前往里士满必然横穿的布罗克路相交。

李戴着眼镜仔细观察一番，最后举手向东一指，告诉手下："格兰特将会渡过这些浅滩之一。"老将决定利用莽原复杂的地貌扬长避短，发挥己方熟悉地形、擅长行军的优势，限制对手的兵力及火力优势。他让部下准备好 3 天口粮，但全军暂时按兵不动。

5 月 3 日晚上，李写信给戴维斯："倘若获胜，我们将赢得追求的一切；倘若失败，可供追求的将所剩无几。"那天晚上，星垂旷野，月映中流，北岸的联邦军早已蓄势待发，准备过河。

血沃莽原

5 月 4 日清晨，联邦军开始在两处浅滩搭设浮桥，第 5 军与第 6 军在骑兵第 3 师的引领下，自德尔纳滩过河；第 2 军在骑兵第 2 师的引领下，自艾利滩渡河。联邦军为这场攻势做足了准备，光是辎重车就有 4300 多辆，每辆车的车篷上都画好各军的标记来区分，车上载满了 10 天的粮草补给，屠夫赶着肉牛随辎重车队前进，可以在需要时让大兵们吃到鲜肉，另外每个士兵还携带 3 天的口粮与 50 发子弹。缅因第 16 团的阿布纳·斯茅少校回忆道，穿越凌晨的黑暗，"进入流光溢彩的春天，野花盛开，我记得它们在道边颔首。一切都光鲜亮丽"。伴随着小号声与鼓声，各军、师、旅、辎重车、炮车、骑兵形成海蓝色的巨浪向河南岸扑打，各色各样的战旗在海浪上空迎风飘舞。两大军团如同休战之后的拳手，摩拳擦掌，抖擞精神，准备展开新的一局厮杀。

上午 11 点，斥候的报告证实了李的判断：对手正在他的右侧过河。起初李无法确定对手是一直南下，还是过河后向东前往弗里德里克堡，因此不敢轻举妄动。直到下午 1 点，李才确定是前者，于是命驻守美内溪的邦联第 2 军沿奥兰治收费公路前进；位于奥兰治县府的第 3 军赫斯、威尔考克斯两个师沿奥兰治栈道前进，安德森师负责防备敌军从拉皮丹河上游浅滩突袭。李最担心的是朗斯特里特的第 1 军。当时该军驻扎在距离奥兰治县府以南 10 英里的戈登维尔附近。朗斯特里特是北弗军团目前经验最

▲ 参加陆路战役的联邦各军的标识。左上：第 2 军；左下：第 5 军；中上：第 6 军；中下：第 9 军；右上：第 18 军；各军的第 1—5 师标记主色调分别为红、白、蓝、绿、橙

丰富、李最为信赖的军长，被李亲切称为"老战马"。与视进攻为生命的李相比，朗斯特里特更钟爱防御战。在葛底斯堡战役时，两人曾为究竟正面进攻还是迂回而爆发激烈争吵，朗斯特里特最终屈服，结果导致灾难的"皮克特冲锋"。随后朗斯特里特赶往西线救火，高开低走，在取得基克莫加大捷后败走诺克斯维尔，眼下刚刚铩羽而归，亟待在老上司面前证明自己。但李评价他的"老战马"道："当一切到位、万事俱备时，他是一位卓越的战士，但他有点迟缓。"尽管朗斯特里特向李保证，他将沿着卡塞平路行进，于5日中午抵达莽原，但是李担心倘若他像1862年的第二次玛纳斯会战一样行动迟缓，无法及时抵达战场，那么仅仅依靠第2、第3两个军，根本无法阻止对手前进。

李将军向参谋传达完命令后，便骑上"旅伴"，与安布罗斯·希尔中将、"杰布"斯图尔特少将一起等待第3军将士自奥兰治县府拔营出发。第3军军长希尔时年38岁，曾是"石墙"杰克逊最得力的师长。一年以前，杰克逊在莽原附近的钱瑟

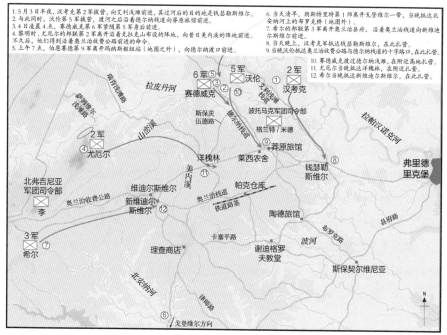

1. 5月3日半夜，汉考克第2军拔营，向艾利浅滩前进，其过河后的目的地是钱瑟勒斯维尔。
2. 与此同时，沃伦第5军拔营，渡河之后沿着德尔纳栈道向莽原旅馆前进。
3. 4日凌晨4点，赛奇威克第6军紧随第5军身后前进。
4. 黎明时，尤厄尔的军团第2军离开沿着克拉克山布设的阵地，向昔日美内溪的阵地前进。不久后，他们接到沿着奥兰治收费公路前进的命令。
5. 上午7点，伯恩赛德第9军离开玛纳斯枢纽站（地图之外），向德尔纳渡口前进。
6. 当天清早，朗斯特里特第1师离开戈登斯尔一带，当晚抵达北安纳河上的布罗桥（地图外）。
7. 希尔的军团第3军离开奥兰治县府，沿着奥兰治栈道向新维迪尔斯维尔前进。
8. 当天晚上，汉考克第2军抵达钱瑟勒斯维尔，在此扎营。
9. 当晚沃伦抵达奥兰治收费公路与德尔纳栈道的十字路口，在此扎营。
10. 赛奇威克渡过德尔纳浅滩，在附近高地扎营。
11. 尤厄尔当晚抵达洋槐林，在附近扎营。
12. 希尔当晚抵达新维迪尔斯维尔，在此扎营。

（地图中文字标注）
6军 ⑤
赛德威克
5军 沃伦 ①
2军 汉考克
文利浅滩
德尔纳栈道
拉皮丹河
瑞特龙渡口
撒勒维尔浅滩路
斯保茨伍德路
2军 ④ 尤厄尔
山峦溪
波托马克军团司令部
格兰特/米德 ⑨ 莽原旅馆
洋槐林 ⑪
美内溪
莱西农舍
拉帕汉诺克河
钱瑟勒斯维尔 ⑧
弗里德里克堡
北弗吉尼亚军团司令部
李
奥兰治收费公路
维迪尔斯维尔
新维迪尔斯维尔 ⑫
帕克仓库
陶德旅馆
铁道路基
县府路
波河
布罗戈路
3军 ⑦ 希尔
理查商店
卡塞平路
谢迪格罗夫教堂
斯保契尔维尼亚
北登纳河
律姆溪
⑥ 戈登维尔方向
N

▲ 莽原战役前双方兵力调动

勒斯维尔遭到友军误伤，伤重而亡，于是希尔被提拔为军长，但在葛底斯堡战役中，他显然缺乏独当一面的能力与自信。由于一直生病，所以此时希尔面色惨白，虚弱不堪。好在经过漫长冬天后，他手下的灰衣战士身手依然像之前一样敏捷。

南开第1团詹姆斯·卡德维尔上尉回忆道：

我们得到立刻做口粮、准备行军的命令……我们立刻开始干活，但面包烤到一半，新命令就下来了。我们整理好背包，卷好毯子，将半熟的面团或生食材塞进帆布包里，将9个月以来积攒的东西扔在大街上，束好武装带，拿起武器，不到半个小时，我们就开始行军了。

4日中午，格兰特将军在他的老乡、议员艾利胡·沃什本的陪伴下，骑着名叫"辛辛那提"的栗色马，头戴镶有金边的黑色宽檐帽，身穿带着三星肩章的双排扣中将制服，手戴夫人给他做的线手套，腰悬指挥剑，口袋里放着两打雪茄，过了河，随后在南岸一间被废弃的农舍里建立起临时司令部。他站在破旧的台阶上凝视正在渡河的第6军，陷入深深思索中。结果一个不识趣的记者打断了将军的思路："格兰特将军，我们要多久才能到里士满？"格兰特回答："如果李将军不拦着我，我4天就能到；但如果他拦着我，这趟旅程毫无疑问将延长。"

联邦军信号兵截获一份李寄给尤厄尔将军的电报："我们要到了。"格兰特立即在下午1点15分发电报给后方的第9军军长伯恩赛德少将。39岁的伯恩赛德曾担任过波托马克军团长，在1862年冬弗里德里克堡战役中一败涂地，但重归第9军后，他在1863年秋季诺克斯维尔战役里击败了朗斯特里特，重新为自己正名。由于他军衔高于米德①，因此他直接听从格兰特的命令。第9军有4个师，其中第4师乃是有色人种师。当时该军正在防卫奥兰治—亚历桑德拉铁道的玛纳斯至拉帕汉诺段。格兰特命令他立即放弃守备铁道，集中第9军过河，如果必要的话，夜行军。随后格兰特长出一口气，向华盛顿致电，通报他已经成功渡河。

截至下午2点，3个联邦步兵军已尽数过河，但由于要等待庞大的辎重车队，他们不得不停下来扎营。第2军的宿营地就在钱瑟勒斯维尔十字路口附近，约瑟

---

① 虽然伯恩赛德与米德当时都有志愿军少将军衔，但伯恩赛德是正规军少将，而米德是正规军上校。直到斯保契尔维尼亚战役之后，米德才晋升为正规军少将。

▲ 莽原战役时侦察敌情的联邦骑兵。总体来讲，此役联邦骑兵表现并不合格，未完成侦察敌情的任务

夫·胡克将军昔日的司令部——钱瑟勒斯维尔旅馆已在战火中焚毁。战地旧址白骨森森，十分骇人，无聊的士兵开始依据骨骸身上的碎布猜测其生前的派别。一个步兵对准一个骷髅头狠狠踢了一脚，对战友说："这将是你们的下场，你们中一些人明天就将成为它！"而一个军官回忆道："找到哪里积血成池十分简单，因为那里长着最绿的草堆、最鲜艳的花朵。"第5军在第2军以西5英里、奥兰治收费公路上的莽原旅馆附近扎营，而其后方的第6军纵队一路延伸到德尔纳滩，接应辎重车队，直到晚上才抵达宿营地。当晚士兵情绪开始凝重起来，谈话也少，与在冬营肆意高歌的状态截然不同。一个纽约士兵感到"一种不祥的恐惧感，我们中许多人发现不可能逃避"。格兰特的秘书亚当·巴杜中校担心，倘若战斗在这些灌木丛里打响，那么将是一场如同瞎子一般的乱战。雪上加霜的是，由于米德将军担心邦联骑兵袭击经过弗里德里克堡的补给线，因此将大量骑兵投入保卫补给线的任务中，耽误了骑兵的侦察与获取敌军情报。很多老兵参加过一年前的钱瑟勒斯维尔战役，对于丛林乱战的恐怖深有体会，不禁两股战战。

此时，沿奥兰治收费公路行军的邦联第2军已深入莽原2到3英里，其先头部队停在了一个叫"洋槐林"的地方。而李与第3军两个师在邦联第2军西南5英里、奥兰治栈道附近的新维迪尔斯维尔扎营。在休息之前，李命令第2军军长尤厄尔中将于第二天一早便沿收费公路继续行进，迎战敌军。尤厄尔时年47岁，被手下称为"老秃头"，在第二次奔牛河战役时膝盖中弹，被迫截肢。在葛底斯堡，刚刚担任一军之长的尤厄尔完全无法适应李粗略的指挥方式，表现得十分优柔寡断，缺乏侵略性。好在他手下的3个师长——胡巴尔·厄尔利、爱德华·约翰逊及罗伯特·罗兹，自"石墙"杰克逊时代便担任师长，能部分弥补其军长能力的不足。尤厄尔得知命令之后，十分高兴，说："正是我想要的命令，沿大路行进，哪里与敌遭遇，就在哪里打一仗。"

当晚，格兰特享受了内战以来难得的惬意。在拉皮丹河畔的篝火旁，他与米德一边抽雪茄，一边探讨当前局势。来自华盛顿的电报称，谢尔曼的大军已向佐治亚进军；巴特勒的詹姆斯军团在詹姆斯河上的百慕大洪德登陆；而西格尔的部队也进入了谢安多洛谷地：迄今为止，格兰特的全线进攻战略执行得非常顺利。

5日5点天刚亮，格兰特便督促部队出发，在两条近乎平行的道路——奥兰治收费公路与奥兰治栈道之间向前行进。联邦第2军沿着奥兰治栈道经陶德旅馆穿越布罗克路；第5军除第1师沿西侧奥兰治收费公路展开保护侧翼外，其余部队继续向南，沿一条宽不到20码、两侧都是茂密树林的小道前行，这条小道在帕克仓库与奥兰治栈道交汇；第6军紧跟在第5军之后；威尔逊的骑兵师负责侦察与遮蔽部队行动。

早晨7点，第5军的第3师已经抵达距离帕克仓库1英里的丘宁农场，而第2军先头部队已越过陶德旅馆，但正在此时，米德忽然命令两个军停止前进。原来第5军第1师的散兵已与沿奥兰治收费公路前进的邦联尤厄尔军交火，并发现灰衣士兵们正在横跨收费公路、一块名为"桑德斯农田"的林间空地西侧边沿高地上挖堑壕。第5军第1师师长格里芬准将一面下令搭设胸墙，一面派人侦察敌军的数量及意图，并将情报上报给米德及沃伦——本该负责侦察情报的威尔逊骑兵师早已不知去向。但是米德依然相信，李仍然会和去年年底一样，在美内溪早已挖好的堑壕中死守，格里芬遭遇的仅是迟滞自己的偏师。出于一贯的谨慎，米德还是让第2军与第5军停步，并命第6军赶快部署到第5军右侧，第5军则负责将这支"偏师"赶走。

事实上，无论是尤厄尔，还是沃伦，当发现彼此踪迹时，均不想立即进攻。尤厄尔将约翰逊师部署在桑德斯农田西侧边缘高地，罗兹师在其后方，厄尔利师作为预备队，命令他们搭建工事。与此同时，尤厄尔让继子坎贝尔·布朗给李报信。李的想法与尤厄尔不谋而合，也期望等朗斯特里特率第1军赶到再全军进攻，因此吩咐尤厄尔尽量推迟交火时间。而沃伦将军也知道自己孤军深入，4个师之间相距甚远，一旦交火很难彼此支援，其侧翼的第6军也迟迟未至。于是沃伦一方面尽力拖延米德的催促，一方面命令距格里芬最近的第4师向格里芬靠拢。该师师长沃兹沃斯自第一次奔牛河战役起便领兵打仗，也算军中宿将了，但头一次在如此恶劣的地形中作战，也摸不着头脑。当他困惑地问沃伦怎么走时，沃伦拿出一块罗盘，让他一直向西。与此同时，沃伦也命丘宁农场的第3师与莽原旅馆的第2师派遣部分兵力支援第1师。第4师的士兵们在茂密树丛中披荆斩棘，用斧头和鹤嘴锄艰难开路，最终与格里芬取得联系，部署在其左侧，此时格里芬师与对手已经打得热火朝天。

▲ 联邦第 5 军第 4 师师长、56 岁的詹姆斯·沃兹沃斯少将算是军中一位令人瞩目的明星。他的父亲曾是全国最大的土地开发商，家财万贯。他本人毕业于哈佛大学，是三任国务卿的丹尼尔·韦伯斯特的得意门生

原来在米德的不断催促下，下午 1 点，联邦第 5 军第 1 师的步兵终于从丛林中冲出，其第 1 旅以纽约第 140 祖阿夫团在左，5 个正规军连队在右，穿越桑德斯农田，在灌木荆棘中沿着公路北侧奋力穿行。该旅冲过一条沟壑以后，遭遇到隐藏在丛林中的约翰逊师 3 个旅（正面斯图尔特旅，侧面"石墙"旅与斯塔福旅）的猛烈火力打击，蓝衣人倒下一大片。正对该旅的乔治·斯图尔特准将命令全旅上好刺刀，走出堑壕，通过持续不断的排枪射击挤压对手。第 140 祖阿夫团逐渐向左倾斜，正规军连队则停滞不前，将死亡之路让给了第 1 旅的第二波部队——来自纽约与宾夕法尼亚的 3 个祖阿夫团。他们将那些平时趾高气扬的正规军甩在身后，但也遭遇前者同样的厄运。服装鲜艳的祖阿夫成了对手的靶子。在敌军射击之下，大多数人撤到丛林中隐蔽，唯有纽约第 140 团及 146 团的祖阿夫们不服输，重新组织进攻。

祖阿夫一边端着刺刀冲锋，一边发出震天动地的怒吼。当他们靠近桑德斯农田远端树林时，在正面与右侧都遭到劈头盖脸而来的米涅子弹打击——约翰逊师斯塔福德旅已经挪到旷地北侧，如今每一棵树后，仿佛都隐藏着灰衣人。纽约第 1 炮兵团 B 连携两门拿破仑 12 磅炮赶来支援，炮手刚把火炮架设在收费公路上，便在枪声中纷纷倒下，幸存的炮手又忙中出错，将葡萄弹与霰弹打到正在丛林里集结的祖阿夫阵列中。纽约第 140 团的亨利·克里本中尉对这些帮了倒忙的炮兵怨声载道："炮弹在我们的阵列中横扫，令在枪林弹雨中坚持不退的英雄们损失惨重。"但纽约人锲而不舍，依旧轮流杀入丛林，试图在敌军阵线中间钉入一个楔子。纽约第 146 团的斯威特上尉回忆道："靠近敌人后，我们用刺刀与子弹与之战斗。树

林中到处是浓密的、盘旋在绿色松林上空的、与白杨树的白花相融的硝烟。"莽原很快就变成绿色地狱。茂密的丛林着了火,橙红色的火焰迅速朝长满灌木的农田蔓延。动弹不得的重伤员只能躺在烈火中被活活烧死,他们凄惨的号叫令战场格外恐怖。

联邦第5军第1师第3旅在约瑟夫·巴特利特准将的率领下,从收费公路南侧发动进攻,他们与约翰逊师琼斯旅迎头相撞,后者的旅长约翰·琼斯准

▲ 纽约第140祖阿夫团在桑德斯农田的冲锋

将及其副官罗伯特·厄尔利上尉(厄尔利将军的侄子)很快阵亡。失去指挥的弗吉尼亚人且战且退,等到罗兹师巴特尔旅前来支援时,琼斯旅有人高叫"向美内溪撤退",巴特尔旅的两个阿拉巴马团也信以为真,掉头撤退。巴特利特并未继续向敌军防线内部深入突破,而是停下来整理阵形。

在巴特利特击退琼斯旅的同时,沃兹沃斯命令第4师的王牌——"铁旅"(即该师第1旅)趁机卷入战斗。该旅官兵头戴黑色宽檐帽,一边冲锋一边高呼"我们西部人在此!"直接冲向邦联第二道战线,不顾其侧翼完全暴露给罗兹师道尔旅。随着道尔旅发起齐射,几分钟内"铁旅"便有50人伤亡。而第4师第2旅在密林中迷失方向,误打误撞地绕到罗兹师的朱尼厄斯·丹尼尔准将的北卡步兵旅(即丹尼尔旅)身后。双方步兵在丛林里撞个满怀。好在这股联邦士兵大多是菜鸟,他们齐射的子弹飞上天,身经百战的北卡老兵放低枪口,沉稳射击,随后挥舞着枪托向对手砸去,联邦士兵抛下一片蓝衣尸体,仓皇后退。至于该师第3旅,由于在进攻时不幸陷入沼泽,在泥浆里挣扎的官兵成了靶子,伤亡惨重后被迫撤退。因此沃兹沃斯全师真正发挥作用的,唯有"铁旅"一旅将士。

尤厄尔见局势危险,立即驱马赶往作为预备队的厄尔利师,在路上正好遇见厄尔利师的约翰·戈登准将的佐治亚旅(即戈登旅)。尤厄尔勒马高呼:"立即在收费公路右侧组成阵线!"佐治亚人冲了上去,在丹尼尔旅旁边展开,向敌军开火。

名震天下的"铁旅"自从创建以来，第一次仓皇撤出战斗。而自丘宁农场匆匆赶来的第3师第1旅，更是出现了耻辱性的一幕：宾州第7团官兵面对佐治亚的两个步兵连时，竟把对手当成一个旅，全团缴械投降。沃伦担心第3师（欠1旅）陷入孤立无援的境地，于是命令该师从丘宁农场撤退。

此时在路北侧的两个纽约祖阿夫团也渐渐支撑不住，在斯图尔特旅的两个北卡罗来纳团的打击下，开始从农田撤退，一些士兵为防止被身后的子弹击碎脑袋，别出心裁地将铁皮饭盒缠在了后脑勺上。纽约第146团的一名士兵回忆道："当身穿制服的士兵越过旷地，一边射击一边奔跑时，祖阿夫制服亮丽的红色，点缀以暗淡的灰色及胡桃木色，创造了一幅绚烂的奇观。"这两个团的1600人共损失567人，纽约炮兵的两门火炮也被丢在无人区。邦联士兵在火炮上插上了己方旗帜，诱使第5军第1师第2旅马萨诸塞第9团发起自杀式进攻，该团折兵150人之后，才被亲自赶来的格里芬师长叫停。

格里芬制止了部下的"无脑突进"后，命全师就地防御，随后便赶往军团指挥部。当他赶到时，看见格兰特坐在一个树桩上，解着风纪扣，正在像削铅笔一样削木棍。格里芬义愤填膺。他跳下马，完全无视总司令的存在，直接奔向米德，抱怨沃伦与赛德威克没有给予支援。一向脾气暴躁的米德也只得安静地听着。当格里芬走后，格兰特忍不住了。"这位格雷格将军是谁？"格兰特记错了这个师长的名字，"你应该关他禁闭。"

"他叫格里芬，不叫格雷格。"米德平静地说，"这只是他表达的方式。"米德伸出手来，像兄长一样帮总司令系好风纪扣。随后格兰特继续坐在树桩上削木头，等待最新战况。

事实上，第6军迟迟未能增援格里

▲ 林间恶斗

芬的原因是二者之间的唯一道路——斯保茨伍德路现已长满荒草,几乎无法穿行。因此第6军第1师一直到格里芬进攻受挫后,才与其取得联系。随后该师横跨斯保茨伍德路部署,与包括"石墙"旅在内的邦联军3个旅展开拉锯般的冲锋与反冲锋,在下午3点一度将"石墙"旅分割包围,最后厄尔利亲自督战方解围成功。

却说当天早上,李同希尔、"杰布"斯图尔特等人来到奥兰治栈道北侧一块农场,这块农场归属于一个叫塔普的寡妇。李看到这片林间空地地形开阔,适合炮兵射击,因此将威廉·波阿格中校的炮兵营、12门火炮沿着农场西侧布置,并将军团司令部建在这里。不久,一伙联邦散兵一度渗透到附近的丛林中,但看到农场周边灰衣官兵熙熙攘攘,人来人往,便失去了开枪的勇气,从而错失将北弗军团大半高层一网打尽、改变历史的大好时机。

由于当天希尔犯病,因此大部分时间里第3军实际由李亲自指挥。李一直担心第2军与第3军之间长达2英里的缺口,于是命令赫斯师的7000名步兵继续沿着奥兰治栈道推进,身后的威尔考克斯师则穿过寡妇塔普的农场,连接两军。

上文提到,联邦军骑兵第3师师长威尔逊之前从未统领过骑兵,根本没有侦察经验。他完全忽视了奥兰治收费公路,在奥兰治栈道上只留下纽约第5骑兵团,率其余骑兵直奔卡塞平路而去。结果纽约骑兵在帕克仓库处与赫斯师迎头遭遇,众寡悬殊之下,只能且战且退。好在第6军最东侧的第2师在乔治·盖蒂将军的指挥下及时抵达,在布罗克路附近稳住战线,挡住了赫斯师。米德担心希尔的部队会抢先一步占领奥兰治栈道与布罗克路的交叉口,切断第2军与其他各军的联系,便命令盖蒂师的6000名老兵死守布罗克路,第2军则向北回撤到交叉口。但汉考克收到这封命令已是上午9点,此时该军离交叉口已经有2英里的路程。

盖蒂在11点30分抵达交叉口,发现周边丛林里到处是灰衣士兵,因此命令数量处于劣势的手下就地横跨栈道挖掘堑壕,死守待援。下午2点,汉考克将军终于率第2军第3师、第4师抵达交叉口。一名军官上气不接下气地报告:"先生……盖蒂将军压力很大……子弹快用光了。""告诉他顶住!"汉考克吼道。随后他派这两个师在盖蒂左侧组成战线,稳住了阵脚。

下午3点45分,米德不耐烦了,命令盖蒂与第2军第3、4师发起协同进攻。但还没等第2军的这两个师进入出发地点,盖蒂师早已于4点15分独自动身。赫

▲ 汉考克（中央坐者）与手下二位师长——巴罗（左）与吉本（右）。汉考克在波托马克军团素有美男子的美誉，但自从葛底斯堡战役中负了重伤之后，显然发福了许多，在陆路战役中，他通常躺在救护车里休息，只有亲临一线指挥时才上马

斯师横跨奥兰治栈道，在茂密的树林里砌筑胸墙，树林下是布满沼泽的低洼地。盖蒂师士兵沿低矮的山坡攀登，阵形越来越歪歪扭扭，失去秩序，遭到对手猛烈射击，难以逾越分毫。

盖蒂师第 2 旅旅长刘易斯·格兰特上校回忆道：

等到第一次齐射结束，我军尽可能紧贴地面，保持快速射击。敌人同样如此。当我军起身准备前进时，子弹立即将他们击倒。在这种屠杀下，除了维持现有阵地，其余皆不切实际。

盖蒂请求支援，不久后大卫·伯尼将军率第 2 军 3 师抵达，撑起盖蒂的侧翼。当第 2 军第 3 师第 2 旅旅长亚历山大·海斯准将（他也是格兰特与汉考克的密友）骑马在宾州第 63 团前训话时，一发子弹击中他的头部，海斯应声栽倒下马。下午 5 点，莫特将军的第 2 军第 4 师发起进攻，但在树林中挤成一团，遭到齐射后便仓皇撤退，联邦军官不得不骑着马，用指挥刀背将他们赶回胸墙里。

随后汉考克派新赶到的第 2 师投入战斗。该师乃波托马克军团之花，师长约翰·吉本少将素以坚毅冷酷著称，也是米德最器重的将军之一。生龙活虎的战士飞快跑过精疲力竭的盖蒂所部，杀入烟雾笼罩的森林。赫斯师眼下要面临 4 个师的攻击，阵线开始松动。

李见局势不妙，便果断推翻之前的决定，命令正要与尤厄尔军联系的威尔考克斯师退回奥兰治栈道支援赫斯。威尔考克斯返回后，命麦克格文旅及斯凯尔斯旅进攻栈道的南侧，但由于兵力不足而未能奏效。傍晚时，汉考克将最后一个师——巴罗的第 1 师投入战斗，几乎抓了一整团的北卡罗来纳人。但这时候天完全黑了，协同不畅的联邦军未能取得重大战果。

天黑之前，躺在担架上的希尔将军得知一大股联邦军接近威尔考克斯刚撤出来的空当，此时他手头只剩负责看管战俘的阿拉巴马第5团的一个营。十万火急之下，希尔忍着病痛组织非战斗人员看管战俘，随后将125名阿拉巴马人送入树林，并叮嘱他们迅速冲锋，射击，发起不间断的战嚎，这样给对手的感觉犹如一个接一个的步兵团冲锋而来。

这股联邦军原来是第5军队沃兹沃斯第4师，他们在进攻桑德斯农田失败后，又奉命从奥兰治收费公路南侧包抄希尔左翼。由于灌木太过浓密，天色渐黑，这些疲惫的士兵连数尺外的敌人都看不清。结果被尖叫着疯狂冲锋的阿拉巴马人彻底震慑住，就此停止前进。不久天完全黑了，第4师官兵在灌木丛里歇息，但他们的存在如同高悬于顶的达摩克利斯之剑，时刻威胁着希尔的侧翼。年事已高的沃兹沃斯精疲力竭，似乎预感到自己将遭遇不测，于是提前指定"铁旅"旅长卡特勒为继任者。

夜晚中枪炮声渐渐消失，取而代之的是"哐哐"的斧头伐木声，双方都在匆忙修补与砌筑胸墙。缅因第16团的斯茅少校奉命沿奥兰治收费公路侦察前方树林，寻找掉队士兵。他汇报："我发现了一些，他们已经被吓坏了，不知道自己要去哪儿，唯求离开这片哀号之地。我并没有因为害怕归队而责备他们。"深入黑暗后，斯茅少校忽然跌倒，双手无意间推倒一堆树叶，这些树叶碰到火苗燃起来，点着了一具尸体的头发和胡须，斯茅少校看到一张死不瞑目的脸，吓坏了，连忙跑开。

伤员的哀号声如同中箭野兽的嘶吼，邦联的麦克亨利·霍华德中尉在日记里写道：

他们的呻吟与哭喊听起来就很痛苦。在这个寂静的夜里，每一声哀号都听得一清二楚：要水，呼喊弟兄与战友的名字让他们赶来帮助。无论联邦与邦联，都有许多人距离我们的哨兵线只有十几步，尽管我们尝试过，但我们发现根本没法救助他们。两次试图带回一些伤员时，别人就对我射击。

双方的阵线早已绞成一团，歪歪扭扭，各团各旅散布在森林里，犬牙交错，你中有我，我中有你。士兵们根本无法沉睡，只能就地打盹儿。尤厄尔的第2军在当晚修缮了工事；而当希尔的两个师长——赫斯与威尔考克斯要求重新修缮阵线时，希尔竟说李将军的命令是让大家就地休息，并信心十足地说朗斯特里特的部队在天亮前就可抵达。

米德从俘虏番号判断朗斯特里特与安德森均还没有和李会合，于是与格兰特商量后，命令他手下最出色的军长汉考克指挥第2军及第6军第2师沿奥兰治栈道，第5军第4师从栈道北侧，于次日（6日）清晨5点夹击邦联第3军，争取在敌援军抵达前摧毁希尔部。汉考克担心朗斯特里特会从整个联邦军的左侧发动侧翼攻势，于是将第1师交给了吉本将军，由他负责左侧安全。吉本将第1师，以及第2军的大多炮兵部署在沿布罗克路的高地上。

在汉考克进攻的同时，格兰特让第5军与第6军主力沿收费公路牵制尤厄尔，让李无法从这里抽调兵力支援希尔。5月5日，联邦第9军的4个师已经渡过拉皮丹河，米德命令其先头部队务必在6日凌晨4点抵达莽原农场，随后其第1师沿布罗克路支援奥兰治栈道上的第2军；其第2师与第3师前去支援沃兹沃斯，在希尔与尤厄尔之间钉下楔子，将整个北弗军团一分为二；第4师则负责守卫德尔纳浅滩附近的栈道。

当天晚上，李得到明确消息，第1军与第3军安德森师共计2万人预计在6日上午抵达战场，他们是北弗军团最精锐的部队。李唯一担心的是希尔在援军到来前能否顶住敌军攻击。于是李命令尤厄尔在6日早上主动出击，为希尔卸压。和50年前决定欧洲命运的滑铁卢战役类似，5月6日的战局也主要取决于哪一边的生力军率先抵达战场——是朗斯特里特，还是伯恩赛德？

6日拂晓，天际刚刚泛红，尤厄尔军的火炮就率先开始射击，宛如吹响起床号，唤醒千军万马。随后联邦第6军发起反击，但对方工事坚固，除了丢下一片蓝色尸体外一无所获。清晨5点，联邦第2军散兵陆陆续续向前探路。高大俊朗、英姿飒爽的汉考克将军骑在骏马上，衬衫领口依旧一尘不染。他挥舞指挥刀催促排成3排阵列、宽达1英里有余的4个步兵师（伯尼师、吉本师、莫特师、盖蒂师），两万蓝衣士兵缓慢推进，新一天的杀戮全面启动。

首当其冲的邦联威尔考克斯师在头天晚上并未加固阵地，很快就顶不住了，许多士兵掉头逃跑。此时联邦第5军第4师也开始攻击赫斯师的左翼。北卡罗来纳第11团的威廉·马丁上校回忆："我们的左翼如同一张纸一样被席卷。"赫斯的许多团没等重锤砸下，便撤到后方组成一条新战线。米德的参谋西奥多·莱曼上校回忆道："两三轮毁灭性的齐射穿越树丛，随后整个前线一片枪响。"莱曼发现汉考克将军意气风发地站在十字路口。"我们正驱逐他们！"汉考克喊道，"告诉米德将军我们正驱逐他们！"

截至上午6点，联邦第2军已经向前推进1英里，第9军第1师也抵达战场；邦联第3军抵挡不住对手的组合拳，士兵纷纷越过塔普寡妇农场后撤；而尤厄尔的第2军被对手第5军与第6军牵制，无法腾出兵力支援希尔。

北卡第33团的克拉克·艾弗里上校在阵线中往返奔波，鼓励在胸墙下匍匐的手下，但他们告诉艾弗里："上校，在胸墙下卧倒。如果你再这样来回走动，你将会被杀掉。"艾弗里不为所动，依旧如故。一名士兵回忆道："我们被迫撤退，之后再未见到艾弗里上校。"

希尔在塔普寡妇农场目睹手下们被赶出树林，军团司令部危急，而身边唯

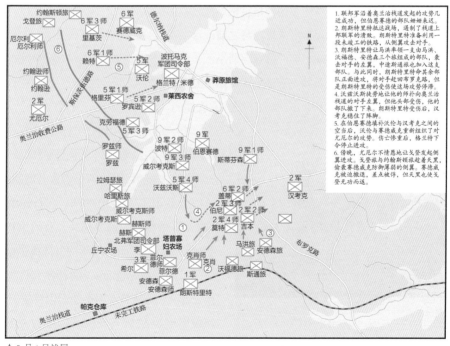

▲ 5月6日战局

一的可用之兵就是威廉·波阿格的12门大炮，便命令大炮不顾撤退的战友发射葡萄弹。炮兵出身的希尔亲自操纵一门火炮发射，一时间农场上血肉横飞。李将军命令司令部人员收拾好辎重行李，准备撤退，但他还是拦住了威尔考克斯师的萨缪尔·麦克格文旅长，责难道："这支像一群鹅一样逃跑的部队是你出色的旅吗？""将军，"麦克格文不卑不亢地回答，"弟兄们并没有溃散，他们只想找到一个地方重组，并像往常一样战斗。"

胜利近在咫尺之际，汉考克的攻势却陷于停滞。原来沃兹沃斯的师在丛林里找不到方向，当他们走到奥兰治栈道时，无意中将伯尼师挤到栈道左边，导致进攻的各团各旅一片混乱。

早上6点左右，邦联第1军终于在千钧一发之际抵达。该军从凌晨1点开始夜行军，为了方便增援希尔部，李命其从沿卡塞平路行军改为沿奥兰治栈道前进。第1军的两个师呈两列平行的纵队，菲尔德师在左，克肖师在右，如同阅兵一般整齐地穿过希尔支离破碎的阵线，尽可能卸下身上的多余装备，并把一边走一边啃的黄玉米扔在道边。当菲尔德师格雷格旅通过波阿格炮队时，正好碰到骑"旅伴"赶来的李将军。由于约翰·格雷格准将之前一直在西线，因此李并不认识他，向他问道："将军，这是哪个旅？""德克萨斯小伙子！""德克萨斯万岁！"李高呼道，完全不顾他闻名天下的矜持与优雅，挥舞帽子大叫，"冲啊，赶走他们！""注意！德克萨斯旅，"格雷格下令，"李将军正在看着你们。前进！"

▲ 等来援军的李将军一度要亲自率领德克萨斯旅冲锋。在整个陆路战役中，李将军不顾军团长之尊，多次身临险境，相比之下，比他年轻十几岁的格兰特倒格外冷静，一直稳坐后方指挥

李一时间热血上涌，与格雷格旅一起前进。"李撤回去！"将士们呼喊着，"李将军，请撤回去！"但李置若罔闻。一些士兵不得不走出阵列，强行拉着"旅伴"的缰绳，逼李掉头，有的人甚至激动得泪流满面。朗斯特里特将军也拍马赶到，向李保证："倘若你允许我接管部队，阵线将在半个小时内恢复。"并坦率地说："现在我们待的地方并不舒服，我将骑到一个安全的地方。"

在说服李撤到后方后，朗斯特里特开始大显身手，组织反击。格雷格旅的800德州健儿率先穿过树丛，遭到对手猛烈射击，10分钟内有半数非死即伤，格雷格自己也受了伤。与此同时，朗斯特里特命令克肖师的两个旅顺着奥兰治栈道攻击汉考克右翼的第3师（伯尼师）与第4师（莫特师）。后者精疲力竭，被迫撤退。汉考克在7点曾命令吉本将第1师派到第一线增援，但吉本只给了他1个旅①。

上午8点，安德森师抵达战场，李命令该师也暂时归朗斯特里特指挥。

▲ 赶来增援的邦联第1军

上午9点，汉考克将军得到两个消息。其一，骑兵在布罗克路发现了邦联军。汉考克担心这是朗斯特里特的第3个师——皮克特师的包抄行动，但事实上皮克特师当时还在里士满，谢里登发现的只不过是一支小部队。其二，沃兹沃斯师已经覆灭。这当然也是谣言。汉考克为防万一，不得不拉长阵线，与第5军相连接，并停止了攻势。一时间蓝与灰的绞杀陷入僵局。

朗斯特里特调整了思路，他决心包抄联邦军的最左翼，但由于他之前从没有在莽原一带作战过，不熟悉地形，因此李让北弗军团工程兵总监马丁·史密斯少将协助他。史密斯经过亲自勘察，发现了弗里德里克堡—奥兰治县府铁路尚未完工的一段路基，沿着路基前进，正好可以走到对手左翼。于是朗斯特里特从手下3个师（菲尔德师、克肖师、安德森师）中各抽调一个新锐旅，交给小个子悍将威廉·马洪准将，在史密斯的助手莫克斯利·索雷尔上校的引领下，沿着这条路基攻击伯尼师毫无掩护的侧翼。在马洪部行进途中，与汉考克军作战而损失惨重的第3

①　吉本到死也依然声称，汉考克给他的命令就是派1个旅。

军赫斯师斯通旅也加入他的行列。

11 点左右，索雷尔一边挥舞着帽子，一边高呼："跟我来，弗吉尼亚人，我指引你们！"邦联军从荆棘树林冲了出来——沃福德旅在左，安德森旅在右，马洪旅居中，斯通旅担任预备队。他们一边冲，一边发出刺耳的怪叫。听到侧面的动静后，克肖师也向汉考克的防线发起正面进攻。当时联邦第 2 军刚刚经过恶战，正在抓紧时间休息。结果这支劲旅在腹背受敌之下，竟然纷纷溃散。汉考克不得不向米德求援："他们正沿着道路向我军猛攻。倘若这里有更多军队，我可以利用他们。"多年以后，朗斯特里特与汉考克相聚，在复盘莽原战役时，汉考克向老对手承认当时"你像卷一张湿毛毯一样席卷我们"。

第 2 军右侧的沃兹沃斯看到第 2 军陷入危局后，马上命令马萨诸塞第 20 团沿奥兰治栈道攻击，试图为友军缓解压力。这时朗斯特里特派菲尔德师向他进攻。没过多久，第 20 团团长乔治·马西上校腿被炸断，倒在地上，亨利·艾伯特少校继任，几分钟之后他被子弹击中头部。督战的沃兹沃斯也头部中弹，从马上摔下来。马萨诸塞第 20 团损兵 140 人后，不顾受伤的师长仓皇撤退。邦联军在把沃兹沃斯送到野战医院前，瓜分了这个百万富翁身上的财物——装有 90 美元的钱包、金表以及银马刺。索雷尔则拿到了沃兹沃斯自掏腰包定制的地图，并感叹："真是弗吉尼亚的好地图，以后会用得着。"沃兹沃斯与艾伯特最后都死在邦联的野战医院。

在马洪发动侧翼攻击时，颇有远见的马丁·史密斯便主动沿着路基继续前行，找到了一条可以绕到汉考克在布罗克路防线后方的路线。这正符合朗斯特里特的心意，于是他命令史密斯带路，他率克肖、参谋们以及迈卡·詹金斯准将的南卡罗来纳旅紧随其后。詹金斯是菲尔德师最出色的旅长，年仅 28 岁，因伤病在战前不久刚刚归队，他的部下身穿统一的崭新深灰色制服，精神抖擞，斗志正旺。该旅一直作为菲尔德师的预备队，朗斯特里特决定拿出压箱底的王牌，试图给汉考克致命一击。

忽然一阵枪声从右面丛林传出，原来杀得兴起而过度亢奋的马洪旅弗吉尼亚第 12 团官兵误把詹金斯旅当作身穿深蓝色制服的敌人。"友军！我们是友军！"克肖师长叫道。枪声停止了，但一名信使与一名参谋官已当场毙命。头部中弹的詹金斯被抬到后方时还向部下欢呼，并恳请他们将敌军赶进拉皮丹河，但几个小时之后他便死了。朗斯特里特也中了弹，他在回忆录里写道：

在詹金斯被打倒的一瞬，一发迅猛的米涅子弹穿过了我的喉咙与右肩膀，将我打下马鞍。我摔伤了右胳膊，但又骑上马，结果很快喷涌的鲜血告诉我，我这一天的工作结束了。当我骑马回去时，参谋们看到我即将坠马，纷纷下马将我搀扶到地上。

巧合的是，就在一年以前，几乎是同一地点，"石墙"杰克逊将军也在亲赴前线侦察时遭到友军误伤，两星期后不治身亡。朗斯特里特被担架抬到后方，为了遮挡阳光，他用帽子盖住了脸。但当他听清战士们窃窃私语"他死了，而他们告诉我他只是受伤"时，为澄清流言，朗斯特里特儿乎用尽最后一丝气力，用左手举起帽子——"爆发的欢呼声与漫天飞舞的帽子某种程度上缓解了我的疼痛"。好在经过4名军医诊断，他的创伤并不致命，但短期之内不能征战沙场了。朗斯特里特本来指定菲尔德担任代理军长，继续进攻，但李将军考虑到安德森的军衔高于菲尔德与克肖，故任命安德森担任第1军新任军长。在职务的频繁交接变动中，朗斯特里特策划的攻势不得不告吹。

下午3点，战事暂停。格兰特依旧在司令部前的树桩上坐着，一边抽雪茄，一边削木头，脚下烟头和树皮铺了一地。面如平湖，而心有激雷。他决定让第2军与第9军稍事休息之后，便沿奥兰治栈道对邦联第1军与第3军进行反击，反击的时间初定为傍晚6点。

令他想不到的是，李在4点钟抢先一步命令第1军与第3军合并，一起猛攻联邦第2军。第2军在沿着布罗克路修砌的胸墙后早已守候多时，在战事间歇时，其右翼又得到第9军两个师的支援。本来防御固若金汤，但此时战场上再次起火，灰衣军不顾衣裤着火，顶着敌军枪炮，在火苗中奋勇前进，随后西风大作，火借风势点燃了联邦军的胸墙，双方相距不过十几步，隔着火焰对射。第2军第4师官兵受不了令人窒息的黑烟，纷纷逃离阵地，安德森师的佐治亚旅与南卡旅一度将战旗插到工事前，但汉考克很快就调来第2师第3旅堵住缺口，旅长萨缪尔·卡罗尔上校在两天内第二次负伤。第9军的两个师也逐渐投入战斗。经过1个小时的搏杀，邦联军终于停止进攻。枪声渐渐停息，但大火愈发难以控制，如同巨兽的红色血盆大口疯狂吞噬着干燥的树林，留下布满双方将士焦尸的无人区。格兰特已无法按计划发起攻势了。

在第 1 军与第 3 军的攻势受阻后，李将军斗志不减。他又赶往正横跨奥兰治收费公路防御的第 2 军。"还能在侧翼做些什么吗？"他问尤厄尔将军道。

尤厄尔给出肯定的答复。原来佐治亚旅的旅长约翰·戈登早在上午便主动侦察，发现波托马克军团的右翼周边并没有山丘或河流的遮掩，完全暴露，因此建议从这一侧迂回进攻。但其上司厄尔利与尤厄尔对此并不重视，直到李亲自来问，尤厄尔才把这一建议汇报给李。李十分欣赏戈登的建议。在一年之前的钱瑟勒斯维尔战役中，他曾亲自负责牵制敌人，并赌博似的分兵给"石墙"杰克逊，由后者从侧翼出奇制胜击败约瑟夫·胡克，而戈登的妙计似乎可以让这一场景重现。于是傍晚 6 点，戈登旅在约翰斯顿旅与佩格勒姆旅的支援下出发。

联邦军右翼是第 6 军，该军本来以韧劲十足著称，但 6 日那天，这个军除了上午发起短暂进攻外，其余时间无所事事，因此多少有些懈怠。更糟的是，部署在这个军最右侧，也是整个军团最右侧的恰恰是其战斗力最弱的部队——第 3 师第 2 旅。在前任指挥官罗伯特·米洛伊少将的指挥下，这个旅屡战屡败，在军团中被嘲讽为"米洛伊的孬种"。当时该旅官兵已把枪堆成垛子，正在埋锅做饭，一些懒鬼已经躺到双人帐篷里。在他们与拉皮丹河之间是数英里宽无人守卫的乡野，而戈登的部队正是从这片乡野冲了出来。"米洛伊的孬种"不负众望，四散而逃，把锅里的培根和水壶里的咖啡留给了对手。赛德威克将军看到逃兵们乱哄哄的，如同放学的读书郎一般跑过他的军部。他一边调遣援军，一边骑马向事发地奔去，结果在混乱中与一名邦联军官遭遇。这名军官拔出手枪对准赛德威克，命其投降，但紧接着一声枪响，邦联军官应声毙命，"约翰大叔"逃过一劫。好在该军第 2 师第 3 旅在旅长托马斯·尼尔准将的率领下，顽强打退敌人一次又一次进攻，从而制止了兵败如山倒的趋势。

在夜袭中，各种谣言开始扩散。如几个军官跑到军团部高叫第 6 军全军崩溃，赛德威克及赖特师长均被俘。米德对他们吼道："胡说！就算他们冲破了我军阵线，他们今晚啥也干不了！"而一个参谋也对格兰特说，他对李的套路了如指掌，李已将整个部队穿插到波托马克军团与拉皮丹河之间，切断了军团的退路。一向镇定的格兰特终于忍不住了，对造谣者说道：

听到你讲李将如何如何，我打心眼儿里讨厌。你们当中的某些人似乎总是以为他会突然翻上十几个筋斗，转眼间就同时站到我们背后和两翼了。回你的指挥所去，多想想我们打算干什么，而不要去想李打算干什么。

最终正如米德所说，在漆黑的夜里，戈登的进攻组织混乱，尽管打死打伤400名联邦军，俘获第6军第1师第4旅旅长亚历山大·谢勒准将与"米洛伊的孬种"旅旅长杜鲁门·西摩尔准将在内的几百人，但离给联邦军致命一击还差得远。随后戈登亲自来到佩格勒姆旅，泪流满面地乞求将士们再努力一把。这一次联邦军早有防备，他们等到对手渗透到距其15码时才齐射，打倒了大片偷袭者，戈登只得落荒而逃。李就此彻底放弃了进攻的念头，这位伟大的机动战大师在两天之内损失了1.1万名官兵（其中第1军约3000人，第2军1250人，第3军近7000人），占军团总人数的20%。他手下已经没有可以机动作战的部队，只能命令幸存者抓紧时间加固工事，等待对手犯错。

格兰特在5月6日这一天创纪录地抽了20支雪茄，他将最后一支递给前来述职的汉考克后，回到了自己帐篷里。战地里遭烈火吞噬的伤员的哀号、弹药盒被点燃时发出的"噼里啪啦"声，依旧在他的耳边连绵不断。北弗军团的强悍善战，以及李将军进攻手段的变化多端与大胆果决，令这位来自西线的常胜将军心有余悸，米德的劝诫——"李与北弗吉尼亚军团，和伯拉格与田纳西军团截然不同"所言非虚。这位新官上任的总司令打的第一仗便折兵17666人（2246人战死，12037人负伤，3383人被俘），这实在算不上一个好的开局。在就寝之前，他对一名即将赶回华盛顿的记者说："如果你见到总统，告诉他，这里无论发生什么，我都绝不回头。"几分钟后，参谋波特来到帐篷里告诉格兰特，戈登发起了第二次进攻，格兰特清楚右翼得到增援后已稳如泰山，于是对军情再也不管不顾，蒙头大睡。

血角

5月7日，遮天蔽日的浓雾与硝烟、令人作呕的焦尸恶臭，笼罩着莽原。两天血腥厮杀之后，双方士兵陆续从胸墙后走出，救助伤员，埋葬死者，扑灭林火。弗吉尼亚第33团的约翰·卡斯勒写道："6日，敌军在第3旅面前奋力冲锋，我们

▲ 戈登从侧翼偷袭联邦第 6 军

将500具尸体按其阵亡时的样子排成一排，掩埋掉了。"他承认，他们为了口粮翻遍尸体，"我们在战斗中吃光粮食，自己的补给车上又没有，但我们从扬基佬的帆布包里翻出能吃四到五天的硬饼干和培根肉。我饿坏了，将沾血的那块切掉后，开始吃它"。另一个细心的南方士兵观察到，战友尸体大多呈枯黄色，已经开始干瘪，味道相对较淡；而敌尸肿胀得厉害，变成深紫色，散发出难闻的臭味。他将其归结为北方士兵在生前营养更好。虽然战场上偶尔有散兵的零星交火及炮响，但老兵们对这些声音已是置若罔闻。他们清楚，无论是李，还是格兰特，都不愿意再在这片绿色地狱厮杀乱战了。

李将军依据先前的经验，认为貌似强大的波托马克军团其实难以承受惨重伤亡，而斥候又侦察到联邦救护车队开始满载伤员向弗里德里克堡撤去。因此李推断格兰特在遭到当头一棒后，将退出战斗，要么向东撤至弗里德里克堡，要么向北撤回拉皮丹河北岸。

李此时显然对他的新对手并不了解。林肯总统曾这样评价格兰特："他有斗牛犬的刚毅，一旦他的牙咬住别人，没有什么能让他松口。"

7日清晨6点30分，格兰特便给米德下令，开头便是："将军，在日间做好夜行军、夺取斯保契尔维尼亚县府的一切准备。"正如他对林肯承诺的那样，不论在莽原遭遇多么大的损失，他都绝不撤退。

斯保契尔维尼亚县府距离里士满仅有12英里，格兰特选择这里作为下一个目标的原因如下：其一，从莽原通往北弗军团物资枢纽站汉诺威的大道经过这里；其二，倘若格兰特试图从右侧迂回李，这个十字口又是必经之地，如联邦军抢先一步将其占领，就控制了通往里士满的最好一条通道，那么李要么对格兰特发起正面进攻，要么只能从乡间小道急行军，才能赶到格兰特前面；其三，格兰特把部队部署在这里，其物资补给可以直接从弗里德里克堡沿马路运到这里；其四，这一地区附近地形开阔，便于发挥兵力与火力优势。

米德下令骑兵第1师与第2师负责扫清通往斯保契尔维尼亚的道路；第5军于当天晚上8点30分沿布罗克路南进，越过第2军；第2军完成掩护任务后，紧跟第5军前进；第6军将向东前往钱瑟勒斯维尔，随后南转；第9军紧随其后。如果一切顺利，第5军先头部队在8日早上就会抵达斯保契尔维尼亚，随后他们将就地掘壕驻守，准备迎击李的追击部队。

第5军上万将士行军时扬起的征尘让人窒息，火星依然四处飞溅，到处是尸臭的酸腐味道；救护车吱嘎吱嘎通过时，他们还得让路；道边横七竖八沉睡的第2军士兵也时不时将他们绊倒。士兵们不知道目的地是哪里，不知道自己究竟是在前进，还是在撤退。当他们即将赶到奥兰治栈道与布罗克路相交的十字路口时，忽然后方传来命令："让出右侧路来！"一小队骑兵拍马赶到，领头者正是格兰特总司令。他越过路口，

▲ 宾州第 155 志愿团的祖阿夫兵

继续骑马南行，而不是转向东面的弗里德里克堡方向。士兵们知道他们不再像以前一样在损失惨重后便撤退，而是继续进攻，于是不管"保持安静"的命令，一边欢呼一边将帽子抛上天，吓得"辛辛那提"直尥蹶子，好在格兰特从小便是驯马高手，才勉强驾驭得住。他向将士们做出"嘘"的动作，以免让南军听到动静。一个缅因男孩写道："无论格兰特骑马到了哪里，那里就爆发一阵欢呼。"一个见多识广的老兵也写道："我们士气高涨起来，这一晚上我们非常高兴。"这显然不是麦克莱伦时代在阅兵场上略带浮夸的欢呼，而是战士们对一位坚毅善战的领袖发自肺腑的呼唤！

李最终命令安德森将军率两个师于深夜 11 点开始急行军，星夜兼程 11 英里赶奔斯保契尔维尼亚。倘若格兰特南下里士满的话，安德森军（即第1军）正好挡在其前方；而如果格兰特向弗里德里克堡撤退，安德森军也可以从侧翼对其发起袭击。当确定对面堑壕已空无一人后，希尔与尤厄尔再跟随安德森前进。与对手一样，邦联军官也告诫手下不要用火，不要发出饭盒碰撞之类的噪音。邦联士兵误以为对手已撤退，士气十分高涨。一些人提议"为李将军欢呼三次"，于是一个接一个的旅发出声贯丛林的战嚎。随后第1军继续穿越森林，沿林间小道前进。

本来疲惫不堪的士兵们需要在半夜里休息，但安德森将军发现路边丛林到处火势凶猛，毫无栖身之地，只能催促手下继续前进。

却说早在 7 日下午，联邦骑兵第 1 师、第 2 师在陶德旅馆与李的侄子——菲茨休·李少将的骑兵师狭路相逢。李少将知道自己势单力薄，不敢恋战，便向斯保契尔维尼亚南撤。两个联邦骑兵师并未穷追猛打，而是在旅馆南侧的道边扎营，准备等到次日再夺占波河上的桥，切断南军通往斯保契尔维尼亚的道路。但他们的营地把布罗克路堵得水泄不通，这差点儿要了总司令的命。当天深夜，格兰特一行抵达陶德旅馆附近，发现道路拥堵，决定改走右侧小道。行至半路时，带路的参谋塞勒斯·康斯托克中校猛然发现不远处匆忙赶路的灰衣士兵。灰色的人流源源不断，于是格兰特一行连忙掉头，回到陶德旅馆附近的空地休息，这才逃过一劫。

米德将军与第 5 军到后半夜才抵达陶德旅馆，当他发现道路拥堵的罪魁祸首是前面睡觉的骑兵时，十分生气，便越过谢里登，直接给骑兵第 1 师代理师长梅里特[①]与第 2 师师长格雷格下令，让他们赶紧收好营帐，立即起来南进。"当下最重要的，是切勿延误打通从布罗克路到斯保契尔维尼亚县府的通道，因为步兵军正在赶路，准备占领这里。"米德吼道。结果步兵发现前路堵塞后，不得不就地睡觉，当他们在两个小时之后起床时，发现拥堵路况并未缓解，于是只能安排部分人埋锅做饭，其他人整装待发。

8 日清晨 6 点，第 5 军继续行军，没多久前方响起卡宾枪声，双方的骑兵在两个战场展开角逐。

先是联邦骑兵第 3 师与邦联汉普顿骑兵师罗瑟旅在斯保契尔维尼亚十字路口交战；随后联邦骑兵第 1 师在米德的催促下赶来，与"杰布"斯图尔特亲自率领的、李少将的骑兵师在距离县府 2 英里的阿尔肖普农场附近厮杀。梅里特向沃伦求援，沃伦派第 5 军第 2 师沿布罗克路强行军 2 英里抵达农场附近的斯宾德农田，许多士兵体力不支掉了队。在敌步兵的冲击下，斯图尔特命令全师退守斯宾德农田南侧名为劳瑞尔山丘的低矮山脊，砌筑胸墙，下马作战，一边防御一边求援。

---

① 师长陶博特当时因脊柱受伤而卧病在床。

▲ 标准工事剖面图，包括鹿砦、壕沟、斜坡、缓坡、胸墙等

　　当他的信使赶到布罗克舍桥时，正好遇到在渡河的邦联第1军步兵。安德森派克肖师的一个旅及一个炮兵营协助"杰布"斯图尔特对付梅里特，派另两个旅去接应已被联邦骑兵第3师击退的罗瑟旅。骑兵第3师师长威尔逊见身穿灰衣的大队人马向他赶来，而己方援兵音讯全无，便主动向弗里德里堡路撤退。在另一侧，精力旺盛的斯图尔特将步兵引领到劳瑞尔山丘之后，又亲自部署炮兵。随后联邦军开始向山丘发起冲击。第5军第2师师长约翰·罗宾逊准将率领该师及第1师第3旅向山丘冲锋时，士兵们疲惫得连高喊的力气都没有。并且包括第1师第3旅旅长巴特利特在内的许多人，当时还认为他们只需对付一些骑兵，结果当遭到邦联步、炮兵劈头盖脸的联合打击时，很多人猝不及防，抱头鼠窜，罗宾逊准将以及第2师第3旅旅长丹尼森上校均中弹受伤。山上的斯图尔特将军则十分活跃，往返于阵线之间，动辄大笑，不时为手下的英勇表现及精准枪法喝彩。第5军遭到当头一棒后，不得不退回阿尔肖普农场整饬阵形，从而让对手在斯保契尔维尼亚站稳了脚跟。这样，格兰特尽管占据路径较短、路况较好、动身较早等一系列优势，还是输掉了这场终点为斯保契尔维尼亚的短途赛跑。

　　沃伦并不甘心，待第5军全军抵达战场后，于上午10点30分派第1、3、4师再次进攻劳瑞尔山丘。此时"杰布"斯图尔特又得到菲尔德师的一个旅增援，并对工事进行加固，因此沃伦再次失败，他不得不向米德求援。米德命令第6军在沃伦左侧展开，随后两个军以"斗志旺盛，毫不拖延"的姿态发起联合攻击。但第6军直到下午5点才抵达预定位置。此时李与邦联第2军的1.7万人早已抵达第1军的右侧。联邦第5军与第6军的攻击协同糟糕，毫不坚决，以失败告终。

5月9日整个上午，士兵们不顾天气炎热，开始就近搜罗各种土木材料，紧锣密鼓地加固扩展工事。詹姆斯·卡德维尔回忆道："附近的围栏被掠走，我们前方的铁轨被掀起，里面的土被刨出来，因此那个晚上，我们有了能掩护我们的、出色的堑壕与胸墙。"与此同时，双方指挥官开始为即将到来的恶战调兵遣将。联邦军方面，第2军的3个师（欠第4师）越过陶德旅馆，在第5军左侧展开；第9军从东北面赶到斯保契尔维尼亚；谢里登则率领大部分骑兵向南奔袭，捕捉"杰布"斯图尔特，并切断李的补给线，这在下一章节有详细叙述。邦联军方面，阵线左翼是第1军的菲尔德师及克肖师，该军所属44门大炮被部署在劳瑞尔山丘；阵线中央是沿一道低矮的山脊部署的第2军，形成一个巨大的突出部，因形似蹄铁，而被邦联军称为"骡蹄铁"。在此处的邦联军具体部署如下：罗兹师居左，约翰逊师位于突出部顶端及右侧，厄尔利师位于突出部内侧中央。由于希尔病情加重，因此厄尔利将军代替他指挥第3军，而他的师由在莽原崭露头角的戈登担任师长。9日下午，厄尔利率领第3军抵达战场，部署在了约翰逊师东侧，作为邦联军的右翼，其最右侧依托斯保契尔维尼亚县府，与伯恩赛德正对。

由于邦联阵地大部分位于被树林与灌木遮盖的弯曲山脊上，加之谢里登的骑兵不在，因此联邦军的侦察行动十分艰难。而邦联狙击手们格外活跃，不断狙杀冒头的联邦军。9日那天上午，"约翰大叔"赛德威克显然心情不错，当他监督炮兵布置火炮时，看到炮手们因为敌军狙击手而东躲西藏，向来孩子气的赛德威克便半斥责半开玩笑地说："什么？就为了这几发子弹躲闪？要是他们整条战线开火，你们咋办？我为你们感到丢人。这么远的距离，他们连大象都打不着！"话音没落，一发子弹便击中了赛德威克左眼下方，将军猝然倒地，其参谋马丁·麦克马洪中校也被狙击手射倒。当部下赶到将军身边时，早已无力回天。格兰特听到噩耗后不禁一愣，连着问了两次："他真死了？"确认消息后，不禁唏嘘感慨，赛德威克的阵亡给波托马克军团带来的损失不亚于一个整师被全歼。这个享年50岁的单身汉深得部下爱戴，军医乔治·斯蒂文森写道："当赛德威克将军阵亡的消息传到全军时，从未有哪个人的死能像他一样，让如此忧伤的气氛笼罩整个军团。"消息传到邦联阵营，包括李在内的昔日西点校友、印第安战争老战友也为他的死而黯然神伤。格兰特把第6军军长一职交给原该军第1师师长赖特准将。

格兰特以最快速度平复失去大将的哀痛，之后便花费整个下午寻找对手防线的软肋，最后决定派第2军于当晚搭建浮桥，渡过蜿蜒曲折的波河，然后前往布罗克舍桥，在那里再次过河，然后从东面迂回包抄邦联第1军暴露的左翼。但这一路线丛林密布，延缓了第2军行军，到了夜里，他们不得不停止前进。汉考克请求取消行动，但被格兰特拒绝。10日早上，汉考克的散兵抵达布罗克舍桥头附近时，发现安德森师（师长为马洪）早已在河岸高地严阵以待，而第3军的赫斯师也悄悄地赶到汉考克左翼，试图对其夹击。汉考克立即分兵，派约翰·布鲁克上校率第1师第4旅继续向南，从安德森师后方成功渡河。

但是格兰特又改变了主意。既然李已抽兵应对汉考克，因此他必然削弱了己方某段防线。于是格兰特决定在10日下午5点对邦联军发动全面进攻。第2军第1师负责牵制布罗克舍桥附近的敌人，其余全数赶到劳瑞尔山丘对面；第2军第2、3师与第5军共同进攻邦联第1军，这次主攻由汉考克将军负责；作为辅攻的中央一带，则由年轻的战术家厄普顿进攻把守"骡蹄铁"西侧的罗兹师，第2军第4师负责紧随其后，扩大突破口；第9军则沿着弗里德里克堡路，向斯保契尔维尼亚县府方向挺进，试探厄尔利的防线。可以看出，由于骑兵被谢里登带走，缺乏侦察手段的格兰特对敌人兵力部署的改变完全判断失误。

节外生枝的是，第2军的第2、3师自布罗克舍桥撤走没多久，孤零零的第1师便遭到赫斯师、安德森师的夹攻，损失惨重，格兰特不得不在下午2点让汉考克率第3师回到布罗克舍桥，协助第1师撤退，因此下午的进攻暂时由沃伦将军主持。下午4点，士兵们摘下帆布背包，军官们脱掉华而不实的外套，卸下一切累赘，开始向山上冲锋。居高临下的菲尔德师早有准备，他们砍倒雪松林的大树，巨大的树冠正对着艰难攀爬的联邦军；每个散兵坑里有两名士兵，身后是一个刚开盖的弹药箱，内有800发子弹。来自里士满的炮兵自联邦军集合起便开始发射实心弹，等到对手逼近，又开始发射榴霰弹，漫天的弹丸如同受惊的鹌鹑一样乱飞乱撞，所到之处血肉横飞，惨叫阵阵。激战中雪松林起火，北风将黑烟吹向联邦军一方，令艰难仰攻的蓝衣士兵们睁不开眼。在子弹和榴霰弹的打击下，联邦军各师死伤惨重，纷纷后撤，沃伦亲自督战也无济于事。格兰特本人来到前线视察，当时一匹头部被弹片击中的军马就在他身边胡乱狂奔，但他仿佛全然不觉，依然高举望远镜观察敌情，令随从们目瞪口呆。随后联邦军的攻势渐渐停止。下午5点50分，汉考克终于回到劳瑞尔山时，他向格兰特请求取消攻势，但格兰特再一次拒绝他的建议。10分钟之后，"骡蹄铁"西侧的第6军配属于厄普顿的3个炮兵连，便开始了短促而猛烈的炮火准备。

10日当天，第6军的工程兵发现了一条直通"骡蹄铁"西侧前方、200码长的林间道。于是上任不到一天的赖特军长叫来了年仅24岁、脸上还长着雀斑的西点军校高才生埃默里·厄普顿上校。厄普顿头脑灵活，善于思考，钻研进攻战术已有一段时间，并在去年拉帕汉诺克河车站夺取一个桥头堡时成功付诸实践，因此在第6军小有名气。厄普顿认为，随着步枪射程的增加，交战双方对工事的重视程度不断提高，进攻方像之前一样在火力打击下停下来整理好队形，然后用排枪回击工事里的敌人，是毫无意义的，想要突破敌军防线，只有通过一鼓作气的冲锋，当第一波攻击部队在敌阵线打开突破口后，第二波部队立马跟上，沿突破口向对手后方及侧翼涌入。事实上，这一战术已经很接近第一次世界大战时的步兵战术了。

▲ 厄普顿上校在5月10日的战斗中一战成名，战后他继续从事军队组织与战术研究，并大力推广德意志军队体制与战术训练，导致19世纪80年代，普鲁士风格的尖顶盔在大洋彼岸风靡一时

赖特将他的想法报告给格兰特后，格兰特对厄普顿的新战术格外感兴趣。原来看似木讷的格兰特，其实是一个热衷于新装备、新方案并乐于付诸实践的将军。早在维克斯堡战役时，他曾应用从蒸汽铲到铁甲舰等一系列现代化机械装备，为了迂回敌人后方，他还创造性地挖掘一条穿越堤坝的运河。这次他决

定做一次实战试验。格兰特毫不吝啬地让赖特拨给厄普顿 12 个最为精锐的老兵团，并且安排第 2 军第 4 师部署于厄普顿后方高地上，作为后备部队。

邦联军在"骡蹄铁"一带的阵线火力强大，工事完备。其周边布置了大量火炮，工兵砍倒了大树当作鹿砦，并把粗大的树枝削尖对准敌人，如同古典时期的长矛方阵。但是，对从西北方向杀过来的联邦士兵来说，最有利的条件就是他们一开始可以在松林里隐蔽前进，待他们冲出松林后，在最后 200 码再全力发起刺刀冲锋。厄普顿计划将他的 12 个团、5000 多人排成 4 条阵线：第一阵线将完全不管敌人的射击，抛下受伤的战友，直接冲进邦联工事，随后缅因第 5 团向左席卷敌军，纽约第 121 团及宾州第 96 团向右夺占邦联军一个炮兵连；第二条阵线紧随其后，直接冲向对手第二道防线；第三、第四条阵线的士兵则时刻待命，准备增援。一旦厄普顿突破成功，格肖姆·莫特将军的第 2 军第 4 师将立即向前，扩大对方阵线的缺口。

在炮火准备仅仅 10 分钟之后，厄普顿便下令冲锋。这时"骡蹄铁"西侧的邦联军还在做晚饭。炮兵中尉罗伯特·斯蒂尔斯回忆，当时他们正埋怨"少得可怜的口粮"，然后"一些人站起身来，看向工事外面——天逐渐暗了下来——高叫'哈，这是什么？为啥这么多弟兄跑回来了？天啊，扬基佬！'"

仅仅 5 分钟之后，跑得最快的联邦军战士便一口气穿过鹿砦，跑过开阔地，抵达敌军工事前。"第一个试图攀越工事的兄弟脑袋中弹倒地，其余人看到同袍的遭遇后，手持武器向下射击，而其他人则直接将武器掷向敌人，将他们钉在地上。"厄普顿回忆道。罗兹师道尔旅的佐治亚人一度负隅顽抗，但他们并未坚持很久，"部队如同无可阻挡的波涛一般倾泻出堑壕"。随着越来越多的联邦军冲进堑壕，佐治亚人再也无力抵抗，向突出部中央的厄尔利师防线逃窜，随后这道防线也涌入大批联邦军。厄普顿的战术大获成功，他已投入全部 12 个团，但仅仅这点兵力显然守不住缺口，他们亟待援军。而第 2 军第 4 师进入一片林中空地时，遭到对方 22 门火炮的轰击，一些士兵吓得立即逃之夭夭，其他人走到半路也缩了回去。厄普顿眼见援兵迟迟不到，只能率部下且战且退，此时已经是深夜。在夜色的掩护下，全部 12 个团押着 950 名战俘退回阵地，但他们缴获的大炮只能放弃。厄普顿的部队损失近千人，其中殿后的宾州第 49 团的 474 人伤亡了 249 人，团长与副团长均为国捐躯。莫特将军由于未能及时增援厄普顿，在此战之后遭到全军上下一致谴责。10日当晚，赖特便对米德明言："将军，我不想让莫特的人在我们左边，他们毫无用处，我宁愿那里没有部队。"

厄普顿的试验功败垂成，汉考克于傍晚7点才发起的主攻则彻底失败。劳瑞尔山丘附近的联邦军在两个多小时前就有过失败的惨痛经历，因此大多数部队对这次攻势早已心灰意冷。极少数冲到邦联工事前的士兵要么战死，要么被俘。联邦第2军第3师第1旅的表现成为这一侧为数不多的亮点。该旅旅长霍巴特·沃德准将本来在莽原战役时由于酗酒失职而遭到全军上下一致抨击，在进攻发起后不久，瓦德便头部受伤，但他简单包扎之后，率领部下快速向敌军冲锋，中途并未停下来射击，如同蓝潮一般涌向灰色的堤坝，与菲尔德师格雷格旅的德克萨斯壮士展开肉搏。"叫啊！混蛋，我想听你叫！"一个北方兵将刺刀捅入对手的肚子，歇斯底里地高喊着。但与厄普顿类似，由于缺少后援，沃德旅的士兵短暂突破敌军防线后便逐渐败退，逃到树丛中，由汉考克与伯尼的参谋们负责把他们收拢。邦联士兵则有说有笑地从敌尸旁拿走步枪与子弹，还向郁闷的对手挑衅道，下次麻烦推进得更远一些，这样他们可以少走几步。

格兰特对伯恩赛德的要求是尽力试探对面的防线。事实上，对面的邦联第3军眼下只有威尔考克斯一个师。但当天上午，联邦第9军第1师师长史蒂文森倚在树上抽烟时，一发子弹贯穿他的颅骨，从太阳穴穿出，史蒂文森当即身亡。痛失最得力的师长，令本来就行动迟缓的伯恩赛德更加死气沉沉。他仅派奥兰多·威尔考克斯的第3师参加行动，他们在遇到躲在堑壕里的邦联威尔考克斯师（非常巧合，双方师长同姓）阻击后便停滞下来。深夜11点，格兰特下令第3师撤退。陆军部的达纳记载，第9军当天只阵亡6人。这个数字显然不准确，有目击者回忆，哈里斯宅附近的野战医院从楼外到庭院花园里躺满了第9军的伤兵，死者排成一排，每具尸体的胸前都别着一张写明其身份的纸。

深夜里，战场忽然静了下来。一个佐治亚士兵回忆，邦联军乐队开始演奏韩德尔歌剧《扫罗》中的《葬礼进行曲》，"当我们乐队演奏完毕，联邦乐队开始演奏《更近我主》；随后我们演奏《美丽的蓝旗》，对方以《星条旗》回敬；我们开始演奏《迪克西的土地》，最后联邦军开始演奏《家，甜蜜的家》，两军阵中无数被火药熏黑的脸上，为这首歌而淌满了泪花"。在当天的战斗中，联邦军共计损失4100多人，其中半数为第2军的官兵。

李对厄普顿攻势的威力感到十分震惊，并预感到格兰特将发起更大规模的攻势。他先是连夜把赫斯师调回阵线的右翼，然后给尤厄尔写信，敦促他加强"骡蹄铁"一带防御："对你来说有必要重建整条防线，让军官们搜集残兵，让他们振作起来，准备迎接明日的对决。"不久后李又给尤厄尔寄去第二封信："格兰特也许像在维克斯堡一样，使出他最得意的诡计——发起夜袭。确保子弹补充到位，下发到每个人。"

格兰特在当晚并未考虑夜袭。通过厄普顿的"试验"，他看出敌军防线远非坚不可摧。10日当晚，他对米德下令："今天用了一个旅，明天我们用一个军试一下。"由于议员沃什本于次日返回首都，格兰特让他帮忙给总参谋长哈勒克带信，这封信中的一句话很快将成为北方各大报纸头条："即便花费整个夏天，也要在这条战线一决雌雄！"

格兰特本打算在第二天便发起进攻，孰料天公不作美，先是气温骤降，随后刮起东北风，暴雨夹杂着冰雹，拍打在战士们胡子拉碴的脸上，最终格兰特不得不把进攻推迟到12日。11日晚，格兰特给米德下令，让第2军向东转向，在第5军与第6军的遮断下移动到突出部正北侧，12日天刚亮时便集中进攻突出部的尖端；与此同时，第9军进攻突出部的东侧；沃伦与赖特则随时待命，准备沿着汉考克打开的突破口突进。

11日战事的中断，以及一系列支离破碎的情报，例如安德森的前哨侦察到联邦军正在向东侧调兵，邦联军右翼的一座教堂尖顶上的观察员发现蓝色的纵队向弗里德里克堡撤退等等，让李深陷"战争迷雾"之中而不得自拔。于是李召集尤厄尔、赫斯以及依旧卧病在担架上的希尔等人开会。会上，一些年轻的军官为对手在10日的正面进攻中损失惨重而幸灾乐祸。"先生们，"李平静地说，"我认为到目前为止，格兰特干得非常棒。"然后他阐述了自己的推测：格兰特由于在斯保契尔维尼亚受阻，将会继续向东寻找通往里士满的另一条道。"我的看法是今晚敌军就会东撤到弗里德里克堡，我希望你们届时做好出击的准备，如果他们撤退，我们必须进攻。"

军官们都惊呆了。在他们看来，自己获胜的唯一希望就是继续死守堑壕。希尔说："将军，让他们继续向工事进攻吧，我们能守得很好。"但李决心已下，他担心一旦对手赶到他的前面，那么他将被迫反过来正面进攻敌军阵地，这对北弗军团来说是无法承受的。他宣布："我军团无法承受围困，必须结束现有状况，不要死守在布设好的阵地里。"在这位骨子里流淌着积极进攻血液的老将看来，即使己方在兵力、火力、后勤补给都处于绝对的劣势，也要千方百计夺回主动权。

李的判断令"骡蹄铁"一带的防御遭到极大削弱。尤厄尔为方便追击格兰特，将30门火炮中的22门撤到1.5英里外的后方集结。午夜之前，联邦阵线传来一阵隆隆声，年轻的参谋官麦克亨利·霍华德中尉战后依旧记忆犹新："听得一清二楚，像是远方的瀑布或者机械声。"霍华德的旅长乔治·斯图尔特准将觉得不大对劲，声音距离邦联阵线越来越近，好像是大批部队在集结。他通过层层报告，请求尤厄尔调回火炮，后者才命令炮兵于12日凌晨2点返回"骡蹄铁"，但第2军的炮兵总监阿米斯特德·朗直到凌晨3点30分才收到这一命令。

凌晨时分，在汉考克军部的前方，纵深为50排、总计1.5万名蓝衣健儿早已刺刀上枪，整装待发，准备在冷雨中的清晨发起突击。汉考克本来计划在凌晨4点整发起进攻，但接近时辰时，他看了看天色，觉得还不够亮。4点30分时，他才命令第2军出动。全军很快便笼罩在大雾中，就连骑在马上的汉考克本人都看不清步行的部下。

位于攻击线东翼的是第1师，时年29岁的弗朗西斯·巴罗准将和往常一样身穿法兰绒方格衬衫，头戴一顶旧军帽。第1师跋涉过烂泥遍地的树丛，进入一片旷地，赶走对手前哨后，看到阵地前的鹿砦如同笼罩在妖雾中的恶魔犄角，他们便把枪扛在右肩膀，大步冲了上去。最前方挥舞斧头的工兵奋力斩断带刺的树枝，清理被伐倒的大树，为步兵辟出通道。令士兵们意外的是，他们几乎没有遭到大炮轰击。"骡蹄铁"里约翰逊师士兵从睡梦中惊醒，手忙脚乱地装弹射击，但由于连日阴雨，火药受潮，导致火帽"噗噗"地炸裂，更换火帽又浪费了宝贵的时间。见对手抵抗轻微，巴罗命令全师加快速度，士兵们高呼"嚯啊！"散开阵形，如同一群奔马闯入邦联军"骡蹄铁"东侧阵线，与威廉·威彻的旅（之前的琼斯旅）撞在一起，在后者迅速崩溃后，又开始攻击斯图尔特旅的侧面。巴罗右侧的第3

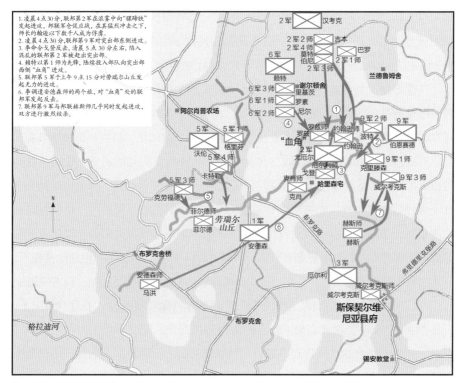

1. 凌晨4点30分, 联邦第2军在浓雾中向"骡蹄铁"发起进攻, 邦联军仓促应战, 在其猛烈冲击之下, 师长约翰逊以下数千人成为俘虏。
2. 凌晨4点30分, 联邦第9军突出部东侧进攻。
3. 李命令戈登反击, 清晨5点30分左右, 陷入混乱的联邦第2军赶出突出部。
4. 赖特以第1师为先锋, 陆续投入部队向突出部西侧"血角"进攻。
5. 联邦第5军于上午9点15分对劳瑞尔山丘发起无力的进攻。
6. 李调遣安德森师的两个旅, 对"血角"处的联邦军发起反击。
7. 联邦第9军与邦联赫斯师几乎同时发起进攻, 双方进行激烈绞杀。

▲ 5月12日双方对战局势

师则先后与路易斯安那旅（即斯塔福德旅）和"石墙"旅展开交锋。"紧接着是难以描述的, 用刺刀、枪托、剑以及手枪的近距离交战。"纽约第124团的查尔斯·魏根特中校写道:"两边的军官用剑挥砍着, 并用左轮枪面对面射击。"弗吉尼亚第33团的道尔中尉回忆道,"场景非常可怕, 硝烟与浓雾中依稀可见的人影显得硕大无比, 丛林被炮口的火光与排枪射击时的闪光照亮。"斯图尔特的北卡罗来纳第1及第3步兵团几乎没开一枪, 就放下了武器; 而名震天下的"石墙"旅也不堪一击, 让联邦军"一时很难辨别哪帮人更多, 是向前涌动的联邦部队, 还是被赶到后面的叛军战俘"。约翰逊将军竭力挽回颓势, 一边拄着胡桃木手杖在堑壕中蹒跚走动, 一边喊"快打! 快打! "当他看见联邦士兵冲上来时, 便挥舞手杖想加入肉搏, 结果很快成了俘虏。

最后邦联火炮终于被运了上来, 威廉·卡特上尉的炮兵连刚在突出部布置好第一门火炮，便听到有人命令他"停止射击"。卡特回头，发现已被敌人包围。在其不远处，另一门炮才布置好，炮手哭叫着说："我该把炮口对准哪儿？"查尔斯·科尔曼中尉喘着气说："对准扬基佬。"随后气绝而亡。

"骡蹄铁"处半英里长的阵线里逐渐涌入近2万联邦军，约翰逊全师已被打垮。约翰逊将军以下，3000名官兵、20门大炮、32面战旗以及绵延半英里长的辎重车，都成为联邦军的战利品。根据霍雷斯·波特中校回忆，格兰特得知战果喜人后，"用他最潇洒的动作点着烟"并说道："这正是我想听到的消息。我之前就期待白天的一次勇猛冲锋抓获大量战俘，汉考克干得好。"不久后，格兰特见到了十几个被俘的邦联将校。当见到衣衫破烂、一瘸一拐的约翰逊将军时，格兰特向这位墨西哥战争时的旧友亲切地打招呼，并给他一根雪茄和篝火旁的一把椅子，与其叙旧。汉考克与约翰逊也颇有交情，约翰逊对他说："点儿真背，但相比其他人，我情愿好运气落在你身上。"不一会儿，斯图尔特也被士兵带了过来。汉考克迎了过去，把手伸向他："怎么样，斯图尔特？"斯图尔特傲慢地回答："在这种情况下，我拒绝和你握手。"汉考克变了脸色："在其他情况下，我也不会主动和你握手。"随后汉考克安排将这些战俘送往后方，特意嘱咐给约翰逊将军一匹马，而让斯图尔特步行。

李当天按老习惯3点30分起床。当他在油灯下吃早餐时，听到了防线中部传来的枪声，便本能地反应到他的判断完全错误，对手并未撤退，而是发起大规模进攻！李立即骑上"旅伴"赶到现场。当他看到灰头土脸、衣服破烂、身上沾满鲜血的部下纷纷后撤时，便振臂高呼："顶住！你们的战友需要你们战斗！停下来，弟兄们！"为了让士兵认出他来，李摘下帽子。弗吉尼亚的炮手罗伯特·斯蒂尔斯回忆道："他的脸孔比之前任何时候都要严厉，但未显示任何震惊或惊恐的痕迹……他喊道：'丢人啊！弟兄们，丢人啊！回到你的团里！回到你的团里！'"但当尤尼尔用指挥剑背愤怒地拍打溃兵时，李命他约束自己："你连自己都控制不住，怎么能期望控制这些人呢？如果你无法控制你的情绪，你最好离职。"

正在此时，作为第2军预备队的厄尔利师从"骡蹄铁"的西侧横穿突出部，赶过来挡在联邦军前方。其指挥官正是在莽原一鸣惊人的约翰·戈登准将。戈登战前是一个商贩，未受过任何军事教育，但他天赋出众，勇冠三军，很快便在邦联军中崭露头角。在莽原战役时，他提议并亲自指挥的侧翼攻势险些扭转战局，因此给李留下深刻印象。当李赶到时，戈登向李敬礼道："将军，你打算让我做什么？"李命令他准备发起反击。戈登再次敬礼准备离开，但他看到李依旧挥着帽子继续向前，便立即回到总司令身边，坚决地说："李将军，你不该亲率部下冲锋。这件事专有其人负责，其他人都做不了。在你身后是弗吉尼亚人、佐治亚人以及卡罗来纳人，在任何战场他们都从未让你失败，在这里也不会的。是吗，孩子们？"士兵们高呼："是！"并喊道："李将军撤到后方去！"他们将"旅伴"团团围住，试图让马掉头，李也不再一意孤行，回到后方。

清晨5点30分，也就是联邦军的进攻发起1个小时之后，戈登命令埃文斯旅（之前的戈登旅）与霍夫曼旅（之前的佩格勒姆旅）发起反击。左侧罗兹师的两个旅也加入了进攻，但罗兹师的一个旅长朱尼厄斯·丹尼尔受了致命伤，该旅不得不放缓脚步，该师另一个旅长——26岁的斯蒂芬·拉姆瑟光战马就换了3匹，他的右臂也中了弹，但依然引领手下奋力向前。此时联邦第2军已经成为强弩之末。由于地方狭小，士兵们相互挤在一起，犹如乱哄哄的暴民一般，连长经常发现身边的蓝衣士兵竟然来自十几个不同的连，根本无法指挥。

按照计划，由联邦第6军发起第二波对"骡蹄铁"的攻势。清晨6点，第6军的第2师扑向突出部西侧罗兹师把守的阵线，刘易斯·格兰特上校则率领佛蒙特旅支援突出部东侧的巴罗师。参战不久后，赖特军长便大腿中弹跌下马来，好在伤势并不致命，第6军没有在3天之内失去第二位军长。赖特经过简单处理后，蜷缩在一个泥坑里，继续指挥战斗。突出部西侧很快成为战场新的焦点。刘易斯·格兰特回忆道："木头之间的缝隙与孔洞射出的子弹击中或击穿了很多人，士兵们爬上工事，旁边的人纷纷把上好膛的枪递给他们。他们不停地射击直到被击倒，而后其他人顶上，继续干这要命的活儿。"一个邦联士兵对一个可怕的细节记忆犹新：士兵们将距其最近的

▲ 前来支援"骡蹄铁"处的德克萨斯旅

尸体的手摆放好位置，当手僵硬后，可以用它很舒服地夹子弹。罗兹师把守的战线，战后被称为"血角"。

目前邦联防线形势最危急的地段莫过于"血角"，罗兹师在这里要顶住联邦第6军大部分兵力，显然无法坚持太久。于是李命令邦联阵线最左侧——波河西岸的安德森师抽调佩林、哈里斯两个旅火速增援，并纵马直奔劳瑞尔山丘附近迎接他们。但此时这里正遭联邦第5军火炮轰炸，"旅伴"受到炮火惊吓，一发炮弹甚至险些击中李。李毫无惧色，早上7点之后，当他看到哈里斯的密西西比旅正赶赴战场时，自告奋勇地要亲自率领他们冲锋。"快回去，将军! 快回去! "密西西比将士高喊，"看在上帝的份儿上，回去! "李告诉他们："如果你们向我保证能把工事里的敌军赶走，我就回去。"安德森师的两个旅欢呼着，跑步到拉姆瑟旅的右侧，并在上午8点左右发起反击。这时轮到赖特反过来向汉考克求援，汉考克把自己的1个旅及第6军的佛蒙特旅都送到"血角"，这又迫使李把第3军的麦克格文旅送入了这台飞速旋转、无情切割年轻战士生命的绞肉机。

上午9点30分，赖特将第1师，也就是最后一个师派上前线，顶替退下来的莫特师。思维一向超前的厄普顿主张用大炮在敌军防线炸开一个口子，于是炮兵第5团C连碾着泥潭与沿途的尸体，疾驰赶来增援。两门拿破仑滑膛大炮直接射击，数发霰弹打入阵线中，将对手打得血肉模糊。邦联军反应过来后，集中步枪对准暴露在外的联邦炮兵一阵猛射，将联邦炮兵连人带马击倒。最后还是附近步兵赶过来，帮助幸存炮手把火炮拉到后方，只留下散落的轮子陷在泥中。

"血角"处的屠杀持续了几个小时，联邦军每一匹骡子都驮着3000发弹药，给士兵提供持续不断的弹药补充，因此这场战役的火力在战争史上堪称空前。不时有碗口粗的松树被密集的子弹打断，树冠砸在挤成一团的士兵脑袋上。雨一直下，伤员裹在泥浆中窒息而亡，在灌满雨水的堑壕里溺毙。有些地段尸体多得实在没法射击，士兵不得不将尸体抛出堑壕，才能立住脚继续作战。

再说第9军。伯恩赛德早在凌晨4点30分便派第1师与第2师向突出部东侧进攻，占据了一段敌军放弃的堑壕，抓了一些俘虏，缴获两门火炮。但很快邦联军展开反击，迫使其撤退。大约5点55分，备受压力的汉考克给伯恩赛德发电报："我在敌人第二道防线里，快点出发，否则我会被赶出去。"格兰特也一直催其进攻。于是在下午2点左右，伯恩赛德又投入了第3师，向赫斯师把守的一段小突出部进攻。恰好李当时命令威尔考克斯师莱恩旅与韦西格率领的马洪旅（属安德森师）向联邦第9军发起反击。这样蓝与灰的两股洪流汹涌地撞击在一起，随后搅成一团厮杀，最后双双退潮。旅长詹姆斯·莱恩准将发现身后射来的子弹甚至多于前方，于是不得不派两个中校跑过去制止韦西格旅的射击。在撤退途中，莱恩还亲自上阵，与威金斯中尉一起抓获了一个旗手，并缴获宾夕法尼亚第57团团旗，之后才在将士们的欢呼中，回到阵中。厄尔利不甘心失败，又派韦西格旅与赫斯师库克旅攻击伯恩赛德的防线，亦无功而返。当天战斗中，第9军损失1200人，其主要贡献是牵制右翼邦联军，阻拦其支援中路。值得一提的是，尽管伯恩赛德将军是废奴运动的坚定支持者，但和莽原战役一样，他再次把有色人种师留在后方。

根据命令，第5军应于清晨6点向突出部西侧进攻，但沃伦以担心侧翼遭到攻击为由，迟迟不动。米德知道，这位才华横溢但桀骜不驯的部下又犯了老毛病。他曾评价沃伦："在不擅自修改命令之前，不会执行它。"起初米德大为恼火，但很快便不得不服软，甚至在军令落款违心地自称"您的朋友"。最终第5军等到9点15分才勉为其难地向安德森军控制的劳瑞尔山丘进攻。当时米德的亲信、军团总参谋长汉弗莱少将就在沃伦身边，他认为第5军的进攻只会徒增伤亡，便在进攻发起1小时后将其叫停。在此期间，李甚至没有从"骡蹄铁"处抽调哪怕一个团支援被沃伦攻击的地段。

格兰特并不想就此放弃，他见沃伦进攻不利，便让沃伦支援给赖特两个师，由第6军再度进攻"血角"。下午3点，第5军第4师如期抵达，但第5军第1师直到下午5点左右才到达。赖特担心进攻失败，反而遭到对手反击，便以第1师并未全部抵达，兵力不足，进攻恐遭失败为由，说服格兰特与米德放弃了这场进攻。

在双方激战正酣时，北弗军团工程兵总监马丁·史密斯开始监督约翰逊师撤下来的士兵们在"骡蹄铁"后方半英里、哈里森宅附近，利用斧头、镐、铁锹、刺刀乃至茶杯等一切工具，争分夺秒地修筑新防线。按计划，只需"骡蹄铁"的6个旅——拉姆瑟旅、麦克格文旅、佩林旅、哈里斯旅，以及第1军支援的布拉顿旅（即之前的詹金斯旅）与汉弗莱旅（属于克肖师），守到黄昏。等士兵们好不容易熬到黄昏，却被告知防线尚未完成，依旧无法退守。这些士兵大多数从清晨开始便投入战斗，整整 12 个小时没得到任何休息和食物。卡德维尔上尉写道："黑暗降临，但依旧不能撤退，水变得越来越红，尸体变得越来越多。"邦联阵地前方的联邦军同样煎熬。他们番号庞杂，由第 6 军第 2 师的奥利弗·爱德华上校统一调遣，协调换防。宾州第 95 团的诺顿·加勒维夸张地写道："我们每个人都打了三四百枪，我们的嘴唇由于咬火药桶而沾满了火药，我们的手上裹满了粘在枪托上的泥巴。黑夜降临时我们已精疲力竭。"当晚没有月亮，天黑得连对面战友的面孔都看不见，蓝衣士兵们只能在"骡蹄铁"前的泥浆里搂着步枪就地而眠。

半夜时分，邦联新防线终于搭建完毕。在斥候仔细侦察，确认新防线周边没有穿插渗透到附近的小路之后，在李将军与尤厄尔的监督下，邦联军在 13 日凌晨 3 点，一个团接一个团地迅速撤进新防线。爱德华上校惊醒后，连忙派兵追击，但只抓了一个上尉和 60 名士兵。

13 日清晨，天色阴沉，骤雨阵阵，联邦军发现"骡蹄铁"里除了双方将士已经僵硬的尸体，早已空无一人。5 点 30 分，赖特上报米德，他占领了"血角"。

战场的景象惨不忍睹。一个宾州士兵回忆，有个散兵坑里的尸体足足码了 8 到 10 层。新泽西第 11 团的约翰·斯库诺弗中校写道："工事旁的树叶子全部被震落，就像一支蝗虫大军扫荡过；阵线之间的灌木被打断，撕成碎片，人马死尸横陈，血肉模糊，骨头被打断。"一些尸体中弹过多，甚至被打得四分五裂。一个缅因小伙子发现同伴尸体上"找不到 4 平方英寸尚未被子弹击中的地方"。负责收尸的联邦军志愿人员尽量把死者的姓名、所在团连的番号刻在子弹盒上，作为简陋的墓碑，而直接把对手的尸体留在战壕里，上面覆土草草掩埋。

斯保契尔维尼亚战役的最高潮就此结束。在 10 日及 12 日的血战中，李的百战老兵有 6000 人死伤，4000 人被俘，其中尤厄尔的第 2 军自从 5 月以来伤亡达 60%，该军弗吉尼亚第 33 团的一个连此时只剩下连长与 3 个士兵，其中一人还是失去战马的骑兵。尤厄尔不得不将数个名存实亡的旅合并成一个，其中著名的"石墙"旅被合并成威廉·特里旅下辖的一个团，就此成为历史。格兰特军团的伤亡与其大致相同，10920 人阵亡、受伤、被俘。其中格兰特最为倚重、战斗力最强的第 2 军经过一周的苦战，已经伤亡过半。格兰特对厄普顿的表现十分认可，将他晋升为准将[①]；同样在 10 日短暂突破对手防线的沃德，则因在莽原玩忽职守的罪状于 12 日被汉考克送到军事法庭，被开除出军界；在 10 日怯战的第 2 军第 4 师被裁撤掉，官兵并入第 3 师，莫特降职为旅长，直到当年 7 月才恢复师长的职位。格兰特还想以贻误军情的罪名将沃伦解职，但由于汉弗莱主动为进攻不利承担责任而作罢。

将陨黄旅馆

　　谢里登与米德简直是一对天生冤家。二人性格极为类似，都是脾气暴躁，一意孤行，听不得任何意见，因此自前者来到东线后，二人就摩擦不断。二人更深层次的矛盾还在于对骑兵军的使用：米德要求骑兵时刻掩护步兵部队的侧翼，布置在步兵周边 6 英里左右，侦察敌情，遮断己方行动；谢里登则更青睐独立行动，进行大规模的远距离奔袭，与敌军骑兵厮杀。8 日晚上，双方的矛盾终于彻底爆发。米德将第 5 军未能抢在对手之前赶到斯保契尔维尼亚的责任全推给骑兵，谢里登则咆哮道，米德在头天晚上未经其同意便调走了一个骑兵师。最后谢里登怒气冲冲地说，倘若军团不再束缚他，他与骑兵会立即离开，打败"杰布"斯图尔特。

　　米德将谢里登抗命一事报告给格兰特，格兰特一开始听得心不在焉，但听说谢里登要打败斯图尔特时，他立马精神一振："谢里登这么说的？好吧，他应该知道自己说了什么，让他现在开始去做吧。"见格兰特明显拉偏架，米德只能顺从，让谢里登集合全部骑兵，向南奔袭，切断李的补给线，并主动寻找

▲ 南军传奇骑兵将领"杰布"斯图尔特

---

　　① 离开华盛顿以前，格兰特已得到陆军部授权，可以在战地晋升下属军衔，只需要总统事后审批。

斯图尔特作战，随后从里士满南面的詹姆斯军团那里得到补给，再回到波托马克军团。5月9日，谢里登率领北美大陆有史以来最庞大的骑兵部队——3个师1万名骑兵、32门骑炮出发。铁蹄所往，骏马嘶鸣，征尘阵阵，旌旗漫卷，绵延达13英里。谢里登志在必得，他对3位师长（梅里特、格雷格、威尔逊）说："除了成功，我什么也不要。"

谢里登首先率骑兵向东北前进，避开即将成为血火炼狱的斯保契尔维尼亚，随后绕向西南，直指里士满。他的行军速度并不快，除了先头呈锥形布置的尖兵队外，其余骑兵呈四列纵队徐徐而行。这样安排，一来可避免战马过于疲惫，四列纵队经过一次队形调整便可投入作战；二来如此庞大的一支武装也没有躲避对手的必要；三来谢里登希望给斯图尔特足够的时间，让他越过其侧翼，"逼他的马拼命地跑，抵达我们与里士满之间"，好在正面对决中将其消灭。

谢里登渡过尼河、波河、塔河并稍微掠过马特河（这四条小河统称为马塔伯尼河）之后，很快便抵达了北安纳河，距离第一个目标——弗吉尼亚中央铁路上的海狸坝车站仅有3英里。该车站是北弗吉尼亚的补给基地之一，堆满了从卡罗来纳州及谢安多洛谷地运来的食物。但最终烧毁这些物资的不是谢里登，而是邦联自己的仓库守卫。得知联邦骑兵逼近后，守卫们便匆忙将可让整个北弗军团饱食3周的91.5万份肉及50.4万份面包付之一炬。联邦骑兵第1师抵达后，又烧掉了一百多节车皮与两台车头——这些设备占弗吉尼亚中央铁路全部机车数量的1/4。除此之外，骑兵还破坏了10英里的铁路，剪断了电报线，并解救了刚刚在莽原被俘的联邦官兵，包括2名上校、1名少校及一些其他军官。谢里登将海狸坝车站破坏得一塌糊涂后，继续挥师向南，下一个目标是北安纳河上的地松鼠桥。

斯图尔特少将目前手里有6个旅、8000名骑兵。他得知联邦军大批骑兵出动之后，先派出威克姆旅穿插到谢里登后方骚扰，但他依然无法判断：谢里登究竟是杀奔里士满，还是包抄李的身后？这样，斯图尔特只能分兵。他将3个旅留在北弗军团，然后派洛马克斯旅与威克姆旅会合，由菲茨休·李少将统一指挥，骚扰谢里登的后方。随后斯图尔特仅率戈登旅沿与谢里登行军方向平行的小道南行，赶在天黑前抵达北安纳河上的达文波特桥，但还是没来得及拯救下游数英里外的海狸坝车站仓库，只能默默地凝视着西南方的火光将整个夜空映成橙红色。

▲ 联邦骑兵。到了 1864 年，联邦骑兵装备与战马状态都要强于对手

　　斯图尔特现在摸清了，敌人的目标就是里士满。10 日早上，他致电邦联军总参谋长兼里士满城防司令伯拉格上将，称谢里登目前自海狸坝车站继续南下，而他自己将在里士满城郊与谢里登打一仗，需要里士满守军的支援。随后斯图尔特便命令李少将向东绕过谢里登，尽全力向里士满冲刺；戈登旅则继续骚扰谢里登

后方。尽管此时他与谢里登的兵力比大约为 1 比 2，但斯图尔特相信，倘若李少将的两个旅能够阻击谢里登成功，而戈登旅趁机袭击谢里登身后，在里士满的步兵的帮助下，他仍可以大获全胜。

在安排妥当后，斯图尔特腾出时间去看望住在海狸坝车站附近种植园里的妻子弗洛达及两个孩子。由于军务紧急，斯图尔特甚至无暇下马，于是俯下身来亲吻爱妻，聊了几分钟后，便匆匆与爱妻吻别。他的督察官雷德·维纳布尔回忆，将军在离开庄园后，陷入长时间的沉默，当他再度开口时，却忽然聊起死亡——他说他不愿意在这场冲突中幸免于难，不希望在落败的南方苟活。

10 日晚上，斯图尔特在汉诺威枢纽站与李少将会合。随后戈登的信使赶来，告诉他联邦骑兵正在 10 英里外的地松鼠桥扎营。那里距离里士满只有 20 英里，而斯图尔特距首都还有 25 英里，这样斯图尔特从侧面及后方夹击对手的方案已经破产。斯图尔特起初想立即赶路，但在李少将的坚持下，他还是让士兵们先吃饭休息，11 日凌晨 1 点才继续前进，黎明之前渡过北安纳河，并控制了南北方向的主要公路——电报路。这时戈登信使又带来新的消息：谢里登把第 2 师留在地松鼠桥，其余两个师沿着山峦路奔赴里士满。斯图尔特同李少将率军沿着电报路一路向南，抵达与山峦路相交的岔口，随后两条路汇成布鲁克路。沿布鲁克路再南行 1.5 英里，11 日上午 8 点，斯图尔特等人抵达一座摇摇欲坠、没有刷油漆、名为"黄旅馆"的小木屋。从黄旅馆再向南行 8.5 英里，就可抵达里士满。他终于赶到了谢里登的前面。

斯图尔特将防线布设在山峦路与电报路之间，威克姆旅在右，洛马克斯旅在左，来自巴尔的摩的骑炮兵则部署在洛马克斯旅阵线末端的山丘上。布置完毕后，斯图尔特便派参谋亨利·麦克莱伦赶往里士满求援。上午 11 点，联邦骑兵第 1 师沿山峦路一路南行，迎头撞上了洛马克斯的防线。经过激烈角逐，下马作战的弗吉尼亚第 5 骑兵团在亨利·佩特上校的指挥下将对手击退，但佩特上校阵亡。战场陷入沉寂后，一名信使风尘仆仆从北边骑马赶来，带给斯图尔特一封战报。原来戈登在地松鼠桥击败了联邦骑兵第 2 师。斯图尔特为了提升士气，当众大笑道："戈登干得漂亮！"随后低声地自言自语："我宁愿他在这里。"

不久后，伴着嘹亮的小号声，联邦骑兵第 3 师在红白两色燕尾旗的引领下抵

▶ 一贯无畏的阿姆斯特朗·卡斯特，在 24 岁就成为
联邦最年轻的将领，但他的好勇寡谋终于在十余年后
的"小巨角"战役中使自己遭遇灭顶之灾

达战场。这样在里士满援兵未至的前提下，斯图尔特的两个旅需要对付谢里登的两个师。下午 4 点，谢里登命令第 1 师与第 3 师联合攻击邦联军阵线。由于南军骑炮给他带来很大麻烦，因此谢里登第一步便命令骑兵发起冲锋，拿下炮兵阵地。这个危险的任务，自然交给他的头号勇将——骑兵第 1 师第 1 旅旅长阿姆斯特朗·卡斯特。卡斯特接受任务，但要求把第 3 师第 2 旅的佛蒙特第 1 骑兵团暂时划归他指挥。起初该旅旅长查普曼坚决不从，结果卡斯特不依不饶，告到谢里登那里。在谢里登同意卡斯特的要求之后，查普曼没有办法，只能提出自己唯一的请求：亲率佛蒙特骑兵冲锋。

在骑炮兵的火力支援下，卡斯特亲率密歇根第 1 骑兵团一马当先，高举马刀纵马冲向山头的巴尔的摩骑炮连，密歇根第 7 骑兵团与佛蒙特第 1 骑兵团紧随其后；威尔逊准将则率第 3 师与卡斯特旅其余各团下马作战，向邦联阵线中央进攻；第 1 师另外两个旅则向邦联阵线右侧进攻。许多马里兰人在炮火中倒下，一名幸存者回忆："炮弹与霰弹的骤雨变得可怕，伤者与濒死者的呻吟、受伤致残的马的惨叫足以震慑最坚强的心脏。"但他们依旧用霰弹进行坚决的回击，直到卡斯特的骑兵将他们淹没。

斯图尔特对这些巴尔的摩骑兵有着特殊感情。早在他于 1861 年担任弗吉尼亚第 1 骑兵团团长时，巴尔的摩骑炮连就是他的部下，因此他不顾位高责重，率领仅有的预备队——弗吉尼亚第 1 骑兵团的 80 个骑兵，高呼："冲啊，弗吉尼亚人！拯救那些英勇的马里兰人！"纵马冲锋。维纳布尔少校提醒将军不要轻率地卷入战斗，斯图尔特仰天大笑道："我不觉得那里有什么危险。"弗吉尼亚人与密歇根人用马刀互相搏杀。一个密歇根人回忆："军刀砍在倒霉蛋头上的沉闷声音夹杂在卡宾枪声与手枪声之间，依稀可闻。"精力旺盛的斯图尔特往返奔驰，努力聚拢部下。主帅身先士卒，部下必三军用命。洛马克斯的骑兵本来已经撤到一个河床边，但很快便在军官的恳求下返回战场。现在轮到联邦军撤退了。

斯图尔特高呼："稳住！弟兄们，稳住！"并对着逃窜的密歇根骑兵一口气打光了勒马特左轮枪的全部 9 发子弹。大多数联邦溃兵的战马已经走失，只能步行逃窜。在逃兵中有一名叫作约翰·赫夫的 48 岁列兵，曾在神枪手团服役过。当赫夫看到 30 码外有一名骑着高头大马、留着红橙色大胡子、头戴装饰有鸵鸟毛与金丝线的华丽帽子的高大军官时，便用左轮手枪瞄准了他，扣动扳机，然后逃跑了。子弹击中了斯图尔特身体右侧。一个骑兵惊呼："将军，你中弹了？""恐怕是的。"斯图尔特的声音再也不似以往高亢。弗吉尼亚第1骑兵团的多西上尉将他扶下受惊的战马，并在其余士兵的帮助下，将他扶上一匹驯服的马，护送他到后方。当李少将来探望他时，斯图尔特说："继续吧，菲茨，老伙计，我知道你将要做的是对的。"将指挥权交给了他。

　　战士们给将军找到一辆救护车，但由于布鲁克大道已被联邦骑兵控制，因此救护车只能在车辙密布的乡间小路行进。经过6小时的颠簸，半夜时将军才被送到里士满，随后被带到连襟、外科医生查尔斯·布鲁尔的诊所。布鲁尔医生为了让斯图尔特的疼痛减轻一些，给他倒了杯威士忌，但虔诚信教的斯图尔特滴酒不沾，坚决拒绝，最后在医生的一再坚持下，才饮下人生唯一一杯酒。布鲁尔仔细检查之后，确定斯图尔特已身受致命伤，只能静待主的召唤。斯图尔特趁着清醒，将

▲ 在黄旅馆战役中，斯图尔特中弹

他的灰战马遗赠给维纳布尔少校，栗色战马遗赠给参谋麦克莱伦。这时，斯图尔特听到里士满北方炮声隆隆。原来在他撤出战场后，联邦骑兵持续对李少将的阵线进行了数小时的进攻，李少将节节后退，手下骑兵分成数股撤出战场。随后联邦骑兵沿着布鲁克大道一路南下，在天黑之前抵达了里士满外围。

一向勇猛的"小菲利"谢里登当时左右为难。他在后来给米德的报告中提到，倘若直接冲进里士满，"我有可能通过突袭夺取里士满，从而成为一瞬间的英雄，我将攻进去，到处烧杀"，但他也清楚，自己并不拥有守住这一战利品的实力，最终会导致手下因为"无法保持永久优势"而全部牺牲。于是谢里登决定东撤，此时戈登旅依旧在威胁他的后方，李少将则撤至他的侧翼。为了摆脱追击，谢里登决定前往切卡霍米尼河上的米多桥，过河后沿河而下，与追兵隔河相望，随后再次渡过切卡霍米尼河，抵达詹姆斯河上的巴特勒的阵线后方，补充食物、弹药，进行休整。

这一撤退计划事实上十分冒险，雪上加霜的是当晚刮起飓风，就连里士满城内教堂的尖塔都被可怕的飓风吹落。随之而来的暴雨让骑兵的行动变得更为迟缓，直到12日早上，联邦骑兵才抵达米多桥。结果这场暴雨反而让他们因祸得福。原来对手早已试图烧毁公路桥与铁路桥，但火焰被大雨浇灭，只烧毁了公路桥的部分桥板。卡斯特旅打跑守军，夺下两座桥，但由于马蹄通过铁路桥容易磨损，因此骑兵们立即下马修缮公路桥。这时伯拉格的步兵、戈登与李的骑兵纷纷追上来，攻击谢里登的侧面与后方。谢里登命令第2、第3骑兵师阻击敌军，第1骑兵师其他士兵帮助卡斯特部修复公路桥。在交战中戈登受了致命伤，邦联的进攻也随之失败。桥修通后，联邦骑兵陆续过桥，自此通往詹姆斯河上哈克索尔渡口的路途畅通无阻。

当谢里登沿切卡霍米尼河东进时，斯图尔特已到弥留之际。12日中午，戴维斯总统亲自前来探望他。当天黄昏，医生告诉他估计熬不过当晚。"如果这是上帝的意愿，我将听从。"他气若游丝地说，"但我想见我的妻子。"傍晚7点钟过后，两名牧师被带到他的床边，给他做临终祷告，斯图尔特回光返照，请二人和他一起唱《万古磐石》。傍晚7点38分，美国有史以来最为出色的骑士与世长辞。直到半夜，弗洛达才带着两个孩子赶到诊所，未能见到丈夫最后一面。

13 日，在斯保契尔维尼亚县府的北弗军团司令部，参谋官递给李将军一份电报，李看了一眼，表情立马变得凝重而肃穆。几分钟后，李低沉地对身边军官说："先生们，有一个很糟糕的消息，斯图尔特将军受了致命伤。"随后哽咽地说："他从未给我带来一条错误信息。"为了维护士气，直到 5 月 20 日，李才向全军宣布斯图尔特已故的噩耗。早在李担任西点军校校长时，斯图尔特就是他的爱徒，这个开朗幽默的小伙子常逗得向来不苟言笑的李大笑不止，李一直对他视为己出。后来，李给妻子玛丽写信道："邦联再也没有比他更热忱、更有激情、更勇敢、更忠诚的战士了。"他对斯图尔特的一名手下承认："我一想到他，就忍不住潸然泪下。"

联邦骑兵在哈克索尔渡口休整 4 天后，北上前去与波托马克军团会合，他们解救的 400 多名战俘及俘获的 300 多名敌军则留给了詹姆斯军团。在这场大奔袭中，联邦骑兵以 625 人阵亡、受伤或被俘的代价，摧毁了邦联的无数物资设备，沉重打击了对手的士气。当然，最大的战果莫过于击毙斯图尔特，谢里登从此在东线名声大噪。但从另一个角度讲，谢里登在双方于斯保契尔维尼亚决战之际远离主战场，让格兰特如同葛底斯堡战役时的李将军一样，变成瞎子聋子，无法获取急需的情报，从全局考虑，多少有些得不偿失。而且斯图尔特的继任者——出身于南卡罗来纳州大种植园主的韦德·汉普顿将军，作风务实，遵守纪律，是一个同样难对付的对手。

对峙北安纳河

坚毅冷酷如格兰特，也在给妻子的信中坦承道："世上从未有过像我们所打的如此血腥、如此拖延的战斗。我希望永远不要再来一次了。"由于骑兵都被谢里登带走了，因此 13 日格兰特不得不命令第 2、5、6 三个军各派一个师进行武力侦察。发现敌军已经缩短阵线，更加难以形成突破，格兰特便给米德下令："我并不渴望一场昨天那样的敌人固守阵地的战斗，但希望尽可能近地向敌军施压，以便确定他们的位置与实力。下一场战斗，我们必须绕过他们的右翼。"

米德命令右侧的第 5 军于 13 日夜从联邦军阵线后方绕到斯保契尔维尼亚县府

以东；而第6军紧随其后，占据第5军左侧。按照计划，在14日清晨，这两个军将发起联合进攻，但黑暗、混乱、疲倦与暴风雨造成的齐踝深的污泥耽搁了大量时间，等到拂晓时，只有第5军一部抵达预定位置，突袭的效果是达不到了，格兰特不得不取消了这次进攻。

春末夏初的弗吉尼亚，雨一下便停不下来，战壕成了蓄水池，道路变为烂泥潭，哪怕将炮车与辎重车挪动一丝一毫，都得费上九牛二虎之力。5月16日，雨好不容易停了，17日气温骤升，烂泥很快被烘干，两军士兵开始爬出战壕晾晒已经发霉的衣服。格兰特通过盘问俘虏，知道李正在把左翼一些部队调整到右翼，导致其左翼兵力空虚。现在既然天气已经不是问题，于是格兰特命令疲惫不堪的第6军返回右侧，于18日清晨负责主攻，而由第2军担任预备队，第2军炮兵则在白天向反方向挪动，迷惑对手。这一次联邦第2军的两个师、第6军的一个师无比谨慎地占据"血角"一带的旧阵地，随后向邦联军第二条防线缓缓推进，足足花费了几个小时。在邦联的第二道防线，他们遭遇的是尤厄尔的百战老兵以及29门火炮。上午8点左右，邦联炮手看到蓝衣士兵如同困在桶里的鱼一样，在旧工事里不知所措，便兴高采烈地用火炮轰击他们。联邦军的阵形如此拥挤，邦联军几乎弹无虚发。等到上午10点战斗结束时，联邦军又折兵2000。

"我们发现敌人的堑壕如此坚固，即使格兰特，也明白拿我们的脑袋撞砖墙一点儿用没有。"米德给妻子的信中说道，"现在我们为了将敌人从他们的坚固工事中引出来，开始试着机动。"

▲ 老照片中的要塞炮兵（经过现代技术重新上色）

李猜测格兰特在进攻受挫后会撤回第2军与第6军，于是命令尤厄尔军在19日穿过其预想中被削弱的联邦右翼，渡过尼河，进攻弗里德里克堡，从而切断联邦军的补给线。但事实上，格兰特的右翼不但没有削弱，反而又补充了7500名新兵，其中6000人来自华盛顿附近的重炮部队。这些"纸领子"兵被仓促地编成由罗伯特·泰勒准将指挥的一个师，归属汉考克帐下。他们正好迎头撞上尤厄尔发起的攻势。

当以拉姆瑟旅打头的邦联第 2 军通过哈里斯农田与阿尔肖普农场时，他们遭到这些重炮手的反击，双方在近距离展开对射，战斗十分激烈。马萨诸塞第 1 重炮团的列兵约瑟夫·加德纳回忆，"亲爱的同袍们负伤或濒死时的惨叫声、枪声、铅弹击穿树的声音，以及子弹击中人身上的声音，让我感到一阵恐惧"而无法忍受，忽然第一排的重炮手开始溃散，"拉姆瑟旅伴随着最可怕的号叫声冲了上来，冲进我们阵列，一边冲一边开火，在近距离将我们打死打伤"。但当拉姆瑟旅向弗里德里克堡路推进时，遭到侧面攻击而被迫回撤。尤厄尔集合罗兹师剩余兵力，与戈登师合到一起。联邦军也重组起来，坚守阵地。尤厄尔在穿越战场时，胯下战马中弹将他重重地摔在地上，他被迫离开战场，邦联第 2 军的攻势就此止步。下午 6 点，联邦第 2 军、第 5 军的援军陆续抵达战场，尤厄尔被迫抛下死伤者撤退。此役"纸领子"兵的表现可圈可点，他们以伤亡 1535 人的代价毙伤敌军 900 余人，考虑到其对手乃是百战老兵，这一伤亡比已实属难得。其中缅因第 1 重炮团尤为出色，他们顶住了戈登师整师的进攻。

这场战斗之后，斯保契尔维尼亚一带的战斗渐入尾声。波托马克军团在这两周的伤亡数字着实触目惊心：在斯保契尔维尼亚附近伤亡 18399 人，在莽原伤亡 17666 人，再加上谢里登损失的 625 人，这样自从 5 月 5 日以来，波托马克军团共计损失 36690 人。除了巨大的战场损失外，还有 4000 多人因染病被送到华盛顿的医院治疗，以及 1.4 万人由于兵役到期而复员。在谢里登返回之前，格兰特可用之兵只剩下 56124 人，而得到的补充不超过 1.2 万人。

▲ 美国内战期间双方步兵的主流武器：恩菲尔德 1853 型线膛击发枪（上）、斯普林菲尔德 1861 型线膛击发枪（下）。由于米涅子弹的广泛应用，步枪的有效射程可达 600 码开外，使得步兵成为南北战争的绝对主宰

与此同时，格兰特得知了其他战场的糟糕消息。谢安多洛谷地的西格尔少将于 5 月 15 日在纽马吉特被约翰·布里肯里奇少将击溃，这样布里肯里奇可以腾出两个旅支援李将军。在同一天，行动迟缓的詹姆斯军团被博雷加德抓住机会反击。在德鲁里陡岸战役中，联邦军伤亡 4000 人，被迫退到百慕大洪德半岛上。格兰特评论巴特勒的军团："彻底无法针对里士满采取任何行动，就像被关进一个塞住瓶口的瓶子里一样。"由于这个"瓶子"的颈只有 4 英里宽，因此只需一小支有炮兵支援的步兵，就能让巴特勒无所建树。这样博雷加德也将原属北弗军团第 1 军的皮克特师完璧归赵。

20 日，格兰特决定引蛇出洞。他命令第 2 军于当晚 10 点沿着里士满—弗里德里克堡—波托马克铁路，向米尔福德车站方向行进。在途中，第 2 军正好遇见休整完毕、从哈克索尔渡口归队的联邦骑兵第 1 师。两军联手在米尔福德车站挫败皮克特师的先遣队后，继续向汉诺威枢纽站方向前进。

李发现联邦军动向后，并未如格兰特所愿派兵追击联邦第 2 军，而是果断地命令尤厄尔第 2 军沿着电报路向北安纳河畔的汉诺威枢纽站南撤。在那里既可以保护通往首都的干道，又可以依托弗吉尼亚中央铁路获取相对充足的补给。而布里肯里奇、皮克特及来自里士满的援兵共计 8000 多人，也可以在汉诺威枢纽站与他会合。这一次邦联军不必急行军，因为邦联第 2 军只需走 25 英里，汉考克距离汉诺威枢纽站则有 34 英里。

21 日中午，邦联第 2 军出发，第 1 军紧随其后，第 3 军则暂时留在斯保契尔维尼亚的战壕里。傍晚 6 点 30 分，希尔出动两个旅最后一次试探性地进攻，想趁对手不备捞把便宜，但在伤亡 100 多人后便缩了回去。22 日上午 8 点，等到联邦军已全部撤出斯保契尔维尼亚之后，李对参谋们说："先生们，出发吧。"言毕骑上"旅伴"，率领第 3 军及辎重车队一路南行。

22 日早晨，邦联第 2 军抵达北安纳河后，便在切斯菲尔德桥以南挖掘工事，以保护汉诺威枢纽站的铁道交汇处；第 1 军在中午抵达后，自尤厄尔的左翼将阵地延伸 1 英里直到牛津；而布里肯里奇的两个旅部署在两个军之间。当希尔在 23 日抵达后，将邦联阵线再向西南方向延伸数英里。

历经 17 天的殊死战斗与紧张行军之后，北弗军团上下终于可以喘一口气。但令他们失望的是，即便他们背倚汉诺威枢纽站，军需部还是无法满足其基本需求。一个饥饿的邦联士兵在日记里写道："我们每人只得到1品脱玉米、1/4磅培根作为每日口粮。在乡下没什么可以偷的，我们都饿坏了。"

联邦军虽然同样精疲力竭，且补给线越拉越长，但物资补给还是要得力得多。而且随着天气好转，道路也好走了许多。更重要的是，他们依旧在司令官的率领下，坚定不移地向南方，向里士满挺进。为减轻行军负担，格兰特把100多门大炮送回了华盛顿。

第2军的一个军官写道：

我们知道我们正在前进，我们有一个正成功实施的计划，当我们到达北安纳河，我们的想法是继续滚滚向前，像一股波涛冲向里士满的大门。

在行军途中，格兰特在基尼车站的一家民居短暂歇脚。女主人告诉格兰特，"石墙"杰克逊将军就在这里去世。格兰特对她说，他早在西点军校和墨西哥战争时便认识杰克逊，对杰克逊的为将之道十分仰慕，并说："完全理解你们对他的崇敬。"女主人开始追忆"石墙"弥留之际的场景，情不自禁地呜咽起来。格兰特对她好言安慰，在临走时，特意嘱咐手下保护好她的房子与农场。

北弗吉尼亚的大多数居民远没有这么幸运。当联邦第2军进入始建于1665年的鲍灵格林镇时，发现街上商铺紧闭，只有黑奴出门欢迎解放者；当地白人则躲在门廊和玻璃窗后，注视着这些不速之客。很多联邦军官纵容士兵抢掠，认为抢掠这些分离主义分子的财物能给他们点儿教训。米德的参谋莱曼则将士兵抢掠归咎于格兰特、谢里登等人从西部带来的恶习。士兵们粗暴地砸开商店的门，拿走香烟、砂糖等商品，遭到一些胆大的居民嘲讽："你们沿着这条路逃回来的速度，将比你们去时的速度快！""你们要去里士满吗？你们见到它之前就全都横尸沙场了！"

经过两天行军，波托马克军团各军陆续抵达北安纳河，并在北岸展开，第2军居左，第9军居中，第5、第6军居右。莱曼描述北安纳河为"在高高的、陡峭得几乎形成峡谷的两岸之间奔流的美丽溪流，途经大多数地区是松树林与鹅掌楸树丛，十分华美"。当然格兰特并无欣赏美景的雅兴，他只知道，李又一次挡在通往里士满的大道上，等着联邦军碰得头破血流。当第5军于23日下午率先抵达北安纳河北岸时，格兰特便毫不犹豫地命其在杰里科磨坊涉水而过，进攻李的左翼。希尔当天病情有所好转，他得知对手过河后，便率军穿越丛林赶了过来。下午 4 点 30 分，希尔派威尔考克斯师攻击沃伦的右翼，赫斯师提供支援。此时联邦第 5 军第 4 师正忙着部署展开，在邦联军的冲击下，这个包括"铁旅"、宾州鹿尾团等精锐在内的师竟然瞬间崩溃，近乎疯狂地向河对岸溃逃；但第 5 军其余两个师坚守不退。由于赫斯师尚未抵达战场，希尔单凭一个师无法打垮沃伦。此时联邦军炮兵上校查尔斯·温赖特将 3 个炮兵连送到前方，对着冲锋的对手发射霰弹，将威尔考克斯师击退。最终第 5 军在河南岸站住脚，建立了桥头堡。

格兰特在派出第 5 军从杰里科磨坊过河后，又命令第 2 军的两个旅从切斯菲尔德桥过河。此时邦联军在河北岸有约翰·汉纳根的南卡旅一部守桥，南岸则有克肖师与菲尔德师，他们得到大量火炮的支援。汉考克首先命令进行炮火准备，双方火炮对射达两个小时，联邦军逐渐占了上风。傍晚 6 点，汉考克命令第 3 师的两个旅向汉纳根所部冲锋，在倾盆大雨中将其冲垮。汉考克回忆道，邦联士兵"凌乱地穿过溪流，他们遭受了可观的损失"，不少慌不择路的邦联士兵溺水而亡，而联邦军损失不到 200 人。

截至 5 月 24 日上午，一切迹象表明邦联军正在向南安纳河或里士满撤退，而谢里登在 15 天的奔袭之后，终于渡过帕蒙基河与军团会师。于是格兰特下令步兵军全数过河，追歼敌军。当沃伦派第 3 师肃清牛津渡口南岸，为在此渡河的第 9 军扫清障碍时，却遇到了麻烦。这里的河岸高达 200 码，驻守在此的马洪在冬营时特意组建了一支狙击手营，狙击手们隐蔽在高地的散兵坑与堑壕里，不时狙杀敌军；而狭窄的切斯菲尔德桥处于布设于牛津的邦联火炮射程内，在此渡河的联邦第 2 军在火炮打击下伤亡累累。有一发实心弹砸到泰勒师的行军队列里，当场击毙 6 名士兵。牛津渡口北岸的伯恩赛德将军或许回忆起马耶高地的梦魇，因此放弃了在牛津过河的打算。原来邦联军并未撤退，而是将阵线缩短，形成以牛津为尖端的倒"V"字形，处于内线，中央无懈可击，两翼交相呼应，任何一点遭到进攻，都可以很快得到支援。而处于外线的联邦军则被牛津与北安纳河切为数段，倘若李进攻格兰特的一翼，另一翼的部队想要支援的话，只能两次过河。格兰特这才发觉，他中了李的圈套。

但令格兰特本人都想不到的是，一贯热衷于进攻的李，这次竟按兵不动，坐失良机。原来这位年近六旬的老人饱经四年的征战奔波，戎马倥偬，尤其是自莽原战役以来，他几乎天天处理军务到半夜，凌晨3点便起床；他年初时的四位军长，斯图尔特阵亡，朗斯特里特与尤厄尔重伤，希尔依旧饱受病痛，北弗军团的千钧重担近乎完全压在李一人肩上。李在极度疲惫的"亚健康"状态下直撑到北安纳河，终于因严重腹泻而病倒了。罗伯特·斯蒂尔斯写道："李将军这次的情况确实相当严重，我们中一些人对在救护车里看到他时的震惊与惊慌难以忘怀。"在患病期间，这位一向优雅的老人时常脾气失控。就在24日当天上午，他坐马车去探望同样卧病的希尔。李对希尔昨天仅派了1个师攻击联邦第5军十分不满，于是尖刻地说："你为什么不会像杰克逊那样做呢？——用你所有兵力对付他们，将他们

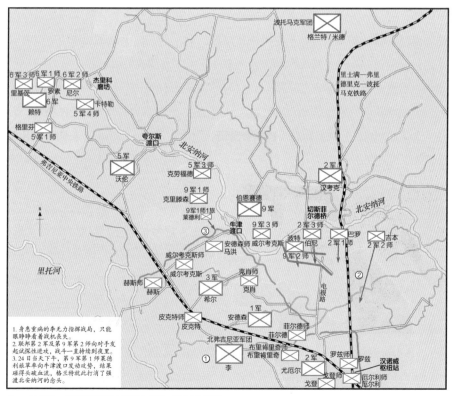

▲ 24日局势，可见联邦军被处于内线的对手切为数段

打退呢？"希尔沉默无语，李发泄完毕后，便坐车离开。讽刺的是，就在几天之前，当希尔对佐治亚旅的安布罗斯·赖特旅长不满，嘲弄他不像军人，倒像一个律师时，李还语重心长地教导希尔："当手下犯错，我都是把他叫到帐篷里，与他沟通，使用我的威望让他下次不要犯错。"在 24 日那天，李不住地念叨着："我们必须给他们沉重一击……我们不能让他们再次越过我们了……我们必须给他们沉重一击。"但他此时无力亲自上阵，抓住千载难逢的机会，各个击破被割裂的敌军。他也很清楚，手下诸将无一能像昔日的"石墙"·或"老战马"一样可独当一面。

格兰特强制要求第 9 军想尽一切办法过河，并将该军直接置于波托马克军团的序列之下，接受米德的指挥。24 日下午 2 点，第 9 军第 1 师的先头旅，在詹姆斯·莱德利准将的率领下从夸尔斯渡口涉水而过。由于连日下雨，水位升高，士兵们只能把武器和子弹盒高举过顶，以免被河水浸湿。出身于政客的莱德利当天喝得大醉，完全不顾上级要求其坚守阵地的军令，命令部队直接进攻邦联军最坚固的牛津段防线。该旅在穿越马洪师的零星散兵射击后，似乎距离敌军工事仅有一步之遥。但就在这时，据马萨诸塞第 57 团的约翰·安德森上尉回忆："忽然每一门炮都射出榴霰弹与葡萄弹，震撼了大地，横扫眼前的一切。穿过如云海一般的硝烟，可以看到邦联步兵快步赶来，从左右两面靠近，（我们）勇猛的冲锋无法持续，转化为彻底的溃逃。"莱德利则一边胡言乱语，满嘴疯话，一边不顾旅长职责，几乎第一个跑回河岸边。这场闹剧般的进攻给联邦军造成了 450 人的损失，但不可思议的是，莱德利并未遭到任何惩罚，这多半由于他深厚的政治背景。在冷港战役后，这位仁兄居然高升师长。他酗酒的恶习终于在 7 月 30 日的彼得斯堡令联邦军精心策划的进攻变为灾难。

▲ 由于格兰特司令部的存在，因此米德只能降下悬挂在军团司令部 8 个月之久的星条旗。他选择了一面霸气外露的鹰旗作为军团司令部旗，以至于格兰特见到这面旗后，讽刺道："这是什么？恺撒大帝在这附近吗？"

在莱德利旅发起冲锋的同一时刻，汉考克命令手下的 3 个师以及第 9 军第 2 师对邦联军阵地进行火力侦察。

其余 3 个师面对敌军防线很快退缩，唯有第 2 军第 2 师托马斯·史密斯上校的旅通过刺刀突击，夺取了尤厄尔军的一些散兵坑后，立即呼叫援军。很快第 2 师整师都投入到道斯维尔农庄附近的战斗中。傍晚，第 2 师夺取尤厄尔阵线位于树林中的一截，但随后邦联军展开反击，夺回了大部分阵地，一些联邦士兵不得不跳进小溪里，以溪岸为堑壕死守。这次又是史密斯上校依然死守之前夺回的散兵坑。随后天降暴雨，电闪雷鸣，士兵们停止射击，将大炮推到树下以防火药被淋湿。雨势稍歇，双方又争分夺秒地拼死搏杀，直到彻底天黑方止歇。

25 日，联邦军除了破坏两条铁路线以外，几乎无所事事。当天晚上，波托马克军团军级以上军官召开会议，讨论接下来的对策。起初格兰特同意沃伦的主张，从西侧绕过对手阵线；但经过慎重考虑后，他还是同意了米德的主张，全军沿北安纳河向东，在汉诺威镇渡口渡过帕蒙基河后，从东北方向朝里士满前进。他在次日给哈勒克的电报中如此解释其选择：

> 从任何一翼发起进攻都会导致对我军将士的屠杀，即使取胜也没有必要；考虑到李的右翼依托的沼泽地，从两条安纳河之间，也就是敌军右侧绕过去是不可能的；从他的左翼绕过，需先后渡过里托河、纽芬德河、南安纳河，这些河流对于任何一支军团的机动来讲都是十足的障碍。顺（北安纳）河而下，渡过帕蒙基河可以规避这些障碍，这样只需过河一次，并且可以得到补给。

26 日早上，堑壕里已经灌满齐膝深的水，联邦第 3 骑兵师向西侧邦联左翼发起佯攻，虚张声势，并点燃了附近一切可燃物，造成一支大军正在埋锅造饭的假象。李果然中计，误认为对手将从他的左翼绕过，因此命令工兵提前在南安纳河上搭设浮桥留好后路，并派工程兵总监马丁·史密斯将军在河南岸构建新的防线。在骑兵第 1 师、第 2 师的遮断下，联邦第 6 军第 1 师回到北安纳河北岸。当夜，上述 3 个师向汉诺威镇急行军，占据附近渡口。为了减轻行军造成的声响，联邦工程兵们在桥上覆盖了树枝。26 日夜里，联邦军的乐队照常演奏，但各军开始陆续撤到北岸，随后工兵拆除浮桥，伯尼师的士兵将切斯菲尔德桥付之一炬。一些前哨未接到撤退的通知，不幸成了邦联军的俘虏。

联邦军在北安纳河畔总共伤亡 1973 人，邦联军损失不到其一半。

格兰特尽管并未突破北安纳河防线，但对战争的前景十分乐观，毕竟他距离

里士满只剩下 20 多英里行程了。他向哈勒克汇报道:

从我军抓的俘虏可以看出,李的军团遭到重创,该军团的行动证明这一点是毫无疑问的,与他们在堑壕外的战斗是不会有了。我军将士的士气胜过敌军,并自信地向他们进攻。我也许错了,但我感觉我们战胜李已指日可待。

他同时要求从逐渐沉寂的詹姆斯河前线尽可能调来援军,从而在最后一战中拥有足够的获胜把握。而查尔斯·达纳比总司令还要乐观,他在 26 日给陆军部的汇报中说:"放心,战争毫无疑问快要结束了。"结果证明,二人都大错特错。

横尸冷港

27 日凌晨 3 点开始,波托马克军团向距离里士满仅 15 英里的汉诺威镇出发。走在前方的第 5 军与第 6 军呈两列行军纵队并排前行,偶尔有第 2 军的官兵夹杂

▲联邦骑兵从搭设的浮桥上渡过帕蒙基河

其间。笨重的辎重车在泥潭中喘息，让土路更为拥挤不堪。掉队的士兵直接瘫倒在路边啃干粮，当格兰特骑马经过时，他们再也无力欢呼，只是静静地将帽子举起来致意。为了缩短补给线长度，格兰特将补给基地由拉帕汉诺克河上的罗亚尔港，移至距汉诺威镇15英里处的怀特豪斯渡口。这一渡口早在1862年半岛战役中，便被时任波托马克军团主帅麦克莱伦当作补给基地。与此同时，格兰特从目前无所事事的詹姆斯军团中抽调第18军，由他的爱将威廉·史密斯少将率领，于28日在百慕大洪德上船，该军在补充第10军的1个师后兵力达到1.7万多人。按计划，他们将沿詹姆斯河顺流而下，在约克镇中转，然后沿帕蒙基河逆流而上抵达怀特豪斯渡口。27日当天，联邦骑兵第1、2师在达布尼渡口搭建了两座浮桥，渡过帕蒙基河，击退了李少将派出的骑兵，为波托马克军团过河建立桥头堡。

　　27日清晨6点45分，李发现对手从河对岸消失了，便率军一路向南急行军18英里，在当天下午抵达弗吉尼亚中央铁路上的阿特利车站。当晚尤厄尔患上严重痢疾，再也无法行军作战。李早已对尤厄尔担任军长的能力有所不满，再加上在斯保契尔维尼亚亲眼看见尤厄尔在重压下完全失态，因此对他丧失了信心，正好借坡下驴，让他就近寻找民宿养病，由更强势、更有侵略性的厄尔利将军替代他。① 经过休整之后，28日凌晨3点，北弗吉尼亚军团继续向托托波托米河行进。为突破联邦骑兵的情报遮断，侦察格兰特的确切动向，李将军命令汉普顿与李少将率领5个骑兵旅约4500人，向东面的豪氏商铺方向进行武力侦察。这是自斯图尔特死后，邦联骑兵第一次大规模主动出击。参加此次行动的5个旅中，有4个旅是精锐老兵，唯有马修·巴特勒准将的南卡罗来纳旅组建于当年春天。当天晚上宿营时，这些初出茅庐的新兵发现老兵武器大多是缴获自对手的后装卡宾枪②，自己手里则是与步兵同款的恩菲尔德线膛枪，该枪由于枪身过长，在马上根本无法填弹射击。

　　豪氏商铺位于一个十字路口附近，因战火纷仍早已关门大吉。豪家族的3个

---

① 尤厄尔在病好之后，被任命为里士满城防司令直到战争结束，相当于退居二线了。
② 在当时南方也缴获了一些斯宾塞七连发枪，但落后的南方作坊无法生产该枪的铜弹壳，因此邦联军对这一先进武器并不感冒。

青年男丁都加入北弗军团，只剩下妇孺老人搬到商店以西 1 英里的两层楼房居住。这座楼房以西半公里有一座卫理公会教堂。汉普顿的骑兵抵达教堂西侧后，迅速下马，利用大树枝与篱笆搭设胸墙，挖好散兵坑，等待对手进攻。格雷格率领联邦骑兵第 2 师抵达后，见附近灌木丛茂密，不便于骑马作战，便也纷纷下马，每四人一组，其中一人负责留在后方照顾战马，其余三人手持卡宾枪步行进攻。双方的百战老兵尽量蜷起身子，躲在胸墙后、灌木丛中、树干后射击，只有缺乏作战经验的南卡士兵时常站起来四处张望，因此往往成为对手的靶子。但这些小伙子勇气惊人，至死不退，让联邦骑兵第 2 师伤亡惨重，一时束手无策。格雷格事后认为，这场战役是"第 2 师有史以来最惨烈的一战，永世难忘"。此时骑兵第 1 师还在与赖特的部队交接阵地，第 3 师还在后方，均无暇增援。赖特与沃伦的步兵部队距离战场均不到 1 英里，但谢里登不想让步兵争功，因此拒绝向他们求援。

在交战中，豪家的二层楼被联邦军征为医院。正当军医在一楼客厅的手术台上手忙脚乱地给一名军士截肢时，一发炮弹打穿大门，滚落到手术台下方，大家的脸一瞬间变得煞白。所幸炮弹并未爆炸，在场的伤兵和医生才逃过一劫。

双方骑兵零散、杂乱无章却激烈异常的战斗持续 6 个小时后，联邦骑兵第 1 师终于完成交接，卡斯特率领第 1 师第 1 旅拍马赶到。卡斯特挥舞着帽子，命令"狼獾"们下马冲锋。该旅全员装备了斯宾塞连发枪，猛烈火力在近距离的丛林战中发挥了巨大威力，汉普顿见其势难当，便下令撤退。李将军得知汉普顿吃了败仗，便命令布里肯里奇师自阿特利车站出发，接应汉普顿。此役双方伤亡大致相仿，皆为 300 余人；击毙斯图尔特的列兵赫夫也在战斗中阵亡。

汉普顿虽然在与敌方骑兵交手时落败，但他侦察的目的达到了。他沿途抓获的战俘中包括第 5 军及第 6 军的士兵，这就证实了格兰特的目的就是渡过帕蒙基河南下。

29 日，天气凉爽，波托马克军团全员顺利过河，随后在帕蒙基河与托托波托米河之间呈南北方向布阵。当第 2 军准备占用波拉德家族墓地挖掘工事时，波拉德医生找到汉考克，请求不要在墓地上动土，因为其爱妻埋骨于斯，汉考克毫不迟疑地同意了他的请求。随着军团逐渐深入弗吉尼亚州腹地，沿途庄园的黑人奴隶纷纷扶老携幼，向军团涌来寻求庇护，但着急行军作战的军团显然无暇照顾他们，只能将他们与邦联战俘一道送到怀特豪斯渡口，再由那里转移到后方。

在豪氏商铺战役后，谢里登立即让骑兵休养生息，因此米德只得下令第2、5、6军于29日各派一个师，沿着不同路线试探对手的位置。此时李已将第3军、布里肯里奇师、第1军（欠皮克特师）自阿特利车站起，沿托托波托米河布置，而把皮克特师与第2军自河岸至旧教堂路呈南北排布，封堵对手前往里士满的道路，整条阵线呈"L"形。当天联邦军派出的3个师陆续与托托波托米河北岸的邦联前哨接触。

30日，米德命令几个步兵军紧随先头师继续推进，其中第6军与第2军推进到托托波托米河北岸，第5军则在第9军掩护下过河。但由于伯恩赛德让人见多不怪的迟钝与迷路，河南岸迟迟未见第9军的踪影，而本应掩护第5军右翼旧教堂路的骑兵在当天十分懈怠，因此第5军一时处于孤军深入的状态。这就给了邦联军可乘之机。

李将军命令新上任的厄尔利将军向第5军进攻。当天下午2点，厄尔利命罗兹师沿着旧教堂路从南侧攻击贝塞斯达教堂附近的联邦第5军第3师，拉姆瑟师紧随其后，戈登师作为预备队。厄尔利同时请求安德森在林荫路方向牵制第5军其他几个师。凑巧的是，在第5军第3师的基钦旅与费舍尔旅中，有大量宾州后备团官兵在次日服役期满。沃伦不想让他们再卷入战斗而白白牺牲，因此只让哈定旅走在前方，将另两个旅置于其后。在罗兹师的突然袭击下，哈定旅很快被击溃，但沃伦反应迅速，很快将基钦旅与费舍尔旅顶了上来，与哈定旅一起形成与林荫路平行的阵线，随后调来第1、2、4师支援第3师。傍晚6点左右，厄尔利命令刚升职的拉姆瑟师长派一个旅试探对手实力。年轻气盛的拉姆瑟主动要求夺取敌炮兵阵地，结果在地动山摇的炮轰和如同冰雹一般的霰弹中，该旅血肉横飞，很多老兵不愿为急于立功的师长白白送死，麻木地扔下武器，放弃战斗。至此厄尔利的进攻完全失败，而此时本该负责牵制的安德森军还没有出动。

次日，沃伦军长亲自送别服役期满的1200名宾州后备团官兵，在《家，美丽的家》的悠扬旋律中他们收拾行囊，踏上归家的旅程。3年之前，正是在距这里仅有6英里的海狸坝溪，这些初生牛犊顽强顶住对手的猛攻，此后他们不断地失败，退却，卷土重来，直至命运的罗盘将他们指引到最初的起点，让这些宾州男孩的戎马生涯实现了奇妙的轮回。老兵们解甲归田，而后辈们似乎只需稍做努力，也许只需 10 到 20 天，便可彻底将北弗军团打垮，从而结束这场旷日持久的战争。

厄尔利出击失败的当天晚上，李终于得到一个令他心绪稍安的消息：在戴维斯总统的亲自协调下，博雷加德终于将 6800 人的霍克师交给李使用。31 日清晨，当李得知霍克已自百慕大洪德乘坐火车出发时，便派李少将的骑兵师夺取冷港，并命其不惜一切代价守住这里，直至霍克师抵达。

冷港并不是港口，而是一个五条道路相交汇的路口。在附近范围呈三角形的树林里，有一座破败已久的、原属伊萨克·伯内克一家的旅馆。伯内克曾对外声称，该旅馆从不提供热饭，这也许是"冷港"这个名字的由来。李一直担心，格兰特在正面进攻他的防线未果后，会绕道冷港，从梅卡尼克斯维尔迂回他的右翼，或渡过切卡霍米尼河开向里士满。在派出他的侄子不久后，他想到敌方第 18 军可能直接赶往冷港，又令安德森第 1 军撤出托托波托米河阵地，赶赴冷港增援。

事实上，格兰特和米德起初对冷港都不感冒。但是两个骑兵将领——刚刚病愈的陶博特与卡斯特，希望主动出击，进攻冷港的对方骑兵。他们的建议得到谢里登的批准。此时霍克师的先头旅——克林德曼旅已经赶到。陶博特命令他的 3 个旅呈战斗队形展开，沿着几条大道发起强攻，但被对手击退。随后陶博特命令卡斯特从正面进攻，梅里特从侧翼迂回，这一次对手防线出现松动，最后密歇根第 6 骑兵团的一个中队高举马刀，杀入工事中肆意劈杀，迫使邦联军放弃工事，丢下死伤者撤退。联邦军占领冷港路口后，也不再追击。但傍晚以后，霍克全师抵达冷港，并距联邦军 1 英里外挖掘堑壕工事，谢里登开始担心仅凭骑兵守不住这里，于是给米德送信："我不认为我能守住这里，随着敌重兵向我涌来，我认为在此坚守并不慎重。"并命手下做好撤退准备。夜里 10 点，当联邦骑兵第 1 师开始上马撤退时，信使送来了米德的信，他命令谢里登"不惜一切代价"守住，并向谢里登保证当前在阵线最右侧的第 6 军将从联邦阵线后方绕过来，第二天上午就可以赶到冷港。于是当晚骑兵们整夜不停地搭建临时工事。

6 月 1 日破晓前，邦联第 1 军抵达。安德森将克肖师部署在霍克师左侧，准备用克肖、霍克两个师打败联邦骑兵，菲尔德、皮克特两个师则负责打援。但克肖选的先头旅旅长劳伦斯·基特上校绝非良将。此君战前是一位有分离主义倾向的

▲ 邦联的掌旗军士

议员，未受过任何军事教育。如今他终于置身于朝思暮想的战争中，便无畏地向前冲去。他手下的奥古斯特·迪克特上尉看到他"如同一位老骑士骑在漂亮的铁灰色战马上"，似乎是"真正骑士的化身"。可惜帅不过三秒，当基特冲进一块旷地，试图集结没有一点儿作战经验、犹豫不前的南卡第20团时，对手的第一轮齐射便把他打下马，使他受了致命伤。南卡第20团慌乱后撤，连带着侧翼的老兵部队也被迫停下来。恐慌飞速蔓延，附近的一个炮手回忆："我从没见过一支部队沦落到如此彻底涣散的境地。"克肖亲自督战才遏制了全线崩溃的局势。

联邦骑兵就这样轻松守到上午10点。等到第6军抵达后，卡斯特命军乐队为步兵兄弟们演奏《嗨，哥伦比亚！》来加油鼓劲。风尘仆仆的步兵们并未休息，便立即在骑兵左侧挖掘战壕，构筑工事。安德森见进攻无望，也命令部队挖掘工事。中午时联邦第18军终于姗姗来迟。原来，按照格兰特27日的命令，第18军在怀特豪斯渡口下船后，应向西北行进，抵达帕蒙基河上的纽卡斯尔渡口，然后与主力一起过河。但等到他们抵达纽卡斯尔后，发现根本没有友军的影子！直到史密斯的信使找到正急着赶路的第6军队尾，知道友军去向后，第18军才调头向冷港进发。天气十分炎热，当途经几天前双方骑兵交锋的战场时，由于战马尸体未来得及掩埋，散发的臭味令气喘吁吁的士兵们几乎窒息。第18军在抵达冷港后，部署在第6军与第5军之间的空当。米德向格兰特建议，赶在对手未完善工事之前，应组织第5军、第18军、第6军及骑兵军对立足未稳的邦联第1军发起联合进攻，格兰特表示同意。

下午4点，双方开始了"造成噪音更甚于伤害"的炮火对射。联邦军官命令士兵们匍匐在地，一些在过去两天强行军十几小时的士兵，刚匍匐在地，便不顾头上纷飞的炮弹进入梦乡。米德制订的进攻计划在一开始就遭到部下的消极抵制：沃伦以第5军防守区域过宽为由，只答应派出第2师助阵，而这个师在师长亨利·洛克伍德准将的指挥下走错了路；至于谢里登，则再次以人马疲惫为由，拒绝执行驱散位于联邦右翼的敌骑兵的任务。

傍晚6点，第18军与第6军的4个师沿着向西通往里士满的冷港路发起进攻。此时邦联军已在第一道防线前方30码外布设好鹿砦，鹿砦后方是开阔地。联邦军接近鹿砦时慢了下来，遭到劈头盖脸的齐射，一名幸存者将其比作"一道火光，忽然犹如闪电，如血一般鲜红，距离如此之近，似乎灼伤人脸"。联邦军很快镇静下来，开始回击。"整条战线爆发雷鸣一般毫不间断的射击。"军医乔治·斯蒂文森回忆道，"两边都有数百名勇敢的同胞倒下。"康涅狄格第21团的哈贝尔上尉目睹年轻的旅长居伊·亨利上校骑马跃过敌军护墙，冷静地站在濒死战马的马镫上，"面对着对其充满敬畏的敌军"打光了左轮枪的子弹（1893年，联邦政府为亨利补发荣誉勋章）。刚被晋升为准将的厄普顿在战马中弹后步行指挥部队前进。当部队进攻受阻时，他倚在一棵树后，让部下帮他装子弹，他亲自瞄准敌人射击。当一名手下质疑他们能否顶住敌军反击时，厄普顿厉声说："用你们的刺刀抓住他们，将他们扔过头顶！"邦联右翼的霍克师克林德曼旅已经开始崩溃，但当联邦军忙着抓俘虏时，安德森将军及时调来科尔奎特旅堵住了这个缺口，最终联邦军不得不退回出发点。此次进攻联邦军伤亡2200人，毙伤俘敌1800多人，距突破敌军阵线只差半步之遥，但已失去突破的最佳时机。因走错路而贻误战机的洛克伍德成了进攻失败的替罪羊，在沃伦的强烈要求下，米德解除了他师长的职务，由克劳福德兼任第2、3师的师长①。第18军之前为了急行军，将装载药品及医疗设备的辎重车抛在身后，因此战斗结束后，第6军的野战医院不得不承担救助第18军伤兵的任务。

格兰特从俘房口中得知李身染重病，甚至听到传言说李已经赴里士满养病，北弗军团眼下由尤厄尔指挥。于是他计划趁着这个机会，在6月2日发起一场规

---

① 巧合的是，半年之后的五岔口战役后，在谢里登的要求下，格兰特以同样原因解除了沃伦军长之职。

模更大的攻势。他预计安德森军在6月1日战斗之后应无暇加固工事，因此决定从这一侧发起进攻。负责主攻的是第6军和第18军，以及战斗力最强，但损失也是最大的第2军——米德已下令第2军在1日晚上从联邦阵线最右侧行军到最左侧。当然第5军和第9军也不能闲看热闹。米德命令这两个军也尽力发起进攻，"万一李的左翼比米德想象的强大，那么右翼一定相当脆弱，在那里发起的攻势肯定会成功"。第2军的行程只有9英里，但遇到诸多计划外的麻烦。汉考克回忆道："天很黑，酷热与烟尘十分压抑，路线陌生。"由于缺乏精确地图，第2军足足多走了6英里路，直到6月2日清晨6点30分才抵达冷港，7点30分才进入阵地。格兰特为了延长攻击的时间，不得不将进攻推迟到次日（6月3日）黎明。

李的司令部位于旧战场盖恩斯磨坊。当李得知布里肯里奇师对面的联邦军已全部调走后，便命令该师趁夜自阿特利车站出发，前往阵线东南侧，以夯实右翼阵线。但布里肯里奇师也遇到与汉考克相同的困难：天黑、陌路、向导不力……李等到天亮还没见到他们的踪影，于是不顾大病未愈，骑上"旅伴"便朝西方赶去迎接他们，终于在2日上午10点，在梅卡尼克斯维尔找到刚吃完早饭的布里肯里奇师。随后李又命令第3军的主力——威尔考克斯师与马洪师强行军赶往右翼，留在左翼的赫斯师则暂时由厄尔利指挥。这样布里肯里奇、威尔考克斯、马洪三个师就被布置于冷港路与切卡霍米尼河之间。

李并未完全放弃进攻，他知道厄尔利对面的伯恩赛德能力平平，因此他的第9军战斗力稍弱，于是特别指示厄尔利尽可能抓住机会反击。机会果然出现了：当天下午，伯恩赛德命令第3师向贝塞斯达教堂方向调动，向该军其余师靠拢，但未通知与其相邻的第5军，从而造成两军之间出现空当。厄尔利发现这个空当后，命令戈登师、罗兹师发起进攻，同时命令赫斯师越过林荫路插入第9军的身后。赫斯师切断了联邦军的电报线，但很快被第9军第2师发觉，经过战斗后便撤回林荫路北侧。随后伯恩赛德派第2师的柯汀旅协助被罗兹师打得晕头转向的第3师，将对手遏制住。戈登师向第5军第1师发起突袭，该师第1旅与第3旅在猝不及防下，纷纷向贝塞斯达教堂西侧的工事中撤退，得到附近的第2旅接应后，与追上来的对手展开肉搏，才将对手击退。戈登师为图省事，直接躲在对手先前修筑的工事里防御。当天晚上格兰特得知厄尔利进攻的消息后，为伯恩赛德与沃伦未

▼ 冷港战役联邦军作战序列

陆军总司令 尤利西斯·格兰特中将

波托马克军团 乔治·米德少将

詹姆斯军团第18军 威廉·史密斯少将

军团属炮兵师 亨利·洪特准将

詹姆斯军团第18军 威廉·史密斯少将
- 军属炮兵旅 萨缪尔·埃尔德上校
- 第1师 威廉·布鲁克准将
- 第2师 约翰·马丁代尔准将
- 第3师 查尔斯·德文准将

骑兵军 菲利普·谢里登少将
- 第1师 阿尔弗雷德·陶博准将
- 第2师 大卫·格雷格准将
- 第3师 詹姆斯·威尔逊准将
- 骑炮第1旅 詹姆斯·罗伯逊上校

第9军 安布罗斯·伯恩赛德少将
- 第1师 托马斯·克里滕森少将
- 第2师 罗伯特·波特准将
- 第3师 – 威兰多·奥尔考克斯准将
- 第4师 爱德华·费罗准将

第6军 霍洛肖·赖特少将
- 第1师 大卫·罗素准将
- 第2师 托马斯·尼尔准将
- 第3师 詹姆斯·里基茨准将

第5军 格温纳尔·沃伦少将
- 军属炮兵旅 查尔斯·汤姆金斯上校
- 第1师 查尔斯·格里芬准将
- 第2师 萨缪尔·克劳福德准将（兼任）
- 第3师 萨缪尔·克劳福德准将
- 第4师 莱山德·卡特勒准将

第2军 温菲尔德·汉考克少将
- 军属炮兵旅 查尔斯·温赖特上校
- 第1师 弗朗西斯·巴罗准将
- 第2师 约翰·吉本准将
- 第3师 大卫·伯尼少将

军属炮兵旅 约翰·蒂德保尔上校

▲ 双人散兵坑剖面图

能抓住机会，趁对手走出工事，将其歼灭而懊恼不已。他说："我们应有能力将其吃下，一般来讲我并不喜欢夜袭，但我认为在这种情况下是有理由的。"最终联邦军伤亡被俘 1500 余人，邦联军损失 1000 人出头。两军将士都枕戈待旦，等待次日的决战。

现在，邦联的整条防线如同一道 7 英里长的月牙，位于托托波托米河与切卡霍米尼河之间。出身于工程兵的李，显然没丢掉土木作业的老本行。莱曼上校对敌人构建工事的能力赞不绝口：

有一条规律，就是当邦联军停止行军后，第一天他们挖好不错的散兵坑，第二天搭好有炮位的护墙，第三天护墙前方布设鹿砦，后方挖掘堑壕。有时候，他们把三天的活在 24 小时内完成。

由于进攻推迟了一天，格兰特已经慷慨地给了对手 24 小时的准备时间。南军充分利用这段时间，沿着低矮的山脊构筑精巧的工事，炮兵可以对从任意方向进攻的敌军展开交叉射击。"错综复杂、呈锯齿形的战壕连着战壕，战壕保护着战壕

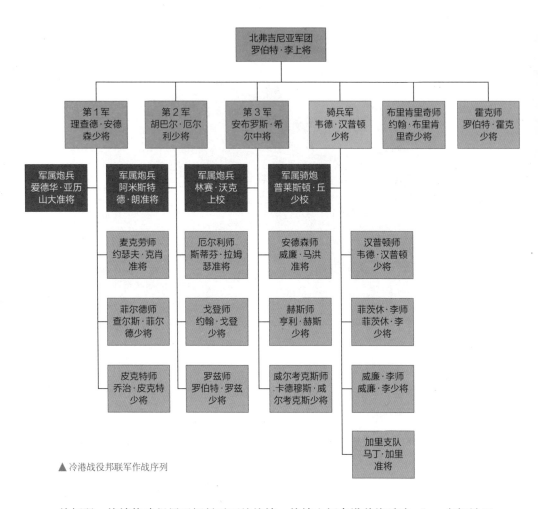

北弗吉尼亚军团
罗伯特·李上将

第1军
理查德·安德
森少将

第2军
胡巴尔·厄尔
利少将

第3军
安布罗斯·希
尔中将

骑兵军
韦德·汉普顿
少将

布里肯里奇师
约翰·布里肯
里奇少将

霍克师
罗伯特·霍克
少将

军属炮兵
爱德华·亚历
山大准将

军属炮兵
阿米斯特
德·朗准将

军属炮兵
林赛·沃克
上校

军属骑炮
普莱斯顿·丘
少校

麦克劳师
约瑟夫·克肖
准将

厄尔利师
斯蒂芬·拉姆
瑟准将

安德森师
威廉·马洪
准将

汉普顿师
韦德·汉普顿
少将

菲尔德师
查尔斯·菲尔
德少将

戈登师
约翰·戈登
少将

赫斯师
亨利·赫斯
少将

菲茨休·李师
菲茨休·李
少将

皮克特师
乔治·皮克特
少将

罗兹师
罗伯特·罗兹
少将

威尔考克斯师
卡德穆斯·威
尔考克斯少将

威廉·李师
威廉·李少将

加里支队
马丁·加里
准将

▲ 冷港战役邦联军作战序列

的侧翼，战壕修建得用于侧射对面的战壕，战壕之间布设着炮兵连。"一名报社记者在战后亲赴战场后惊叹道，"它是一个工程连着另一个工程的迷宫与迷阵。"而且这些工事隐蔽得十分巧妙。从联邦军阵地使用双筒望远镜观察，对面的工事似乎要比在斯保契尔维尼亚与北安纳河时逊色。

米德在6月2日再次下达的进攻命令，几乎是把昨晚的命令抄了一遍。这一命令将攻击区域的选择、各军之间的协调完全下放给几位军长。更诡异的是，格兰特与米德都没有派哪怕一个参谋勘察过敌方阵地。米德只是在6月2日进攻延迟后，才简单地让"军级指挥官在前方地带进行临时检查，完善进攻的安排"。史密斯将军回忆："收到这一命令时（我）吓坏了，这证明（米德）根本就没有任何军事计划。"他立刻询问其左侧第6军军长赖特将军的作战计划，并情愿暂时归赖特指挥，这样至少保证第6军与第18军能协同好。结果赖特没好气地说，他的军只负责进攻其正面区域。史密斯愤怒地对参谋说，这场进攻"就是下令屠杀我最好的部队"。

半夜时分，暴雨转为冰雹，接着又减弱成毛毛雨，发起进攻的天气条件已经具备。根据格兰特的参谋霍雷斯·波特记载，当他从围坐在篝火边的士兵们身边走过时，发现这些五大三粗的汉子都在借着火光缝制服。波特非常好奇，走近一看才发现，原来他们把姓名与家庭地址写在纸片上，然后把纸片缝在衣服背部里侧，这样战友能辨认出他们的尸体，而亲人们也会知晓他们的命运。波特的记载已成为冷港战役的标志性场景，但除了这位参谋之外，关于此役数不胜数的回忆录、日记、报纸中均没有类似描述。事实上，这一场景发生在一年前的美内溪战役，也就是米德强制命令第2军次日进攻的那天晚上。很多参战者回忆，当晚大多数士兵们兴致勃勃地谈天说地，纵情大笑，展望胜利，好像明天他们要参加一场阅兵或节日庆典一般。

午夜过后，每位参加进攻的士兵都领到包括硬面包、咖啡与糖在内的双份口粮。6月3日凌晨3点30分，他们开始在堑壕里整队。凌晨的清冷、树叶上淌下的水滴、河边泥沼的味道，让笼罩在整个军团头上的气氛忽然变得忧郁和凄凉。哈贝尔上尉回忆："许多士兵一心求死的样子显而易见，他们不再期待生还。"

拂晓之前雨停了，堑壕里的联邦士兵借着天边泛起的鱼肚白向西望去，可以看到在地平线上起伏着的又矮又平的山丘，也就是敌军阵地的位置。4点30分，号手吹响前进号。第2军、第6军及第18军的5万多名官兵摘下帆布背包，手持步枪，彼此搀扶着爬出堑壕，向数百码外在晨雾中若隐若现的邦联工事缓缓移动。邦联防线中央克肖师的一个士兵回忆道，联邦军上了刺刀，越来越近：

我军军官很难约束手下，不让他们过早射击，但随着他们已经足够近，"射击"口令下达，工事后的士兵从容不迫地起身，将枪靠在工事上，对着蜂拥而来但缺乏秩序的敌军打出一轮又一轮的齐射。第一排的敌人开始步履蹒跚，亟待逃走，但下一排敌人接踵而至，他们用刺刀、枪托以及指挥剑挡住了后退的友军，直到

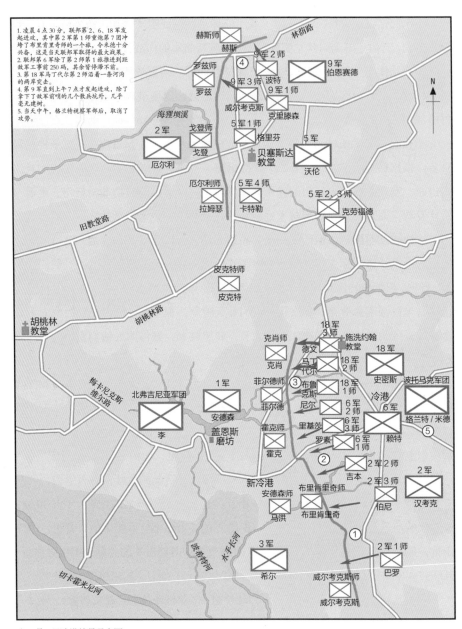

1. 凌晨4点30分，联邦第2、6、18军发起进攻，其中第2军第1师重炮第7团冲垮了布里肯里奇师的一个旅，令米德十分兴奋，这是当天联邦军取得的最大战果。
2. 联邦第6军除了第2师第1旅推进到距敌军工事前250码，其余皆停滞不前。
3. 第18军马丁代尔第2师沿着一条河沟的两岸突击。
4. 第9军直到上午7点才发起进攻，除了拿下了敌军前哨的几个散兵坑外，几乎毫无建树。
5. 当天中午，格兰特视察军部后，取消了攻势。

赫斯师
赫斯

林荫路

9军2师

9军
伯恩赛德

罗兹师
罗兹

9军3师 波特
9军1师

威尔考克斯
克里滕森

海狸坝溪

2军
厄尔利

戈登师
戈登

5军1师
格里芬

贝塞斯达
教堂

5军
沃伦

厄尔利师
拉姆瑟

5军4师
卡特勒

5军2、3师
克劳福德

旧教堂路

皮克特师
皮克特

胡桃林
教堂

胡桃林路

克肖师
克肖

18军
3师
德文
马丁
代尔

施洗约翰
教堂

18军
2师

18军

梅卡尼克斯维尔路

北弗吉尼亚军团
李

1军
安德森

盖恩斯
磨坊

菲尔德师
菲尔德

布鲁
克斯
尼尔

18军
1师

史密斯

波托马克军团

霍克师
霍克

里基茨
罗泰

6军
2师
6军
3师

冷港
6军

6军
1师
赖特

格兰特/米德

新冷港
安德森师
马洪

布里肯里奇师
布里肯里奇

吉本

伯尼

2军2师

2军3师

2军
汉考克

波特特河

水手长河

3军
希尔

威尔考克斯师
威尔考克斯

2军1师
巴罗

切卡霍米尼河

▲6月3日冷港战役示意图

更多的人加入第二次攻击。在此之间，我们的神枪手，以及工事后的士兵对着这些部分进攻、部分后撤的混乱部队倾泻让他们更为烦躁的子弹。

在可怕的打击之下，联邦军的进攻转变为各单位互不协同而极度血腥野蛮的战斗。其中最恐怖的厮杀发生在联邦第2军负责的地带。该军第1师位于联邦军整个攻击线的最左端，师长巴罗将军依旧身穿标志性的格子衬衫与褪色裤子一马当先，而该师攻击的方向恰恰是邦联防线最薄弱的地段。这里的洼地由布里肯里奇师的两个旅把守，本来战斗力就不如北弗军团的各师，加上昨日暴雨，堑壕灌满了水，因此布里肯里奇只留下沿一条路基下沉的大道布防的前哨线，让其他人去找干燥地方睡觉。第1师打头的是第1旅与第4旅。第4旅全速穿过泥地，驱散了哨兵，其中纽约第7重炮团冲进战壕，凭刺刀冲垮了艾克尔斯旅，俘获200多人，缴获3门火炮与1面团旗，并立即轻车熟路地调转炮口，对准敌炮兵轰击，但该旅旅长约翰·布鲁克中弹负伤。左侧的第1旅也冲入了敌军工事，但遭到打击的马里兰第2团很快又集结起来，并得到佛罗里达旅的增援。这时左右两侧的邦联火炮也也与步兵一起，开始用葡萄弹与双发榴霰弹对此时进退两难、大多数人甚至无法射击的第1旅及紧随其后的第2旅，进行交叉射击。一发米涅子弹贯穿第2旅布拉迪上尉的胳膊与身体之后，又使身边的旅长拜恩斯上校受了致命伤。由于汉考克当天一直待在军部指挥，并未及时派来作为预备队的第3师扩大战果，第1旅与4旅其余士兵不得不从邦联工事后撤到旷地的一块凸包后，用刺刀、匕首、饭盒与咖啡杯努力挖掘战壕。

吉本将军的第2师也在邦联阵地前碰得头破血流。第2师出发地前方200码远有一片沼泽，因汉考克事先没有派人详细侦察，该师不得不一分为二从沼泽两边绕过。随着沼泽越来越宽，打头的第3旅与第4旅的距离也越来越大。第4旅冲进了邦联军前哨阵地并抓了几百个俘虏，但旅长罗伯特·泰勒受了重伤。该旅的纽约第8重炮团一直冲到距主防线20码远，代价是包括团长在内伤亡505人。亨利·斯维因中校说："太可怕了！"并补充道："如果有一人逃出来，都是奇迹。"该团的列兵哈洛克写道："这不能称为一场战斗，只是一场持续10分钟的屠杀。"纽约第164团的爱尔兰士兵们在詹姆斯·麦克马洪上校的率领下杀入工事，但这些祖阿夫兵显眼的红裤子让他们成为对手的靶子。麦克马洪身中数十枪，血肉模糊，从一个受伤的旗手手里接过军旗，将军旗插在护墙上之后倒地而亡，战后大家通过袖口上的纽扣才辨出这位上校的尸体。前来支援的第 1 旅旅长亨利·麦基恩上校也倒在了护墙数码之外，他明知生还无望，请求副手将其杀死。弗兰克·哈斯克尔上校接替麦基恩后不久也战死。马萨诸塞第 19 团的扛旗军士被击倒后，一名叫作麦克·斯坎内尔的下士拒绝担任旗手，并称已有太多扛旗军士阵亡。团长当场将其晋升为军士长，"成交！"斯坎内尔言毕扛起了旗帜。一名邦联炮手回忆，射向联邦第 2 师的火力如此密集，伴随着每次射击，"头颅、胳膊、腿、枪都被抛到高空，他们迅速填补了我们轰出来的缺口。在他们逼近时，他们的阵线像大海的波涛一般晃荡"。在短短 20 分钟内，第 2 师已损失超过 1000 人，但他们并未撤退，而是牢牢占据距敌较近的阵地，就地挖掘堑壕，寻找一切角度还击。

赖特尽管对米德的攻击命令心怀抗拒，但在进攻发起时，还是很快将第 6 军的 3 个师全部投入战斗。然而，第 6 军的表现相对比较消极。其中右侧的第 2 师第 1 旅在弗兰克·惠顿准将的指挥下，推进至距邦联工事 250 码远的地带，这已经是赖特麾下推进最远的部队了，其余部队大多距离敌军哨兵线不远便停下了。厄普顿的第 1 师第 2 旅干脆在后方静坐怠工，以至于其对面的邦联军根本未意识到对手在进攻。在浓密的硝烟中，士兵们仿佛成了瞎子，联邦军普遍回忆："疾驰死神的齐射"从"我们无法看到的战线"上倾泻而来。面对压倒性的火力，进攻者只能停下来，低着脑袋挖掘堑壕。

相比波托马克军团的军长们的疏忽大意，曾作为师长在附近打过仗的史密斯将军至少在战前做足了侦察的功课，清楚前方的沼泽地妨碍了第 18 军的攻势，与此同时他在其攻击区域中央发现通往敌军阵线的一条河沟。河沟右岸较高，可以部分阻挡来自右侧的火力。于是史密斯派第 2 师沿河沟出击，第 1 师以及第 3 师分别在左右两侧掩护。第 2 师第 2 旅旅长斯泰德曼为了防止部下停下脚步射击，命令他们全部摘掉火帽，只用刺刀战斗。当第 2 旅高呼着"嚯啊！嚯啊！"在河床掩护下冲出时，立即遭到敌人的火力打击。蓝衣士兵们本能地弯下身子，如同在暴风里艰难前行。马萨诸塞第 27 团的威廉·德比回忆，战场"像是一口沸腾的大锅，不间断的枪弹激起了间歇泉里的污泥及散布的沙粒"。马萨诸塞第 40 团的查尔斯·科利尔上尉回忆，炮火"将我们如同积木一样打倒"。但是后来者依旧踩着战友的尸体继续向前猛冲。走在最前面的士兵距敌军工事已经很近了，这时新罕布什尔第12团的乔治·普雷斯看到"他们（邦联军）枪火的闪光在硝烟里颤抖，就像闪电穿过云层"。一个邦联军官则看着"一排又一排的士兵，直到他们变成无数翻滚扭曲的人，我们的火炮与火枪给了对手残忍的打击"。联邦士兵纷纷躲避，卧倒并后撤，第2师师长约翰·马丁代尔准将重新集结部队，改换第1旅带头发起冲锋。他们遭到同样的厄运。阿拉巴马第15团的威廉·奥茨上校凝视着这场屠杀，为"一个人的军服上同时有两三处冒出尘雾，因为相同数量的子弹同一时刻击中他"而感到惊骇。半个小时之内，第2师便失去了战斗力，残余士兵都趴在地上进退不能。而其两侧的第1师及第3师，均在敌军的火力打击下停止前进。

凌晨5点30分之前，也就是进攻发起1个小时内，在左翼担任主攻的3个军均遭到失败。按照米德的命令，右翼的第5军与第9军亦应在凌晨4点30分发起攻势，牵制对手；但最北侧的第5军军长沃伦又一次抗命不遵，以阵线过长为借口，整个上午都按兵不动，而第9军直到上午7点才发起进攻，士兵们在齐膝深的烂泥里艰难跋涉，结果除了拿下了敌军前哨的几个散兵坑外，几乎毫无建树。

待在后方各自司令部的米德与格兰特，根本不知道前线垂死挣扎的数千蓝衣小伙子是多么可怜和无助。清晨5点15分，米德收到首份战报，上书巴罗师俘敌夺炮，进展喜人，米德十分兴奋。但很快接踵而至的战报便让"老鳄鱼"的脸恢复了往日的阴沉。上午7点，米德意识到进攻毫无进展后，便把球踢给格兰特，写信道："甘愿聆听您关于是否继续进攻的主张。"格兰特回复："如果有进展，则继续大力推进；如果必要，则增兵。"于是米德下令发起新一轮进攻。当他意识到此时发起联合进攻已不可能，便给各军长分头下令，让他们各自进攻。结果遭到除伯恩赛德之外的各级军官的强烈抗议。第18军新罕布什尔第12团团长托马斯·贝克上尉说："就算上帝亲自下令，我也不会率领我的团发起这样的进攻。"当米德催促史密斯将军继续前进时，史密斯直接回答："我拒绝遵守这一命令。"当部分军官劝躲在堑壕里的士兵起身冲锋时，他们无视命令，就地快速胡乱把子弹打光。缅因第17团的列兵约翰·哈利说："我们受够了向工事冲锋。"并称："格兰特所谓的'指挥艺术'，就是用人命冲击工事。"

直到中午，格兰特亲自到各军军部视察，才知道这场进攻已彻底失败，便连忙命令米德取消一切攻势，守住阵地，但当时他还不清楚具体的伤亡情况。下午格兰特在给哈勒克发电报时，仍乐观地称："我军夺占接近敌人阵地的区域，有些地方只相隔 50 码，并开始挖掘战壕，损失并不严重，当然我猜敌军损失也不大。"而米德也给妻子写信道，这一战双方打成平手，"没有任何决定性战果"，并炫耀说："我整日对战场可以实时并完全地控制，中将只是在中午时才控制战场。"但等到第二天早上，各军陆续统计出伤亡情况，米德才意识到自己的"控制"酿成了一场惨败。联邦军在当天共伤亡 7500 人，尤为可怕的是大多数伤亡发生在战斗的前 15 分钟，如此高的死伤速率在整个内战期间堪称空前绝后，其中仅第 2 军就伤亡超过 3000 人。

由于战事的发展速度超乎想象，很多不清楚战况的南军士兵直到敌军进攻彻底失败后，还在堑壕里等待所谓"真正的总攻"，有的等了整整一天。南卡的约翰逊·哈格德准将便坦率地承认，他从没有意识到遭到猛烈进攻。躲在胸墙后的邦联士兵，心态在兴奋和惊骇两头翻转。当伊万德·劳来到堑壕时，发现"将士们士气旺盛，一边射击一边聊天与大笑"，可他被惨烈的场面震撼了："在弗里德里克堡的马耶高地，以及杰克逊的士兵在第二次玛纳斯战役中坚守'旧铁路基'时，我已经看到过骇人的屠杀，但我所见的都无法超越眼前的场景。这不是战争，这是屠宰。"

冷港的炮声传到了西面 9 英里外的里士满。当天上午，由邮政局长约翰·里根将军率领的三人特派团特地来战场巡视。当时李还谨慎地对他们说，迄今为止他的防线十分稳固，但他手里连一个团的预备队都没有。不久以后，邦联各段阵线陆续传来捷报。"告诉李将军在我的阵地前方也一样。"希尔将军指了指阵地前的尸体，对信使说。霍克将军也声称战场如今被死伤者覆盖，并补充道他仅损失了一个人。李的军需官查尔斯·维纳布尔上校则声称，冷港战役"可能是蠢笨的联邦指挥官赠予邦联武装的最轻而易举的胜利"。当天晚上，李给陆军部长塞顿写信道："我们的损失很小，而我们的成就，上帝保佑，超出我们的想象。"巧的是，冷港战役当天正是戴维斯总统的生日，格兰特与米德以一场彻头彻尾的惨败为他们西点的老学长送去一份大礼。

克肖旅的奥古斯特·迪克特在当天晚上记录道：

战地的人们就像是围栏里的猪，有的紧挨着，彼此交错，有的码了两层，而其他的腿架在死去同袍的头部和身体上。整晚都能听到伤者与濒死者的叫声，听到令人厌恶的"水……"的叫声，并在耳边回荡，根本无法入睡。

然而对于这些伤员来说，这仅仅是他们临终之前痛苦折磨的开始。由于双方持续不断的冷枪冷炮，两军之间的"无人区"根本无法走人。格兰特不得不向李寄信，要求双方收尸队与担架队前往"无人区"收敛死伤者。毫无疑问，邦联军死伤者不仅人少，而且大多在己方阵地里，躺在"无人区"的几乎全是

▲ 联邦骑兵高举休战的白旗，以便让殓葬人员进入"无人区"收尸

蓝衣士兵。李要求对手打出休战旗，而格兰特不愿意认输。在双方统帅之间的来回扯皮中，救助伤员的黄金时间被错过了。接下来的3天里，伤员们的哭喊愈发微弱，愈发绝望。一名士兵不愿继续受苦，在战友们的注视下用小刀割断了喉咙。尸体经太阳暴晒后很快膨胀成巨人观，一些甚至腐烂后腹腔炸裂，爆出五脏六腑。奥茨上校回忆道："味道臭气熏天。"占据上风位的邦联军运气好一点儿，处在下风位的联邦军被熏得难以忍受。等到6月7日，也就是冷港战役后第4天，当格兰特与李终于达成协议，担架队可以出动时，绝大多数伤者早已死去。并且大部分尸体已经腐烂得无法辨认，最终担架队在数千具尸体中只发现两名生还者，他们是依靠从草里吸食露水，才在炎炎烈日下熬了过来。

冷港战役标志着格兰特发动的"陆路战役"结束。现在通往里士满的路线被彻底堵死，于是格兰特决定改变目标。6月12日，军团趁夜动身，渡过切卡霍米尼河，绕到东南面，准备袭击里士满南侧22英里外的铁路枢纽、弗吉尼亚州第二大城市①——彼得斯堡。

---

① 第一大城市自然是里士满。

但是，向彼得斯堡进军的波托马克军团，已不再是1个月前渡过拉皮丹河那支制服整齐、鹰徽闪耀、士气高昂、意气风发的军团了。短短1个月之内，军团便伤亡近半，由于军官普遍身先士卒、舍生忘死，他们的损失尤为惨重，旅长由中校担任、团长由上尉担任、连长由少尉甚至士官长担任的情况比比皆是。尤其是伤亡惨重却一无所获的冷港战役，让将士们的士气一落千丈。查尔斯·温赖特上校说："每个人都觉得已经受够了。"当有人问巴罗师长能否拿下前方工事时，他回答说部下感到"极大的恐惧，害怕再次进攻工事"。沃伦则目睹一个士兵在掩埋战友后仅仅半个小时就自杀了，"冷港综合征"如同瘟疫迅速在军队中蔓延。

　　尽管在冷港战役中负责战术指挥的主要是米德，但格兰特本人的威望也一下子由巅峰跌到了谷底。新罕布什尔第12团的艾沙·巴莱特上尉将这场战役称为"整场战争中最大与最不可饶恕的屠杀"。厄普顿准将给妹妹写信称，他已"厌烦了目

▲ 内战结束后，联邦的殡葬队收拾被遗落的战士骸骨，将他们用船运到北方安葬

前的指挥，在许多情况下，我们的人被愚弄了，被无节制地牺牲"。第6军的一名参谋官更是嘲讽格兰特"对进攻的操控，连西点军校一年级的士官生都引以为耻"。即便南军也嘲笑冷港是"格兰特的屠宰栏"。戎马生涯数度起落、饱经打击的格兰特向来对冷眼嘲笑置之度外，而且冷港也绝非他损失最大的战役，但直到他生命即将结束前，他依旧在回忆录中真诚地忏悔道："我为这场攻势而懊悔，胜过任何一次我下令的攻势。"

格兰特与先前联邦军的东线诸将截然不同的一点是，在1个月的战斗中，他始终牢牢地占据着战役的主动权，如同级别较高的拳手不断试图寻觅对手破绽，然后凭借人高马大的优势施以重拳。经验丰富的李则见招拆招，节节抵抗，迫使格兰特付出极大代价才勉强抵达麦克莱伦两年前来过的地方。但李损失的3万老兵难以弥补，而且最关键的是，李并没有像之前那样击退北方的军队，因此只能追随对手的脚步南撤到彼得斯堡。在那里，双方不约而同地放下步枪，拿起铁锹修筑星罗棋布的堑壕、凸角堡、堡垒和鹿砦。双方的对峙与僵持一直持续了200多天，而格兰特与李，这两位南北战争并世双雄的最终对决，只能等待来年了。

参考文献

[1] Andy Nunes. *Osprey Campaign 267:Wilderness and Spotsylvania 1864*[M]. Oxford:Osprey Publishing,2014.

[2] Paddy Griffith. *Battle Tactics of the American Civil War*[M]. Oxford:The Crowood Press,2001.

[3] Gregory Jaynes. *The Killing Ground:Wilderness to Cold Harbor*[M]. Fairfax:Time Life Education,1986.

[4] Gordon C. Rhea. *The Battle of the Wilderness May 5–6,1864*[M]. Baton Rouge:Louisiana State University Press,2011.

[5] Gordon C. Rhea. *The battles for Spotsylvania Court House and the road to Yellow Tavern, May 7–12,1864*[M]. Baton Rouge:Louisiana State University Press,2005.

[6] Gordon C. Rhea. *To the North Anna River:Grant and Lee,May 13 – 25,1864*[M]. Baton Rouge:Louisiana State University Press,2010.

[7] Gordon C. Rhea. *Cold Harbor:Grant and Lee,May 26–June 3,1864*[M]. Baton Rouge:Louisiana State University Press,2008.

[8] Gordon C. Rhea. *On to Petersburg:Grant and Lee,June 4 – 15,1864*[M]. Baton Rouge:Louisiana State University Press,2017.

[9] Emory Thomas. *Robert E. Lee:A Biography*[M]. New York:W. W. Norton &Company,1995.

[10]（美）卡尔·桑德堡. 林肯传 [M]. 云京，译. 北京：生活·读书·新知三联书店,1978.

[11]（美）詹姆斯·M. 麦克弗森. 火的考验：美国内战及重建 [M]. 陈文娟，等，译. 北京：商务印书馆,1993.

[12]（美）T.N. 杜派，R. E. 杜派. 世界军事历史全书 [M]. 传海，等，译. 北京：中国友谊出版公司,1998.

[13]（美）玛格丽特·利奇. 华盛顿的起床号 [M]. 秦传安，译. 上海：东方出版社,2014.

[14]（美）尤利西斯·辛普森·格兰特. 格兰特将军回忆录 [M]. 王宗华，等，译. 上海：上海大学出版社,2009.

创作团队简介

指文烽火工作室：由众多历史、战史作家组成，从事古今历史、中外战争的研究、写作与翻译工作，致力于通过严谨的考证、精美的图片、优美的文字、独到的视角为读者理清历史的脉络。目前已经出版军事历史类图书四十余本，其中包括《战争事典》《战场决胜者》《透过镜头看历史》《信史》四款 MOOK 系列丛书，以及《中国古代实战兵器图鉴》《倭寇战争全史》《明帝国边防史》《拿破仑战记》《秘密战三千年》《帝国强军：欧洲八大古战精锐》《帝国强军：中国八大古战精锐》等专题性图书。

始安公士或：80 后战国秦史爱好者，主攻战国秦代军事、秦国社会制度变革话题，致力于透过战国社会经济法制知识来解读秦国、秦军和战国战争。

七丘之狼：本名丁毅，80 后历史爱好者，喜好古典希腊、希腊化时代以及罗马共和时期的历史，并对欧洲中世纪史有涉猎。

张宏伟：宅男奶爸一枚，自幼颇爱历史，尤好 19 世纪军事史，在超音速论坛上发表过《普鲁士之鹰：罗斯巴赫与洛伊滕战役》《美国—墨西哥战争史》。

《战争事典》小编微信号：zven02

扫描二维码，或搜索"zven02"关注"指文小编 –DD"，即可获悉《战争事典》最新动态，更有历史小段子、小知识放送。您还可直接和小编线上交流，不管是讨论选题、投稿，还是咨询进度都可以哒。

·关注有礼，扫码便赠《现代奥运会趣事》《帝国骑士：27 位二战德国最高战功勋章获得者图传》《东南亚空战 1945—1975：详解从肯尼迪到尼克松时代的越南战争》电子读物各一份。
·每个关注小编的 id 可享有一次 5 折购买《战争事典》系列图书的机会（淘宝），不限数量。

"战争事典"系列书目参考

英法百年战争 1415—1453

英法两国争夺欧洲大陆霸主的入场券

近400张图片及战时手绘地图,全面展示了百年战争中英王亨利五世、圣女贞德等一批杰出人物的功业与光辉事迹,细致勾勒了法兰西王国新君主体系建立的关键走向与曲折过程!